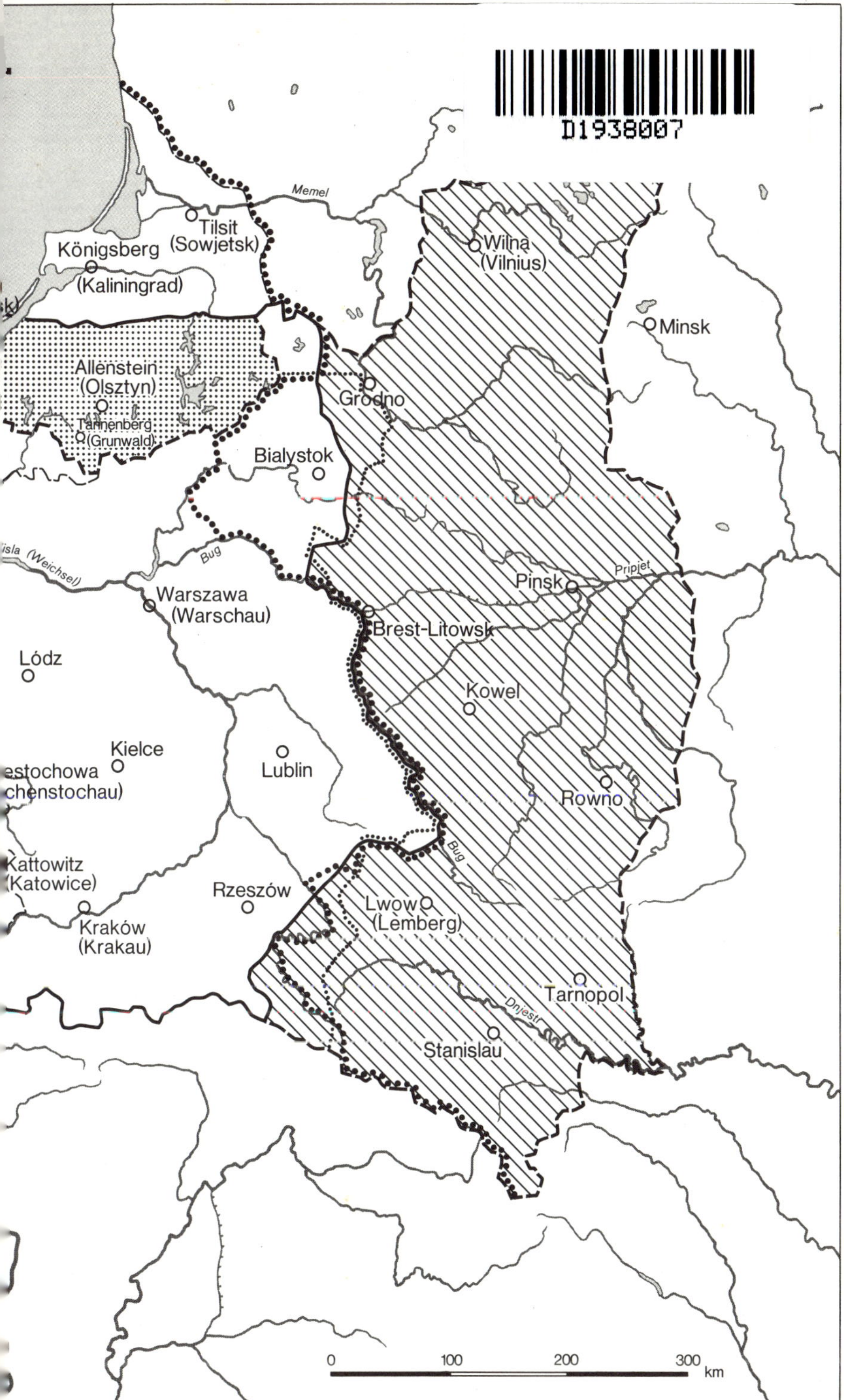

Memel
Tilsit
(Sowjetsk)
Königsberg
(Kaliningrad)
Wilna
(Vilnius)
Minsk
Allenstein
(Olsztyn)
Grodno
Tannenberg
(Grunwald)
Bialystok
(Weichsel)
Bug
Warszawa
(Warschau)
Pinsk
Pripjet
Brest-Litowsk
Lódz
Kowel
Kielce
Lublin
Rowno
Kattowitz
(Katowice)
Bug
Rzeszów
Lwow
(Lemberg)
Kraków
(Krakau)
Tarnopol
Dnjestr
Stanislau
0
100
200
300
km

Manfred E. Berger
Jaruzelski

Manfred E. Berger

JARUZELSKI

ECON Verlag
Düsseldorf · Wien · New York

CIP-Titelaufnahme der Deutschen Bibliothek

Berger, Manfred E.:
Jaruzelski/Manfred E. Berger. – Düsseldorf; Wien; New York: ECON Verl., 1990
ISBN 3-430-11391-1

Redaktion: Dr. Rosvita Bickmann, Dr. Dietmar Goll
Gesetzt aus der Times, Linotype
Satz: Lichtsatz Heinrich Fanslau, Düsseldorf
Papier: Papierfabrik Schleipen GmbH, Bad Dürkheim
Druck und Bindearbeiten: Pustet, Regensburg
Printed in Germany
ISBN 3-430-11391-1

Inhalt

1. Kapitel
Annäherungen

»Ich verkündige, daß sich mit dem heutigen Tage der Militärrat der Nationalen Rettung konstituiert hat. Der Staatsrat hat entsprechend den Festlegungen der Verfassung heute um Mitternacht den Ausnahmezustand für das ganze Land verkündet.«

Das war seine Annäherung. Sie geschah am 13. Dezember 1981 über den Fernsehschirm. Mit schmalen Lippen, die Augen hinter dunklen Gläsern, in Uniform, präsentierte sich uns der neue Herr Polens eher wie ein südamerikanischer Diktator denn als europäischer Politiker.

Ein General.

Wojciech Jaruzelski.

Die Berichte überschlugen sich. Es schien aus zu sein mit all den Blütenträumen einer polnischen Erneuerung, einer Veränderung der politisch wie wirtschaftlich unhaltbar gewordenen Situation in einem Staate, in dem sich der Kommunismus realisieren sollte. Damals wußte ich noch recht wenig von dem Land, dessen neuer oberster Chef seinen Bürgerinnen und Bürgern über Radio und Fernsehen mitteilte: »Unser Vaterland befindet sich am Abgrund. Die Errungenschaften vieler Generationen, das aus Asche errichtete polnische Haus steht vor dem Ruin.«

Was ich von Polens Kultur und politischer Geschichte wußte, hatte mir der verklemmte Geschichtsunterricht der späten vierziger und der fünfziger Jahre vermittelt – eine Epoche, in der sich noch keine deutsch-polnische Schulbuchkommission um Wahrheit und Klarheit bemühte. Später, mit dem Wissen um die Greueltaten der deutschen Eroberer, kam zwar der Wille zur Sühne hinzu, der sich im gemeinsamen Kampf für die neue Ostpolitik der Regierung Brandt teilweise erfüllte. Aber das Land selbst, Polen und seine Menschen, blieb für mich in einem merkwürdigen Dunkel. Teils bestimmt von den noch immer nachwirkenden Slogans des kalten Krieges, teils befangen in der Angst vor der Konfrontation mit der gemeinsamen Geschichte, teils – operettenhaft.

Stalinismus, auch in Polen. Jedoch nur bis 1954. Vom Nationalkommunisten Gomulka wußte ich. Und von seinem Scheitern 1970. Und davon, daß ein General Jaruzelski als Verteidigungsminister und Oberbefehlshaber eine Armee befehligte, die bei den Danziger Unruhen von 1970 auf irgendeinen Befehl auf Arbeiter schoß. Auf Gomulka folgte Gierek. Jaruzelski blieb in seinen Ämtern. Die vom Westen mit immensen Krediten gestützten Industrialisierungspläne Giereks führten den Staat nur noch tiefer in die Krise und in neue Abhängigkeiten. Doch das allmähliche Scheitern Giereks provozierte unter den polnischen Menschen eine neue Hoffnung namens Solidarität.

Meine wirkliche Annäherung an Polen begann mit der Beobachtung dieses Aufbruchs verkrusteter Strukturen. Es wurde spannend. Würde die von Lech Walesa so überaus wirksam repräsentierte Solidarność Änderungen im real existierenden Sozialismus Polens herbeiführen? Würde die Sowjetunion sich solche Änderungen in ihrem Vorfeld gefallen lassen?

Über Solidarność erfuhr ich sehr viel, weil unsere Freundin Halina, eine Wanderin zwischen zwei Welten, für diese Bewegung aktiv tätig war. Sie – halb Polin und halb Deutsche – lebte mal in ihrem Vaterland und mal im Geburtsland ihrer Mutter. Sie machte sich vor allem als Spendensammlerin für Solidarność nützlich.

Gerade hatte sie wieder Vorträge an verschiedenen Universitäten gehalten, in den Niederlanden, in der Bundesrepublik. Sie hatte westlichen Fernsehanstalten Filme überbracht und anderen Medien Tagebücher von Solidarność-Aktivisten zum Abdruck übergeben. Kölner Studenten, die sich als Marxisten-Leninisten verstanden, hatte sie im Audimax der Uni zugerufen, sie möchten doch bitte Geld sammeln, Marxbücher kaufen, diese den polnischen Kommunisten schicken, um jene zu lehren, was Marx wirklich wollte. Nun saß sie bei uns vor dem Fernseher. Sie weinte hemmungslos. Angesichts des Kriegsrechts-Generals beschrieb ihre Verzweiflung Visionen, die sich verwirklichen sollten: Verhaftungen, Internierungen, Folter und später – Mord. Und sie beweinte das Ende von Solidarność, das Ende der Veränderung in der von ihr geliebten Heimat ihres Vaters, der in der Stalinzeit als Abweichler denunziert wurde und ums Leben kam.

Halina wußte zunächst nicht, ob sie zurückkönne, nach Warschau. Damals, vor Weihnachten 1981 und noch für eine lange Zeit danach, war Polen für westliche Augen in den Kreis der Staaten zurückgekehrt, die unter Anleitung der sowjetisch-kommunistischen Hegemonialmacht die Parts der Bösewichter in der Weltpolitik zu spielen hatten.

Szenenwechsel

Im Frühjahr 1987 fuhr ich in die DDR, besuchte die Buchmesse in Leipzig und sprach mit vielen vertrauten Menschen. Wirtschaftliche Reformen in Ungarn und die immer weitergehenden Veränderungen in Polen ließen bei den DDR-Bürgern den Glauben reifen, Gorbatschows Politik würde auch bei ihnen zu einem Umbruch führen. Die Menschen waren voller Hoffnung, Optimismus und Aufbruchstimmung. Ganz anders 1989. Beim Besuch der Messe erlebte ich bedrückte Literaten, zweifelnde Bürger, eine graue, triste Stadt. Der deutsche Nomenklaturastaat hatte die Träume erstickt.

Diese deprimierenden Eindrücke verfolgten mich noch, als ich im Sommer 1989 eine lange Reportagereise durch Polen machte. Ein Kontrastprogramm. War mir die DDR beklemmend trist erschienen, so empfing mich hier eine überraschende, farbige Fülle. Blumen an den Balkonen, die farbigen Kleider der Menschen, ihre offenen Gesichter und ihre Bereitschaft, über alles und jedes zu debattieren. Ein – im Gegensatz zur DDR – ganz normales europäisches Land, in dem allerdings auch viel Ratlosigkeit herrschte, obwohl der deutsche Vereinigungsfuror damals noch nicht tobte.

Zwar hatte der inzwischen historische »Runde Tisch« die Grundlagen für einen völligen Neuanfang gelegt. Der erste Wahlgang zum neuen Parlament, dem Sejm, hatte stattgefunden. Die Kommunisten stellten ihre Allzuständigkeit und Allgewalt allmählich selbst in Frage. Aus der am 13. Dezember 1981 in die Illegalität gepreßten Solidarność war ein Partner geworden, ohne den nichts mehr ging. Aber – wie würde man die Wirtschaftskrise meistern? Wie sollte man eine Regierung bilden, die im Westen Vertrauen erwerben und im Warschauer Pakt kein Mißtrauen erzeugen würde? Und schließlich, wer könnte den neuformierten Staat glaubwürdig repräsentieren, wer sollte Präsident sein?

Nach dem zweiten Wahlgang zum Sejm mußte diese Personalie schnellstens geklärt werden. Wegen der Äußerlichkeit anstehender Staatsbesuche, wie gesagt wurde. Vor allem aber, weil nur der Staatspräsident dem Parlament einen Ministerpräsidenten vorschlagen konnte. Und das Land brauchte dringend eine handlungsfähige Regierung.

Während meiner Sommerreise war die Präsidentendiskussion in vollem Gange. Und die Ministerpräsidentendiskussion. Aber auch Dispute über das Verhalten von Margaret Thatcher während ihres Besuchs und über die Einlassungen des Präsidenten Mitterrand während seiner Polen-Visite – dies alles beschäftigte die polnischen Bürgerinnen und Bürger. Die Kritik an der bundesdeutschen Regierung war einhellig. Die Polen konnten erwarten, daß gerade die Westdeutschen – die sie sehr viel mehr schätzten als die kommunistischen Brüder aus der DDR –, daß also diese Bundesdeutschen ihnen in ihrer prekären Lage und aus Anlaß des 50. Jahrestages des deutschen Überfalls auf ihr Land Zeichen der Verständigung und des Verständnisses geben würden. Aber Kanzler Kohl war noch nicht dagewesen. Und dem Bundespräsidenten von Weizsäcker hatte die Phalanx der Rechten in der Bundesrepublik seine wohlmeinenden Reisepläne durchkreuzt. Die Erwartungen an den amerikanischen Präsidenten, der sich zum Besuch angesagt hatte, waren sehr hoch. Amerikanische Politik gegenüber Polen wurde aber zugleich äußerst strittig diskutiert.

In der innenpolitischen Diskussion bewahrheitete sich das Sprichwort: Wenn zwei Polen zusammen sind, gründen sie drei

Parteien. Walesa wollte, konnte, sollte noch nicht Präsident werden – vielleicht aber doch. Ansonsten waren der Vorschläge Legion: Politiker aller Schattierungen, Kleriker, Wissenschaftler, Künstler, alle, die irgendwo Rang und Namen hatten, wurden als Kandidaten gehandelt, vorgeschlagen, schlugen sich selber vor. Der Erste Sekretär der Vereinigten Polnischen Arbeiterpartei, der Kommunisten, hatte zu diesem Zeitpunkt nur die eigenen Scharen als Lobby. Und selbst diese schmolzen immer mehr zusammen. Mit dem Namen Jaruzelski war beim Volk wenig Staat zu machen.

Der Kandidat

Ein Historiker sagte mir: »Er will doch gar nicht kandidieren. Jaruzelski ist ein begnadeter Generalstäbler, aber kein Marschall. Und was suchen wir? Wir Polen suchen immer nach Charismatikern. Davon haben wir zur Zeit nur zwei, nämlich Walesa und Karol Wojtyla, den polnischen Papst. Und diese stehen als Kandidaten nicht zur Verfügung!«

Nachdem mir arme Rentnerinnen und polnische Devisenmillionäre, Künstler und Gewerkschafter, Parteifunktionäre, Solidarność-Aktivistinnen, Wissenschaftler – und selbst ein kundiger Gärtner – versichert hatten, Jaruzelski sei ein Mann mit einer höchst interessanten Lebensgeschichte, wollte ich mehr über ihn wissen. Auch sei er ein Mann ohne Skandale, sagte man mir, aber das Kriegsrecht sei nun einmal seine Tat. Das Kriegsrechtsstigma sei nicht abzuwaschen.

Über Lech Walesa wissen auch wir im Westen fast alles, über Jaruzelski tatsächlich fast nichts.

Jaruzelski entstammt altem polnischen Landadel. Er besuchte die Warschauer Eliteschule der Marianen. Mit siebzehn war er Holzfäller in der sibirischen Taiga. Dorthin war seine Familie von den Sowjets verschleppt worden, nachdem sie vor den Deutschen hatte fliehen können. In der winterlichen Taiga holte er sich ein inoperables Augenleiden. Ab 1943 kämpfte er in einer polnischen Armee an der Weichsel, am »Pommernwall«, an der Ostsee, an der Oder. Über Berlin kam er kämpfend bis zur Elbe. Er wurde zweimal verwundet und hoch dekoriert. Nach dem Krieg entschied er sich für die Militärlaufbahn. Er wurde Kommunist.

Weil es opportun war? Oder weil er ideologisch überzeugt wurde? Besuchte er tatsächlich die Moskauer Parteischule? Verriet er die Danziger Arbeiter, als Soldaten seiner Armee 1970 auf diese Unbewaffneten schossen? Verriet er sein Volk, als er 1981 das Kriegsrecht verhängte? Verriet er später den Kommunismus, seine Partei? Oder handelte er aus Patriotismus, den selbst konservative westliche Beobachter inzwischen als seine stärkste Triebfeder ausgemacht haben wollen?

Verräter oder Patriot – eine Fragestellung, die gerade auch in Deutschland bestens bekannt ist.

Jaruzelski hat seine Parteiämter niedergelegt, als er Präsident wurde. Er wurde mit der knappen Mehrheit von einer Stimme gewählt. Inzwischen hat sich seine alte Partei aufgelöst. Nicht nur die politischen Kräfte des Landes befinden sich in wirbelndem Umbruch. Auch Wirtschaft und Kultur haben sich zu wandeln, haben Defizite auszugleichen. Und draußen verändern sich die Dinge täglich. Zentrifugale und aufeinander zustrebende Gewalten brechen starre Strukturen auf. Polen bildet eine sensible Nahtstelle.

Auf die polnischen Bürgerinnen und Bürger stürzen die äußeren Ereignisse als Medienzirkus ein, den die eigenen Medien noch wenig zu moderieren verstehen. Denn gleichzeitig müssen sie den Menschen Nachhilfeunterricht in eigener Geschichte geben, ihnen vermitteln, was bisher verschwiegen wurde. Der Präsident ist der ungeliebte letzte »Überlebende« der alten kommunistischen Machtelite, die sich über Jahrzehnte ihre eigenen geschichtlichen Wahrheiten zurechtbog.

Lech Walesa verkündet inzwischen allen, die es hören wollen, dieser Mann habe sehr viel Gutes für sein Land getan. Die Akten würden es beweisen, wenn sie nach den diplomatischen Regeln in einigen Jahrzehnten geöffnet werden könnten. Jaruzelski arbeitet vertrauensvoll mit dem Ministerpräsidenten Mazowiecki zusammen. Und das Vertrauen soll nicht einseitig sein, hört man allenthalben. 1981 noch ließ der General auch diesen damaligen Opponenten ins Gefängnis stecken.

Jaruzelskis Lebensweg führt und führte über Abgründe. Begonnen hatte er in einem kleinen beschaulichen Ort. Einhundertfünfzig Kilometer südlich von Warschau. Am 6. Juli 1923.

2. Kapitel
Kurow

Ein alter Mann, ein Schrank, zwei Stühle

»Ja, ja«, sagt der alte Mann, während seine großen, verarbeiteten Hände einen unförmigen Kanten Brot kneten, »ja, ja, ja, den Herrn Vater von Jaruzelski habe ich gekannt. Der hatte so ein Temperament, hatte der. Und manchmal hat er einem so ein hartes Stück Zeugs ins Kreuz geschmissen, wenn ihm was nicht paßte. Danach hat er einen dann in die Scheune gerufen und einem ein bißchen Stroh gegeben oder ein paar Kartoffeln. Dann war das erledigt damit.«

Während dieser für ihn langen Rede nimmt der alte Mann mit der Rechten den Löffel und rührt in seiner Krautsuppe. Die Linke knetet weiter das Brot. Er sitzt an einem kleinen wackligen Tisch. Zwei Räume hat das Haus, das seine Frau und er bewohnen. Es riecht nach Holzfeuer, nach der den ganzen Winter über auf dem Herd stehenden Krautsuppe und nach mehr. Ein Eimer steht in der Ecke. Man muß sich behelfen: Das Klo im Hof ist zugefroren. Ein Außenthermometer im Ort zeigt minus 18 Grad Celsius an diesem späten Nachmittag, Anfang Dezember. Alles deutet darauf hin, daß ein harter Winter die Blütenträume vom wirtschaftlichen Aufbruch im Keime ersticken würde.

»Warum beschreibt ihr unser Polen immer nur aus der Sicht über den dicken Pferdearsch?« – die Empörung der jungen Warschauerin ist Allgemeingut im Lande. Es ärgert die fortschrittlichen polnischen Patrioten, wenn Leute aus dem Westen romantisierend Honig aus den ärmlichen Verhältnissen auf dem Lande saugen. Aber angesichts der alten, kleinen Häuser, der windschiefen Scheunen, der Abendsonne über einer schneebedeckten Ebene fällt es schwer, an Computer zu denken, an wirtschaftliche Prosperität. Nun, in Kurow gibt es wenigstens einige alte Kurbeltelefone, mit denen man sich das Fernamt herbeiklingeln kann. Zehntausend Dörfer haben überhaupt kein Telefon.

Der alte Mann schlürft seine Krautsuppe, bricht ein Stück von seinem Brot, nimmt schweigend seine Mahlzeit, wie die Vorfahren es auch schon taten. Die Gerüche sind wohl die gleichen geblieben über die Jahrhunderte. Und auch die Silhouette des Horizonts wird sich kaum verändert haben. Hier und da wird ein alter Baum gestürzt, ein neuer gewachsen sein. Manche Dinge sind stabil geblieben für diese Leute auf dem Land. Der Boden, die Armut, die Beziehungen zu Gott und Kirche, die teils sagenhaften Erinnerungen an Herren und Kriege, die Vorsicht Fremden gegenüber. Nur eines hat sich verändert: Über Jahrzehnte gab es keine adligen Grundherren mehr, die einem etwas ins Kreuz warfen.

»Ja, ja, Verwalter ist er hier gewesen, der Herr Jaruzelski.«

Ob ihm das Gut gehört hat?

»Nein, nur Verwalter, ein strenger Herr, er war ein guter Verwalter. Und einen kleinen Wolf haben sie gehabt, dem hab' ich manchmal durch das Loch was zum Fressen hingeworfen. Ja, ja, ja, und dann ist er plötzlich weggezogen, der Herr Verwalter. Ja, und keiner wußte, wohin.«

Ob er denn gewußt hat, daß der Familie Jaruzelski ein Sohn geboren wurde, in Kurow. Ja, schon, aber er hat erst viel später erfahren, wer das war. Das habe der Pfarrer dann von der Kanzel verkündet. Aber die Mutter der Schwiegertochter hat sich an den jungen Wojtek erinnert.

»Manchmal hat meine Mutter sie gesehen, die junge Herrin und ihren kleinen Sohn. ›Das war ein sehr schönes Kind‹, sagte meine Mutter.« Irgend etwas stört die Harmonie der Ärmlichkeit in diesem Raum. Eine Kommode, reiner Jugendstil. Sie muß sich aus dem Herrenhaus hierher vergesellschaftet haben. Von den Jaruzelskis kann sie nicht sein. Die waren ja längst weggezogen, bevor die Feudalstrukturen zerschlagen wurden. Aber zwei Stühle gibt es noch im Ort, auf denen der Herr Verwalter Jaruzelski gesessen hat. Einer davon hat Lehnen. Und für diese Stühle hat der Pfarrer eine bemerkenswerte Begehrlichkeit entwikkelt: Er arbeitet schon seit Jahren an der Einrichtung eines Ortsmuseums von Kurow und will zumindest einen dieser Stühle haben.

Kurow – heute nicht ganz Stadt, nicht ganz Dorf – hatte Stadtrechte von 1452 bis 1870. Etwa tausend Menschen leben dort von der Landwirtschaft, von der traditionell ortsansässigen leder- und pelzverarbeitenden Industrie und von einem großen Molkereibetrieb. Dieser leitete seine stinkenden Abwässer bis vor kurzem ungeklärt in die Kurowka, einen Nebenfluß der Weichsel, der in und bei Kurow idyllische Passagen zeigt. Die Bürger haben den Betrieb gezwungen, seine Umweltverpestung zu beenden.

Kurow – wie bei den meisten Orten Polens fand die Geschichte vor der Haustüre statt: Die jetzt römisch-katholische Kirche ist eine calvinistische Gründung; 1831 siegten hier die Aufständischen des Generals Dwernicki über die russische Armee; in den Jahren 1939 bis 1944 ermordeten Nazischergen etwa 700 Menschen in diesem Ort.

Mancher Bürger denkt in besonderer Weise nach vorne: Einer von ihnen gab unumwunden zu, daß der Ort eigentlich etwas davon haben müsse, wenn der Präsident der Republik Polen hier geboren sei. So ein Museum zum Beispiel und ein Café, vielleicht ließe sich die Entwicklung eines richtigen Kurortes bewerkstelligen bei der richtigen Unterstützung.

Ein Priester klärt auf

1968, gerade war Jaruzelski Verteidigungsminister geworden, machte der Pfarrer von Kurow dem Raunen in seiner Gemeinde ein Ende, indem er ihr erzählte, wer denn dieser General Wojciech Jaruzelski sei. Ein Sohn der Heimat nämlich, ein Kind aus Kurow. Er nahm also an jenem Sonntag ein angejahrtes, schon etwas zerfleddertes Buch aus dem Schrank, trug es auf die Kanzel und verlas, was dort unter der Nummer 141 handschriftlich als Gemeindeurkunde dokumentiert ist:

Es geschah in der Siedlung Kurow am siebten Oktober neunzehnhundertdreiundzwanzig um sieben Uhr abends. Es hat sich gestellt: Wladyslaw-Mieczyslaw zweier Namen Jaruzelski, 34 Jahre alt, der Verwalter des Gutes Kurow, auch in diesem Gute wohn-

haft, eingeschrieben in das Bewohnerbuch der Gemeinde Sokolow des Mazowiecki-Kreises. In der Gegenwart der Zeugen: Jan Debowski, 38 Jahre alt, der Ökonom des Gutes Kurow, und Stanislaw Rokita, 34 Jahre alt, Stallknecht, beide wohnhaft im Gut Kurow. Er hat uns ein Kind männlichen Geschlechts vorgezeigt und erklärt, daß es am 6. Juli des laufenden Jahres im Gut Kurowum, 9 Uhr abends, von seiner Ehefrau Wanda, Mädchenname Zaremba, 22 Jahre alt, geboren wurde. Diesem Kindlein wurden bei der heiligen Taufe, die am heutigen Tage stattgefunden hat, die Namen Wojciech Witold gegeben; und seine Taufpaten waren: Hipolit Zaremba und Zofia Mokrzvnska. Dieser Akt wurde dem vor uns stehenden Vater und den Zeugen vorgelesen, gemeinsam mit ihnen unterschrieben und damit beurkundet.

Nun also war's heraus: Das Kind war männlichen Geschlechts und – war getauft! Ein Blick noch in die Wappenbücher, und siehe da, Mutter und Vater waren von altpolnischem Adel. Zwar keine Aristokraten, aber »echte« Aristokraten, Prinzen und Fürsten gab es in Polen ohnehin nur von der Gnade ausländischer Herrscher. Auch Volksnähe wäre zu vermerken gewesen: ein Stallknecht als Zeuge, die Glocken von Kurow läuteten es übers Land.

Jedoch: Niemand – außer den Leuten von Kurow – interessierte sich für die Offenbarung des Pfarrers. Dabei hätten doch die »Literaten« der Partei, deren Aufgabe das Maßschneidern proletarischer Herkünfte der Nomenklatura war, endlich Wahrheit produzieren können. Wie hatten sie gelogen und sich gebogen.

Jaruzelski war »der Sohn eines Dorfschullehrers«, so die eine Version. Eine andere steuerte der Premier Rakowski bei, als er 1985 im Westen sein Tagebuch »Ein schwieriger Dialog« über die ersten Jahre des Kriegsrechts veröffentlichte: »Wojciech Jaruzelski, Armeegeneral, geboren am 6. Juli 1923 in einer Intellektuellenfamilie . . .«, so steht es in einer Fußnote. Und noch weiter trieb Rakowski das Verwischen, das Verschweigen: »Während des Zweiten Weltkrieges war er Arbeiter in der Sowjetunion.« Stimmt – aber er war mit der Familie dorthin deportiert worden. Und die »Intellektuellenfamilie«? Landwirte sind sie gewesen, die Vorfahren, Soldaten und auch Staatsdiener in anderer Funktion. Aber vor allem auch Grundherren. Und das eben war nach 1945 verpönt. Daß mehrere Generationen der Jaruzelskis – auch der Vater – als Aufständische oder Soldaten gegen russische Armeen gekämpft hatten, kam in den Darstellungen auch nicht vor.

Haben den Offizier, den Minister, den Ersten Sekretär seiner Partei diese Halb- und Unwahrheiten nicht gestört? Er muß doch gewußt haben, daß auch seine Herkunft und Vergangenheit dem System zuliebe verfälscht wurden. Hat er selbst geholfen zu vernebeln? Jaruzelski: »Ich habe nie erlebt, daß ich als ›der Sohn des Dorfschullehrers‹ oder ›Sohn der Intellektuellenfamilie‹ dargestellt wurde. Wenn solche Bezeichnungen gebraucht wurden, dann ohne meine Teilnahme. Ich kann nur für von mir selbst autorisierte Lebensläufe Verantwortung tragen.«

»Sie wissen aber, daß Lebensläufe gefälscht wurden?«

»Ja. Besonders in den fünfziger Jahren wurde der sozialen Herkunft der für wichtige Posten designierten Menschen eine große Bedeutung beigemessen. Es wurden diejenigen bevorzugt, die aus Arbeiter- und Bauernfamilien stammten. Von diesem Standpunkt aus konnte ich keine allzu gute Abstammung aufweisen. Ich habe die eigene Biographie nicht geleugnet, damals. Ich kann aber auch nicht verneinen, daß es Zeiten gegeben hat, in denen die Lebensläufe der höhere Posten bekleidenden Personen fast wie Lebensläufe von Heiligen verfaßt wurden. Heute kann dies als unverständlich oder gar amüsant erscheinen. Damals war es überhaupt nicht amüsant!«

»Sie haben trotz der unter ideologischen Gesichtspunkten nicht ›allzu guten Abstammung‹ Karriere gemacht. Dies ist manchen Menschen nicht so leicht verständlich.«

»Ich gehörte den jungen Offizieren an, die aus dem Osten mit der Berling-Armee kamen. Es verlieh uns den Status einer gewissen Garde. Wir waren Menschen, die sich im Kampf um die Befreiung Polens in der ›richtigen‹ Richtung bewährt und verdient gemacht hatten. In diesem Kampf, an der Front als Kundschafter-Offizier, also in der Einheit, die für die schwerste und gefährlichste gehalten wurde, habe ich mich hervorgetan. Ich habe auch viele Auszeichnungen erhalten. Nach dem Kriege, im Prozeß des Aufbaus der Armee in der Friedenszeit, stieg der Bedarf an Kadern, die über eine gewisse Ausbildung und Belesenheit und gleichzeitig über Kampferfahrungen verfügten. Sowohl das eine als auch das andere besaß ich im Vergleich zu vielen anderen in einem auszeichnenden Ausmaß. Dazu kamen – wie ich glaube – gewisse Begabungen. Ich habe die Hochschule der Infanterie und auch die Akademie des Generalstabes jeweils mit Auszeichnung absolviert. Daß ich arbeitsam bin und Verantwortungsgefühl habe, ist bekannt. Und letztendlich war ich ein eindeutiger und authentischer Befürworter der ideologischen und politischen Werte des damaligen Polens.«

»Erfolgten Ihre Beförderungen deshalb so schnell hintereinander?«

»Ich wurde schnell befördert. Aber das war keine Ausnahme – in einem ähnlichen Tempo erfolgten damals viele Beförderungen.«

»Aber in Ihrem Falle erfolgten die Beförderungen trotz der im ideologischen Sinne nicht lupenreinen Herkunft!«

»Ja, sie hat schon gestört. Man kann sagen, in einem gewissen Grade, ja, sie war ein gewisser ›Dorn‹. In einigen mir bekannten Fällen hätte ich im Rang und Dienstamt schneller befördert werden können. Aber es waren gewisse Lebenslaufzweifel aufgetaucht. Ich weiß, daß man sie in meinen Vorkriegswohnorten zu klären versuchte. Es gab jedoch keine Sensationen. Ich schrieb in meinen Lebensläufen tatsächlich – ›intellektuelle Herkunft‹. Das war schwerlich in Frage zu stellen. Nicht nur deshalb, weil meine Eltern intelligente, gebildete Menschen waren, sondern vor allem deshalb, weil das Gut, auf dem sie wirtschafteten, weiterhin das Eigentum der Großeltern war. Zwar würde es zweifellos nach deren Tod, oder sogar noch davor, in den Besitz meiner Eltern übergehen. Aber formell gesehen, sah die Situation damals eben so aus.«

Die vollständige Wiedergabe dieses Gesprächsabschnittes greift der Geschichte etwas voraus. Sie soll aber an dieser Stelle zeigen, daß es auch dem jungen Karrieresoldaten Jaruzelski in den fünfziger Jahren nicht erspart blieb, seine Herkunftsgeschichte zugunsten seines Bekenntnisses zum Kommunismus dialektisch zu überdenken. Selbst er, der sich eindeutig zum Kommunismus bekannte, mußte sich – wenn er dem neuen Staate dienen wollte – mit Hilfe von »Formalien« an den Rändern der Wahrheit bewegen.

Dies alles betrifft die offizielle Sprachregelung der kommunistischen Herrschaftsschicht, die das Kirchenbuch von Kurow nicht als Quelle benutzt hat.

Aber auch andere hätten sich in Kurow informieren können! Die Auguren des Hinter- und des Untergrunds von rechts bis links. Die Vogelschauer und Wahrsager, die Neidischen, die Ängstlichen und diejenigen, welche wirklich Angst haben mußten. Und die östlichen wie die westlichen Journalisten.

»Jaruzelski ist Litauer!«

»Nein, er ist Ukrainer!«

»Aber – der Name! Jaruzelski, der von Jerusalem(!), ist er womöglich Jude?«

»Nein, ganz klar: Jaruzelski ist Russe!«

Die letztgenannte – und häufigste – Vermutung über die Herkunft des auf glatter Karrierebahn Befindlichen war und ist beinahe das Schlimmste, was ein Pole einem Polen nachsagen kann. Erbittert durch böse Erfahrungen, vor allem aus der stalinistischen Vergangenheit, hatten die Menschen Angst vor Kuckuckseiern, die ihnen mit polnischem Namen und falscher Vita von den Sowjets untergeschoben wurden. Das prominenteste Beispiel ist der Sowjetmarschall Rokosowski, der bis zum Ende der stalinistischen Periode als polnischer Verteidigungsminister Dienst tat.

Jedenfalls: Zu der Zeit, als der Pfarrer von Kurow den in beinahe biblischer Sprache abgefaßten Text auf der Kanzel verlaß, ließ sich im Ort kein Fremder blicken, der wissen wollte, wes Kind denn Wojciech Jaruzelski sei.

Nach Ausrufung des Kriegsrechts wurde das plötzlich anders.

»Da kamen gutgekleidete Herren, Offiziere der Armee, sie verlangten Einsicht in das Geburtsregister . . .«, erzählt der Pfarrer, der die Uniformierten gewähren ließ. In der Umgebung des heutigen Präsidenten hält man eher dafür, daß es sich um ausländische Ausspäher gehandelt haben müsse, aus dem Westen. Womöglich sei nach Material gesucht worden, mit dem man der Kriegsrechtsregierung hätte schaden können. Eine solche Vermutung muß nicht abwegig sein. Denn die östlichen Geheimdienste und die Spitze der polnischen Armee wußten sicher ganz gut, wo der Kommandant des Kriegsrechts herkam.

Der polnische oder der sowjetische Geheimdienst – oder beide – glaubten nicht recht daran, daß Jaruzelskis Vater keinen Grundbesitz gehabt haben soll. Immer, wenn eine der häufigen Beförderungen des heutigen Präsidenten anstand, begannen sie aufs neue mit Recherchen. Regelmäßig wurden dann ehemalige Gutsnachbarn befragt, die das Leben der Familie Jaruzelski aus nächster Nähe kannten. Eine vormalige Gutserbin, sie betreibt heute eine Eisdiele, bestätigte ihren Besuchern immer wieder: »Ja, es stimmt, Jaruzelskis waren keine Gutsbesitzer!«

So war es ihr bekannt. Und in gewisser Weise stimmt dies auch mit den Tatsachen überein. Aber einen pikanten Aspekt hat diese Wahrheit schon. Um diesen jedoch verständlich zu machen, müssen zunächst alle Legenden um die Familiengeschichte und damit um die Herkunft Wojciech Witold Jaruzelskis vom Tisch. Und dazu steigen wir tief in die Vergangenheit.

3. Kapitel
Ahnenforschung

Einstieg

Die Treppe zum Einstieg liefert der frühere Primas von Polen, der greise Kardinal Stefan Wyszynski. Im März 1981 hatte er den damaligen Ministerpräsidenten Jaruzelski zu einem Gespräch aufgesucht. Es sollte das letzte sein. Achtzigjährig ist der Kardinal einige Wochen später verstorben. Jaruzelski hatte den Primas nach dem Gespräch zum Wagen begleitet, als dieser ihm noch eine letzte Botschaft vermittelte: »Denken Sie daran, Polen liegt zwischen zwei Wänden, der germanischen im Westen und der slawischen im Osten. Wir können uns aber nur an eine Wand anlehnen – und das muß die östliche sein!«

Kommunistische Präferenzen? Ganz sicher nicht bei diesem Kirchenfürsten, unter dessen Kirchendächern sich der Widerstand gegen den kommunistischen Staat versammelt hatte. Aber ein eindeutiger Hinweis darauf, welche ethnischen Wurzeln der Kardinal sah und welche Bedeutung er ihnen zumaß. Ohne Frage hatte diese Art von Standortbestimmung auch damit zu tun, daß in der damaligen Zeit noch Slogans des kalten Krieges die große Angst vor dem ehemals gewalttätigen westlichen Nachbarn wachhielten. Polen – ein Land zwischen zwei Wänden? Ein Volk, sicher nicht germanisch, aber auch nicht slawisch?

Angesichts der vielen Probleme, welche die Welt, Europa und das Land Polen bedrücken, mag es anachronistisch anmuten, wenn Streit darüber entsteht, welchen Ahnen eine Volksgemeinschaft ihre Existenz verdankt. Aber: Polen befindet sich in einem Prozeß der Selbstfindung. Die Geschichte gab ihm bisher kaum Zeit dazu, seine Wurzeln verbindlich zu beschreiben. Weil sich so unendlich viele Berufene und Unberufene, Wissenschaftler und Volkstümler zur Herkunft dieses Volkes geäußert haben, ist es sehr schwierig, nicht in eines der durch Meinungsvielfalt aufgestellten Fettnäpfchen zu treten.

Wurzeln

»Die große polnische Ebene war ein Sammelbecken europäischer Auswanderer«, schreibt ein intimer Kenner der polnischen Geschichte, der Brite Norman Davies, in seinem Buch »Heart of Europe – A Short History of Poland« 1986.

Bereits während der Völkerwanderung durchquerten viele Nomadenstämme das Gebiet. Diese erstreckte sich vom 2. Jahrhundert v.Chr. bis ins 10. Jahrhundert n.Chr. Manche der aus der Ferne kommenden Nomaden blieben. Für wie lange, ist unbekannt. Die Archäologen fanden Siedlungsnachweise von Stämmen aus der vorchristlichen Zeit und dem heidnischen frühen Mittelalter. Nomadenstämme wie Skyter, Sarmaten, Hunnen, Mongolen vermischten sich mit den verschiedensten Arten von Balten, Kelten und Germanen, die in jenen Zeiten schon seßhafter waren. Die Wurzeln der polnischen Bevölkerung liegen also in einer großen ethnischen Vielfältigkeit, wie sie in neuerer Zeit etwa in den USA erkennbar wird.

Gegen solche Herkunftsanalysen wehren sich diejenigen, die Wert auf eine »reine« Herkunft von sogenannten Uransässigen legen. Sie sehen das Gebiet zwischen Oder und Bug als die eigentliche und festgelegte Heimat der frühen Slawen an. Dagegen steht die alte preußische Schule, die dasselbe Gebiet als Heimat der Frühostgermanen verstand. Die nationalen Vorurteile der Forscher sind noch lange nicht verschwunden. Und es gab – zumindest bis vor kurzem – auch noch Zensoren, die über den Forscherdrang wachten. Jedenfalls: Irgendwo auf dem eurasischen Kontinent haben die polnischen Vorfahren gelebt. Ihre Abtrennung von der übrigen slawischen »Familie« ist zeitlich nicht festzulegen. Warum die Abtrennung erfolgte, ist auch nicht ergründet. Und es gibt keinen Beweis dafür, daß das Gebiet zwischen Oder und Bug in der ersten nachrömischen Periode irgendeiner ethnischen Gruppe exklusiv zuzuordnen wäre.

Norman Davies: »Der Begriff ›Polska‹ ist uns erst aus dem 10. Jahrhundert bekannt. Und da nur als Bezeichnung eines kleinen slawischen Stammes: die ›Polanie‹ (die Menschen der offenen Felder), die an den Ufern der Warthe ansässig waren. Das eigentliche Verhältnis der ›Polanie‹ zu anderen slawischen Stämmen und vielleicht zu ihren nichtslawischen Nachbarn ist nicht bekannt.«

Vor der Teilung Polen-Litauens hatte die Gesellschaft einen »multikulturellen« Charakter. Es vermischten sich polnische Adlige und slawische Bauern mit germanischen Bürgern und mit jüdischen und armenischen Händlern. Die Gesellschaft war kreativ und übte praktische Toleranz.

Warum und wie wurden diese Grundlagen einer funktionierenden Kulturgesellschaft immer und immer wieder zerstört? Es waren jeweils Machtfragen, die Intoleranz aufkommen ließen und die kulturelle Vielfalt und Kreativität zerstören mußten.

In der einen Periode bemühte sich der Adel nachzuweisen, daß er allein die »Polnische Nation« ausmache, da er anderer rassischer Herkunft sei als die übrigen Menschen im Lande. Der berühmte Marcin Bielski (1495–1575) strickte mit an der damals populären Mythologie, nach welcher der Adel von jenen sarmatischen Kriegern abstamme, die in prähistorischen Zeiten die slawischen Stämme unterjocht hatten. Die Mitglieder der Szlachta (des Adels) seien deshalb der übrigen Bevölkerung überlegen.

Im 19. Jahrhundert dann traten die Panslawisten auf den Plan. Die Philologen Vostokov und Miklosic betonten die gemeinsame Herkunft der slawischen Sprachen. Demnach wurden alle slawisch sprechenden Völker auf einen gemeinsamen rassischen Ursprung festgeschrieben. Russen und Polen kämpften nun um die »natürlichen« Rechte bei der Führung der slawischen Völker. Während der Panslawismus in Rußland zu einem gewichtigen Element des Nationalismus wurde, beschlich die Polen die Furcht, daß alte slawische Familien insgeheim von den Russen beherrscht werden könnten. Auch solche Urängste, verbunden mit den tatsächlichen geschichtlichen Erfahrungen, prägen heute noch das Empfinden polnischer Menschen.

Ein Wappentier

Anfang der achtziger Jahre wußte kaum jemand um die adlige Abkunft des Generals mit der dunklen Brille, die im Untergrund, in der Karikatur, im In- und Ausland zum eindeutigen Symbol der Unterdrückung, des Kriegsrechts wurde. Das zweite Symbol fanden die kreativen Aktivisten von der Untergrundfront in der Abkürzung, die für den »Militärrat der Nationalen Rettung« stand: WRON. Flugs sprachen sie von den WRONa, den Krähen, als den häßlichen Vögeln, die ihnen alles raubten, was ihnen wichtig, das schändeten, was ihnen heilig war. Hätten sie damals von »Slepowron« gewußt, dem Wappen, das am Anfang der Familie Jaruzelski steht, wäre ihnen dazu sicher eine Menge eingefallen. »Slepowron« heißt soviel wie »blinde Krähe«!

Bereits 1224 wird das Geschlecht mit diesem Wappen in einer Urkunde des Herzogs Konrad von Masowien erwähnt. Wie schon andere war auch dieser Herzog bestrebt, die wilde Landschaft von Podlasie endlich zu befrieden. Dieses flache, moorige Gebiet mit fast undurchdringlichen Urwäldern war ein Randgebiet des frühen polnischen Staates. Mindestens ein Nomadenstamm lebte dort, den manche Quellen die »Jadzwinger« nennen. Häufig kamen sie aus Sumpf und Wäldern, um den seßhafteren Masuren und anderen Bewohnern des schon staatlich organisierten Polen das Vieh und sonstigen wertvollen Besitz zu rauben. Vor allem: Sie ließen sich nicht so leicht für den Staat vereinnahmen. Aber irgendwann wurde der legendäre Stamm bezwungen. Und dann kamen die Kolonisatoren. Von den rechten Ufern des Bug und der Narew strömten die Ruthenen, von den linken kamen die Masowier ins Land. Ritter, die sich um die mögliche Kolonisierung verdient gemacht hatten, wurden mit Gütern beschenkt und geadelt. Nobilitiert wurden aber auch ganze Gruppen von Kriegern, die sich dann einen Besitz teilen mußten. Unter den Geadelten war einer, der das Wappen der Slepowron führte. Er erhielt das Landgut »Jeruzale« zum Geschenk.

Es ist nicht möglich, den genauen Zeitpunkt der Schenkung zu ermitteln. Auch über die genaue Lage und Größe des Besitzes gibt es keine Unterlagen. Über die Zeiten wurden für den Besitz verschiedene Schreibweisen benutzt: Jeruzale, Jeruzele, Jaruzele oder Jaruzela. Irgendwann – wohl nach dem 13. Jahrhundert – nahmen die Herren von Jaruzele den Namen ihres Besitzes als Familiennamen an.

Für die Entstehung der polnischen Familiennamen kann nach Peter Mikliss eine grobe Dreiteilung vorgenommen werden:

Die erste Namensgruppe entstand aus charakterisierenden Beinamen, wie z. B. Zaba – Frosch, Kielbasa – Wurst oder Kostka – Knöchelchen. Diese Namen haben mit den gleichzeitig vorhandenen Wappenzeichen der Geschlechter nichts zu tun.

Die zweite Namensgruppe entstand aus den Vornamen berühmter Vorfahren. Mikliss vergleicht sie mit den skandinavischen Vorbildern, wie Erikson, Gustavson usw. Polnische Beispiele sind Adomawicz oder auch Krzysztofowicz.

Die dritte Gruppe der polnischen Adelsnamen ist gleichzeitig die am weitesten verbreitete. Sie enthält die Namen, die auf -ski oder -cki enden. Diese Familiennamen entstanden nach dem Herkunftsort oder Besitz ihrer Träger. Von außen wurden die Herren eines Landgutes zum Beispiel durch den in ein Eigenschaftswort verwandelten Ortsnamen bezeichnet: »pan jaruzelski« war der »Jaruzeler Herr«. Der Einfachheit halber hießen die Herren von Jaruzela dann später »Jaruzelski«, also »der Jaruzeler«. Dieser Name vererbte sich dann auf die Nachkommen, wenn sich die Herrschaften nicht durch den Neuerwerb eines Besitzes einen neuen Namen verschafften. Bei den Jaruzelskis entwickelten sich so die Namen für verschiedene Haupt- und Nebenlinien.

Nun ist es aber nicht so, daß alle Polen, deren Name auf -ski oder -cki endet, auch adligen Geblüts sind. Die Bauern etwa, die auf einem Landgut arbeiteten, nahmen oft den Namen des Gutsbesitzers an. Er war eine Herkunftsbezeichnung, so wie sie von den Einwohnern der Stadt Lapy getragen wird. Lapy wurde um 1400 von einem aus Masowien eingewanderten Kleinadligen namens Lapa gegründet. 1676 war der ehemals einsame Edelhof bereits in 14 Höfe unterteilt. Im Jahre 1961 hatte die Stadt Lapy 7704 Einwohner, die in der Überzahl immer noch den Namen Lapinski führen. Dieses Beispiel ist extrem. Aber Rechtsprechung und Literatur in westeuropäischen Ländern gingen oft davon aus, daß -ski dem deutschen »von« gleichzusetzen sei. Daß dies zum Verdruß so mancher hier Eingewanderten nicht so ist, hat Peter Mikliss in seiner Doktorarbeit bewiesen. Ihr ist auch das Beispiel der vielen Lapinski entnommen. Die Gründe für die besondere Namensschöpfung im polnischen Adel – im Vergleich zu den hiesigen Gepflogenheiten – ergeben sich aus der Eigenart der polnischen Geschichte.

4. Kapitel
Verwoben mit der Geschichte

»Jan«

1224 wird in der Urkunde Herzog Konrads ein Anonymus aus dem Wappen Slepowron erwähnt. Irgendwann erhielt ein aus diesem Wappen stammender Ritter Jeruzale geschenkt. Und endlich – 1450 – tauchte aus dem Dämmer der Geschichte der erste Jaruzelski auf, dessen Eigenname überliefert ist. Er hieß Jan. Aus den Akten geht auch hervor, daß Jan einen Sohn namens Piotr hatte. 1478 wird Jan als verstorben erwähnt. Sohn Piotr konnte mit drei Söhnen aufwarten: Jan, Maciej und Stanislaw. Diese drei begründeten sowohl die Nebenlinien Dmochy und Osiny als auch die Hauptlinien Ray, Saluda, Warda, Zemla und Zuzolka der Familie Jaruzelski. Die Linie Jaruzelski-Zuzolka befaßte sich – neben der landwirtschaftlichen Tätigkeit – schon immer mit Verwaltung und Politik. Und dieser Linie entstammt Wojciech Witold Jaruzelski.

Familienchronik

Die Nachfahren des Slepowron-Ritters und des ersten namentlich bekannten Jaruzelski, Jan, bilden also nach dem Tode von Piotr, Jans Sohn, die Nebenlinien Dmochy und Osiny und die Hauptlinien der Familie. Der heutige Präsident Polens entstammt der Zuzolka-Linie, die ebenso wie die anderen Familienstränge Ray, Saluda, Warda und Zemla in der Region Podlasie beheimatet ist.

Podlasie blieb als Grenzregion rechtlich und administrativ weit hinter den anderen Regionen des polnischen Reiches zurück. Die oft wechselnden Herrscher haben sich für dieses Randgebiet ihrer jeweiligen Reiche sehr wenig interessiert. Mal herrschten Ruthenen, mal polnische Könige, dann waren es Herzöge von

Litauen, dann wieder solche von Masowien. Die Region hat erst im 16. Jahrhundert begonnen, sich polnischem Recht zu beugen. So beschlossen 1501 die Gerichte, daß Gutsbesitzer, auch wenn sie ihre jeweilige Klage zurückziehen sollten, Schlichtungsgebühren zahlen und den Vorgang zu den Akten geben müßten. 1509 wurde den Gutsbesitzern untersagt, das Gerichtsgebäude bewaffnet zu betreten.

Wen wundert es, wenn die Familienchronik der Jaruzelskis erst von dieser Zeit an lückenlos wird. Die Familien selbst hatten keine Archive angelegt. Und die Gerichte erhielten erst jetzt die Möglichkeit, Fakten zu sammeln. So wird auch die Familiensage Jaruzelski zu einer Gerichtschronik, zumal die meisten, auch die kirchlichen Akten durch kriegerische Ereignisse, durch Brände, aber auch durch die Nachlässigkeit der Beteiligten vernichtet oder nicht mehr auffindbar sind. Bemerkenswert ist auch, daß die Familienchronik der Jaruzelskis erst 1926 geschrieben wurde, das heißt fünf Jahre nach der Abschaffung der Adelsprivilegien durch die polnische Verfassung von 1921. Aleksander Wlodarski war der Chronist, der einleitend über die »großen Familien« der Region berichtet:

Podlasie kann sich vieler hervorragender Politiker, Soldaten und opferbereiter Freiheitskämpfer rühmen. Die Annalen der Familien Butler, Kossowski, Moczydlowski, Rzewuski, Raczek, Saczek, Wodzynski bestätigen das Zugehörigkeitsgefühl ihrer Mitglieder zur polnischen Krone, ihre Opferbereitschaft und persönlichen Einsatz während der polnischen Freiheitskämpfe. So geschah es auch in den letzten Jahren: Angesichts der bolschewistischen Gefahr riefen die Priester Brzozka und Skoropka zum Kampf mit den feindlichen Truppen auf. Pater Skoropka fiel bei der Verteidigung Warschaus 1863.

Die Auftraggeber der Familienchronik erhalten eine besondere Würdigung:

Zu diesen, dem Vaterland treu dienenden Familien gehört auch das Geschlecht der Jaruzelskis. Diese uralte Familie kämpfte im 17. Jahrhundert gegen die Schweden, 1863 gegen die Russen und 1920 gegen die Bolschewiken. Doch auch als politische Würdenträger haben sich die Jaruzelskis hervorgetan.

Der Chronist Wlodarski, Kustos des Archivs von Glowno, entnahm seine Daten einer Reihe von Unterlagen, die im Warschauer Zentralarchiv zusammengetragen waren. Dokumente aus dem 14., 15. und 16. Jahrhundert hatte Ignacy Kaplica-Milewski zur Herausgabe eines Wappenbuches gesammelt. Zygmut Gloger und Professor Adolf Pawinski trugen weitere Dokumente und Quellentexte zusammen; sie arbeiteten über die Besiedlungsgeschichte der Region Podlasie. Ihr Bericht kann getrost als Gerichtsreport bezeichnet werden. Verkürzt sei folgendes vermerkt:

Der Sohn von Piotr, Stanislaw, begründete um 1500 die Linie Jaruzelski-Zuzolka. Dessen Sohn Jan stritt vor Gericht mit den Erben des Gutes Dmochy um Grenzverläufe. Durch diesen Verwandtenstreit kam sein Name 1558 in die Akten. 1580 entflammte ein weiterer Prozeß um die Aufteilung des Gutes Jaruzele – diesmal mit einer anderen verwandtschaftlichen Linie. 1591 verklagten zwei Söhne Jans erneut die Verwandten vom Gut Dmochy. Diese hatten unerlaubt Wälder gerodet, die um das Zuzolka-Gut herum gewachsen waren. Einer der Kläger, Jans Sohn Maciej, wurde zum alleinigen Herrn von Jaruzela und kaufte 1601 einen weiteren Teil des noch nicht vollständig zu seinem Besitz zählenden gleichnamigen Dorfes. Aber nach dieser Arrondierung wurde er von seiner Schwester verklagt. Sie zitierte ihn wegen Unterschlagung eines Teiles ihrer Mitgift vor Gericht. Über den Ausgang des Prozesses ist nichts bekannt.

Ein Teil der weiteren Geschichte wird nun von Aleksander Wlodarski direkt erzählt. Ein Text für Liebhaber:

Maciej hinterließ aus der Ehe mit Malgorzata Blonska vier Söhne: Walenty, Krzysztof, Jan und Piotr. Krzysztof hatte die Tochter Zofja; Walenty die Tochter Katarzyna, die Piotr Dmowski heiratete. Mikolay, der Sohn von Jan Zuzolka, kaufte 1601 Teile des Besitzes Jaruzele von Jan Jaruzelski und hinterließ nur einen Sohn, Andrzej, dessen Söhne kinderlos starben.

Adam, der zweite Sohn von Jan Zuzolka, verkaufte 1605 seine Anteile an Jaruzele an seinen Bruder Jacob. Adam heiratete Cemuta, die Tochter von Jan Wozniski. Aus dieser Ehe stammten die

Töchter: Anna, verheiratet mit Jacob Pisanka; Dorota, die spätere Frau von Jan Dabrowski; Elzbieta Wisniewska sowie die Söhne Jan und Tomasz-Stanislaw. Jan hinterließ die Tochter Maryna, die von ihrer Tante Dorota Dabrowska großgezogen wurde.

Tomasz-Stanislaw, der Herr in Jaruzela, heiratete am 11. Oktober 1636 im Dominikanerkloster zu Kamieniec-Koszyrski Anna de Klepacze-Postpalska. Aus dieser Verbindung stammen die Töchter Helena, verheiratet mit Jan Soszynski; Marjanna, Frau von Wojciech Komarnicki, sowie die Söhne Franciszek, Stefan und Waclaw. Franciszek übernahm mit Einverständnis der Krone 1702 die königliche Pacht Wolka und Kamien, die zuvor sein Bruder Waclaw verwaltete. Er übergab diese Ländereien jedoch 1702 seinem Neffen gleichen Namens. Franciszek selbst erhielt das Gut Kleszczele als königliche Pacht. Stefan verklagte 1687 Dominik Sikorski, weil dieser sein Gut Szayno besetzen ließ.

Bekannte polnische Namen in diesem Bericht. Und von den in der polnischen Geschichte noch unbekannten Jaruzelskis sollte einer, nämlich Waclaw, die Anonymität durchbrechen. Er begann Bedeutenderes zu tun, als sich um Erbmassen zu streiten. Allerdings fiel seine kurzlebige Prominenz schon in die Zeit, in der Polen vollends zum Spielball seiner Nachbarn geworden war.

Waclaw

Waclaw, dessen Eltern im Dominikanerkloster geheiratet hatten, erbte Familienländereien in Zawada. Und dort, in dem Ort Leniewo, hatte ein böser Nachbar den Untertanen Waclaws Unrecht angetan. Er zog für diese vor Gericht. Das war 1685. Wie das Unrecht ausgesehen hatte und wie der Prozeß ausging, ist nicht mehr festzustellen. Waclaw indes war im Ansehen seiner Adelsgenossen so gestiegen, daß sie ihn 1688 in den Sejm wählten als Delegierten des Bezirks Ziemia Bielska. Schon 1687 war er von der polnischen Krone, also von König Jan III. Sobieski, ausgezeichnet worden. Als Sieger über die türkischen Heere machte dieser Waclaw zum Truchsessen in Ziemia Bielska. Doch mit dem Amte kam zunächst der Ärger.

Es gab da einen hochmütigen Adligen namens Aleksander Gasowski, der sich nicht damit abfinden mochte, daß polnische Staatsämter nicht erblich waren. Da unter seinen Vorfahren etliche waren, die Waclaws neues Amt schon innegehabt hatten, versuchte er, einen Erbanspruch für sich geltend zu machen. Er überzog den neuen Truchsessen Waclaw Jaruzelski mit einem Prozeß, der einige Jahre dauerte und den er verlor. Gasowski mochte sich mit seiner Niederlage nicht abfinden und bezichtigte nun den neuen Amtsinhaber, nicht aus adligem Geblüt zu stammen. Das Ganze kam vor das Hohe Tribunal Lubelski, wo alle schriftlichen Nachweise und Zeugenaussagen bewiesen, daß Gasowski mit falschen Behauptungen aufgetreten war. Der Ämtergierige mußte eine Geldstrafe zahlen, und obendrein kam er ins Gefängnis.

Für Waclaw ging es weiter wie im Märchen: Der Sachsenkönig August der Starke gab ihm 1699 das Recht, in seinem Landgut Zawada einen Wochenmarkt einzuführen. Somit wurde Waclaw zu einem sehr wohlhabenden, angesehenen Mann, der es aber noch weiterbringen sollte.

Erstmals machte ein Mitglied der Familie Jaruzelski bei einer großen Staatsaktion von sich reden – der zweite sollte der derzeitige Präsident der Republik Polen sein.

Von Waclaws Wirken zeugt eine uns überlieferte Rede. Er hielt sie anläßlich der Auseinandersetzungen bei einer der umstrittendsten Königswahlen in Polen.

Diese hatte eine wechselvolle Vorgeschichte: Der Sachse August – auf polnischem Thron – hatte mit dem russischen Zaren Peter, wie man berichtet, bei einem Saufgelage Pläne für den (später so genannten) Nordischen Krieg geschmiedet. Dieser Krieg gegen die Schweden machte Polen dann zum Tummelplatz ausländischer Soldaten. Der Schwedenkönig Karl XII. kämpfte auf Kosten der polnischen Bevölkerung gegen die Vorherrschaft des Sachsen August und um die Macht im eigenen Lande.

Die polnischen Notabeln aber nutzten die Gunst der Stunde. Sie setzten August ab. Aleksander Sobieski wollte oder sollte die

Krone trotz schwedischer Unterstützung nicht annehmen. Denn der polnische Adel hatte nach dem Tod seines Vaters Jan ihn und seine Brüder ausdrücklich von einer Thronfolge ausgeschlossen. Daraufhin setzte der Schwedenkönig auf Stanislaw Leszczynski, dessen Unterschrift die Absetzung August des Starken besiegelte.

Viele hohe Würdenträger, unter anderem der Kirche, waren im Jahre 1704 anwesend, als die 70 Vertreter des polnischen Adels den neuen Kandidaten Karls XII. akzeptierten. Sie taten dies unter dem Zwang einer äußeren Bedrohung: Der Tagungsort war von Kriegsleuten des Schweden umzingelt. Nun sollte die Stunde des Waclaw Jaruzelski kommen. Er erschien als Delegierter des Bezirks Ziemia Bielska zur Königswahl. Mit den anderen Gesandten sah er sich in Warschau einem unerträglichen Druck ausgesetzt. Und er hielt eine Rede:

»Also haben wir uns hier versammelt, um der Verschwörung gegen unser Vaterland Vorschub zu leisten! Dabei hängen seine Einigkeit und sein Ruhm in diesem Moment von jener Unabhängigkeit ab, die wir uns erst sichern müssen, bevor wir zur Wahl des neuen Königs schreiten. Wenn man diese simple Bestätigung eines von fremder Macht uns aufgezwungenen Königs Wahl nennen sollte, dann sollte man erst uns, einem von Bewaffneten umzingelten Wahlgremium, die Reste unserer Freiheit gewähren.

Gibt man unseren Rechten die Würde zurück, so werde ich mich dieser Wahl nicht widersetzen. Es geht mir dabei nicht um persönliche Vorteile, ich handele lediglich aus Respekt für unsere Rechtsordnung und Freiheit. Deshalb kann ich es nicht dulden, daß man uns dazu zwingen will, denjenigen zum König zu küren, der jetzt in unserer Mitte sitzt, meinen Worten zuhört, dem ich Gehorsam geloben soll.

Er soll den Thron besteigen, ich werde mich nicht dagegen wehren, doch er soll dabei unsere Rechte, die täglich verletzt werden, respektieren. Zuerst müssen wir diese Rechte schützen und ihre Würde wahren. Wir dürfen unserer Nachwelt kein solch schädliches Beispiel einer blinden Ergebenheit gegenüber einer fremden Macht hinterlassen.

Wir müssen uns gegen die gegen uns gerichtete Gewalt auflehnen. Wir dürfen nichts unternehmen, was die Würde des Senats und des polnischen Primas antasten könnte, wir dürfen uns nicht von den Zielen unserer Konföderation entfernen. Wird das Recht respektiert, bin ich bereit, der Wahl zuzustimmen. Doch sollte es mit Füßen getreten werden, werde ich als Gesandter der Wojewodschaft Podlasie gegen alles, was hier geschieht, Protest einlegen.«

Diese Rede rüttelte zumindest auch die anderen Gesandten von Podlasie so auf, daß sie sich dem Protest anschlossen. Der schwedische Baron Horn als Verhandlungsführer hatte nicht mit so heftigem Widerstand gerechnet. Er tat nun alles mögliche, um die Wahl durchzusetzen. Er versuchte auch, den Schein von Freiheit vorzuspiegeln, ohne jedoch die Einschüchterung durch die Bewaffneten aufzuheben. Waclaw ließ sich weder von Finten noch von der Gewaltandrohung irritieren. Kompromißlos und mit starken Worten verkündigt er seinen Willen zur Freiheit:

»Hier werden wir unser Leben fürs Vaterland lassen. Ihr könnt mich in Stücke hacken. Lieber sterben wir, als daß wir unsere Rechte preisgeben!«

Ein Heldenstück, das allerdings ohne Folgen blieb.

Stanislaw Leszczynski wurde 1704 polnischer König. Doch schon 1709 waren Zauber, Gnade, Geld und Macht des Schweden Karl XII. verfallen. Der Zar bestimmte wieder, was gut sei für das Land. Mit seinem Votum kam der Sachse August wieder auf den Polen-Thron. Die polnischen Notabeln hatten keine andere Wahl.

Waclaw Jaruzelski verstarb bereits 1705, ein Jahr nach seinem großen Auftritt. Seine Tochter Teofila war mit einem Franciszek Wilga verheiratet. Sein Sohn Michael wurde Kapitän in den polnischen Streitkräften, sein Sohn Jozef brachte es zu hohen Würden.

Und dann gab es noch Franciszek, den Sohn, der dazu ausersehen sein sollte, die Familiengeschichte der Jaruzelskis fortzusetzen. Die Zuzolka-Jaruzelskis zeigten jetzt eine bemerkenswerte Kontinuität in ihrem Aufstieg in der polnischen Gesellschaft. Zwar werden sie nie Magnaten oder unabhängige »Teilkönige« in dem von fremden Mächten bestimmten und später geteilten Land. Aber sie sind eingebunden in jene Ordnungen, die es den Polen ermöglichen, trotz aller Fremdbestimmung ihre nationale Identität zu wahren.

Daten

Aleksander Wlodarski:

Franciszek, der Sohn Waclaws mit Anastazja, erbte die Besitztümer in Zawada und Leniewo. 1724 erhielt er die königliche Pacht Kamien, Wiazanka und Wolka von seinem Onkel gleichen Namens. Dieser erhielt 1732 das Amt des Jägers der Ziemia Bielska, 1739 wird er Kreisvorsteher von Kleszczele. Er starb 1744 und hinterließ neben seiner Frau Marjanna Niwinska die Kinder Zofja und Wojciech. Wojciech wurde wegen seiner Verdienste um die polnische Krone und wegen des hervorragenden Rufs seiner Familie mit hohen Würden ausgezeichnet und wurde 1765 zum Richter ernannt. Weitere Auszeichnungen folgten 1779 und 1788. Er hatte drei Söhne: Stanislaw, den Kanonikus von Brest-Litowsk, Wincenty und Benedykt, der das Gut Zawada erbte.

Gutsherren, Richter, Jäger und Kreisvorsteher also. Die Ämter, die die Männer der Familie innehatten, waren zwar von regionaler, nicht aber von nationaler Bedeutung. Abgesehen von Stanislaw, dem Kanonikus von Brest-Litowsk, hat kein Familienmitglied je einen intellektuellen Beruf ausgeübt oder ein kirchliches Amt innegehabt. Der alte Ritteradel war zum Landadel mutiert. Das Kriegergeschlecht hatte sich in eine Landwirts- und Beamtenschicht verwandelt. Nur der Sohn des Redners Waclaw diente noch als Militär, als »Kapitän in den polnischen Streitkräften« im ersten Viertel des 18. Jahrhunderts.

Erst in der zweiten Hälfte des 19. Jahrhunderts hat ein Zuzolka-Jaruzelski wieder zum Säbel gegriffen. Aleksander Wlodarski:

Benedikt hinterließ seinem Sohn Antoni-Jozef das Gut Zawada. Antoni-Jozef, getauft in der Pfarrkirche von Sokoly, der Herr der Besitztümer von Stara Rus und Sokoly, war zweimal verheiratet.

Mit der ersten Frau hatte er die Tochter Marja Tyborska. Mit der zweiten Frau Felicjanna Skwiska hatte er die Tochter Konstancja-Estera und fünf Söhne: Derslaw, Adolf, Wladyslaw, die kinderlos starben, sowie Wojciech und Jozef-Benedikt. Wojciech, in Stara Rus geboren, erbte dieses Gut, und daneben Zaremba Koscielne, Niemiry und Dmochy. Er nahm aktiv am polnischen Aufstand von 1863 teil und wurde nach Szadrynsko verbannt. Nach einer Amnestie kehrte er nach Hause zurück. Er war mit Helena Filipkowska, der Tochter von August Filipkowski, verheiratet. Aus dieser Ehe stammten die Töchter Marja Jamiolkowska, Jozefa Niewiarowska, Janina Suchinska, Zofja Mokrzynska.

Nun ist klar: Wojciech Jaruzelski, der Erbe einiger Güter, nahm am polnischen Aufstand 1863 gegen die Russen teil. Er gehörte zu jenen Freiheitskämpfern, deren Taten in vielen Berichten, Romanen, Gedichten und später auch Filmen verherrlicht werden sollten. Neben den vier Töchtern hatte seine Frau Helena auch vier Söhne geboren. Waclaw, der die Güter Zaremba Koscielne und Niemiry erbte; Stefan, der Stara Rus erhielt; Antoni, der Oberst in der russischen Armee wurde und – von den Bolschewisten verhaftet – fast seinen ganzen Besitz verlor. Stefan war mit Marja Budochowska verheiratet.

Der vierte Sohn schließlich war Wladyslaw-Mieczyslaw. Er nahm als Reiteroffizier am Ersten Weltkrieg und dann 1920 am siegreichen Kampf der Polen gegen die Armee der Sowjetunion teil. Danach wurde er Zivilist, studierte an der berühmten Hochschule zu Tabor in der Tschechoslowakei Landwirtschaft und ging als diplomierter Landwirtschaftsingenieur in fremde Dienste. Er übernahm die Verwaltung des Gutes Kurow, bewohnte dort als »Kavalier« – wie man die Junggesellen nannte – das Herrenhaus und freite die schöne Wanda Zaremba. Wladyslaw entführte seine junge Frau von ihrem elterlichen Gut Trzeciny nach Kurow, wo sie ihm 1923 einen Sohn gebar. Eben jenes »Kindlein«, das später in der von Adels- und Feudalherrschaft befreiten Volksrepublik zu hohen Ehren und doch ins Zwielicht kommen sollte.

Dem Lebensweg des Wojciech Witold Jaruzelski nun soll alle Aufmerksamkeit gewidmet sein. Zuvor aber sollte Aleksander

Wlodarski – in memoriam – Gelegenheit erhalten, seinen Bericht zu Ende zu führen. Hier wird exemplarisch deutlich, wie sehr Familien dieser Herkunft mit der wechselvollen Geschichte Europas verwoben waren, auch wenn einzelne dabei keine tragende Rolle spielten.

Aleksander Wlodarski:

Waclaw, der Sohn von Wojciech, ehemaliger Besitzer von Zaremby Koscielne und Niemira, wurde Richter am Bezirksgericht in Warschau. Dort heiratete er Wanda Truskolaska und hatte mit ihr zwei Söhne: Wladislaw-Wojciech, geboren 1906, und Boleslaw, geboren 1909 in Warschau. Jozef-Benedikt, geboren 1845 in Stara Rus, der jüngste der zahlreichen Geschwister, nahm bereits als Gymnasialschüler am Aufstand von 1863 teil. Er war Zugführer der Einheit von Padlewski und Kobylanski. Nach der Niederlage der Aufständischen überschritt er die österreichische Grenze und wurde dort verhaftet. Er floh aus dem Gefängnis und ging ins Exil in die Schweiz, später nach Paris. In Paris fing er zunächst ein Universitätsstudium an, das er aber wegen finanzieller Schwierigkeiten aufgeben mußte. Die Familie konnte ihm nicht helfen, weil die Russen den Besitz mit sehr hoher Abgabenpflicht belegten.

Schließlich siedelte er sich in Galizien, in der Nähe von Sanock, an, aber der Weg in die Heimat blieb ihm wegen der Ereignisse von 1863 für immer versperrt. In Galizien pflegte er Kontakte zu nationalgesinnten polnischen Familien. Die Familie von Edmund Krainski, einem ums Vaterland verdienten Soldaten (Träger des Ordens Virtuti Militari), gehörte zu diesen rechtschaffenen, patriotischen Geschlechtern. In dessen gastfreundlichem Haus in Leszczowaty trafen sich viele hervorragende Köpfe dieser Zeit: u. a. der Dichter Wincenty Pol, der im alten Park der Krainskis zahlreiche seiner Gedichte schrieb. Es war also kein Wunder, daß sich der aus dem Exil zurückgekehrte Jozef hier besonders wohl fühlte und die Tochter des Hauses, Baltazara, und nach deren Tode ihre Schwester Helena geheiratet hat.

Kurz nach seiner Heirat mit Baltazara übersiedelte Jozef ins sogenannte Kongreß-Polen, um seine Erbanteile in Besitz zu neh-

men. Er wurde von den Russen verhaftet, doch konnte er dank der Hilfe der Familien Zamoyski und Krasicki aus dem Gefängnis fliehen. Da es ihm nicht möglich war, enge Beziehungen mit seiner Familie zu pflegen, lebte er sich vollständig in die große Krainski-Familie ein. Jozef kaufte Ländereien in den Kreisbezirken von Dobromile und Jawornik Ruski und später in Sanoczany und Babice. Er engagierte sich für die Belange der Landwirtschaft in dieser Region, von allen geehrt und geschätzt – sowohl von den Gutsbesitzern als auch vom einfachen Volk. Er versuchte seine Liebe zum Landleben und zum Kampf an die Kinder weiterzugeben, wobei ihn seine beiden Ehefrauen Baltazara und Helena unterstützten. Jozef verstarb 1915. Aus seiner Ehe mit Baltazara stammten der Sohn Jozef-Wincenty und die Tochter Marja, verheiratet mit Gustaw Czykowski und später mit Wiktor Abrahamowicz.

Jozef-Wincenty, geboren 1871 in Jawornik Ruski, diente in der österreichischen Armee bis 1915; er war in Tarnow, Bochnia und Niepolomice stationiert. In den Jahren 1905–1914 lebte er als Reservist auf seinen Gütern in Babice und Kniazi. 1914 wurde er erneut in die österreichische Armee eingezogen. Er wurde mit dem Orden des Kaisers Franz-Josef ausgezeichnet. Nach der Erlangung der Unabhängigkeit durch Polen wurde er Militärattaché in Bukarest. 1920 wurde er der I. Armee in Weißrußland und später der IV. Armee in Wolyn eingegliedert. 1921 diente er in einem Kavallerieregiment in Tarnow, und im Mai 1921 verließ er die Armee und bewirtschaftete dann seine Güter. Er heiratete 1899 Izabella Krzysztofowiczowna und hatte mit ihr die Töchter Jadwiga-Agnieszka (geboren 1901, seit 1920 mit Boguslaw Korczak-Horodynski verheiratet), Ewa-Marja (geboren 1903), Marja-Petronella (geboren 1905 und seit 1925 mit Juliusz Passakes verheiratet), Teresa-Bogumila (geboren 1914) sowie die Söhne Zbigniew-Mikolaj (geboren 1900 und für seine Verdienste 1920 mit dem Orden Virtuti Militari ausgezeichnet) und Marcin-Stanislaw (geboren 1909).

Aus seiner zweiten Ehe mit Helena hinterließ Jozef-Benedykt die Tochter Janina (geboren 1891) und den Sohn Ksawery-Edmund (geboren 1882). Nach seinem Schulabschluß studierte Ksawery Agronomie in Leipzig (seit 1904). Nach dem Abschluß seines Studiums übernahm er das väterliche Gut und heiratete 1912 Janina, die Tochter des Fürsten Stanislaw Wagl-Swidrygiello-Swiderski, und übersiedelte nach Kaczanowka. Während des Ersten Weltkrieges diente er als Offizier bei den österreichischen Ulanen des Fürsten Schwarzenberg und wurde bei den Kämpfen in Rumänien eingesetzt. Die Ereignisse von 1918 überraschten ihn in Kaczanowka, er wurde interniert, doch gelang es ihm später, seinen Bereich auf den Einmarsch polnischer Truppen vorzubereiten. Er wird von der polnischen Armee hoch dekoriert und nahm 1920 an den Kämpfen gegen die Bolschewiken teil. Nach dem polnisch-russischen Krieg kehrte er nach Kaczanowka zurück, um für seine Familie und sein Vaterland zu arbeiten. Er ist aktives Mitglied zahlreicher Vereinigungen. Ksawery hat einen Sohn Antoni (geboren 1913) und die beiden Töchter Katarzyna (geboren 1916) und Anna (geboren 1918).

Diese ungekürzte Wiedergabe der letzten Seiten der »Rod Jaruzelskich« von Aleksander Wlodarski verweist eindeutig auf den Auftraggeber der gesamten Arbeit, auf Ksawery, dem nicht nur im Vorwort Kränze geflochten werden. Immerhin – ihm verdankt die Nachwelt einen Einblick in eine Familiengeschichte, deren Vernetzung mit der wechselnden politischen Situation in Europa für polnische Adelsfamilien typisch ist. Ein Eingehen auf die Lebensumstände und -wege des gemeinen Volkes kann von einer solchen Darstellung nicht erwartet werden. Die historisch bedeutungsvolle Begegnung mit Vertretern dieser über neunzig Prozent des polnischen Volkes scheint sich die Geschichte für die Mitglieder der Jaruzelski-Familie erst für einen späteren Zeitpunkt aufgespart zu haben. Sie verlief dann in vielfacher Hinsicht um so heftiger.

Familiengeschichte

Der gegenwärtige Präsident Polens hat keine ausgeprägten Neigungen gezeigt, Familienkontakte – über den engsten Kreis hinaus – zu pflegen. Äußere Lebensumstände mögen dazu beigetragen haben, aber dies entspringt sicher auch innerer Haltung. Die meisten der genannten Personen und ihre Nachfahren spielen für das derzeitige Leben Wojciech Jaruzelskis nur eine marginale Rolle, zumal er viele Mitglieder seiner weitverzweigten Sippe nie oder nur sehr flüchtig kennengelernt hat.

Als ein lebendiges Bild dieser inneren und äußeren Distanz mag diese kleine Angelegenheit erscheinen:

Drei Journalisten aus Warschau hatten sich Wochenendhäuser gebaut. Im Grünen, in einer Reihe ausgerichtet. Die drei erfreuten sich an der Natur, wann immer sie Zeit, und am Gespräch, wann immer sie Lust dazu hatten. Eines Tages kam Unruhe auf. Bauhandwerker kamen mit technischem Gerät und verlängerten die Reihe. In eines der neuen Häuser ziehe ein Armeeoffizier ein, erfuhren die Journalisten. Die neu eingezogenen Wochenendurlauber machten Anstandsbesuche bei den Nachbarn.

Zwei stehen sich gegenüber. Reichen sich die Hände.

»Jaruzelski«, so der eine.

»Jaruzelski«, so der andere.

Die beiderseitige Verblüffung war groß. Die anwesenden Zeugen erlebten hier die Begegnung Wojciech Jaruzelskis mit einem seiner Vettern. Auf diese Weise lernten sie sich kennen, jedoch ohne in der Folgezeit viel Gebrauch von ihrer späten Bekanntschaft zu machen. Jahrzehnte später sollte ein anderer Journalist – nicht verwandt, nicht einmal Pole – die Bekanntschaft des Präsidenten Jaruzelski suchen. Ein bedeutend schwierigeres Unterfangen.

Phönix

Bevor ein größerer Kreis davon erfuhr, hieß das Projekt »Phönix«. Dahinter verbarg sich nichts anderes als die Neugierde auf Herkunft, Leben und Wirken des Wojciech Jaruzelski. Dem Sujet angemessen, war hier nicht der Phönix der ägyptischen und der griechischen Mythologie oder das christliche Sinnbild gemeint, sondern jener dämonische Wundervogel, der seine Geheimnisse so gut zu verbergen weiß. Märchen erzählen, daß es schwierig sei, ihn zu finden: Nur Hexen und Zauberer erkennen mit dem

Blick in gläserne Zauberkugeln seinen Aufenthalt. Der Weg zu ihm ist beschwerlich. Und bevor sich seine Mysterien offenbaren, muß ihm der Neugierige noch drei seiner goldenen Schwanzfedern rauben. So geht es zu – im Märchen.

Die Wirklichkeit ersetzt die Zauberkugel durch den Fernsehschirm. Er zeigte Phönix, dessen abgezirkelte Präsenz Unnahbarkeit vermittelte. Die von ihm gesprochenen Texte waren meist von einer solchen Perfektion und Glätte, daß der Vortrag oft den Inhalt, fast immer aber die Person verdeckte. Sprachkultur als Ausdruck eines Zwangs zum Perfektionismus. Die Persönlichkeit, der Mann, sie machten sich kaum je öffentlich. Es war das Amt, das sprach. Sichtbar gemacht in einer Figur, wie sie auch E. T. A. Hoffmann hätte erfinden können. Perfekt, aber ohne menschliche Wärme. Korrekt, aber ohne Nähe zu vermitteln. So gefühlsabstinent, daß kein Spiegel Mitgefühl hätte zurückstrahlen können.

Der Mann sei ganz anders, sagten Menschen, die ihn näher kennen. Sie sprachen von Charme, den er in kleinem Kreis entwickeln würde, von Temperament gar, von Schlagfertigkeit und Witz. Aber: Solche Eigenschaften werden häufig jenen angedichtet, die sich verschlossen geben oder tatsächlich unnahbar sind. »Er wird Sie sicher empfangen«, sagte ein Vertrauter dieses Phönix, der auch den Weg zu dem Geheimnisvollen weisen wollte.

Bis es soweit war, so dachte ich, könnten vielleicht gedruckte Texte Wege zum besseren Verständnis zeigen, seine Reden und Interviews. Einen ersten Eindruck sollten die 1985 im Ostberliner Dietz-Verlag erschienenen »Ausgewählte Reden 1981–1985« geben. Das Buch vermittelte unsägliche Langeweile. Wie spätere Vergleiche mit den Originaltexten zeigten, verdankt sich dieser Eindruck aber nicht den Reden Jaruzelskis. Vielmehr hatten sich die DDR-Lektoren bemüht, den polnischen Genossen, der damals schon als Abtrünniger gehandelt wurde, nicht besser aussehen zu lassen als Honecker. Den DDR-Bürgern durfte sich kein Jaruzelski offenbaren, der sich in vielfacher Hinsicht von der damaligen Machtelite des ehemals noch kommunistischen deutschen Staates unterschied. Deshalb wurden sehr wesentliche, vor allem kritische und originelle Gedanken des Polen nicht in die Auswahl aufgenommen. In Polen selbst liegen alle wichtigen Reden und Interviews Jaruzelskis in gedruckter Form vor. Acht Bände umfaßt das bisherige Werk. Wer sich der Mühe unterzieht, diese Texte ausführlicher zu studieren, entdeckt – zumindest zwischen den Zeilen – einiges über die Entwicklung im Denken des Politikers. Bei genauerem Hinsehen werden aber auch die Konstanten deutlich, nach denen Jaruzelski sein Handeln ausrichtete.

Die Reden Wojciech Jaruzelskis sind, wie fast alle Reden fast aller wichtigen Politiker in Ost und West, ausgetüftelte Kunstprodukte. Ganze Teams manchmal unterschiedlicher Ressorts erarbeiten Teilstücke. Zusammengesetzt, werden sie wieder und wieder überarbeitet, abgestimmt und in Form gebracht. Manche politische Repräsentanten tragen dann Texte vor, die mit ihnen selbst, aber auch mit der Umgangssprache der »normalen« Menschen nur noch wenig gemein haben. Besonders in den Staaten des real existierenden Sozialismus hatte sich eine extreme Formensprache entwickelt, die zur Kommunikation eigentlich ungeeignet war. Diese Art ritueller Geräuscherzeugung hat Jaruzelski nicht unbedingt gepflegt. Zumindest auf sehr guten Ausdruck legte er immer Wert. Für ihn ist Sprache etwas Bedeutendes, etwas Edles. Vielleicht bleibt den gedruckten Zeugnissen seiner Sprache auch deshalb in langen Passagen das Zupackende fremd. Im Gegensatz zur diplomatischen Formulierungskunst, die er mit wahrer Meisterschaft betreibt. Und daher kam und kommt mancher Beobachter zu der kritischen Meinung, Jaruzelskis Reden würden oft eher der Vernebelung dienen als der Aufklärung. Jedenfalls offenbaren sich die Geheimnisse dieses Phönix nur in kleinsten Teilen aus dem Studium seiner Texte. Weit wichtiger würden die Begegnungen mit Zeitzeugen sein, die ihn lange kennen und – das Gespräch mit ihm selbst.

Zwar hatten loyale Mitarbeiter des Präsidenten von Anfang an gewußt, daß mein Wunsch nach einem persönlichen Gespräch, nach dem persönlichen Kennenlernen von größter Wichtigkeit war. Zunächst jedoch standen diesem Wunsch ständig Terminprobleme entgegen. Ersatzweise gab es viele Materialien und auch eine dankenswerte Bereitschaft, die Recherchen aus ihrem Wissen zu unterstützen. Die so erworbenen Informationen erwiesen sich jedoch teilweise als sehr oberflächlich. Andere stellten sich als reine Legenden heraus, die erst durch Befragen anderer Quellen enttarnt werden konnten. Hinter die Geheimnisse des Phönix zu kommen erwies sich dennoch zunehmend als schwieriger, weil die unterschiedlichen Quellen sehr unterschiedliche Antworten auf die verschiedenen Fragen zu geben wußten. Zu vielem würde nur Jaruzelski selbst verbindlich Auskunft geben können, wenn er denn wirklich wollte. Im Januar 1990 dann sollte es soweit sein. Der Präsident würde den Neugierigen aus dem Westen empfangen. Jedoch – es sollte wieder anders kommen.

Ein Vertrauter Jaruzelskis, der das Gespräch vorbereiten wollte, erkrankte, Stunden vor dem bereits bestätigten Termin. Der wurde auf unbestimmte Zeit verschoben. In jenen Tagen sagte mir ein Bischof des polnischen Episkopats: »Wenn Schweigen eine hohe Tugend des guten Politikers ist, dann ist Jaruzelski sogar ein begnadeter Politiker!« Das Lächeln der grauen Eminenz verleitete zu der fast verzweifelten Frage, ob es denn wenigstens sicher sei, daß der Präsident der kommunistischen Lehre angehört habe. Aus der Antwort sprach alle Weisheit eines erfüllten episkopalen Diplomatenlebens: »Das kann ich Ihnen leider nicht beantworten. Da müssen Sie schon seinen Beichtvater fragen!«

Bevor der Fehlschlag einer solchen Befragung hätte protokolliert werden müssen, kam im März der erste Gesprächstermin mit Jaruzelski zustande. Am Tage hatte der Präsident den damaligen Ministerpräsidenten der DDR, Hans Modrow, empfangen. Kurze Zeit vorher war der neue Präsident des ehemaligen kommunistischen Bruderstaates CSSR, Vaćlav Havel, zu Besuch gewesen. Es gab Gerüchte, Jaruzelski wolle vorzeitig zurücktreten. Lech Walesa wollte oder sollte, aufs neue, nun als Nachfolger, Präsident werden – oder auch nicht. Der ehemalige Sicherheitsberater des ehemaligen amerikanischen Präsidenten Carter, Zbigniew Brzezinski, hatte angeblich Ambitionen, Jaruzelski im Amte zu beerben. Aber er wollte nicht nur Präsident von Polen werden, sondern machte unverzüglich klar, daß Polen nur in einer Föderation zusammen mit Ungarn und der Tschechoslowakei lebensfähig sei. In polnischen Zeitungen stand zu lesen, dieser Kandidat sei so ungeeignet nicht. Denn – immerhin – auch als amerikanischer Staatsbürger habe er an seinem guten, alten polnischen Namen festgehalten! Ironie oder Realsatire – die Polen, die im Lande lebten, plagten andere Sorgen. Sie hatten sich vom Kommunismus gelöst und hatten nun eine von der Solidarność geführte Regierung. Sie machten die ersten Erfahrungen mit den Auswirkungen harter Einschnitte in die Finanz- und Wirtschaftspolitik, welche von dieser Regierung vorgenommen wurden. Und dazu kamen die Ereignisse in Deutschland.

Es waren Tage, an denen die Angst vor einer deutschen Vereinigung immer spürbarer wurde. Und – bemerkenswert – vor allem der Umgang der neuen DDR-Demokraten mit ihren ehemaligen Zuchtmeistern löste bei den polnischen Menschen allergrößten Widerwillen aus. Zwar wurde im Fernsehen gezeigt, daß die ostdeutschen Parteibonzen viel luxuriöser und pompöser gelebt hatten, als es den polnischen Amtsgenossen vergönnt gewesen war. Aber das rechtfertigte nach polnischem Empfinden noch lange nicht die entwürdigende Behandlung, die einem Erich Honecker vor aufgebauten Fernsehkameras widerfuhr. Die in die polnischen Wohnstuben gefunkten Fernsehbilder von der Verhaftung des schwerkranken Honecker bei dessen vorläufiger Entlassung aus dem Krankenhaus nährten bei den Polen eher die alten Ängste vor den »gefühllosen Preußen« als die Freude darüber, daß eine der letzten kommunistischen Bastionen gefallen war. Auch das führte dazu, daß der deutsche Besucher, statt etwas über Jaruzelski in Erfahrung zu bringen, immer wieder über Deutschland diskutieren mußte.

In den beim Ministerrat angesiedelten Räumen eines Teils des Präsidenten-Sekretariats erfuhr ich von einem Mitarbeiter Jaruzelskis, daß der Termin um zwanzig Uhr stattfinden könne. Aber – erstens – nicht im Privathaus des Präsidenten, da sich noch wichtige Termine im Amtssitz anschließen würden, und – zweitens – könne das Treffen nur eine Stunde dauern, wegen besagter Anschlußtermine. Meine Resignation wurde nicht dadurch gemindert, daß der Dolmetscher noch tröstend hinzusetzte, schon so manches Mal habe sich der Präsident dann nicht an die angesagten Zeitpläne gehalten. Das Gespräch könne also durchaus länger werden.

Ich registrierte zunächst nur, daß ich mich nicht an meinen Gesprächsfahrplan halten dürfe, daß ich statt dessen improvisieren müsse. Während der Fahrt zum Amtssitz versuchte ich, Zeittakte für die Improvisation zu finden. Der Versuch wurde abgebrochen. Die Fahrt endete schon nach wenigen Minuten. Die Strecke bis zu den beiden Torwachen vor dem Präsidentenamtssitz »Belvedere« beträgt nur 300 Meter. Der Wagen kurvte auf einen Parkplatz. Kurz vor zwanzig Uhr gaben der Mitarbeiter des Präsidenten, der Dolmetscher und ich unsere Mäntel ab. Es war fast wie im Theater. Über eine Treppe führte der Weg in den ersten Stock, in einen Empfangsraum. Dezenter Blumenschmuck auf einem Konferenztisch, auf dem auch Kaffeegedecke aufgetragen waren. Helles, aber warmes Licht. Die wenigen Männer, die bei ihrer Arbeit zu sehen waren, im Belvedere, auch der Adjutant, der uns mitteilte, daß der Präsident sich um dreißig Minuten verspäten müsse, bewegten sich anders als der Dolmetscher des Außenamts und der Zivilist aus der Bundesrepublik. Obwohl die Präsidenten-Mannen keine Uniformen tragen, war ihnen die militärische Schule sofort anzumerken. Nicht durch zackige oder besonders eckige Bewegungen fielen sie auf, sondern eher durch Einhaltung einer gewissen choreographischen Eleganz. Dies verstärkte unweigerlich den Eindruck von »Theater« und führte schließlich zu einer fast absurden Situation.

Ein nahe bei der Tür plazierter Adjutant gab durch ein Zeichen zu verstehen, daß der Präsident nun komme. Augenblicklich erschien Jaruzelski festen Schrittes und kam diagonal durch den Raum auf uns zu. Im letzten Moment schluckte ich herunter, was mir auf der Zunge lag. »Schau, da ist Phönix!« hatte ich sagen wollen, wie so oft in den letzten Monaten bei den Präsidenten-Auftritten, die ich am Bildschirm beobachtet hatte. Als ich die Wirklichkeit erkannte, war Jaruzelski bei uns angelangt. Nur noch zwei Schritte konnte ich ihm entgegengehen. Der »Theater«-Bann hatte bewirkt, daß ich ihn empfing und nicht er mich. Der »Phönix« ließ mich diese diplomatische Tölpelhaftigkeit nicht entgelten. Freundlich bat er, Platz zu nehmen.

Eine Ordonnanz schenkte Kaffee und Johannisbeersaft ein. Tastend begann das Gespräch, während ein Fotograf noch einige Blitze verbrauchte. Schon um zwanzig Uhr hatte ein auf einer Kommode stehender Chronometer mit sehr hellem Glockenschlag die Zeit verkündet. Kurz vor der Ankunft Jaruzelskis meldete er sich wieder, und schon bald schlug er neunmal. Ich wartete schon unruhig auf den nächsten Schlag, der das Ende des Gesprächs anzeigen müßte. Während der ersten fünfundvierzig Minuten saß der Präsident sehr aufrecht, sehr ruhig, sehr gesammelt auf seinem Platz. Kopf, Körper und Arme blieben fast unbeweglich, nur die Hände griffen manchmal nach einem vor ihm liegenden Brillenetui. Eine ganze Weile hatte ich das Gefühl, fixiert zu werden, wenn ich in meinen Aufzeichnungen schnell nach Fragen suchte, die in der Kürze der Zeit noch anzubringen wären. Irgendwann habe ich dann dem forschenden Blick standgehalten, irgendwann war das Theaterstück zu Ende. Ein wirkliches Gespräch begann.

Jaruzelski bewegte sich, seine Arme, seine Hände malten aus, sie unterstrichen, was er sagte. Seine Sprache war lebendig, er zeigte Temperament, Charme und – gegebenenfalls auch Härte. Jedenfalls erwies er sich als Mensch des Dialogs. Vieles von dem, was er sagte, hatte ich schon gehört, gelesen. Anderes war neu für mich. Und alles wurde so vorgebracht, daß Nachfragen möglich waren. Es gab keinerlei Phrasen wie »Bevor ich auf Ihre Frage eingehe, will ich etwas Grundsätzliches sagen«. Er korrigierte keine Fragen. Als überaus höflicher Mensch fragte er höchstens danach, ob er die Frage so oder anders verstehen dürfe. Noch zwei- oder dreimal habe ich die Glockenschläge der Uhr wahrgenommen, dann kümmerte sie mich nicht mehr. Das Gespräch hatte seine Eigendynamik entwickelt. Jaruzelski ignorierte an einer Stelle den Hinweis des anwesenden Mitarbeiters, die Zeit sei längst überschritten. Mitten im Gespräch, so gegen dreiundzwanzig Uhr, gingen mit einem lauten Knall die Lichter aus. Nur eine Stehlampe gab notdürftige Beleuchtung. Im Gegensatz zu mir war der Präsident nicht irritiert, sprach weiter, während der Mitarbeiter nach draußen eilte, um sich den Schaden zu besehen. Minuten später gingen die Lichter wieder an.

Das erste Gespräch hat dann nicht eine, sondern vier Stunden gedauert. Am Ende hatte ich das Gefühl, jenen recht geben zu können, die Wojciech Jaruzelski nicht nur in der vom Kriegsrecht inspirierten Schwarzweißmanier zeichnen. Die Halbtöne, die Nachdenklichkeit, die er im Gespräch entwickelte, würden manchem Politiker gut anstehen, der nicht mit einem Kriegsrechtsstigma behaftet ist. Und es klang glaubwürdig, was er über sein heutiges Verhältnis zur Macht sagte. Wir hatten über seine Karriere gesprochen und darüber, daß auch die Gegenwart ihm noch nicht viel Muße beschert. Leicht ironisch hatte ich eine berufliche Perspektive von zehn Jahren ins Gespräch gebracht.

Jaruzelski:

»Sie meinen es sehr gut mit mir, wenn Sie von zehn Jahren sprechen, die ich noch vor mir habe! Ich schaue nicht so weit in die Zukunft. Ich will jeden Tag ehrlich erleben. Und ich hoffe wirklich authentisch darauf, daß ich eines Tages ausruhen kann. Sie können mir glauben, ich bin nicht deswegen hier, weil mir dieser Posten oder die Macht, die damit verbunden ist, so sehr imponiert. Ich habe in meinem Leben genug Macht gehabt, sogar im Übermaß! Das, was mir fehlt, ist das normale Leben, das jeder Mensch braucht. Ich glaube, ich bin überhaupt keine Herrschernatur. Ich mag zum Beispiel diese ganze zeremonielle Umrahmung gar nicht! Sie macht mich müde. Ich bin in solchen Situationen sogar etwas scheu. Es ist also bei mir nicht so, daß ich glänzen will oder zeigen, daß ich Macht über andere habe. Ich halte es eher für eine zusätzliche Last, die damit verbunden ist, und nicht für eine Satisfaktion. Es werden mir – und mit Recht – sicherlich bestimmte Dinge vorgeworfen. Aber im Unterschied zu meinen Vorgängern Gomulka, Gierek, um von Bierut nicht zu sprechen, im Unterschied auch zu den Führern dieses Blocks, die vielleicht eine kleinere Macht hatten als ich, in der Periode, als ich sie anhäufte – nie hat es irgendwo Porträts von mir gegeben oder eine Hervorhebung meiner Person, die ich betrieben hätte! Es ist keine vorgetäuschte Bescheidenheit. Ich mag so etwas einfach nicht!«

»Vielleicht sind Sie ein stiller Genießer der Macht?«

»Ich freue mich immer, wenn etwas gelingt. Aber wissen Sie, wenn man einen leitenden Posten in einem solchen Lande wie Polen bekleidet, zumal in solchen Zeiten, in denen wir leben, dann gelingen viele Sachen nicht. Man muß Dramen erleben, man muß Niederlagen erleiden. Wie kann man also dabei von stillem Genießen reden? Ja, wenn die Lage sich positiv entwickelt, wenn ich sehe, daß die Arbeit Resultate bringt, welche von den Leuten positiv eingeschätzt werden, dann habe ich mit Sicherheit auch Momente der Freude. Das ist jedem Menschen eigen. Aber ich habe viel Bitternis erlebt. Gleichzeitig sehe ich, wie viele schwierige Momente noch vor Polen und auch vor mir stehen. Und das bringt keine Freude.«

Jaruzelski sagte dann noch, der Mensch brauche auch gewisse Atempausen, etwas Zeit für sich selbst, etwas Freiheitsgefühl. Und all das habe er nicht. »Und man hat nur ein Leben, und der Mensch kann nicht zwei Mittagessen auf einmal aufessen!« Manches klingt resignativ. Aber man sollte sich nicht täuschen. Herkunft und Lebensweg haben Wojciech Jaruzelski zu einem Patrioten gemacht, der bereit ist, vieles zu opfern, wenn es – nach seinem Verständnis – seinem Lande dient. Man mag von ihm halten, was man will. Aber vielleicht braucht das Land gerade ihn noch länger, als manche Spekulation es vor kurzem für möglich hielt. Einschließlich seiner selbst, als er in Interviews von einem frühen Rücktritt sprach. In diesen Tagen sprechen auch ehemalige politische Gegner das Wort »Kontinuität« in bewußtem Zusammenhang mit seiner Person aus. Der überaus populäre Premier Mazowiecki bezieht die Person des Präsidenten mit ein, wenn er von dem Erfordernis spricht, die Demokratie kontinuierlich zu entwickeln. Der Fraktionsführer Professor Geremek läßt keinen Zweifel daran, daß er den jetzigen Präsidenten für ein »stabilisierendes Element« in den schwierigen Zeiten der Wirtschaftsreform hält. Außerdem wissen alle verantwortungsbewußten Politiker Polens den guten persönlichen Draht zu schätzen, der Jaruzelski mit Gorbatschow verbindet.

Nicht wenigen Polen ist inzwischen klar, daß sich ihr – zwischen dem unruhigen Rußland und dem ebenfalls unruhigen Deutschland gelegener – Staat nichts weniger leisten kann als einen Populisten an der – wenn auch nur repräsentativen – Spitze. Sie erleben, wie der ehemalige Kriegsrechtsgeneral nun mit der ihm eigenen Energie Demokratie erlernt und praktiziert. Zwar ist das Kriegsrecht sein »weißer Fleck«, der als Geheimnis keinen Bestand haben darf. Gleichzeitig ist die Geschichte des Kriegsrechts aber Jaruzelskis Ausweis dafür, daß ihm manches sehr viel besser liegt als populistisches Agieren. In – noch dürftiger – Kenntnis der Wahrheit über 1981 mag dies makaber klingen, aber es stimmt. Jaruzelski ist schon fast alles gewesen, was man in Polen werden konnte. Da er nichts mehr werden muß, bleibt er als demokratischer Präsident berechenbar. Eine politische Tugend, von der auch die von Mazowiecki geführte Regierung und deren Arbeit nach innen und außen ganz wesentlich abhängen. Doch – dies greift wieder weit voraus.

In jenem März-Gespräch war Mitternacht schon vorbei, als sich Jaruzelski auch nach persönlichen Umständen seines Gesprächspartners erkundigte. Ich bemerkte, daß er einen guten Witz zu schätzen weiß und solche gern erzählt. Am Ende dieser ersten Begegnung berichtete ich ihm von einer Kölner Musikgruppe, die sich seit Jahren »Jaruzelski« nennt. »Wie gut, daß es keine Striptease-Veranstaltung ist!« meinte der Namenspatron. Seine Freude daran, bestimmte Sachverhalte – und manche Personalie – mit trockenem Humor zu kommentieren, hatte auch mancher ernsten Gesprächspassage Würze gegeben.

Kurz vor ein Uhr in der Nacht, im Auto auf dem Weg zu meiner Warschauer Bleibe, hatte ich das Gefühl, vielen Geheimnissen des »Phönix« tatsächlich auf der Spur zu sein. Geheimnissen aus einem Leben voller Zufälligkeiten.

5. Kapitel
Geburtstag

Der 6. Juli 1923

Sommer in Kurow. Dem Herrenhaus sind 1922 zwei zurückversetzte Seitenflügel angebaut worden, das Portal wird von mächtigen Säulen getragen: ein für Polen typischer Herrensitz mit geometrischem Grundriß. Jenseits der Auffahrt liegt ein kleiner Park mit großen alten Bäumen – Trauerweiden, Buchen, Kastanien, Ahorn. Die angestaute Kurowka bildet einen See, über den Schwäne gleiten. Alle möglichen Vogelarten beleben See und Ufer, Park und Umgebung. Freilaufende Tiere des landwirtschaftlichen Betriebes ließen aber erst gar nicht den Eindruck aufkommen, hier handele es sich um ein Anwesen, das einem Magnaten als Sommerresidenz dient. Hier ist ein Ort, an dem gearbeitet wird. Organisieren, Beaufsichtigen, Verwalten sind die Tätigkeitsbereiche Jaruzelskis. Ein Dienstsitz also. Er ist vom Ort her über eine Kastanienallee zu erreichen.

Am 6. Juli 1923, abends um 9 Uhr, wurde Wojciech Witold Jaruzelski in der idyllischen Umgebung des adligen Landsitzes geboren. Außer die Eltern, die Dienstboten, einen Arzt – vielleicht –, sicher eine Hebamme und – entfernter – den örtlichen Priester dürfte das Ereignis in Kurow kaum jemanden interessiert haben. Und außerhalb dieses Ortes? Die Großeltern werden mit Spannung auf den »reitenden Boten« gewartet haben, der ihnen mitteilen würde, ob alles gut verlaufen und welchen Geschlechts der Nachwuchs sei.

Im Kurower Geburtshaus wurde sicher ein wenig gefeiert. Vielleicht auch überlegt, welchen Namen der Stammhalter tragen sollte. Wojciech, nach dem Großvater, das hatte schon Tradition in der Familie. Aber wie kam man auf Witold? In der Familiengeschichte kommt der Name nicht vor, zumindest nicht auf Vaters Seite. Kam er aus der Ahnenreihe der Mutter? Oder ist er eine Huldigung an den einzigen Witold, der sich am Rande der polnischen Geschichte findet? Der aber war Litauer. Ein Vetter jenes Litauerfürsten Jagiello, der die 20 Jahre jüngere letzte Piastenkönigin Polens, Jadwiga, heiratete, sich römisch taufen ließ und als Wladiyslaw II. die für Polen fruchtbare Jagiellonen-Zeit begründete. Vetter Witold sorgte damals für Streit in der Fürstenfamilie, indem er eigenständige Politik betrieb und verhinderte, daß es zwischen Polen und Litauen über die Personalunion zu einer Vereinigung kam. Jaruzelski, angesprochen auf die »Witold-Frage«, meint: »Ich kann leider nichts zu diesem Thema sagen. Vielleicht ist es ein Zufall, vielleicht eine damals herrschende, kurzfristige Mode.«

Es ist ja auch wirklich nicht sehr erheblich, wie der später gar nicht mehr verwendete Name ins Geburtsregister kam. Viel wichtiger ist, von welchen Grundeinstellungen der Familie ein neuer Namensträger geprägt werden würde. Welche Informationen den Kurowern zur Verfügung standen, die ihr Weltbild prägten, bestätigten oder veränderten.

Vom Fernsehen träumten damals nur einige vorwitzige Wissenschaftler und Techniker. Das Radio entwickelte sich gerade. In Berlin hatten Hersteller von militärischem Funkgerät nach neuen Märkten gesucht. Sie hatten entdeckt, daß man mit ihren Apparaten auch Musik übertragen konnte. Im Oktober 1923 sendete der Deutsche Unterhaltungsrundfunk erstmals für Privathaushalte. Nachrichten sollte man erst viel später senden. In Kurow waren die Interessierten noch gänzlich auf Gedrucktes, auf Zeitungen, angewiesen. Was hätten sie am 6. Juli 1923 lesen können?

Polska Zbrojna

Warschau, Freitag, 6. Juli 1923

Polnische Protestnote im Zusammenhang mit der Verfolgung der Polen in Litauen
Genf. Auf der gestrigen Sitzung des Völkerbundes wurde über die Bildung einer Beraterkommission für das Saarland und für Danzig diskutiert. Der polnische Delegierte überreichte dem Vorsitzen-

den des Rates eine polnische Protestnote, die sich auf die Verfolgung polnischer Bewohner Litauens bezieht. Es wird darin gefordert, die litauische Regierung zur Ratifizierung der Minderheitendeklaration zu bewegen.

Eine internationale Beamtenorganisation
Berlin. Die »Deutsche Zeitung« berichtet aus Wien über Beratungen deutscher, französischer, tschechoslowakischer und holländischer Beamter zur Gründung eines Internationalen Beamtenbundes.

Ausbau der Luftabwehr in Amerika
Paris. »Chicago Tribune« berichtet aus Washington über ein neues Rüstungsprogramm, das die Luftabwehr New Yorks verstärken soll. Es wird mit Nachdruck darauf hingewiesen, daß es sich hierbei ausschließlich um die Verteidigungsfähigkeit der Küsten handelt.

Sensationelle Erklärung des spanischen Generals
Madrid. General Aguilera machte unmißverständlich klar, daß er im Falle weiterer Anfeindungen seitens der politischen Kreise im Lande die Führung der Armee übernehmen und die Politiker in alle Winde verjagen werde.

Der Minderheitenvertrag
Genf. Auf der gestrigen Sitzung des Völkerbundes wurde der 4. Artikel des polnischen Minderheitenvertrages diskutiert. Die Debatte wurde auf Samstag vertagt.

Der Konflikt zwischen Polen und Danzig auf der Tagesordnung
Genf. Auf ihrer öffentlichen Sitzung beschäftigten sich die Vertreter des Völkerbundes mit den strittigen Punkten zwischen der polnischen Regierung und dem Danziger Senat. Es wurde die Bildung einer Botschafter-Konferenz beschlossen, die die finanzielle Situation der Freien Stadt Danzig untersuchen soll.

Unentschlossene Haltung deutscher Parlamentarier
Berlin. Die gestrigen Verhandlungen des deutschen Reichskanzlers mit verschiedenen parlamentarischen Gruppierungen endeten ergebnislos. Das Hauptthema waren die

letzten Ereignisse im Ruhrgebiet und das Telegramm des Heiligen Vaters. Dieses wurde durch Indiskretion in Deutschland bekannt, was zu internationalen Irritationen führte. Nuntius Pacelli, soeben aus Rom eingetroffen, sprach mit dem Reichskanzler.

Englisches U-Boot verursacht Mißverständnisse

Paris. Aus New York wird berichtet, daß sich der ehemalige Minister der Kriegsmarine, Daniels, gegen das neugebaute U-Boot X1 ausgesprochen hat. Mit dem Bau dieser Waffe hätte England gegen den Washingtoner Vertrag verstoßen.

Neue Repressalien gegenüber Polen

Danzig. »Diennik Gdanski« berichtet, daß polnische Beamte, die seit Jahren in Sopot wohnen, aller Privilegien, die den ständigen Bewohnern der Stadt zustehen, beraubt worden sind. Sie werden fortan wie Touristen behandelt werden.

Aus dem Land der Gottesfurcht und der Attentate

Berlin. Aus zahlreichen deutschen Städten wird über die zunehmende Radikalisierung berichtet. In vielen Fällen leistet die Armee Unterstützung.

Polemik in bezug auf Entschädigungen

Paris. »Petit Parisien« polemisiert im Rückgriff auf englische Behauptungen, die belgisch-französische Besatzung mindere die Zahlungsfähigkeit Deutschlands. Andere Zeitungen bestätigen eine Diskrepanz zwischen den englischen und der belgisch-französischen Einschätzung der Situation.

Die Deutschen verdrehen die Fakten

Paris. Einige deutsche Zeitungen behaupten trotz eines eindeutigen Kommuniqués des Generalstabs in Düsseldorf, daß das Attentat auf einen Zug mit belgischen Soldaten auf eine zufällige Explosion zurückzuführen sei. Es ist eine bewußte Tatsachenverfälschung, denn die Katastrophe wurde durch eine Bombe verursacht.

Rasins Mörder verurteilt

Prag. Der Mörder des Ministers Rasin, Saupal, wurde zu 18 Jahren Zuchthaus verurteilt.

O'Brien im Gefängnis

London. Der bekannte Anführer der irischen Freiheitskämpfer, O'Brien, wurde zu zwei Jahren Gefängnis verurteilt. Ihm und seinen Mitstreitern wird staatsfeindliche Agitation vorgeworfen.

Ein Kaleidoskop der Politik aus der Warschauer »Polska Zbrojna«. Der Blick über den Zaun nach Berlin, Paris und London muß der Vollständigkeit halber um den Devisenspiegel erweitert werden. Die Kurse vom 6. Juli 1923 sind in den Blättern vom darauffolgenden Tage vermerkt. Zu dieser Zeit galt in Polen noch die Polnische Mark. Der Zloty wurde erst im April 1924 eingeführt.

»Kurjer Polski« Nr. 181, vom 7. Juli 1923

Devisenkurse

1 Amerikanischer Dollar	=	108 000 Poln. Mark
1 Pfund Sterling	=	496 000 Poln. Mark
1 Französischer Franc	=	6 390 Poln. Mark
1 Belgischer Franc	=	5 380 Poln. Mark
1 Schweizer Franken	=	18 100 Poln. Mark
1 Deutsche Mark	=	0,57 Poln. Mark
1 Tschechische Krone	=	3 260 Poln. Mark
1 Österreichische Krone	=	147 Poln. Mark
1 Italienische Lira	=	4 700 Poln. Mark

In den Wirtschaftsnachrichten des »Kurjer Polski« sind die Aktienkurse von beinahe fünfzig polnischen Geschäftsbanken aufgeführt. Daneben ist in einem Bericht zu lesen, welche ausländischen Banken in welchen polnischen Städten Niederlassungen gegründet haben. Mitten in den Wirren der allgemeinen Wirtschaftskrise rüstete sich der seit Ende 1918 wiederbegründete polnische Staat, eine neue Wirtschaftsstruktur aufzubauen. Kapitalistisch. Und – weil die feudalen Strukturen nicht abgeschafft wurden – feudalistisch. Adelsprivilegien wurden zwar beschnitten, aber nur in einer kosmetischen Operation. Soweit ihre Latifundien und Fabriken, ihre Banken sich auf dem nun entstandenen polnischen Staatsgebiet befanden, verfügten die Magnaten weiterhin über die Grundlagen ihrer Macht.

Die polnische Volkswirtschaft wurde allmählich stärker in die internationalen Verflechtungen eingebunden. Durch den Völkerbund erschloß sich den Polen nun auch erstmalig eine internationale Bühne, auf der sie ihre Interessen artikulieren konnten. Daß der Völkerbund ohne wirklichen Einfluß blieb, lag daran, daß keines seiner Mitglieder daran dachte, eigene Kompetenzen zu delegieren. Der Glaube der Nationalstaaten, man könne wirkliches oder eingebildetes Unrecht zur Not und auf sich selbst gestellt militärisch korrigieren, tat ein übriges.

»Heißer Frieden«

»Herr Präsident, ich freue mich, daß Sie trotz dieses ›heißen‹ Tages Zeit gefunden haben . . .«

»Alle meine Tage sind heiß . . .«

»Ich hörte davon. Aber der heutige Tag ist wohl besonders wichtig, weil Herr Modrow bei Ihnen war. Und Sie befassen sich mit der dramatischen Entwicklung in Deutschland.«

»Die Zeit ist in der Tat sehr heiß, wie Sie es gesagt haben. Aber wichtiger ist, daß es ein heißer Frieden ist. Daß wir nicht nur von dem heißen, sondern auch von dem kalten Krieg abgegangen sind. Und daß, obwohl die Temperatur der politischen Ereignisse sehr hoch ist, eine Tatsache feststeht: Alle werden von dem Willen geleitet, diese Entwicklungen im Rahmen des friedlichen Prozesses zu halten.«

»Ich denke, wir leben überhaupt in einer Welt jenseits des Krieges. Große Kriege sind wohl heute nicht mehr möglich.«

»Ja. Noch vor kurzer Zeit behaupteten Politiker, Wissenschaftler und Philosophen, daß Kriege unvermeidlich die Menschheit begleiten müßten. Einige hielten sie sogar für ein Mittel zur Reinigung der Atmosphäre. Und es ist ja noch nicht so lange her. Das Blutbad des Zweiten Weltkrieges, das sich praktisch auf die ganze Erdkugel bezog, hat ernsthafte Umwertungen zur Folge gehabt. Der Wille zur Aufrechterhaltung des Friedens ist heute größer als bestimmte Verlockungen, Probleme mit Kriegsmethoden zu lösen. Ich spreche dabei selbstverständlich von Weltkriegen, es betrifft nicht lokale Kriege und Auseinandersetzungen, die in der Nachkriegszeit auftraten und immer noch auftreten in der Form der verschiedenen Streit- und Spannungsherde. Ich möchte jedoch Ihre Aufmerksamkeit darauf lenken, wie groß der Unterschied zwischen der Vor- und der Nachkriegssituation ist. Vor dem Zweiten Weltkrieg hatte der Völkerbund in der Tat überhaupt keine Bedeutung. Heutzutage hat die UNO einen wesentlichen Einfluß auf die Lösung der verschiedensten Konflikte. Es ist selbstverständlich nicht das ausschließliche Verdienst dieser Organisation, sondern auch der neuen Ordnung in der Welt und des neuen Denkens. Vielleicht ist dabei auch das Bewußtsein mit im Spiel, daß ein Krieg von kontinentalem Ausmaß oder ein Weltkrieg heutzutage zur totalen Vernichtung der Menschheit führen würde. Die bisherigen Kriege hatten eine solche Gefahr nicht beinhaltet. Heute kann man den Krieg nicht als Fortsetzung der Politik auffassen, wie es Clausewitz gesagt hatte.«

»Was macht ein General in einer solchen Zeit mit seinem Berufsverständnis?«

»Vielleicht klingt es paradox. Auf jeden Fall: Wir Generale, die eine Kriegserfahrung hinter sich haben, und ich gehöre zu solchen Generalen, wissen, was die neuesten Errungenschaften an Kampfmitteln bedeuten, wir können am realistischsten einschätzen, was der Krieg bedeutet. Das wäre aber eine vereinfachte Antwort, denn Sie könnten sagen, daß die Generale verstärkte finanzielle Ausgaben für den Militärbereich fordern, die Generale halten kriegerische Reden. Aber sagen Sie mir, ob es einen Kultusminister gibt, der für Wissenschaft oder Kultur nicht immer mehr Geld verlangen würde, der nicht behaupten würde, daß sein Bereich in Gefahr ist. Das ist eher ein professionelles Motiv, das nichts damit zu tun hat, daß man einen Krieg erstrebt.«

»Man müßte die Militärs umschulen!«

Noch ist die Gesprächsatmosphäre nicht so gelöst, wie sie nach Stunden werden sollte. Nach der letzten Bemerkung fixiert der

Präsident seinen Gesprächspartner etwas fester. Vor einigen Wochen hatte er zu einem Offiziersveteranen gesagt: »Nein, bleiben Sie ruhig bei der Anrede General. Präsident ist man nur auf Zeit, General bleibt man immer.«

Aber ohne Frage, dieser Präsident, der von Beruf General ist, sieht über den Zaun – über den, der von der Kaste der Militärs errichtet ist, den professionellen, und über den, den Nationen manchmal um sich herum aufbauen. So, wie in den Jahren nach dem Zweiten Weltkrieg, als Jaruzelski geboren wurde. Was hätte damals der Blick über den Zaun gebracht?

Medien

Wenn beim Studium alter Zeitungen manchmal das Gefühl aufkommt, dieses oder jenes Thema könne noch keine siebenundsechzig Jahre alt sein, so ist das eben ein Irrtum. Manche Themen bleiben über die Zeiten aktuell, weil die betroffenen Gesellschaften die damit verbundenen Probleme noch nicht zu lösen vermochten. Weil übermächtige Interessengruppen keine Lösung zulassen. Weil – siehe Nordirland – alttestamentarischer Haß die christliche Friedensbotschaft des Neuen Testaments überdeckt. Weil – siehe Litauen – Hegemoniebestrebungen mittelalterlicher Fürsten Unruheherde schufen, die 1923 die Medien ebenso beschäftigten wie heute.

Das Beispiel Kurow gilt: Welche Menschen wußten damals schon, in welchen Zusammenhängen ferne Ereignisse standen, die sie selbst eines Tages betreffen würden? Heute haben die international vernetzten neuen Medien ganz andersartige Möglichkeiten des Krisenmanagements geschaffen. Auch die internationale Absicherung der Politik Gorbatschows oder der sichere Weg Polens in die Demokratie wären undenkbar ohne die weltweite, multimediale Vernetzung. Jüngstes Beispiel: Wären manche Reden des Bundeskanzlers Kohl nicht augenblicklich in aller Welt verbreitet worden, wer hätte da schnell korrigieren können, um internationale Irritationen über die deutsche Vereinigung so gering wie möglich zu halten!

Horizont

Niemand mehr vermag zu sagen, welche Ereignisse des Jahres 1923 Gespräche und Gedanken der Menschen im Herrenhaus von Kurow bewegten. Es lohnt sich jedoch, einige Begebenheiten des Jahres festzuhalten. Zwar gäben die kryptischen Hinweise der Astrologen – wollte man sie bemühen – Verweise auf den Lebenshorizont: Jaruzelski hat das Sternbild »Krebs« und ist nach chinesischem Horoskop »Wildschwein«. Allemal seriöser ist es aber, danach zu fragen, welche wichtigen Vorkommnisse des Jahres 1923 dazu angetan waren, das weitere Leben des Neugeborenen zu beeinflussen. Naturgemäß ist die Auswahl subjektiv.

In Polen zieht sich der Nationalheld Pilsudski – fürs erste – von allen politischen und militärischen Ämtern zurück. Der nach dem Ersten Weltkrieg neu errichtete polnische Staat hat große Probleme. Er ist zum Vielvölkerstaat geworden. In seinen Grenzen leben etwa 27 Millionen Menschen, von denen nur ca. 70 Prozent Polen sind. Die anderen: knapp vier Millionen Ukrainer, je eine Million Weißrussen und Deutsche und über drei Millionen Juden. Zum einen belastet der Nationalismus der polnischen Führungsschicht das Land. Zum anderen sind die regionalen Strukturunterschiede so groß, daß nur ein sehr langsamer, gut geplanter Anpassungsprozeß eine Einheit schaffen könnte. Außenpolitisch ist Polen im Völkerbund aktiv. Internationale Handelsverträge werden mit der Türkei, Finnland und Großbritannien abgeschlossen.

Großbritannien erlebt, daß sein Empire zu bröckeln beginnt. Die Empire-Konferenz 1923 gestattet den britischen Dominions eine eigene Außenpolitik. Daraufhin schließt Kanada einen ersten Fischerei-Vertrag mit den USA ab. Die Britisch-Südafrikanische Gesellschaft muß die Verwaltung von Rhodesien aufgeben. Der Brite W. B. Yeats erhält den Nobelpreis für Literatur.

Geschrieben wird auch anderswo: Henry Ford zum Beispiel, der Erfinder der Fließbandarbeit, verfaßt eine Autobiographie. Sigmund Freud begründet die Tiefenpsychologie mit dem Werk »Das Ich und das Es«. Thomas Mann setzt seinen Erfolgsweg mit dem Romanfragment »Die Bekenntnisse des Hochstaplers Felix Krull« fort. Hermann Oberth entwickelt die Anfänge einer wissenschaftlichen Theorie der Weltraumfahrt in seinem Buch »Die Rakete zu den Planetenträumen«.

Die Insulin-Entdecker Banting und McLeod aus Kanada erhalten den Nobelpreis für Medizin. Der deutsche Wissenschaftler H. von Ficker verbessert die Wettervorhersage und weist als erster auf die Wettersteuerung durch die Stratosphäre hin. In den USA macht man die ersten Versuche, Flugzeuge in der Luft aufzutanken. Es gibt den ersten Diesel-LKW. Die UdSSR baut ihre erste Polarstation und geht vom julianischen auf den gregorianischen Kalender über.

Die Litauer besetzen das Memelgebiet. Kalinin besetzt das Amt des Vorsitzenden des Präsidiums des Obersten Sowjets der Sowjetunion. Kemal Pascha (gen. »Atatürk«) wird Präsident der Türkei. Ungarn erhält eine Anleihe des Völkerbundes, während das bulgarische Militär das radikale Regiment der Bauernpartei stürzt.

In Tokio fordert ein Erdbeben 100 000 Tote. Paovo Nurmi läuft die engl. Meile (1 609,3 m) in 4 Minuten 10,4 Sekunden, ein Rekord, der bis 1945 nicht gebrochen wird.

Frankreich glaubt, die Deutschen hätten willentlich ihre Kohlenlieferungen vermindert, und besetzt das Ruhrgebiet. In Hamburg findet ein kommunistischer Aufstand statt. Im Rheinland versuchen Separatisten einen eigenen, Frankreich nahestehenden Staat zu bilden. An diesen Bestrebungen ist der spätere Bundeskanzler Adenauer unter nie ganz geklärten Umständen beteiligt. In München putschen Hitler und Ludendorff.

Folgen

Der Hitler-Putsch sorgte in erster Linie in Deutschland für Schlagzeilen. Hitler wurde zu Festungshaft verurteilt. In dieser Nobelhaft auf der Festung Landsberg schrieb er »Mein Kampf«, ein Buch, das (später) angeblich niemand gelesen hat, obwohl es 727 Auflagen mit 8 570 000 Exemplaren – allein bis 1942 – erreichte.

Hat niemand gelesen, was Hitler über die Juden, die Bolschewisten, das deutsche Volk, die Notwendigkeit der Eroberung von Lebensraum dachte? Hat niemand gelesen, daß es für Hitler eigentlich nur Engländer, Franzosen, Italiener, Russen usw. gab, die »großen Nationen«, daß alle anderen Völker, auch die Polen, höchstens »Hilfswillige« zur Errichtung eines Großgermanischen Reiches sein könnten? Wohl auch niemand hat Hitlers seherischen Satz gelesen: »So liegt schon in der Tatsache des Abschlusses eines Bündnisses mit Rußland die Anweisung für den nächsten Krieg« – und die Schlußfolgerung: »Sein Ausgang wäre das Ende Deutschlands.«

Hitler handelte 1939 gegen seine eigenen früheren Erkenntnisse. Ein Bündnis mit Rußland wurde abgeschlossen. Erst 1989 waren sowjetische Politiker bereit, die ganze Tragweite des Paktes zu bestätigen. Fast fünfundvierzig Jahre nachdem der Deutschen Drittes Reich tatsächlich am Ende war. Physisch zerschlagen von den vereinten Kräften derjenigen, die es hatte beherrschen wollen. Moralisch zerstört, ertrunken im Blut von Abermillionen Toten, die seine Hybris forderte. Psychisch vernichtet, gleichsam erstickt am Rauch seiner eigenen Vernichtungslager. Von allen Völkern zahlten die Polen den höchsten Blutzoll für den teutonischen Wahn. Es ist nur zu verständlich, wenn die Polen heute erwarten, daß ihnen die Deutschen weder als Historiker mit Hitler-Stalin-Gleichungen entgegentreten noch als Juristen. Als Menschen sind sie willkommen.

6. Kapitel
Wanderungen

Fort von Kurow

Die Kurower Jaruzelskis waren vorwiegend mit Dingen des Alltags beschäftigt. Der Vater machte seine Arbeit, die Mutter kümmerte sich um den kleinen Wojtek, wie er in der Familie heißt. Sommer und Herbst gingen vorüber in Vorbereitung der Taufe, die am 7. Dezember stattfand. Der Junge war nun getaufter Christ, »ungefragt«, wie er später feststellt. Wo die Familie 1923 das Weihnachtsfest verbrachte, ist nicht gewiß. Wahrscheinlich wird sie in Trzeciny, dem elterlichen Besitz der Mutter, gewesen sein. Wanda Jaruzelska, geborene Zaremba, hatte sehr enge Bindungen zu ihrer Familie, zu Eltern und Schwester. In Kurow war sie wohl sehr einsam. Es läßt sich nicht darstellen, wie sie dort lebte. Es gibt keine lebenden Zeugen mehr, welche anderes erzählen könnten als »Ja, ich habe sie manchmal gesehen . . .«

Aber es gibt ein Bild von Kurow, das Wladyslaw Stanislaw Reymont in seinem Roman »Das gelobte Land« gezeichnet hat. Der spätere Nobelpreisträger hatte sich 1896 für längere Zeit in Lodz aufgehalten. Er sammelte Material für den Roman über den industriellen Gründermoloch Lodz, in dem Polen, Deutsche und Juden einander befehden, betrügen, hassen und lieben. Reymont schildert die Vergewaltigung der Natur durch die überbordende Industrialisierung und den Sog, den der Moloch dennoch auf die arme Landbevölkerung ausübt. Kurow taucht in diesem Roman als idyllische Gegenwelt auf: ein altes, überkommenes Paradies mit sauberer Luft, klarem Wasser und bäuerlicher Schlichtheit. Kurow ist der fiktive Heimatort der Hauptfiguren, die Wiege von Bewohnern dieser vibrierenden Stadt. Es ist aber auch Wohnort weltfremder, wunderlicher und politisch einflußlos gewordener Gutsbesitzer oder debiler Pfarrer sowie Standort eines aussterbenden Dominikanerklosters. Vielleicht lernte Reymont bei seinen Recherchen auch den Kurower Herrensitz kennen. Da er einen reportagehaften Stil pflegte, kann der Leser die Langsamkeit, mitunter Langeweile nachempfinden, die den Ort in jenen Zeiten geprägt haben muß. Sollte sich etwas verändert haben bis in die zwanziger Jahre? Dies ist kaum anzunehmen.

Alles in allem war es wohl ein zu enger Raum für die junge, selbstbewußte Mutter Wojciech Jaruzelskis.

Möglich ist auch, daß die Familie Zaremba der Meinung war, der Verwalter Jaruzelski solle zukünftig auf dem Familienbesitz wirtschaften, statt fremder Herrschaften Geschäfte zu besorgen. Das Jahr 1924 ging noch vorüber. Aber im Jahr darauf war nicht nur der Beschluß gefaßt, Kurow zu verlassen. Vater Jaruzelski hatte schon gekündigt und erhielt ein Zeugnis. Eines der wenigen Dokumente, die aus den Wirren der folgenden Jahrzehnte erhalten blieben.

»Herr Mieczyslaw Jaruzelski hat den Posten des Verwalters auf dem Gute Kurow, Eigentum der Familie Margo Orsetti, über 7 Jahre innegehabt. Am Anfang hat er unter Aufsicht verwaltet. Aber nach einem halben Jahr war die Herrschaft überzeugt, daß er alleine zurechtkommt, und ihm das ganz selbständige Verwalten von Kurow anvertraut. Er hat sich bei dieser Tätigkeit und den ihm anvertrauten Aufgaben sehr gut bewährt und das Gut Kurow wirtschaftlich erfolgreich geführt.

Herr Jaruzelski verläßt das ihm anvertraute Gut am 1. Januar 1925 auf eigenen Wunsch, aus familiären Gründen.

In Verbindung damit drücke ich ihm meinen Dank für seine Arbeit und Hingabe in der Arbeit für Kurow aus, die er so gestaltete, daß man ihm auch keine Vorwürfe in bezug auf sein ethisches Verhalten machen kann.«

So mit Lob und Dank versehen, ließ der Verwalter den Hausrat auf die Wagen laden. Die Familie nahm in einer Kutsche Platz. Man fuhr ohne Aufenthalt nach Norden; der Mann mit der Aussicht auf die gutsherrliche Tätigkeit, die nun glücklich befreite Frau und der Sohn, für den das Ganze wohl nichts als ein frühes Abenteuer war.

Trzeciny

Kilometerlang säumten Pappeln rechts und links den Weg, der zum Gut Trzeciny führte. Eine vielhundertjährige Eiche stand vor dem alten Adelssitz, wo Hipolit Zaremba mit strengem Regiment und nach der Väter Sitte herrschte. »Dreifelderwirtschaft«, in dreijährigem Turnus wechselten Sommersaat, Wintersaat und Brache einander ab. Das Brachland ermöglichte Schafzucht. Der Betrieb kam ohne Maschinen aus. Die Unterlagen über den Betriebsumfang aus den 20er Jahren sind im Kriege vernichtet worden. Eine Vorstellung von Trzeciny aber gibt das Geographische Lexikon des Königreichs von Polen Jahrgang 1892. Freilich, die Angaben in diesem Werk stammen aus dem Jahre 1876. Das Gut soll sich aber kaum verändert haben. Demnach hatte Trzeciny 15 Schornsteine, also vielleicht ein Dutzend beheizbare Wohn- und Wirtschaftsgebäude. Insgesamt umfaßte Trzeciny eine Fläche von ca. 450 ha. Davon entfielen auf

– Flächen mit gemauerten Gebäuden	2 ha
– Flächen mit Holzgebäuden	7 ha
– Brachland	7 ha
– Wasser	2 ha
– Wiesen und Weiden	20 ha
– Waldflächen	203 ha
– Waldfläche mit einer Mühle	4 ha
– Ackerland und Gärten	205 ha

Das war der Gutshof. Zum Besitz gehörten zusätzlich das Dorf Trzeciny mit 18 verpachteten Gehöften und 17 ha bewirtschaftetem Land, und ein weiteres Dorf, wo zwei Pächter zwei Gehöfte mit insgesamt 8 ha Land betrieben.

Kommt dem normalen Mitteleuropäer dieses Anwesen auch riesig vor – es war kein »Latifundium«, kein übermäßig großer Besitz. Er war nicht zu vergleichen mit den Riesenländereien, die italienische, spanische, britische, russische und – polnische Adlige nach dem Mittelalter erworben hatten. Da gab es den Magnaten Potocki, der um 1788 in der Ukraine 168 000 ha Land bewirtschaftete und zusätzlich große kultivierte Steppenländereien besaß, oder Anna Jablonowska, die Eigentümerin der Stadt

Siemiatycze mit 3 556 Einwohnern und 19 Dörfern mit dem entsprechenden Land. Peter Mikliss berichtet, daß dieser Besitz 1797 von der preußischen Administration auf 400 000 Reichstaler geschätzt wurde. Er vergleicht ihn mit Ländereien deutscher Grundherren in Ostpreußen: »Die Güter der Finkenstein wurden 1803 auf 250 000 Reichstaler und die der Dohna-Schlobitten auf 111 170 Reichstaler geschätzt.« Etwa einem Dutzend polnischer Großgrundbesitzer unterstand ein Gebiet von einer Größe, mit der sich in dem Vergleichszeitraum kein Anwesen in ganz Ostpreußen hätte messen lassen können. Im Osten und Südosten Polens waren regelrechte Kleinstaaten entstanden, mit Residenzen, eigenen Gesetzen und eigenen Armeen. Sie entsprechen – so Mikliss – deutschen Fürstentümern »mit z. T. mehr als 50 000 Untertanen und Ausdehnungen von mehreren hundert Kilometern«. In Bialystok, das der Magnat Branicki zu einem »podlachischen Versailles« gemacht hatte, verwaltete dieser ein Gebiet, das in seiner größten Ausdehnung 800 km maß. Und in nur wenigen Kilometern Entfernung lag das kleine Trzeciny, wo Anfang 1925 die Kurower Jaruzelskis eingetroffen waren.

Probleme

Die Eltern und der junge Wojciech Jaruzelski bezogen auf dem Gut ein Nebenhaus. Die Großeltern Zaremba bewohnten den Herrensitz. In den Ferienzeiten, also vor allem im Sommer, waren die Szadkowskis zu Gast, die dann auch im Herrenhaus Unterkunft fanden. Zofia Szadkowska, verheiratet mit einem Mediziner, der in Bialystok bei der Armee Dienst tat, war die zweite Tochter der Familie Zaremba. Die Schwester der Wanda Jaruzelska. Eigentlich war alles so gedacht: Trzeciny sollte in zwei Hälften geteilt werden. Die eine Hälfte, die Gebiete, welche vor allem den Wald umfaßten, würden den Szadkowskis zur Nutzung übergeben. Die landwirtschaftlich zu nutzende Hälfte sollte die Jaruzelskis ernähren. Vater Zaremba gedachte, einen Teil der Arbeit in der Landwirtschaft weiterzuführen, dem Szadkowski-Bereich einen Unteradministrator beizustellen und Schwiegersohn Jaruzelski mit der Gesamtverwaltung des Gutes und seiner dörflichen Anhängsel zu betrauen. Da Schwiegersohn Szadkowski kein Interesse an der Wirtschaft zeigte, sondern nur im Winter zum Jagen und in den Ferien mit seiner Familie als Gast in Trzecin weilte, hätte diese Konstruktion gut funktionieren können. Das Land hätte seine Besitzer, die Eheleute Zaremba, und den Nachwuchs samt Schwiegerkindern ernährt, die Töchter wären oft zusammen gewesen, der kleine Wojtek wäre in den Spuren zweier Generationen polnischen Kleinadels den Kinderschuhen entwachsen. Der Plan scheiterte.

Der nicht nur an Statur, sondern auch an Gesinnung mächtige Hipolit Zaremba stammte vom Gut Zabikow, das in der Nähe von Lomza gelegen war. Auf Trzeciny bestand er darauf, seine aus dem Mittelalter überkommene Form des Wirtschaftens beizubehalten. Jaruzelski dagegen, in den damals fortschrittlichsten Wirtschaftsformen des Landbetriebes ausgebildet, wollte modernisieren. Er stellte sich vor, Fruchtfolgen zu verändern, andere Aufteilungen der Nutzflächen vorzunehmen, Maschinen einzusetzen. Ein klassischer Konflikt. Heute, wo der zu Beginn des Jahrhunderts forcierte, bedingungslos gesteigerte Ertrag des Anbaus als Ausbeutung des Bodens in Mißkredit geraten ist, würde Hipolit Zaremba womöglich als Vorläufer des alternativen Landbaues gelten. Damals war er in den Augen des Landwirtschaftsingenieurs Jaruzelski ein altmodischer, hartköpfiger Despot, der dem Fortschritt entgegenstand. Der Starrsinn des Älteren und das Sendungsbewußtsein des Jüngeren fanden keine Vermittlung. Kaum daß die junge Familie Jaruzelski sich eingerichtet hatte, kam die Explosion, welche zur erneuten Trennung Wanda Jaruzelskas von ihrer Familie führte. Ihr Ehemann hielt es nicht für möglich, drei Familien auf der Grundlage überkommener Vorstellungen in der Gutsverwaltung zu ernähren. Aufgrund seiner Ausbildung dürfte er ein sicheres Urteil gehabt haben.

Stara Rus

Nachdem auch ein Kompromißversuch gescheitert war, durch eine Verpachtung Trzecinys zu einer wirtschaftlich wie familiär tragfähigen Lösung zu kommen, verließen die Jaruzelskis das Gut. Sie fuhren nach Stara Rus, dem Überrest des einst großen Besitzes, der den Jaruzelskis seit Jahrhunderten gehört hatte. Im achtzehnten Jahrhundert sei die Familie dort als »alte Nestfamilie« bezeichnet worden, berichtet der inzwischen verstorbene Jozef Wlodek über die Jaruzelskis. In seiner bisher unveröffentlichten Bestandsaufnahme über »Die Geschichte der Vernichtung des polnischen Landadels in den Westlichen Bialystok-Gebieten« steht:

»In Stara Rus wirtschaftete bereits vor dem Ersten Weltkrieg und zur Zeit der Zweiten Republik Stefan Jaruzelski, ein bekannter Richter, der – obwohl ein Jurist ohne juristische Ausbildung – dieses Amt in Sokoly lange innehatte. Er war ein Junggeselle, hat nie geheiratet, denn sein ganzes Leben lang mußte er seine vier Schwestern ... und seine drei Brüder, darunter General Wojciechs Vater, ausbezahlen. Die Übernahme der Güter stellte im Leben des Landadels eine große Belastung dar. Derjenige, der das Erbe übernahm, mußte seine Geschwister oder Miterben auszahlen. Vor allem mußten die Erben eine hohe Erbschaftssteuer zahlen.«

Wojciech Jaruzelski hat nur noch wenig Erinnerungen an seinen Onkel Stefan: »Er war Junggeselle und ein bißchen sonderlich. Wie ich hörte, war er in seiner Umgebung sehr geachtet.« Zur allgemeinen familiären Situation weiß er noch zu berichten: »Bis 1932 war die Situation, das heißt eigentlich, der Status meines Vaters in Trzeciny, ›flüssig‹. Deshalb gab es mehrmalige Aus- und Rückreisen, von und nach Trzeciny. Erst 1932 hat sich die Lage stabilisiert.«

Auf Stara Rus – oder Rus Stara, so eine andere Schreibweise, – hatte der Vater Wojciech Jaruzelskis zwar Gelegenheit, seine Kenntnisse im Dienste der Wirtschaftlichkeit und des Fortschritts anzubringen. Seine Tätigkeit war aber eingeschränkt, die interessanten Positionen waren personell besetzt, eine Bestallung erhielt er nicht. Beruflich ging es auch hier nicht weiter. Die kleine Familie aber vergrößerte sich. Teresa wurde geboren, Wojciech bekam 1928 eine Schwester.

Kurze Zeit später rangen sich die Großeltern Zaremba zu einer Entscheidung durch. Es erging ein Notariatsbescheid, nach dem die Nutzungsrechte auf Trzeciny so verteilt wurden, wie es ursprünglich vorgesehen war. Der Großvater jedoch wollte sich zukünftig mehr zurückhalten. Wanda Jaruzelska erhielt die Nutzungsrechte für den einen, Zofia Szadkowska für den anderen, bewaldeten Teil des Gutes. Dem Schwiegersohn Szadkowski konnte dies lieb und recht sein, war er doch ohnehin beim Militär und somit ausschließlich Nutznießer dieser Regelung. Für den Landwirtschaftsingenieur Jaruzelski stellten sich die Probleme dar wie zuvor. Würde er zurückkehren, müßte er die Schwiegereltern unterhalten und die Szadkowskis finanziell unterstützen. Er zweifelte, aber schließlich fuhr er. Seiner Frau und den Kindern zuliebe.

7. Kapitel
Sokoly

Teresa

»Mein Bruder gleicht eher meiner Mutter, aber ich habe das Temperament meines Vaters geerbt...«, sagt Teresa Starnawska, geborene Jaruzelska, auflachend. Wer mit beiden Geschwistern gesprochen hat, benötigt keine weiteren Hinweise mehr, um sich die Eltern Jaruzelskis vorstellen zu können. Erste Fragen treffen bei Frau Teresa auf temperamentvolle Abwehr. Sie ist höchst besorgt, meint, daß ihre Auskünfte allenfalls verzerrt wiedergegeben werden: »Sie wollen doch nur Sensationen, das ist doch so im Kapitalismus!« Sie will nicht, daß Äußerungen von ihr sich »zu neuen Legenden« verdichten, unter denen sie für ihren Bruder leidet. Wenn es ihr, der studierten Lehrerin, draußen je Probleme gebracht haben sollte, die Schwester des Mannes mit dem Kriegsrechtsstigma zu sein – sie spricht nicht darüber. Auch nicht, als das Mißtrauen vorsichtigem Vertrauen gewichen ist. Sie sonnt sich nicht im Lichte der »Staatsperson«, wie ihr Ehemann den Präsidenten-Schwager zuweilen bezeichnet. Das tut er, wenn den beiden eine Frage als zu intim erscheint. Befragt nach Erinnerungen aus früherer Zeit, bricht wieder das Temperament durch: »Ja glauben Sie denn, wir hätten je auch nur geahnt, daß mein Bruder einmal General, geschweige denn Präsident würde?« Um dann zu sagen, sie sei fast blind, das sei ihr Erinnerungsstück aus Sibirien. Sie lacht wieder, weist auf ihre überstarken Brillengläser. Sie lacht häufig, oft klingt das Lachen bitter.

Teresa Starnawska erzählt von ihrem für polnische Biographien gar nicht so außergewöhnlichen Leben. Verlorene Jugend in der Deportation, Heimatlosigkeit nach der Rückkehr aus Sibirien, Aufbau einer neuen Lebensbasis, Not und wenig Hoffnung. An irgendeinem Punkt der Gespräche hat Frau Teresa verstanden, daß die Neugierde des Fragenden keinem Voyeurismus entspringt, wie sie vielleicht den Verwandten eines exotischen

Despoten gelten könnte. Zwar wundert sie sich über vieles. Zum Beispiel darüber, daß einer nicht weiß, wie denn die Wohnverhältnisse in der sibirischen Verbannung waren. Einmal, im Verlauf der Gespräche, versetzt sie den Neugierigen beinahe in Schrecken. Plötzlich, ohne Vorwarnung, verläßt sie den Raum. Um dem Gast gleich darauf axtschwingend entgegenzutreten! Die Axt war das sibirische Arbeitsgerät Wojciech Jaruzelskis, das sie aus der Deportation mitgenommen hatte. Für damalige Verhältnisse ein nützliches Mitbringsel und – ganz sicher nicht als Devotionalie gedacht.

Der Lebensweg Teresa Starnawskas erstaunt den Kenner der jüngsten Vergangenheit Polens nicht, Millionen Menschen können ähnliche, sogar weit bitterere, qualvollere Erlebnisse berichten. Die Lebensbogen vieler Polen führen vom Vorkriegsstaat feudaler Prägung über Krieg und menschenverachtende Knechtschaft, verursacht durch die deutschen Nachbarn, deutsche und sowjetische Lagergrausamkeiten, die Vertreibung aus den östlichen Landesteilen schließlich zu erneuter Unterdrückung während der stalinistischen Herrschaft nach dem Kriege. Ältere gehörten gar einer Nation an, die sich noch nicht wieder zu einem eigenen Staat konstituiert hatte. Das alles, einschließlich der folgenden Jahrzehnte kommunistischer Zwänge, hat die Menschen in eine unverschuldete Unselbständigkeit getrieben. Die Gefahr, erneut schillernden Parolen zu erliegen, auch nationalen, ist nicht gering. Zumal von außen oft nur Hilfe kommt, die keine Rücksicht auf Sensibilitäten nimmt, welche auf »erlebten Geschichten« wachsen.

Reales Leben: Die mittelgroße, dunkelhaarige Schwester Jaruzelskis ist Polonistin und wohnt in der alten Industriemetropole Lodz. Ihr Ehemann Jerzy Starnawski ist Professor an der dortigen Universität. Ein Philologe, der auch schon über deutsche Literatur gearbeitet hat. Das Ehepaar wohnt in der Innenstadt. In einer Nebenstraße, in einem dieser alten Häuser mit engen Hinterhöfen, bröckelndem Putz und absturzgefährdeten Balkonen. Im fünften Stock haben sich die Starnawskis so eingerichtet, wie es Brauch ist in Polen. Der knappe Wohnraum zwingt dazu, jeden Quadratmeter zu nutzen. Vorhänge verbergen Stauraum bereits im Entree. Das Arbeitszimmer des Professors ist zugleich »gute Stube«. Bücherwände, ein großer Schreibtisch mit vielen Papieren, eine Sitzgruppe mit Couchtisch, einer Sitzbank, drei weiteren Sitzmöbeln. Vor den Fenstern dämpfen leichte Vorhänge den Blick auf die triste Stadt. Reichtum ist hier nicht zu Hause. Aber die Atmosphäre ist anheimelnd, obwohl der Gaskamin zur Zeit nur als Attrappe dient. Marode Gasleitungen haben im letzten Jahr ganze Häuser in die Luft gejagt. Bevor die Leitungen erneuert sind, gibt es kein Gas. Nicht zum Heizen und nicht zum Kochen. Damit zumindest die Besucher nicht frieren müssen, wurde eine kleine Elektroheizung in Gang gesetzt. Wann die Gasleitungen wieder funktionieren, vermag niemand zu sagen.

Nicht allein dies mindert die Arbeitslust im Hause Starnawski. Das Lehrerinneneinkommen von Frau Teresa und das Professorengehalt ihres Ehemannes reichen kaum aus, das Leben zu finanzieren. Die kleine Familie ist zusätzlich auf die Honorare angewiesen, welche der Professor durch Buchveröffentlichungen verdient. Doch da herrscht Flaute. Mit der Wirtschaftsreform erreichten die früher subventionierten Papierpreise ein Niveau, das sogar das der Bundesrepublik übersteigt. Damit kam die Buchproduktion fast zum Erliegen. Literaten und Geisteswissenschaftler verlieren ein wichtiges Stück ihrer Existenzgrundlage. Die Gehälter von Universitätsprofessoren sind nämlich Hungerlöhne: ca. 1 Million Zloty, im April 1990. Ein ungelernter Arbeiter in der Industrie erhält annähernd die gleiche Summe. (23 Millionen Zloty kostet das kleinste polnische Auto, der Polski-Fiat 126).

Dieses Mißverhältnis in den Einkommen, die Benachteiligung der Intellektuellen, sind noch ein Erbe kommunistischer Geisteshaltung und Ökonomie. Zu diesem Erbe gehört auch ein Überschuß: abertausende Bücher der Autoren Marx und Lenin, deren Texte auf Milliarden Bogen feinsten Papiers gedruckt, in Leder gebunden, mit Goldschnitt und Prägungen versehen sind. In einer riesigen Krakauer Lagerhalle warten die alten Bibeln kommunistischer Propheten und Helden auf ihre Vernichtung. Auch dieses, aus heutiger Sicht sinnlos verbrauchte Material fehlt nun den Verlagen, Dutzende sind bereits in Konkurs gegangen. Nur die kirchlich gestützten Verleger können aufgrund von Auslandsbeziehungen noch ruhig schlafen. Den anderen fehlen nun die Subventionen, das Papier und auch der Markt. Die neuen Bücher müssen erheblich teurer verkauft werden, und im alten Leseland Polen braucht der Mensch sein Geld für Essen. Vielleicht kennzeichnet dieser – notwendige – Preis den wirtschaftlichen Umbruch im Lande. Zu zahlen haben ihn auch diejenigen, die schon immer zu den Unterprivilegierten gehört haben, die Intellektuellen.

Zu den wenigen, die sich kirchlicher Protektion erfreuen können, gehören die Starnawskis nicht. Dabei sind Frau Teresa – im Gegensatz zu ihrem Bruder – und ihr Ehemann strenggläubige, aktive Katholiken. Die Schwester ist tolerant genug, ihrem Bruder seinen eigenen Weg nicht zu verargen. Wojciech Jaruzelski dagegen findet es »immerhin beruhigend«, daß es auch in seiner Familie Menschen gibt, »die den Schlüssel zum Paradies, oder doch wenigstens zu seiner Vorstufe, in der Tasche haben«. Das Verhältnis der beiden Geschwister ist wohl sehr eng und vertrauensvoll, auch wenn der Gedankenaustausch über weite Zeitstrekken nur per Telefon gepflegt werden kann.

Nachdem Teresa Jaruzelska im November 1928 auf Stara Rus geboren wurde, erhielt sie die Taufe in dem zum Gutsbezirk gehörenden Ort Sokoly. Dort lebten die Katholiken bis zum Zweiten Weltkrieg in der Diaspora. Die Einwohnerschaft von Sokoly bestand zu über 90 Prozent aus Menschen mosaischen Glaubens.

Urkunden

Die Häuser der Hauptstraße Sokolys stehen auf gemauerten Steinfundamenten. Steintreppen führen zur Haustüre, wo der Eintretende und der Herauskommende von einem kleinen, hölzernen Vordach geschützt werden. Die Häuser haben Vorgärten und sind oberhalb des Sockels aus Holz gefügt. Wäre die Straße noch im Urzustand, ungeteert, man hätte »Anatefka« hier drehen können, Szenen vom Leben im »Schtetl«. Gestört hätte nur ein wuchtiges Bauwerk. Eine aus allen möglichen Stilelementen zusammengefügte Kirche aus dem 1. Jahrzehnt dieses Jahrhunderts. Aber – in diesem Gemäuer soll nicht nur die Geburtsurkunde von Teresa Jaruzelska zu finden sein. Es sollen sich dort auch noch andere Dokumente befinden, die über das Leben und Sterben der ehemaligen Gutsherren von Stara Rus, der Familie Jaruzelski, Auskunft geben können.

Die Suche begann mit einem Irrtum. Nicht ein der Kirche benachbartes, älteres Steinhaus ist Sitz des örtlichen Priesters, sondern ein anderer, moderner Bau. Eine große Freitreppe führt zur Eingangstür mit Doppelflügeln. Die Architekten verwendeten quergerippte Holzpaneele zur Gestaltung der Außenfront. Stockwerkhohe Fensterflächen sind durch Längs- und Querrippen unterteilt. Links im Eingangsflur steht ein Transparent, das mit dem Ortsnamen beschriftet und durch eine auf die Ecke gehängte Soutane zweckentfremdet wurde. Vom Flur führt eine Türe in den lichtdurchfluteten Arbeitsraum des Pfarrers. Allerdings: Blümchengardinen an den großen Fenstern, ein Wachstuch auf dem 12-Personen-Tisch, mehr oder weniger bunte Drukke mit Heiligenbildern, ein paar Fotos und eine alte, mit Wolldecken belegte Couch verdrängen den Eindruck von Reichtum, der draußen aufgekommen war. Auf dem Fernseher steht ein ungerahmtes, bonbonfarbenes Bild. Der segnende polnische Papst. Ein Schreibtisch ist Standplatz für einen Affenbrotbaum, ein schlichtes Holzkreuz und für eine Christusfigur ohne Kopf. Eine skurrile Szenerie, gemildert durch die Persönlichkeit des hochgewachsenen, etwas altersgebeugten Pfarrers, der mit leisen Worten seine Hilfsbereitschaft zu verstehen gibt.

Er sagt, der Küster habe den Schlüssel zur Sakristei, in der die Gemeinde ihre Dokumente aufbewahre. Der Küster mache nur gerade einen Sonntagsspaziergang. Nein, er selbst habe sich mit solchen Papieren noch nicht befaßt, sei aber auch erst seit zwölf Jahren in der Gemeinde. Nein, Juden gäbe es keine in diesem Ort. Wie das früher gewesen sei, wisse er auch nicht genau. In diesem Moment erhält der Priester Assistenz. Ein kleiner, kräftiger älterer Mann, der bis dahin ruhig an dem großen Tisch gesessen hatte, entwickelt plötzlich bemerkenswerte Energien. Sein

Gesicht verfärbt sich in dunkles Rot; er beginnt eine Judenbeschimpfung, die auch der mit Hausrecht ausgestattete Pfarrer nicht bremsen kann, jedenfalls nicht bremst. Fast zehn Minuten sollten vergehen, bis der alte Mann bereit ist, Antworten auf meine Fragen zu geben:

»Was haben Ihnen die Juden denn angetan, daß Sie sie so hassen?«

»Nich leben lassen, ham sie mich hier, die Juden!«

»Hat man Sie denn verjagt?«

»Nich leben lassen wollten die mich, da hab' ich ihnen die Scheiben eingeworfen!«

»Erzählen Sie doch bitte mal in Einzelheiten, was Ihnen die Juden denn Böses angetan haben.«

»Nich leben lassen. Sie haben mich nich arbeiten lassen. Ich bin Sattler, und da gab's noch acht andere Sattler hier, alles Juden. Und die haben alle Arbeit gemacht, auch vom Gut die Aufträge, und ich hatte nichts zum Leben. Aber jetzt sind sie alle weg!«

»Welche Aufträge hatten die Sattler vom Gut?«

»Na, alles für die Pferde und alles. Aber ich habe nie was machen dürfen. Und dann hab' ich den Juden immer wieder die Scheiben eingeworfen! Dann hat mich der Richter immer wieder verknackt!«

»Gab's hier im Ort einen Richter?«

»Na, der vom Gut, der Stefan doch!«

»Stefan Jaruzelski?«

»Ja, ja, der!«

»Haben Sie nicht einmal mit ihm sprechen können wegen der Aufträge? Vielleicht hätte er Ihnen dann auch welche gegeben.«

»Nenene. Dann kamen die Russen und schleppten mich nach Sibirien. Und dann war ich bei dem General Anders in der Armee. Ich hab' auch in Monte Cassino gekämpft. Und dann sagte der Anders zu uns, wir sollen da warten. Wir kämpfen dann mit den Deutschen und den Engländern und den Franzosen zusammen gegen die Kommunisten in Rußland. Und mit den Italienern und den Amerikanern zusammen, bis wir wieder in Polen sind.«

Gedankenfetzen als Miniaturen polnischer Geschichte. Der kleine, zornige, alte Mann eilt davon. Er wolle, sagt er, etwas holen, »was alles beweist«.

Der Küster hat dem Pfarrer inzwischen mitgeteilt, die alten Akten seien gar nicht mehr in der Sakristei, sondern nach dem Krieg von der kommunalen Verwaltung konfisziert worden. Der Pfarrer bietet ein zweites Mal seine Hilfe an und will tags darauf bei der Verwaltung nachfragen, ob und wann die Geburtsurkunde von Frau Teresa Jaruzelska eingesehen und eventuell fotografiert werden könne. Daraus wird nichts. Die Verwaltung teilt dem Pfarrer mit, ein solches Ansinnen könne nur »mit Genehmigung des Geheimdienstes« befriedigt werden.

Der Verzicht fällt leicht. Die gewünschte Urkunde bleibt unbesichtigt an ihrem Platz. Der alte Sattler jedoch hat sehr schnell seine Urkunden herbeigeschafft. Und diese bestätigten »alles«: Er wurde von den Sowjets nach Sibirien deportiert und hat in der Anders-Armee auch in Monte Cassino gegen die Deutschen gekämpft. Nachdem er seine Glaubwürdigkeit auf diese Art unter Beweis gestellt zu haben glaubt, will er wieder über Juden reden.

Juden

»Es gibt bei uns«, sagt Präsident Jaruzelski, »einen Spruch: ›Wenn etwas Böses passiert, dann sind die Juden oder die Radfahrer daran schuld!‹ Nach den Radfahrern haben Sie mich noch nicht gefragt ...« Fragen und Antworten bezogen sich auf den latenten Antisemitismus in Polen. Der Präsident macht einen Exkurs:

»Man muß schon zu den historischen Wurzeln greifen. Er war selbstverständlich ein Problem im Vorkriegspolen. Er hatte auch bestimmte ökonomische Wurzeln. Die jüdische Bevölkerung in Polen war vor dem Kriege sehr zahlreich. Über drei Millionen. Es waren Menschen, die hauptsächlich im Handel tätig waren und ein Teil der Intelligenz. Der Antisemitismus ist anfangs als eine kleinbürgerliche Strömung in Erscheinung getreten. Das

Bürgertum stellte eine Konkurrenz, eine ökonomische Konkurrenz, zum jüdischen Kapital dar. Dieses Problem hat nach dem Kriege seine wirtschaftlichen Voraussetzungen im wesentlichen verloren. Dazu kommt noch die schreckliche Tragödie, die den Juden zuteil wurde. Und heute ist es trotz alledem kein großes Problem.«

»Dennoch, auch die kommunistische Partei hat zuzeiten diesen Antisemitismus genutzt, um bestimmte politische Ziele durchzusetzen?«

»Man muß dabei im Auge behalten, daß die Polnische Kommunistische Partei vor dem Krieg sich zum größten Teil aus Juden rekrutierte. Und zwar in den leitenden Gremien. Die Juden kamen zum Kommunismus, weil er seinem Wesen nach internationalistisch war. Und der größte Teil der Juden, denen es zu überleben gelungen ist, waren diejenigen Juden, die sich auf dem Gebiet der Sowjetunion befanden. Sie kehrten anschließend zurück und bekleideten des öfteren hohe Posten. Das, was Sie sagten, daß es bestimmte Tendenzen innerhalb der kommunistischen Partei gegeben hat, das war um das Jahr 1968. Diese Tendenzen haben unter anderem in den Abweichungen der fünfziger Jahre Nahrung gefunden, die in vielen Fällen mit konkreten Personen jüdischer Abstammung assoziiert wurden. Aber selbstverständlich ist jede Verallgemeinerung etwas Falsches, Schädliches sogar.«

Die etwas geheimnisvollen, verschleiernden Bemerkungen zu den »Tendenzen ..., die mit konkreten Personen ... assoziiert wurden«, sind wohl auf den langen Umgang Jaruzelskis mit der parteieigentümlichen Rhetorik zurückzuführen, durch die Sachverhalte zugleich offengelegt und verdeckt werden. Im Gegensatz zu dieser Aussage ist seine Sprache sonst sehr eindeutig und verständlich. Deutlich wird dies, wenn er über eine persönliche Erfahrung berichtet, deren Wert er in Allgemeingültiges überführt. Der Präsident hat wenige Wochen vor diesem Gespräch einen Kriegskameraden getroffen. Er ist polnischer Jude, lebt seit Jahrzehnten in Israel und kämpfte im Zweiten Weltkrieg in der polnischen Armee, die von Osten zog. Zwi Rosenberg heißt der Mann. Jaruzelski:

»In unserer Armee waren sehr viele Juden. Es gab auch Ukrainer, Weißrussen, es war eine sehr internationalistische Armee. Auch in den Vortruppen, wo ich einen Befehl hatte, gab es außer Rosenberg, der sich durch seine Tapferkeit sehr auszeichnete, noch mindestens sechs oder acht Juden. Und niemals haben wir solche Situationen erlebt, in denen diese Antagonismen in Erscheinung getreten wären. Es gibt Dinge, die in einem geschichtlichen Prozeß wie Schaum nach oben gelangen. Der Antisemitismus hat heute in Polen keine Chance, weil es keine, fast keine Juden gibt.« Auf den deutschen Gesprächspartner wirkt dieser letzte Satz wie ein Verdikt. Dennoch greift dies zu kurz.

Zum ersten. Vor etwa fünfzig Jahren begannen Deutsche damit, einen Ort, einen Bezirk nach dem anderen »judenfrei« zu machen. So lautete der Terminus. Auf polnischem Boden errichteten sie die großen Vernichtungsfabriken des Holocaust, mit denen die west-, mittel- und osteuropäischen Juden »ausgerottet« wurden. So ein anderer Terminus der zeitweiligen »Herren« Europas. Weder die sogenannte »Wiedergutmachung« noch die von Kanzler Kohl so hochgemut empfundene »Gnade der späten Geburt« entläßt uns Deutsche aus der Schuld. Da sind Verdikte recht und billig.

Zum zweiten. Sensibilisiert durch die Erfahrungen aus der eigenen Vergangenheit, stellen Deutsche heute fest, daß selbst die durch Konzentrationslager geschaffene Leidensgenossenschaft von Juden und Polen es nicht vollbrachte, den Antisemitismus in Polen zu besiegen. Selbst die vom polnischen Präsidenten erwähnte Tatsache, daß es im Lande kaum mehr Juden gibt, ändert nichts an seiner Existenz. Und hier wird ein Phänomen offenbar: Für Antisemitismus braucht man keine Juden! Diese Pogromstimmung überträgt sich zudem auf andere Minderheiten. Und das nicht nur in Polen. Der Antisemitismus kann daher als Synonym für Rassenhaß gelten. Die alte Angst vor dem Unbekannten, dem Andersartigen, die Xenophobie ist allgegenwärtig, trotz aller verbindenden, internationalen Kommunikation.

Hinzu kommt, daß sich populistische Bewegungen regelmäßig Feinde schaffen müssen, gegen die eine Masse aufstehen kann.

So hatten auch Hitler und Stalin gleichgezogen, qualitativ: Das ominöse »Weltjudentum« war beider Popanz für die Aufwiegelung der Massen. Und in Polen? Es gab den von Jaruzelski beschriebenen, aus Neid geborenen Antisemitismus. So entfaltete dieser Wahn – von der Nazipropaganda unterstützt und verstärkt – eine doppelte Wirksamkeit. Dann kamen hinter den Befreiern, in deren Armeen Juden kämpften, die Terrortruppen des NKWD, denen viele polnische Juden angehörten. Nicht freiwillig, wie ziemlich sicher ist. Im wahren Überlebenskampf wurden sie zu Diensten gedrängt, die bei der polnischen Bevölkerung zusätzlichen Judenhaß entflammen ließen. Insofern hatten es die Kommunisten Ende der sechziger Jahre leicht, dem Volk einen Schuldigen vorzuweisen, um das eigene Versagen zu verdecken. Bei dem polnischen Volk setzte sich zunehmend der Eindruck einer Symbiose von Macht und Juden fest. Der vormals mächtige Adel hatte in seiner Vorstellung ebenso unauflösliche, von gegenseitigem Nutzen bestimmte Beziehungen zu den polnischen Juden wie die später allmächtigen Kommunisten. Deshalb verwunderte es Außenstehende nicht, daß zum Beispiel ein bekannter Journalist öffentlich als Jude bezeichnet wurde, als er von einer sehr kritischen zu einer differenzierteren Betrachtung der Regierungspolitik überging. Das war Ende der siebziger Jahre. Heute sorgt sich der polnische Präsident, daß es wieder starke Tendenzen gibt, die den Schuldpopanz »Juden« erneut aufbauen, um die eigene Konzeptionslosigkeit zu überdecken, was auch gelingt. Es gibt kaum noch Juden in Polen. Aber der Antisemitismus braucht keine Juden und nährt sich zusätzlich an stillschweigender Duldung.

In Polen, dem Land der großen Marienverehrung, ist ein Phänomen nicht in das Bewußtsein der Gläubigen eingedrungen: Maria war Jüdin. Und der junge, revolutionäre Jesus stritt sich mit seinen ethnischen Brüdern, wenn er mit den jüdischen Schriftgelehrten diskutierte. In manchem katholischen Zirkel wird die These kultiviert, daß es die Juden waren, die Christus das Leben nahmen. Und die katholische Amtskirche wartet mit nicht gerade überzeugenden Argumenten auf, um ihr historisches Schweigen zum millionenfachen Judenmord zu begründen.

Solange sie diesen Bann nicht bricht, wird sie weiter stillschweigend dulden, wird sie – schweigend – einen Antisemitismus nähren, der auf einen ganz neuen nationalistisch gefärbten Wahn hinausläuft. Manche Beobachter haben schon festgestellt, daß gewisse polnische Kreise den Holocaust am liebsten »entjudaisieren« möchten, um der polnischen Nation als einziger die makabre »Ehre« des größten Leidens unter dem Nationalsozialismus zukommen zu lassen.

Wenn in Deutschland nach Öffnung der Mauer ganz erschrekkende Beispiele von Rassenhaß und Antisemitismus zum Vorschein kommen, kann man diese unter anderem darauf zurückführen, daß auch die Menschen auf dem bisherigen Gebiet der DDR die Xenophobie als ihr Ventil gegen das Abgeschlossensein benutzten. Diese Erscheinungen sind in allen Ländern zu beobachten, welche sich geöffnet haben, welche den monokulturellen Druck der kommunistischen Ideologie abschütteln. In Polen hat die katholische Kirche nun das ideologische Monopol, nachdem der Niedergang der Kommunisten das politische Pendel in eine andere Richtung schlagen läßt. Es ist dem Land zu wünschen, daß die Seelenhüter der römischen Kirche sich darauf besinnen, welche Folgen stillschweigendes Dulden haben kann. Dulden – und damit Zulassen.

Vielleicht hat der junge Wojciech Jaruzelski in sehr frühen Jahren die alte Symbiose zwischen polnischem Adel und Juden unmittelbar erfahren, lange bevor er sich dieser Erscheinung gedanklich nähern konnte. Vielleicht hat es noch unterschwellige Eindrücke bei ihm hinterlassen, daß der Onkel Richter in einem Orte war, dessen jüdische Bevölkerung auch die handwerkliche und handelstechnische Abwicklung der Gutsgeschäfte besorgte, daß die Juden die Verbindung von Stadt und Land herstellten. Aber aus diesen Zusammenhängen auf bestimmende Prägungen zu schließen, hieße spekulieren.

8. Kapitel
Prägungen

Freiheiten

Kleinbürgerliche Enge hatte keine Chance bei der jungen Familie Jaruzelski. Die Wanderungen des jetzt vierköpfigen Haushaltes ließen keine Zeit, an irgendeinem Ort behäbige Beziehungen aufzubauen, die durch Wiederkehr des Immergleichen dumpfe Selbstbespiegelung hervorbringen könnten. Die Jaruzelskis hatten sich – zunächst freiwillig, später gezwungen – mit immer neuen Umgebungen, widrigen Umständen, fremden Menschen auseinanderzusetzen. Sie zogen weder mit einem Hofstaat umher, noch hatten irgendwelche örtlichen Amts- oder Kirchenpersonen einen steten Einfluß auf das Denken und Leben. Sie blieben frei, auch weil sie es sich leisten konnten. Sie fielen keiner Ideologie anheim, auch weil es ihnen unvergleichlich besserging als den Heeren von armen Pächtern und ausgebeuteten Landarbeitern. Sie lebten fern von den Millionen Menschen, die sich in den explodierenden Industriezentren zu Krüppeln machen mußten, nur um zu überleben. Die Kinder der Jaruzelskis wurden noch in die Freiheit der Besitzenden hineingeboren.

Diese Ordnung war nach landläufiger Meinung gottgegeben. Sie wurde von der Kirche und dem neuerstandenen Staat beschützt. Wohl hatte dieser Staat Adelsprivilegien abgeschafft. Die Besitztümer jedoch blieben erhalten. Gleichwohl hatte das Gutsbesitzerleben an barocker Üppigkeit verloren. Der Landadel bestand nicht mehr nur aus jenen »lärmend gastfreundlichen, zügellos streitsüchtigen Trunkenbolden«, die der polnische Literaturnobelpreisträger Czeslaw Milosz als den Regelfall vergangener Epochen ausmachte. Aber der Landadel war auch in dieser Epoche noch weit davon entfernt, sein Leben an den universellen moralischen Werten des Christentums oder neuen sozialen Ideen zu orientieren. Und die Jaruzelskis?

Wojciech Jaruzelski sagt heute, daß seine Mutter ihm vorgelebt habe, daß man viel Mitgefühl und Verständnis für andere Menschen haben müsse. Er erzählt, die christliche Botschaft habe ihm ein Gerechtigkeitsgefühl vermittelt, »das Gefühl dafür, daß auch der arme Mann ehrwürdig ist«. Gleichzeitig empfand er sehr früh, daß die von manchen Schriftstellern gepriesenen, von ihm als richtig angesehenen humanen Werte mit der realen Welt von damals in direktem Widerspruch standen. Er wirkt außergewöhnlich engagiert, als er beschreibt, was er in seiner frühen Zeit gesehen und gedacht hat:

»Polen war, wie Sie das beschrieben haben, vor allem auf dem Lande, ein Land von halbfeudaler Struktur; also einerseits krasse Unterschiede, Reichtum und extremes Elend und andererseits das, was für den Feudalismus charakteristisch ist, also nicht nur der Unterschied im Vermögen, sondern auch der Unterschied in der Beziehung zum Menschen. Der Mensch der ersten und der zweiten Kategorie. Der Mensch, der aufrecht läuft, und der, der zusammengebeugt, gekrümmt läuft. Ich habe es beobachtet, und ich habe niemals gesehen, daß mein Vater jemanden geschlagen hätte. Ich weiß nicht, ob es solche Fälle gegeben hat. Er war aber in der Tat sehr streng, er hat hohe Anforderungen an Menschen gestellt . . . Das, was mir immer mißfiel, war, daß die armen Menschen von den niedrigsten sozialen Schichten meinen Vater, aber nicht nur ihn, dieses ganze Milieu, mit ›Sehr gnädiger Herr‹, ansprachen. Inklusive Handkuß. Das ist doch Mittelalter! In Deutschland, in Frankreich hat es das zu diesem Zeitpunkt nicht mehr gegeben. Und dieser Zusammenstoß der Ideale, die ich aufgenommen habe, so wie ich es Ihnen eben schilderte, mit dem, was ich im Leben beobachten konnte, hat in mir einen inneren Widerstand erweckt.«

»Die Legende besagt, Sie seien zum Sozialisten geworden, weil Ihre Mutter Ihnen einmal die Bitte ausschlug, eine alte Frau mit einem schweren Kartoffelsack in der Kalesche mitzunehmen.«

Erst ein Lachen, dann ein Bekenntnis:

»Ich war damals noch weit davon entfernt, in sozialistischen Kategorien zu denken. Ich habe überhaupt nicht gewußt, was Sozialismus bedeutet. Und die Kommunisten waren für mich Menschen mit Hörnern und Schwanz! Es ist eine komplizierte

Frage. So eine Wandlung erfolgt nicht nach dem Prinzip des einmaligen Aktes, einer Tatsache. Nur in der Heiligen Schrift gab es den heiligen Paulus, der sich innerhalb eines Momentes verwandeln konnte. Es ist ein längerer Prozeß. Aber ein bestimmter Keim ist jedoch – auch wenn es paradox klingen mag – in meiner Kindheit enthalten.«

Es klingt paradox. Denn für die Jaruzelski-Kinder war gesorgt. Ihre Freiheit waren die Freiheit der Landschaft, das Leben in der Natur, das Pony, das Wojciech besaß, und – die Kindermädchen. Drei von ihnen brachte Teresa zur Verzweiflung. Das Gut Trzeciny, das ein zweites Mal ihr Zuhause wurde, lag weitab von industriellen Ballungszentren und damit fern vom kämpferischen Zusammenprall unterschiedlicher sozialer Interessen.

»Freiheit ist zunächst immer die Freiheit der Andersdenkenden« – diesen Lehrsatz der in Zamosc geborenen polnischen Kommunistin Rosa Luxemburg schrieben viele auf ihre Transparente, die in den letzten Jahren erfolgreich gegen kommunistische Unfreiheit aufbegehrten. 1919 schon war Rosa Luxemburg von Reichswehrleuten in Berlin ermordet worden. Über sechzig Jahre später sollte der kommunistische Wojciech Jaruzelski mit dem Satz über die Freiheit der Andersdenkenden konfrontiert werden. Vor aller Welt war er nun selbst zum kommunistischen Oberteufel avanciert. Dargestellt mit Hörnern, Schwanz – und Vampirzähnen. Also schlimmer als seine Kindervorstellung sich die Kommunisten ausgemacht hatte. Scheußlicher auch, als im polnischen Märchen die Teufel auszusehen pflegen. Scheußlicher womöglich auch, als ihm Pfarrer, Lehrer, Großeltern und Eltern die Kommunisten geschildert haben mögen, in jenen Jahren der Kinderfreiheit, den vorläufig letzten ruhigen Jahren seines Lebens.

Güter

Das »Schlößchen«, so nennt eine ehemalige Gutsnachbarin den Herrensitz von Trzeciny. Dieser sowie eine uralte Eiche lagen auf einer leichten Anhöhe. Um das Haus herum waren Gärten angelegt. Auf der Rückseite fiel das Gelände sanft ab, bis an das Ufer des Brok. Dieser fischreiche kleine Fluß teilte das Gut in zwei fast gleich große Hälften. Auf der einen Seite des Brok, der sich, südwestwärts windend, später in den Bug ergießt, erstreckten sich Wälder und einige wenige nutzbare Felder und Wiesen. Auf der Seite, wo man auch das Herrenhaus mit seinen vielen Nebengebäuden erbaut hatte, breiteten sich die großen landwirtschaftlichen Nutzflächen aus. Von der Vorfahrt des Adelssitzes führte eine kilometerlange Lindenallee in den Ort Dabrowa Wielka, eine Nabelschnur zur Welt. Zumindest aber der Weg zur Kirche, den die Bewohner von Trzeciny allsonntäglich und feiertags in der Kutsche zurücklegten. In der Kirche hatten sie ihre eigene Bank und auf dem nahegelegenen Friedhof ihre Familiengruft, mithin standesgemäße Güter für Landadelsfamilien, auch wenn diese selbst Hand anlegen mußten, falls sie nicht zu den ganz Reichen gehörten. Zu den immateriellen Gütern der das Land beherrschenden Familien gehörten die von Jaruzelski beschriebenen Ehrfurchtsgesten der übrigen Bevölkerung. Die Demutshaltung, der vorauseilende Gehorsam, die Erwartung von Schlägen gar oder dem »Stück Zeugs«, das »einem ins Kreuz« geworfen wird, das alles wurde bruchlos auf die Nachfolgenden übertragen. Auf Kinder und Schwiegerkinder und auf die Enkel. Wenn der Schwiegersohn der Trzeciny-Besitzer mit seiner Familie zur Kirche fuhr, raunten die Leute: »Der Erbe kommt!«

Erben

Das, was die Leute schon in ihm sahen, sollte Wladyslaw-Mieczyslaw Jaruzelski in Wirklichkeit niemals werden. Zu dem Zeitpunkt, der den natürlichen Erbfall für seine Frau Wanda und ihn ermöglicht hätte, lag er schon längst in sibirischer Erde. Begraben als eines der Opfer sowjetisch-stalinistischer Okkupation und Deportation. Wie Hunderttausende anderer Polen auch bezahlte er den Preis des Hitler-Stalin-Paktes mit seinem Leben. »Sie haben meinen Vater umgebracht!« wird Wojciech Jaruzelski eines Tages zu einem vertrauten Menschen auf die Frage antworten, ob er denn tatsächlich »auch einer von den Roten sei«.

Mit anderen Worten und in einem anderen Sinn wurde diese Frage auch bei der Armee gestellt. Immer dann, wenn für den jungen Offizier Beförderungen anstanden. In diesen Fällen begnügten sich die Gralshüter kommunistischer Reinheit nicht nur mit einem Bekenntnis zur kommunistischen Ideologie, und der Hinweis auf den in Sibirien gebliebenen Vater wäre kaum karrierefördernd gewesen. Auch die »Erbmasse« durfte nicht zu üppig sein. Den Nachkommen der alten Bourgeoisie und des einst mächtigen Adels wurde ein Aufstieg unmöglich gemacht. Die Erben familiärer Arbeiter-und-Bauern-Tradition hatten es leichter in der Armee des Volkes. Aber selbst den Söhnen der – inzwischen ebenfalls enteigneten – Erben kleinerer Güter hatte man die Beförderung mächtig erschwert. Wie Wojciech Jaruzelski bestätigte, wurden die Kandidatenbefragungen durch weitere Recherchen ergänzt. Verwandte, Freunde und ehemalige Nachbarn mußten bezeugen, welchen Status die Eltern des Offiziersnachwuchses gehabt hatten. So sollte die bereits zitierte ehemalige Nachbarin des Gutes Trzeciny mehrfach bestätigen, »Jaruzelskis waren keine Gutsbesitzer«.

Dies war die Wahrheit, weil die neue Ordnung eine Wahrnehmung älterer Rechte verhinderte. Unter Beibehaltung der landesüblichen Erbfolge hatte Mutter Zaremba das Alleinerbe angetreten, nachdem ihr Mann Hipolit 1938, im Alter von 69 Jahren, verstorben war. Die Nutzungsteilung von Trzeciny blieb erhalten. Womöglich hätten die Familien Szadkowski und Jaruzelski alsbald in das Erbe eintreten können, wenn nicht der Zweite Weltkrieg den Familien- und Erbenverbund zunächst auseinandergerissen hätte. Spätestens, als Frau Zaremba ebenfalls das Zeitliche segnete, wären die Erben in natürlicher Erbfolge zu Gutsbesitzern geworden. Aber zu dieser rechtsgültigen Übertragung konnte es nicht kommen. Seit September 1944 war Trzeciny enteignet, war in den »Besitz des Volkes« übergegangen, wie alle Besitztümer, deren Größe mehr als fünfzig Hektar betrug.

Jetzt, nachdem aus der Volksrepublik wieder die Republik Polen geworden ist, sind überall im Lande enteignete Grundbesitzer und deren Erben dabei zu prüfen, ob und wie sie sich wieder in den Besitz der alten Familiengüter bringen können oder sollen. Den einen gelingt dies mit Hilfe ordentlicher Gerichte. So zum Beispiel – wie die internationale Presse berichtete – dem Fürsten Lubomirski, der ein altes Familienschloß mit etwas Land wieder zu eigen erhielt. Er hatte nachgewiesen, daß die damalige Enteignung auch nach der Gesetzeslage jener Zeit nicht Rechtens gewesen war. Das Gericht folgte seiner Argumentation. Nun prüft und erhebt er weitere Ansprüche. Aber nicht nur dieser, sondern auch andere Erben streben eine Revision von Eigentumsverhältnissen an. Bestrebt, sich nur die Perlen ihrer gemischt wertvollen früheren Besitzungen zu sichern, machen sie hier einer Kommune angst und dort eine Wojewodschaft bange. Die Erben könnten sich, so deren nicht unberechtigte Sorgen, wieder in Besitz von Ländereien und vor allem Häusern, Schlössern setzen, die der Gemeinschaft in den letzten Jahrzehnten als Amtsstuben, Museen, Begegnungsstätten, Repräsentationsräume oder Bibliotheken gedient haben. Diese, teils sorgsam restaurierten, über die Jahre mit viel öffentlichem Geld erhaltenen Gebäude würden vielleicht weiter den bisherigen Zwecken erhalten bleiben. Aber die neuen alten Besitzer könnten – und werden – zur Kasse bitten. Die in ersten Verhandlungen an manchen Plätzen bereits genannten Mietforderungen lassen manchem Kämmerer schon jetzt die Haare zu Berge stehen.

In anderen Landstrichen hat man keine Angst vor den »Gespenstern von Gestern«, vor den Erben, man hat sogar Hoffnung. Haben die Güter früher nicht wirtschaftlicher gearbeitet? Sind gewinnorientiert arbeitende, private Gutsherren nicht eher willens, bessere Maschinen einzusetzen? Würden sie der gut und fleißig arbeitenden Landbevölkerung nicht zu besseren Einkommen verhelfen und das Land besser versorgen können? Solche Spekulationen betreffen – im eigentlichen wie im übertragenen Sinne – ein weites Feld, das von den Erben schon beackert wird. So verhandelt zum Beispiel ein Adliger schon seit einiger Zeit mit den Vertretern einer regionalen Bauern-Solidarność über den Wiedereinstieg seiner Familie in die Gutsverwaltung. Er selbst will zwar nicht in die für ihn gänzlich unpassenden Landwirtsstiefel steigen. Aber sein Neffe würde schon, wenn man ihn ließe. Der Familienchef der Adelssippe meint denn auch, daß die meisten der dem Landleben völlig entwöhnten alten Damen und Herren Gutsbesitzer wohl eher in mittlere Ohnmachten fallen würden, böte man ihnen die Übernahme der alten Familienbetriebe an.

Allein – die mögliche, denkbare, erhoffte, erträumte Aussicht auf die Rückerstattung der Grundlagen alten Wohllebens lasse bei manchen Herrschaften doch ein gewisses Prickeln entstehen. Und so hatten sich schon zu den Zeiten des »Runden Tisches« einmal etwa fünfzig Damen und Herren blauen Geblüts zusammengefunden, um die Lage zu besprechen. Da bog sich die Tafel unter den erlesenen Speisen, welche die polnische Küche auch dann hervorzubringen vermag, wenn die Zutaten nicht so reichlich sind. Die nach Gesetz enterbten Erben hatten nur ein Thema beim Tischgespräch: Ja, würde eine Gewerkschaftsregierung denn überhaupt bereit sein, ihnen – und sei es durch Rückkauf – ihre »Häuser« zurückzugeben? Bei dieser Thematik zitterte so manch edle Hand ganz heimlich. Es passierte, daß eine entnervte Gräfin ihrem ebenfalls höchst aufgeregten Herrn Gemahl statt der zugedachten Sahne einige Löffel Mayonnaise auf den Kuchen praktizierte. Woraufhin dieser – noblesse oblige – nach einem fast unmerklichen Anheben des linken oder rechten Mundwinkels jenen Kuchen zu Ende aß.

In Gedanken hat man hier und da die imaginären Krönchen und den ebenfalls längst verlorenen Familienschmuck mit Zärtlichkeit auf Glanz gebracht, um nun auch wieder häufiger – und öffentlich – die entscheidende Frage zu stellen: »Hatten wir nicht im letzten Jahrhundert eine gemeinsame Tante?« Die Antwort darauf entscheidet über die Zugehörigkeit zu einer Kaste, die sich in früheren Jahrhunderten als allein staatstragend betrachtete. Der Adel, das war die Republik Polen. Die neunzig Prozent anderen, das waren »Leute«. Die letztgenannte Unterscheidung ist allerdings keine polnische Spezialität.

Blaublütiges

Gäbe es in Polen schon eine »Yellow Press«, jene Zeitschriften, die sich im Westen vorzugsweise des Lebens blaublütiger Zeitgenossinnen und Zeitgenossen annehmen, um daraus Legenden zu spinnen, sie hätte Stoff genug. Von »roten Prinzen« könnte sie berichten. Und von jungen adeligen Damen, die auch während der kommunistischen Herrschaft auf jenen Freier warteten, der das Familienblut nicht dünner werden ließ. Von Familien würde die Rede sein, deren Vorfahren schon die Wege der polnischen Adelsrepublik bestimmten. Und von jenen, die vor Generationen durch russische, deutsche und österreichische Monarchen zu klangvollen Titeln oder auch nur zu der Ehre kamen, an diesem oder jenem Kaiserhof einmal das Frühstück einzunehmen.

Es wäre Schlagzeilen und Bildberichte wert, den jetzt armen Adligen bekannt zu machen, dem nur der Gegenwert eines westlichen Kleinwagens fehlt, um nun 1990 den alten Familienbesitz wieder zu erwerben. Auch an Mitgefühl würde es nicht mangeln – zum Beispiel mit einem Grafen, der dem Namen nach keiner mehr ist, weil sein gesetzestreuer Vater diesen Titel 1921 ablegte, wie die neue Verfassung es bestimmte. Wie viele, denen der Besitz abhanden kam, will er nun wenigstens dafür sorgen, daß seine Herkunft nicht im dunkeln bleibt. Neben diesem Anliegen hat der Mann ganz normale Sorgen. Er lebt unauffällig, arbeitet, wie die anderen Menschen auch. Vielleicht hat er Vorteile durch Wohlerzogenheit, gesellschaftliches Format und hohe Bildung. Aber sonst? Seine kleine Hochhauswohnung liegt in einem Stadtgebiet von Warschau, das die Telefonbauer noch nicht erreichten. Die Bewohner der Neubausiedlung lösen sich in der Nacht bei der Bewachung ihrer Parkplätze ab. Die vier Personen seines Haushaltes leben in drei Zimmern, von deren Wänden Ahnenaugen streng auf das enge Treiben blicken. Diesen Ahnen fehlt – so und so – der Rahmen, der ihnen von den Russen gestohlen wurde oder schon vorher von den Deutschen. Die Familie lebt in irgendwo zusammengesuchtem Mobiliar. Stilecht zwar, aber vom Ursprung her nicht eigen. Die Familienmöbel hatte ein deutscher »Vetter« konfisziert. Ein blaublütiger Wehrmachtsoffizier mit sicherem Stilgefühl, der seinen zeitweiligen Besatzerauftrag im Herrenhause der Familie erledigte. Vor Jahren kam eine Frachtkiste aus den USA. Der deutsche Herr Vetter gab sich »die Ehre«, wenigstens das Familiensilber zurückzuerstatten.

Hoffnungen

»Ich hörte, Sie haben eine Nebenlinie mit den Hohenzollern?«

». . . nein, das wäre mir ganz neu . . .«

». . . ist ja auch nicht so wichtig. Wissen Sie, wir haben eine Nebenlinie mit den Habsburgern.«

»Interessant.«

Wer auf diese skurrile Weise in einen Dialog gezogen wird, tut gut daran, den Gesprächsbeginn nicht schon für die ganze Botschaft zu halten. Oft blüht in den Hochhausetagen-Schlößchen eine üppige Phantasie, die Hoffnung, mit der neuen Ordnung wieder aus ihrem Dutzenddasein befreit zu werden. So entstehen Vorstellungen über die touristische Nutzung halbverfallener Landsitze. »Haben Sie keine Beziehungen zu westdeutschen oder englischen Touristik-Unternehmen?« Oder die Hoffenden breiten in stundenlangen Erzählungen die Stammes- und Familiengeschichten in der Annahme aus, der Gesprächspartner könne einen westlichen Verlag dafür gewinnen. Aber in sehr, sehr vielen Fällen suchen die Übriggebliebenen der polnischen Adelskaste nur einfach einen Zuhörer, dem sie von ihren leidvollen Erfahrungen erzählen können. Jemanden, der ihnen etwas Zeit schenkt, der ihnen hilft, ihre traumatischen Lebenserinnerungen aufzuarbeiten.

Erbschaften

Nur manchmal nimmt bei der Beschreibung von materiellen Verlusten das weinerliche Bedauern überhand. Meist wird der Verlust von Titeln, Häusern, Ländereien oder anderem Familienbesitz sachlich beschrieben, registriert. Anderes sitzt tiefer: Es sind die Erbschaften der Unmenschlichkeit, welche die Überlebenden verfolgen. Überlebt haben sie in deutschen Konzentrationslagern, in der sowjetischen Deportation, im Untergrundkampf für ein freies Polen, in den vorderen Frontabschnitten des Zweiten Weltkriegs und in den Folterkellern der polnisch-stalinistischen Kommunisten. Den meisten derjenigen, die noch heute unter traumatischen Folgeerscheinungen ihrer grausamen Erlebnisse leiden, steht der Sinn nicht nach Restauration der erst 1939 zu Fall gebrachten feudalen Macht. Ihr Wunsch ist es, daß die »weißen Flecke« aufgedeckt werden mögen, die vor allem auch die kommunistische Geschichtsschreibung hinterlassen hat. In diesem Wunsch sind sich fast alle Polen, gleich welcher Herkunft, einig.

Wo sind die Familienangehörigen geblieben? Sind sie in deutschen oder sowjetischen Lagern gestorben, getötet worden? Sind sie im Krieg gefallen? Von wessen Schergen wurden sie ermordet? Nachdem Jaruzelski und Mazowiecki mit Gorbatschow das schwere Erbe von Katyn angefaßt haben, werden sich auch andere, weniger spektakuläre Angelegenheiten klären lassen. Wird auch so manches Einzelschicksal, das nicht mit dem Tode endete, sondern mit einem lebenslangen Schuldgefühl, psychisch aufgearbeitet werden können? Oft leiden Überlebende noch heute an Schuldkomplexen gegenüber denen, die im Konzentrationslager gestorben sind. Scheinbar ohne Grund versagen älteren Männern und Frauen die Nerven, wenn sie versuchen, ihre Erlebnisse zu schildern. Sie leiden an einem »Überlebenstrauma«, einer grausamen psychischen Erbschaft, über die in Israel schon viel gearbeitet wurde. In Polen war dies so noch nicht möglich, weil über manche Tatsachen nichts bekannt war oder weil nicht darüber geschrieben und gesprochen werden durfte. Dies führte nicht nur zu den als »weiße Flecke« bezeichneten Lücken in der offiziellen Geschichtsschreibung, sondern auch zu einer ungebremsten Produktion von Gerüchten. Dabei wurden Opfer zu Mittätern gemacht. Eine teuflische Regie machte Menschen, die nur zufällig überlebt hatten, zu angeblichen Helfern der Schergen dieser oder jener Couleur. Denn, so der Umkehrschluß, hätten sie den Henkern nicht geholfen, wären sie ja tot.

Unter Legendenbildung dieser Art leiden noch viele in Polen. Dies ist eine teuflische Erbschaft der Geschichte. Allein in diesem Jahrhundert war die polnische Nation zunächst fast zwei Jahrzehnte ohne eigenen Staat, beherrscht von Russen, Österreichern und Deutschen. Danach hatte die Nation zwar einen Staat, aber in dem einen Jahrzehnt seiner Existenz konnte dieser keine neuen, zeitgerechten Strukturen entwickeln. Es war ein Vielvölkerstaat, der die frühere, landschaftsbezogene Feudalstruktur nicht überwinden konnte, bevor er selbst schon wieder von außen zerschlagen wurde.

Nach Krieg und Massenmorden etablierte sich ein neuer Staat, auf neuem Staatsgebiet. Dessen Protagonisten waren einerseits idealistisch gesinnte junge Menschen, die einem großen Fortschrittsglauben anhingen, aber andererseits eben jene brutalen, stalinistischen Machtpolitiker, deren Erbe erst in diesen Jahren abgetragen werden kann.

Die neue Nachkriegsdiktatur, aber auch viele der früher – vor und im Kriege – aktiven Politiker ließen eine Fülle von Legenden blühen. Legenden verklärten die Taten und überdeckten die Verbrechen, mit denen die Nation der Unselbständigen überzogen wurde. Fast alle, die in diesem Jahrhundert an der Gestaltung polnischer Geschichte beteiligt waren, hatten genug Grund und Leidenschaft, ihre Taten mit Geheimnissen zu umgeben. Daraus resultieren viele Spaltungen, unter denen die polnische Gesellschaft auch heute leidet und die die Geburt einer neuen Demokratie erschweren.

Wojciech Jaruzelski ist als Mensch, Militär und Politiker selbst Bestandteil der tragischen polnischen Erbschaften. Wie andere Frauen und Männer aus alten Familien auch engagierte er sich für die Idee des Sozialismus. Und von irgendeinem Zeitpunkt an war er ein ausgewiesenes Mitglied jener Machtelite, deren Heimlichkeiten neue »weiße Flecke« produzierten.

Andere Menschen aus alten Familien kämpften mit und in der Solidarność gegen diese Mächtigen, als deren Symbol – unübersehbar – Jaruzelski amtierte. Jener »Bruder« aus polnischen Adelskreisen, der sich am 26. Mai 1985 mit dem britischen Verleger Robert Maxwell unterhielt. Auszug:

Robert Maxwell:

»Schon einige Zeit wollte ich ein Buch herausgeben über Sie, in der Serie ›Führer der Welt‹. Das Endstadium dieser Arbeit ist nun nahe. Was meine Fragen anbelangt, möchte ich mit der allerwichtigsten anfangen. Ist das Problem der ›Solidarność‹ eine Sache der Vergangenheit im polnischen Leben? Würden Sie dieser Behauptung zustimmen?«

Wojciech Jaruzelski:

»Ja, das ist der Fall.«

Robert Maxwell:

»Es erscheint, daß eines der entscheidenden Probleme Ihres Landes die Wirtschaft ist.«

Wojciech Jaruzelski:

»Das ist ein weiterer Punkt, dem ich zustimmen muß.«

Ende des Zitats. Jaruzelski hat seinen historischen Irrtum in Sachen Solidarność durch politisches Handeln schon korrigiert und gegenüber Adam Michnik, dem Herausgeber der wichtigsten Solidarność-Zeitung, der »Gazeta Wyborcza«, wie folgt zugegeben: »1981 hat die Solidarność den Staat unterschätzt und später der Staat die Solidarność.« Was die Frage nach den wirtschaftlichen Schwierigkeiten angeht, so befand sich Jaruzelski nicht im Irrtum. Er scheint aber 1985 noch geglaubt zu haben, daß ein starker Staat ausreiche, die wirtschaftlichen Probleme des Landes zu lösen. Sein damaliges Staatsverständnis war ein anderes als das heutige, wohl weniger dem Pluralismus zugewandt. Im Jahre 1985 war er auch noch nicht so aktiv daran beteiligt, die »weißen Flecke« der polnischen Erbschaften zu beseitigen wie dann 1990, als er in Moskau mit dafür sorgte, daß Katyn zumindest aufgeklärt wird. Wojciech Jaruzelskis Prägungen sind anscheinend dergestalt, daß er sich heute aus eigener Erkenntnis als Notar der politischen Erbschaften annehmen kann. Ob die Polen ihn in dieser Eigenschaft berufen, steht dahin.

Menschen

Wer neugierig genug ist zu fragen, ob denn eine nach den neuen Gesetzen vielleicht mögliche Korrektur der Eigentumsverhältnisse in Trzeciny durchgeführt werden solle, dem wird Jaruzelskis Schwager Jerzy Starnawski sehr schnell entgegnen: »Der Staatspräsident und seine Schwester werden niemals Ansprüche dieser Art erheben!« Nun ist Wojciech Jaruzelskis Leben ja tatsächlich nicht auf die Ackerscholle eingestellt, auch wenn er, von 1932 bis 1933, für ein Jahr ständig auf dem großelterlichen Gut Trzeciny gelebt hat. Bald verbrachte der dann Zehnjährige nur noch die Schulferien auf dem Lande. Seine Erinnerungen an die Kinder- und frühe Jugendzeit sind eher von den Menschen geprägt, mit denen er an wechselnden Plätzen lebte. Ihnen, und nicht irgendwelchen Häusern, galt und gilt sein Hauptinteresse. Seine Meinung ist eindeutig: »Wissen Sie, Trzeciny ist Urgeschichte! Das habe ich bereits in den Jahren 1944/45 begriffen, als ich dieser Erkenntnis mit diesen Worten in meinen Briefen an die Mutter und die Schwester Ausdruck verlieh. Ich betrachte die Bodenreform als einen Akt der Gerechtigkeit, bei welchem der Boden aus dem Gutsbesitz den Landarbeitern und Bauern übertragen worden ist. In dieser Frage hatte ich und habe bis heute nicht die geringsten Zweifel. Daher kann von Forderungen niemals die Rede sein!«

Großeltern

Über Großvater Hipolit Zaremba, den Vater von Jaruzelskis Mutter Wanda, ist nur bekannt, wie er, im Zusammenhang mit seiner mittelalterlichen Form des Wirtschaftens, den Vater Jaruzelskis zur Verzweiflung brachte. Nach dem ersten Versuch zu gemeinsamer Arbeit von 1925 reiste die Familie Jaruzelski wieder ab. Weitere Versuche sollten ebenfalls erfolglos bleiben. Erst ab 1932 konnte der Landwirtschaftsingenieur Jaruzelski seine Fähigkeiten auf Trzeciny konzentrieren, was er dem Vernehmen nach erfolgreich tat. Sein Schwiegervater Hipolit

Zaremba stammte von dem Gut Zabikow aus der Gegend von Lomza. Über diese kleine Stadt, ca. einhundertfünfzig Kilometer nord-nordöstlich von Warschau gelegen, mit etwa 52 000 Einwohnern schreibt Hans Magnus Enzensberger in »Ach Europa!« unter anderem: »Wenn man an den blätternden Farben der Fassaden kratzt, kommen immer neue Schichten der Unterdrükkung und des Stumpfsinns zum Vorschein: das Regime der Zaren, die Herrschaft der Gutsbesitzer, die mörderischen Überfälle der Deutschen, der Stalinismus . . . Immer wieder wurde die Gegend umgetauft: Podlachien, ›Neu-Ostpreußen‹, Kaiserreich Rußland, Generalgouvernement Warschau, Sowjetunion, ›Großdeutsches Reich‹, und immer wieder neue Heere sind hier durchgezogen, haben Lomza gebrandschatzt und geplündert, als wäre hier je etwas zu holen gewesen. Daß dieser Ort das alles überstanden hat, daß er einfach immer noch da ist, unscheinbar und zählebig wie Gras, ist eine übermenschliche Leistung.«

Wer in Warschau – nach vielen Gesprächen womöglich von Pessimismus und Weltschmerz gepackt – die Zeile »Noch ist Polen nicht verloren« mit einem Fragezeichen versehen möchte, der sollte nach Lomza fahren. Dort kann er Halina kennenlernen, verheiratet, ein Kind. Sie leitet den örtlichen Alten- und Seniorenclub. In dessen Räumen steckt nicht viel Geld, aber eine Menge Initiative. Die Ausstattung ist einfach und zweckdienlich. Einige Frauen versorgen die hauseigene Küche für den Mittags- und Abendtisch. Am Nachmittag kommen Senioren, die Karten spielen oder musizieren. Vor allem Musizieren und Tanzen sind die Hobbys der Alten aus dem Club, die mit ihren selbstgeschneiderten Trachten als kombinierte Tanz- und Gesangsgruppe in ganz Polen bekannt sind. Halina managt diesen Club temperamentvoll, lachend, professionell. Ihr Mann ist studierter Oboist, dem zu großstädtischem Engagement noch das Geld für eine neue Oboe fehlt. Er spielt mit einer kleinen Kapelle auf Familien- und Dorffesten. Ihr Sohn reitet auf einem bunten Schaukelpferd. Wenn er nur eines aus seiner Kinderzeit mitnimmt, dann wird es der sprühende Optimismus seiner Eltern sein.

Den verbreiten auch die »doppelten Mareks«, die, außer

ihrem Vornamen, eine schon sprichwörtliche Dynamik gemeinsam haben. Der eine betreibt mit seinem Bruder einen holzverarbeitenden Betrieb, der auf zwei Jahre ausgelastet ist. Der ehemalige Mig-Pilot der polnischen Luftwaffe will expandieren, knüpft Kontakte im westlichen Ausland, bezieht Material aus der Sowjetunion, ist von der Umtriebigkeit, welche die neue Wirtschaft Polens so dringend braucht. Der andere Marek studierte Medizin, arbeitete als Arzt in den USA, kam zurück, wurde Chef des Wojewodschaftskrankenhauses. Dann plante er mit dem tüchtigen Wojewoden einen neuen Gebäudekomplex für das Krankenhaus, der inzwischen bezugsfertig ist. Er sucht noch medizinische Geräte im Westen. Und dann will er aus dem alten Krankenhaus ein großes Heim für alte Menschen machen.

Wer wissen will, wie man überlebt, wie man Neues schafft, sollte nach Lomza gehen, um sich Mut zu machen. Auch zu dem Vorsitzenden des Seniorenclubs. Dieser ehemalige höhere Angestellte der Staatsbank ist gleichzeitig der Präsident eines Clubs der Lomzaner, der in regelmäßigen Abständen Heimattreffen veranstaltet. Da reisen die aus der Gegend stammenden Menschen aus aller Welt an, vorwiegend aus den USA, um in ihrer Heimat zu feiern. Auch um dem Club dabei zu helfen, politische Kraft für die Erhaltung der in der Nähe befindlichen Naturschutzgebiete zu sammeln.

In etwa fünfzig Kilometer Entfernung trifft man – im Osten und Südosten – auf alle drei Güter, von denen die Vorfahren Jaruzelskis stammen. Auf die Überreste von Zabikow, Rus Stara und Trzeciny. Und überall um Lomza herum liegen die Kampfplätze der polnischen Geschichte. Bis hin zu den Feldern und Wäldern, in und auf denen sich nach 1945 nationalistische Partisanen noch jahrelange Kämpfe mit den Truppen des neuen Regimes geliefert haben. In den Wäldern um Trzeciny fanden 1863 beim Aufstand gegen die Zarenarmee sehr heftige Kämpfe statt, an denen der Großvater Jaruzelskis und einer von dessen Brüdern aktiv beteiligt waren. Aber noch ein Vorfahr Wojciech und Teresa Jaruzelskis hat dort mitgewirkt. Nicht als Kämpfer, sondern als Arzt. Tomasz Wrobel hieß dieser Doktor der Medizin, der im Wald die kämpfenden Aufständischen betreute. Er hatte ein Hochschulstudium absolviert und genoß als Arzt einen guten Ruf. Er stammte aus einer Goralen-Familie aus den Westkarpaten, wo diese polnischen Bergbewohner zumeist als Viehzüchter lebten. Jaruzelski: »Er heiratete die aus der in Polen bekannten Familie Jodko-Narkiewicz stammende Tochter Wanda. Das war meine Urgroßmutter mütterlicherseits. Ihr Vater wurde ein ziemlich bekannter Mann. Im Novemberaufstand von 1830 war er als Offizier in der ›Ingenieurie‹-Truppe von General Pradzynski. Später wurde er Bauingenieur. Er ist unter anderem Mitschöpfer der Kierbedz-Brücke in Warschau.«

Im Familiengrab auf dem Friedhof von Dabrowa Wielka liegt der Doktor Tomasz Wrobel zusammen mit seinem Schwiegersohn Hipolit Zaremba begraben. Über dessen Ehefrau Walentina, die Tochter Wrobels, ist sehr viel mehr bekannt als über Hipolit. Auf Trzeciny war sie der Familienmittelpunkt. Aber auch außerhalb des engeren Familienkreises hat sie gewirkt, hat Spuren hinterlassen. Während der Zeit der russischen Okkupation bis 1920 unterhielt sie geheime Schulen, in denen das von den Russen als Lehrfach verbotene Polnisch gelehrt wurde. Wie viele Menschen aus dem besitzenden polnischen Adel hat Walentina Zaremba in dieser Zeit unter dem Deckmantel landwirtschaftlicher Ausbildung eine Art Grundschulunterricht durchführen lassen. Auch praktischen Unterricht ließ sie erteilen. An den Sonntagnachmittagen wurden für die Töchter und Frauen von kleineren Pächtern und abhängigen Bauern Hauswirtschaftskurse abgehalten. Später stiftete Frau Zaremba das Gelände und einen Teil der Mittel für den Bau einer öffentlichen Schule im Einflußgebiet des Gutes. In der Zeit der feudalen Republik nach 1920 war das Schulwesen in Polen noch weitgehend von der Gunst der adligen Grundbesitzer abhängig.

Die Kirche rühmte sich zu Recht, viele gute Schulen zu unterhalten. Sie sorgte aber dafür, daß in diesen fast immer elitären Ausbildungsstätten vor allem die Söhne der Vermögenden zum Zuge kamen. Nur wenige Institute öffneten schmale Türen für Begabte aus den unbemittelten Schichten. Die Ausbildung der Töchter war ein finsteres Kapitel. Waren es Mädchen der armen Landbevölkerung, so konnten sie froh sein, wenn die Gutsherrschaft ihnen etwas für den Gebrauch im täglichen Leben beibringen ließ. Die Töchter der Besitzenden wurden in sogenannten Mädchenpensionaten auf das Herrschaftsleben vorbereitet, wobei auch hier das Wissen über Haus- und Landwirtschaft nicht zu kurz kam. Schon etwas vorgebildet von den – meist – angestellten Hauslehrern, durften sie zusätzlich erlernen, wie sich die »Dame« zu bewegen, zu kleiden, zu benehmen habe. Großmutter Walentina war in einem solchen Pensionat, die Zarembas ließen auch ihre Töchter Wanda und Zofia dort ausbilden. Zumindest Tochter Wanda sollte das Klavierspiel erlernen. Tortur und Mißerfolg müssen groß gewesen sein. Denn später ersparte die Mutter Jaruzelskis ihrer Tochter Teresa jegliche häusliche Musikerziehung mit der Begründung, sie selbst habe genug gelitten.

Großmutter Zaremba kaufte nicht bei Juden, sondern nur bei polnischen Geschäftsleuten ein. Sie stand nationalkonservativen Kreisen nahe. Die große Liebe galt ihrem Garten. Hier verbrachte sie einen großen Teil ihrer Zeit. Sie bearbeitete ihre geliebten Blumenbeete, züchtete und kreuzte sehr erfolgreich Obstbäume. Ihre Hege war so vortrefflich, daß man über die Grenzen des Gutes hinaus von ihrer Meisterschaft sprach. Man sagte ihr nach, daß unter ihren Händen die exotischsten Pflanzen gedeihen würden. Eine besondere Spezialität soll die Zucht und Pflege von besonders guten Aprikosen gewesen sein. Die für nördliche Breiten außergewöhnlich ertragreichen Ernten dieser Früchte wußten Töchter und Enkelkinder allerdings weniger zu schätzen als andere Menschen. »Die Aprikosen waren immer nur für die Gäste da!« begründet Enkelin Teresa noch heute, warum den Kindern dieser Genuß häufig verweigert wurde. Die Enkel wurden nicht verwöhnt. Auch die Kinderfräulein waren angewiesen, großmütterliche Richtlinien zu beachten. »Es wurde ganz streng darauf geachtet, daß die Butter nicht zu dick aufs Brot kam!« erzählt Frau Teresa. Und Cousin Stanislaw Szadkowski erinnert sich daran, daß er »sehr oft den ganzen Tag am Tisch sitzen mußte, bis ich alles aufgegessen hatte«. Die Enkel sind sich aber einig darüber, was ihnen die großmütterliche Sparsamkeit brachte. Enkel Stanislaw sagt: »Sie hat uns beigebracht, den Wert von

Nahrungsmitteln zu erkennen. Geschätzt haben wir das erst in den Notzeiten, als wir weniger Probleme hatten, unsere kleinen Portionen einzuteilen.«

Die Großeltern Wojciech Jaruzelskis führten ein gastfreies Haus, ganz in der noch heute fortbestehenden, großpolnischen Tradition. Gäste auf Trzeciny waren die Verwandten, die Nachbarn, die örtliche Geistlichkeit. Man traf sich an Fest- und Feiertagen, auch zur Jagd. Personal gab es wenig im Hause. Majordomus war ein Diener, der gleichzeitig die Pferde versorgen mußte und die Kutscherdienste versah. Von der Inneneinrichtung des Herrenhauses von Trzeciny und des von Jaruzelskis bewohnten Nebenhauses gibt es keine Erinnerungen. Zu viele spätere Eindrücke überlagern jene Bilder, welche über einige Personen und wenige Erlebnisse hinausgehen. Zeitungen und Zeitschriften habe es gegeben und auch ein erstes Radio, erinnert sich Stanislaw Szadkowski, der bis zum Kriegsende sehr viel Zeit auf Trzeciny verbrachte.

Erinnerungen

Die beiden Schwestern Wanda und Zofia seien sehr unterschiedlich gewesen, erinnert sich Szadkowski. »Meine Mutter hatte hellblondes Haar, und die Tante, die Mutter von Teresa und Wojciech, war brünett. Kein pechschwarzes Haar, aber sehr dunkles. Beide sind als äußerst gutmütige Personen in meiner Erinnerung geblieben. Sie waren immer sehr beschäftigt. Dabei war meine Tante eine Person, die sich im Leben besser zu helfen wußte. Sie war etwas älter als meine Mutter. Und sie war physisch besser dran. Meine Mutter hatte in der Kindheit Tuberkulose und war auch später im reifen Alter sehr schwach, körperlich schwach. Sie ist, obwohl sie jünger und nicht in Sibirien war wie die Tante, zehn Jahre früher gestorben als diese.« Über Teresa und Wojciech Jaruzelskis Mutter Wanda erzählt Neffe Stanislaw voller Verehrung, ja Liebe. Seine Erinnerungen gelten der Zeit nach dem Kriege, nach der Enteignung von Trzeciny. Es ist auch Rückbesinnung auf frühere Eindrücke dabei, die sein Bild abrunden, dem aber keine kindliche Schwärmerei anhaftet. »Die Tante hat meine Mutter nach Lublin geholt. Das war sechs Monate vor dem Tod meiner Mutter. Und die ganze Zeit über war bei meiner Tante die große Nächstenliebe spürbar, die große Herzlichkeit und Aufmerksamkeit, die sie ihrer Schwester geschenkt hat. Das alles war bei der Tante immer sichtbar. Als ich studierte, habe ich zwar ein kleines Stipendium bekommen. Aber von der Tante habe ich auch finanzielle Hilfe erhalten, obwohl sie selbst wenig hatte. Wenn man das Wort Herzlichkeit für einen Menschen gebraucht – bei ihr traf es auf alles zu. Wir fühlten uns unheimlich eng mit ihr verbunden und konnten immer auf ihre Unterstützung und ihr Verständnis hoffen. Typisch für sie war auch eine große Sparsamkeit. Wie bei uns, gab es auch bei der Tante keinen außerordentlichen Luxus. Keine Schulden machen und die Aufmerksamkeit nicht auf einen höheren Lebensstandard richten, war das Prinzip.«

Szadkowski erinnert sich dann an die Zeiten der Kindheit. An die Großmutter, die ihn immer bei Tisch sitzen ließ, bis er alles aufgegessen hatte. Daran, daß auch später, in der armen Zeit, nichts weggeworfen werden durfte, alles im Haushalt verwendet werden mußte. Er erinnert sich mit Vergnügen an die Backkünste seiner Mutter und ihrer Schwester, seiner Tante. »In schlechten Zeiten haben sie sozusagen aus nichts phantastische Gerichte gekocht.« Und er kommt wieder auf die große Herzlichkeit zurück, die Freundschaft und die Liebe, die er zu Hause empfunden hat: Über Jaruzelskis Mutter sagt er noch: »Die Tante hat keine Hauptschule abgeschlossen. Aber nach dem Internat, das sie besucht hat, hat sie viel gelesen und geschrieben. Und wenn bestimmte Anträge oder Formulare ausgefüllt werden mußten, sind wir immer zu ihr gegangen, sie hat das gemacht. Außerdem war sie eine große Humanistin. Es fällt mir schwer, dieser Charakteristik noch etwas hinzuzufügen. Ich weiß das auch noch von ihren letzten Lebenstagen. Sie war immer auf Menschen eingestellt, auf den Menschen aus; sie hat die ganze Zeit nur daran gedacht, wie sie anderen Menschen helfen kann.«

An den Onkel, an Wojciech Jaruzelskis Vater, kann sich der Cousin nicht gut erinnern. Kann ihn nicht beschreiben, weil die

Bilder zu verwischt sind. Bei ihm zu Hause habe man darüber gesprochen, daß der Onkel sehr impulsiv gewesen sei, erzählt er. Aber immer, wenn »er dann zur Besinnung kam, hat er es bedauert, bereut, hat dann die Leute getröstet und beschenkt«. Hat denn der Sohn, Wojciech Jaruzelski, nichts von diesem Temperament geerbt? Der Vetter lacht. »Ich glaube doch! Er kann sich aber stärker, viel besser beherrschen als der Onkel. Und deshalb kommen seine Emotionen nicht so automatisch zum Ausbruch.« Nur einmal, wisse er, habe sich auch Wojciech wahnsinnig aufgeregt und dieser Emotion eruptionsartig nachgegeben. Das sei gewesen, als irgendwelche Leute angefangen hätten, eine Mauer um den Sejm, das Parlament, zu bauen. Da sei er außer sich geraten, habe fürchterlich geschimpft, getobt! Hat Jaruzelski diesen Vorfall in Erinnerung?

»Ja. Kurz nach der Verhängung des Kriegsrechts habe ich erfahren, daß bei der Einfahrt zum Sejm-Gebäude ein hoher Gitterzaun errichtet worden ist. Das hat mich sehr verärgert!

Ich habe meiner Empörung Ausdruck gegeben und verlangt, diesen Zaun unverzüglich zu demontieren. Da er auf der Grundlage einer Entscheidung des damaligen Sejm-Präsidiums errichtet worden ist, war mein Wunsch nicht sehr demokratisch. Ich bin bis heute der Auffassung, daß mein Wunsch richtig war.

Diese Abgrenzung des Sejm vom Volke hatte in dieser dramatischen Zeit eine besonders negative Aussage. Das war eine ernsthafte politische Fehlentscheidung! Der Zaun ist umgehend abgerissen worden und – den gibt es auch bis heute nicht.«

Eine merkwürdige Geschichte!

Späße

Alle Trzeciny-Kinder erinnern sich daran, daß Vater Jaruzelski das Gut nach modernsten Gesichtspunkten geführt und immer neuestes mechanisches Gerät eingesetzt habe. Der Hof sei im Vergleich mit den Nachbarhöfen überdurchschnittlich gut verwaltet worden.

Teresa Starnawska, die Schwester Jaruzelskis, erinnert sich

gänzlich zerstört war. Daß dort nichts übriggeblieben war. Ich wollte mir die Ergebnisse der Kriegshandlungen von 1944 ganz einfach aus emotionellen Gründen nicht ansehen. Aber ich war in der Umgebung, im Sommer 1945. Meine Großmutter lebte damals dort. Ich habe sie besucht, war dort auch an mehreren anderen Orten und habe tatsächlich auch dieses Kindermädchen getroffen. Eine Frau, die sich um mich gekümmert hat, als ich Kind war. Es hat in der Tat ein Gespräch gegeben. Aber solche Formulierungen sind darin nicht vorgekommen. Wir waren sehr gerührt. Es war ein Treffen nach Jahren. Wir haben uns gefreut, daß wir zusammentreffen konnten, weil wir den Krieg überlebt hatten. Sie war eine sehr einfache Frau, die gar nicht in solchen Kategorien politischer Spaltungen dachte. Außerdem, ich betone es erneut, es war Sommer fünfundvierzig, also unmittelbar nach der Beendigung des Krieges. Ich trug die Uniform eines Offiziers der polnischen Armee, der Armee, die auch die Befreiung mitbrachte. Also ich glaube, solche Assoziationen hat es wohl nicht gegeben. In dieser Zeit wurde dort sogar die Bezeichnung ›die Roten‹ nicht angewandt.

Und dann gibt es da diese Formulierung: ›Sie haben meinen Vater umgebracht.‹ Mein Vater wurde nicht getötet, ermordet, er ist verstorben, nachdem er das Lager verlassen hatte. Er war in einer schlechten physischen Verfassung und ist dann sehr schnell gestorben. Das kann ich nicht aus einer persönlichen Sicht betrachten, ich kann daraus keine Vorurteile ableiten, ich würde daraus nicht verallgemeinern. Ich weiß nicht, ob das gut oder schlecht ist, aber ich gehöre nicht zu den Menschen, die nachtragend sind. Das gilt nicht nur für diese Situation, es ist generell so. Ich glaube, man lebt einfacher damit.

Man sagt im Polnischen, daß einem etwas ›auf der Leber liegt‹, wenn man an einem etwas auszusetzen hat, wenn man erlebtes Unrecht zu lange im Gedächtnis behält. Das vergiftet dann nach meiner Meinung das Bewußtsein des Menschen und erschwert das normale Denken. Außerdem darf man diese historischen Dramen, die ja ein ganz anderes Ausmaß haben, nie auf das Persönliche übertragen. Ich kann nicht mit dem Finger auf jemanden verweisen und sagen: ›Er hat gemordet!‹ Denn das Ganze war eine breitere Erscheinung. Es waren die Wirren der Geschichte, die diese schweren Erlebnisse mit sich brachten und so viele Millionen Menschen betroffen haben.«

Jaruzelski ist dem Prälaten Idzikowski – bisher – nie persönlich begegnet. Aber die Erzählungen, die Legenden, die sich in Dabrowa Wielka um ihn gebildet haben, beschäftigen ihn schon. Er sagt noch, daß er sich erinnere, dort 1945 mit der Großmutter in der Kirche gewesen zu sein. Aber dann ist er wieder bei dem Thema angelangt, das sich im Gespräch aus der Kindermädchen-Geschichte entwickelt. Es ist das Thema von den Widersprüchen kommunistischer Ideale und stalinistischer Wirklichkeit.

Reflexionen

Jaruzelski:

»Als der Krieg zu Ende ging und sich in Polen eine neue Gesellschaftsordnung zu gestalten begann, war ich noch ein junger Offizier. Ich hatte Kriegserlebnisse hinter mir. Ich hatte eine schwere Last komplizierter Erfahrungen und Gedanken zu verarbeiten. Wie wohl alle anderen, befand ich mich in einem großen Zwiespalt. Die Befreiung des Landes, die neue Gestalt Polens, das Wegräumen der Kriegstrümmer, der Wiederaufbau, die Chancen, die sich jetzt für junge Leute eröffneten – all das war in unseren Herzen und Gemütern. Es faszinierte. Es lockte. Es verdeckte aber auch gleichzeitig die dunkleren Seiten der Wirklichkeit. Der Stalinismus drang allmählich, aber konsequent, in alle Lebensbereiche. Die Mehrheit der Bevölkerung war sich des Ausmaßes der Verwüstung und der Verbrechen, die er mit sich brachte, nicht bewußt.

Deshalb war der zwanzigste Parteitag der KPdSU, auf dem Chruschtschow 1956 Stalins Verbrechen aufdeckte, auch so ein riesiger Schock. Nicht nur für uns jüngere, sondern auch für viele ältere, erfahrenere Menschen, die viel näher bei der Politik standen. Aber vor allem die vielen hervorragenden Künstler und Intellektuellen, die sich von der Idee des Kommunismus mitgerissen fühlten, erlebten diesen Schock.

Es ist heute schwer, nach den vielen Jahren, ausgerüstet mit dem heutigen Wissen und der heutigen Erfahrung, das psychologische Klima und die eigene Geistesverfassung von damals zu rekonstruieren. Heute noch überlege ich mir, was es damals war, das mich bewogen hat, mich trotz meiner sibirischen Erfahrungen nicht ›konjunkturbedingt‹, sondern ganz ehrlich für die Seite der damaligen Revolution einzusetzen.

Das entscheidende dafür war wohl die Erinnerung an die krassen Sozialunterschiede, die es – vor allem auf dem Lande – im Vorkriegspolen gegeben hat. Und hier kommt auch ein Paradox zur Geltung: Die mir in der Schule und zu Hause eingeprägte moralische Sensibilisierung spiegelte sich wider auf dem Boden eines ganz anderen Wertesystems. Und dann spielten sicher eine wichtige Rolle meine Fronterlebnisse und meine anschließende Teilnahme am Bürgerkrieg. Alles stellte den Menschen quasi automatisch auf eine bestimmte Stelle der Barrikade. Gut und böse! Schwarz und weiß! Diese Aufteilung ließ wenig Platz für Nuancen.

Im späteren Leben habe ich des öfteren Enttäuschungen und Zerrissenheit erlebt, wenn die Wirklichkeit den Idealen widersprach, denen ich treu bleiben wollte. Ich bemühte mich jedoch, in mir immer den Glauben zu bewahren, daß das Gute stärker sei als das Böse, die Wahrheit stärker als die Lüge, die Klugheit stärker als die Dummheit ist. Der Glaube an die Kraft des Fortschritts und meine innere Haltung haben mir wohl auch den Willen gegeben, immer teilzunehmen, immer mitzuarbeiten. Ich glaube auch, daß dieser Wille nicht nur für Politiker wichtig ist. Diesen Willen brauchen alle Menschen, die ihr Leben ehrlich und würdig gestalten wollen.«

Wojciech Jaruzelski ist auch bei dieser Aussage wieder bemüht, seine inneren Regungen in wohlklingende Worte zu setzen, zu temperieren, sein Erleben eher abstrakt zu vermitteln. Solche Botschaften erhalten dann Leben, werden interessant und nachvollziehbar, wenn die dahinterstehenden Geschichten bekannt sind und die Menschen, von denen die Geschichten handelten und handeln.

Geschichten weiß der Prälat Jan Idzikowski noch viele zu

erzählen, nachdem er sich an einem dunklen Novemberabend über unerwartete Gäste freute.

Während des einzigen Schneesturms im letzten Winter hatten wir lange suchen müssen, um zunächst den Ort Dabrowa Wielka und dann das Pfarrhaus zu finden. »Ich habe mir schon gedacht, daß ihr zu mir wollt . . .«, rief eine dünne Greisenstimme voller Erwartung durch die Schneeschleier. Der Sturm und der Rundgang durch den Ort hatten den kleinen, schwarzgekleideten Mann kaum außer Atem gebracht, der sich mit schnellen Trippelschritten näherte. Mit einem Wortschwall bat er die Gäste in sein Haus. Seit fünfzehn Jahren ist der Prälat nun auf dem Altenteil. Er ist zwei Jahre älter als das Jahrhundert und war schon immer in der Gegend tätig. 1947 bekam er die Pfarrstelle, deren Kirche in früherer Zeit zum Bereich des Gutes Trzeciny gehört hatte. Er mußte also eine Menge wissen über Land und Leute.

Wir folgen dem Prälaten durch die Eingangstür und stehen dann vor einem großen Küchenraum. Viel Mobiliar hat sich im Laufe der Jahrzehnte angesammelt. Altertümliche und moderne Küchengeräte stehen in bunter Reihe. Ein mächtiger alter Herd ist das Zentrum des Arrangements. Am Ende des Raumes benutzt eine Katze den unter dem Fenster stehenden Stuhl als Schlummerplatz. Auf einem weiteren Stuhl sitzt eine alte Frau, zusammengesunken, reglos, ihr Gesicht versteckend. Erst als die Gäste schon länger im Hause sind, hebt sie manchmal den Kopf. Aus großen, dunklen Augen schaut sie in unbekannte Fernen. »Man kann nichts mit ihr anfangen«, sagt der Prälat. »Sie ist krank«, sagt er. Und dann sagt er noch, sie sei die Tochter des Kutschers von Jaruzelskis Vater.

»Also, ihr Vater hat die Familie immer gefahren. Aber dann war da so eine Geschichte, er hatte Kartoffeln geklaut. Und der Vater von Jaruzelski war ein Mann, der konnte nicht leiden, wenn da einer war, der klaut. Er hat gesagt: ›Du mußt dir woanders eine Stelle suchen.‹ Und dann ist der Kutscher hierher zum Pfarrer gekommen, und der hat ihm ein Häuschen besorgt. Das hatte ganz früher mal Juden gehört, das konnten die Leute billig kaufen. Er hat den Leuten hier dann immer die Kohlen gefahren, danach. Und hat den alten Leuten sehr viel geholfen. Später habe ich mich um den Mann und seine Frau gekümmert, um die Eltern von der Frau in der Küche. Fünfmal habe ich vor Gericht gestanden, habe versucht, denen eine Rente auszuhandeln. Damals war es sehr schwer, eine Rente für solche Leute zu bekommen. Und dann habe ich einen Brief an den Wojtek geschrieben. Und er muß irgendwie geholfen haben. Denn plötzlich habe ich den fünften Prozeß gewonnen. Ich wußte, der Wojtek hat hier schon mal Familien geholfen, es gab mehrere solche Geschichten. Und ich weiß, daß ich auf ihn rechnen kann, auf den Wojtek.«

Der Prälat stammt aus Sokoly, dem Ort, wo die vielen Juden lebten, dort, wo Stefan Jaruzelski Richter war. Die Geschwister Jaruzelski hat der Prälat gekannt. Auch den Vater des Präsidenten, »die hatten ja sehr viele Kinder, und dabei war das Gut so klein«. Gemeint ist Stara Rus. Seine erste Stelle als Vikar erhielt der junge Geistliche später in Grajewo, etwa sechzig Kilometer nördlich von Lomza. Dort in der Nähe verlief zwischen den Weltkriegen die polnisch-deutsche Grenze, die Nordgrenze Polens zum damaligen Ostpreußen. An dieser Grenze tat ein Jaruzelski als Zöllner Dienst, einer von den Gutsherren-Söhnen, die der junge Idzikowski kannte. Die beiden freundeten sich am gemeinsamen Dienstort an, tranken häufig Tee miteinander. So lernte der Geistliche noch mehr vom Leben dieser Familie kennen, »die gar nicht reich war«.

Der Priester Idzikowski sollte in der Nähe noch einen Menschen treffen, der ihm zum Freunde wurde. Das war im Krieg. Er hieß Helmut M. Goltz und war zu dieser Zeit Geschäftsführer eines Konsortiums von zehn Berliner Unternehmen, das in Polen Fabrikationsstätten für Lokomotiven und Eisenbahnersatzteile aufbaute. Bis 1917 hatte das deutsche Militär in der Stadt Lapy, in der die vielen Lapinskis wohnen, also auf damals ›deutschem‹ Gebiet, bereits begonnen, solche Fabriken zu errichten. Dieser von der Reichsbahndirektion Königsberg organisierte Aufbau war von Polen, nach der Errichtung des neuen polnischen Staates, teilweise fortgeführt worden. 1941, als der Ostfeldzug der deutschen Armeen immer mehr Eisenbahnkapazität brauchte, wurde der Ausbau der Betriebsstätten mit Vorrang vorangetrieben. Goltz wurde zum zuständigen Leiter der in Lapy mit dem Aufbau beschäftigten deutschen Unternehmen.

Ingenieure und Facharbeiter hatten die Deutschen aus Berlin mitgebracht. Alle anderen Arbeitskräfte wurden im Land rekrutiert. Für solche Zwecke hatte das deutsche Regime Tarife entwickelt, nach denen diese Arbeiter entlohnt wurden – eben Zwangsarbeiterlöhne. Goltz empfand diese Löhne nicht nur als ungerecht. Vor allem meinte er, daß gute Arbeit nur von Menschen erwartet werden kann, die ihrer Leistungen entsprechend bezahlt werden, die sich nicht übervorteilt fühlen. Da er gegenüber den Auftraggebern von Reichsbahn, Wehrmacht, Staat nicht detailliert, sondern nur projektbezogen abrechnen mußte, hatte er die Möglichkeit, die ihm zugeteilten polnischen Arbeitskräfte nach einem eigenen Tarif zu entlohnen. Nach Fähigkeiten der einzelnen und ihrer Arbeitsleistung. Für ihn war es selbstverständlich, daß nur die aus Deutschland kommenden Arbeitskräfte hundertprozentige Leistung bringen würden. Nach diesem Verständnis waren die Löhne der polnischen Arbeiter eben nach unten gestaffelt. Aber immerhin erhielten die bei Goltz Beschäftigten eine bessere Entlohnung als diejenigen, die anderswo nach dem Fremdarbeiter-Spezialtarif bezahlt wurden.

Goltz war von 1941 bis 1943 in Lapy. Nachdem sich – kurze Zeit nachdem er seine Tätigkeit aufgenommen hatte – herumsprach, daß er jemand sei, der die Polen besser behandelte als andere Deutsche, bekam er eines Tages Besuch. Es war der Priester Idzikowski, der in der Nähe eine Pfarre übernommen hatte. Idzikowski hatte ein Anliegen. Er bat den Deutschen um Hilfe. Eine Familie aus seiner Gemeinde hatte große Probleme. Die Frau sei krank, die sechs Kinder ohne jede Hilfe, sagte Idzikowski, der Goltz um Urlaub für den Vater der Kinder bat. Goltz half. Und dann kam Idzikowski erneut mit einer ähnlichen Bitte. Goltz half wieder. Er hatte die katholischen Seelenhirten der Gegend kennengelernt, als er mit dem deutschen Amtskommissar aus Privatinteresse eine Rundfahrt zu den einzelnen Kirchengemeinden machte. Nach dem Anfang, den der Priester Idzikowski erfolgreich eingeleitet hatte, kamen auch die anderen, um für ihre Gemeindemitglieder dieses oder jenes zu erbitten.

Zu irgendeinem Zeitpunkt machte Goltz seinen engsten Gesprächspartner darauf aufmerksam, daß dieser oder jener Arbeiter unentschuldigt fehlen würde. Er, Goltz, müsse normalerweise Zwangsmaßnahmen einleiten. Er wolle jedoch die SS oder andere Stellen, die dafür zuständig seien, nicht in seinem Betrieb haben. Ob er, Idzikowski, ihm nicht helfen könne. So kam es zu einem Abkommen zwischen dem Priester und dem Betriebsführer, das funktionierte. Die Menschen kamen zur Arbeit, bekamen den einigermaßen angeglichenen Lohn, produzierten nach Plan. Der Priester kam mit persönlichen Anliegen einzelner zu dem Chef der Arbeiter, der die erforderlichen Hilfen gab.

Die Geschichte beweist: Gutwilligen Deutschen war es auch damals möglich zu helfen, »ohne ihren Dienst zu vernachlässigen«, wie Goltz das nennt. Aber der war in einer besonderen Situation, die ihm Eigenmächtigkeiten wohl erlaubte. Den an dieser Geschichte beteiligten polnischen Priestern ist Kollaboration in dieser Sache wohl nicht vorzuwerfen. Obwohl die Ereignisse zeigen, wie schmal der Grat zwischen Kollaboration und gemeinsam ausgeübter praktischer Vernunft sein konnte. Auch in Polen, wo Kollaboration mit den Deutschen kaum vorgekommen ist – im Gegensatz zu allen anderen besetzten Ländern.

Die Beziehungen zwischen dem Deutschen und dem Polen sind nie abgebrochen. Nach dem Kriege hat Goltz wieder Kontakt zu Idzikowski aufgenommen. Er hat ihm über die Jahre Päckchen geschickt. Ihn mit warmen Schuhen versorgt, ihm Medikamente übersandt, die in Polen nicht zu bekommen waren. Wenn Prälat Idzikowski Wünsche hatte, die seine Schwester oder seinen Bruder betrafen, hat Goltz diese nach besten Möglichkeiten erfüllt. Helmut Goltz ist inzwischen vierundachtzig Jahre alt. Der Priester über neunzig. Noch immer wechseln die beiden alle vier Wochen Briefe: Der Prälat schreibt polnisch, und der Deutsche korrespondiert ebenfalls in seiner eigenen Sprache. Idzikowski nimmt dann jeweils das Wörterbuch zur Hand. Goltz hat eine Putzfrau, die aus Polen stammt und ihm die Briefe übersetzt. »Ich möchte Ihnen mal wieder warme Stiefel und warme Hausschuhe senden. Schicken Sie mir bitte die

Schuhgröße in Form einer Sohle. Was haben Sie sonst noch für Wünsche?« steht in einem der fürsorglichen Briefe des Deutschen. Der sagt am Telefon: »Wissen Sie, ich schicke nur Sachen, die ich auch selbst kaufen würde!« Nach Kriegsende hatte der Priester den Deutschen aus sowjetischer Haft geholt.

Irgendwann führt Prälat Idzikowski seine Gäste in sein kleines Arbeitszimmer. Die Couch, der Schreibtisch, Stühle, der Boden, alles ist bedeckt mit Büchern und Bildern. Indem der Prälat auf dieses zeigt, jenes zum Lesen oder Betrachten in die Hand nimmt, weitergibt, zeigt er, wieviel Erinnerungskraft ein solches Durcheinander von Eindrücken zu erzeugen vermag. Der Mann sprudelt förmlich über. Es wird schwierig, den alten Herrn aus der ihn so belebenden Atmosphäre des Arbeitszimmers wieder in den größeren Raum zu bitten, in welchem man sitzen und versuchen kann, das Gespräch zu strukturieren. Nun entwickelt sich der Kirchenmann zu einem bezaubernden Gastgeber. Gebäck, Kuchen, Früchte, Tee, Kaffee kommen auf den großen Tisch. Der Kaffee ist von einer doppelt so teuren Sorte wie das Kaffee-Mitbringsel der Gäste. Er stammt vom Freund aus West-Berlin. Der Besuch sollte eine Stunde dauern, höchstens anderthalb. Der Rückweg durch Schneesturm und über glatte Straßen würde anstrengend werden. Aber so verwöhnt von Geschichten und Gastfreundschaft, vergißt selbst der Fahrer die Zeit. Sie hat ihren ordnenden Sinn verloren an diesem Abend in Dabrowa Wielka. Und vor die Rückfahrt hat der liebe Gott noch einmal den Weg ins Arbeitszimmer gesetzt. Um seinen alten Diener zu erfreuen, ihm ein Publikum zu schenken, das ihm zuhört, in seinen meist einsamen Tagen mit den Katzen und der debilen Tochter des Jaruzelski-Kutschers und seinem Nachfolger, der alle Geschichten sicher bis zum Überdrusse kennt.

Altersweise und schlitzohrig, nachdenklich und dann wieder ungebremst, bedächtig und temperamentvoll beantwortet der Zweiundneunzigjährige die Fragen. Zwischendurch dankt er Gott, daß dieser ihm eine so hübsche Dolmetscherin ins Haus geführt habe. Stolz plaudert er darüber, einen polnischen Papst in Rom zu wissen. Theologische Finessen kommen ihm nicht über die Lippen. Seine Gedanken orientieren sich an der Verbindung von Religion und praktischem Leben. Sein Gesprächspartner sei Protestant? Nun, dann solle er polnische Geschichte lesen, die Polen seien immer ein tolerantes Volk gewesen. Er selbst – schon gar ein toleranter Mensch. Das hätten auch die Juden gewußt, die hier früher lebten. Einigen habe er geholfen, vor den Deutschen zu fliehen. Eine Jüdin habe er über die schlimmen Zeiten bei Freunden versteckt, sie sei dann später ausgewandert. An einen Juden erinnert er sich besonders. »Das ist ein großer Mensch gewesen!« Die Deutschen hatten eine Razzia gemacht. Sie kamen in ein Haus, wo sich der Jude aufgehalten habe, bei polnischen Bauern, und machten Anstalten, die Polen zu verhaften, weil diese ihnen nicht sagen wollten, wo sich bestimmte Juden versteckt hielten. »Da hat der Jude gesagt: ›Laßt die Leute in Frieden, ich bin's doch, den ihr sucht.‹ Dabei sah er überhaupt nicht wie ein Jude aus, er hätte sich retten können, hat aber die Polen gerettet.«

Man merkt dem Weißhaarigen an, daß er nicht umhergetrieben wurde, daß er an einem Platze, in einer Gegend reifen konnte. Ein seltener, ein guter Zeuge für das Leben in diesem Landstrich. Ein Praktiker auch, der sich nicht nur auf Gottes Hilfe verließ, wenn er für die Gemeinde etwas brauchte.

Wie fast überall in Polen haben die Kinder und Jugendlichen auf dem Lande weite Strecken zurückzulegen, wenn sie zur Schule gehen. Zwar fahren Busse. Aber manchmal auch nicht. Oder die jungen Leute haben sie verpaßt, weil die Lehrer nicht nach Fahrplan unterrichten. So sieht man auf Polens Landstraßen früh und spät, bei Wind und Wetter, Jungen und Mädchen zu Fuß auf ihren weiten Wegen. So war das auch in der Gemeinde des Prälaten. Zwar ging auch eine Bahnstrecke durch den Ort, aber die Züge hielten nicht. Die Menschen sind zu den Behörden gegangen, haben dafür gekämpft, eine Haltestelle zu bekommen. Vom Mißerfolg frustriert, wandten sie sich an ihren Priester.

»Und dann habe ich den Leuten gesagt: ›Ihr müßt eine Zusammenstellung machen, von wieviel Menschen das gebraucht wird.‹ Das hat einer dann gemacht und mir gebracht. Und von Teresa wußte ich, an wen wir uns wenden sollten, bis einer kam, der die Sache prüfte. Dann habe ich auch an den Wojtek geschrieben.

Später kam ein Brief, da stand, ›der Bahnhof soll 600 000 Zloty kosten. Wenn Ihr den Bahnhof selbst baut, wird die Bahn schon dort halten.‹ Dann habe ich gedacht, ›die Kirche ist ja aufgebaut, ich mache das‹. Ja, und jetzt hält hier der Zug. Wir haben unseren Beweis, er denkt an uns. Er kennt hier ja auch noch Leute.«

So kommt Wojciech Jaruzelski zu der für ihn gar nicht selbstverständlichen Ehre, in einem ganzen Landstrich etwas besser angesehen zu sein als anderswo.

Als er das Kriegsrecht ausrief, waren auch die Menschen in der Gemeinde des Prälaten Idzikowski sehr bestürzt. Zum Teil jedenfalls. Und sie sagten es ihrem Hirten. Sie sagten, daß er nun doch »so ein Roter« geworden sei, daß er »fast so schlimm« sei »wie Stalin«. »Der ist niemals so schlimm wie Stalin, der murkst doch keinen ab!« hat der Priester den Leuten gesagt und daß man ihm das mit Danzig verzeihen müsse, weil sonst die Sowjets kämen. Und überhaupt: »Der ist doch katholisch erzogen!« Die Argumente sprudeln. Ohne Zweifel, hier in Dabrowa Wielka hat Wojciech Jaruzelski einen Fan!

Warszawa

1933, das Jahr, das in Deutschland Hitler an der Macht sah, brachte für den zehnjährigen Wojciech Jaruzelski die erste große Veränderung seines Lebens. Denn trotz der Wanderschaften, auf die er sich mit den Eltern zu begeben hatte, gab es bis dahin Konstanten. Er war immer mit denselben Menschen zusammen. Zwar wechselten seine Hauslehrer häufiger. Er erinnert sich namentlich nur noch an einen, an Jan Kurkiewicz, der ihm am längsten Unterricht erteilte, von dem er aber seit jener Zeit nichts mehr weiß. Immer war er mit seinen Eltern zusammen. Und seit 1928 mit seiner Schwester Teresa. Trotz wechselnder Umgebungen hatte er immer auf dem Lande gelebt. Mit landverbundenen Menschen, mit Tieren. Zunächst seine Ponystute »Kucka« (»Kucyk« ist das polnische Wort für »Ponypferd«) und später befriedigten andere Pferde seinen Freiheitsdrang und ließen ihn die weitere Umgebung erkunden. Er hatte das unbestrittene

Privileg genossen, der Älteste zu sein, der Erstgeborene. All das sollte nun weniger wichtig werden. Die Eltern hatten entschieden, den wißbegierigen Knaben den Marianern anzuvertrauen, die in Warschau eine Schule mit Internatsbetrieb unterhielten.

Im Juni 1933 bestand der Junge die Aufnahmeprüfung. Und im September des Jahres zog Wojciech Jaruzelski ins Internat. Dieses lag in Bielany, einem Warschauer Vorort. Am linken Weichselufer, auf einer Anhöhe scharten sich die Wohngebäude der Schüler, die kleinen Häuser der Lehrer und die Bauten, die den Schulbetrieb aufnahmen, um eine Kirche, die weithin sichtbar war. Um diesen Flecken des Lehrens und Lernens herum war ein weitläufiger Naturpark an Wochenenden und Feiertagen das Ziel der großstädtischen Bevölkerung. Weite Wälder mit hohen, alten Bäumen, die parkähnliche Landschaft, die sanfte Neigung des Geländes zur Weichsel mit ihrem hellen Sandstrand bildeten den ersehnten Gegensatz zur brodelnden Metropole.

Die Hauptstadt Polens kochte damals über. Wie andere Städte von europäischem Rang fieberte auch sie seit Mitte der zwanziger Jahre im Wechsel von Resignation und Euphorie. Die chaotischen Wirtschaftsentwicklungen in Europa hatten auch in dieser Stadt Spekulanten angezogen. Internationale Börsenjobber machten auch Warschau zu einem der großen Anziehungspunkte, die alles Glück versprachen. Wie in Berlin, Paris und London prallten auch hier größter Reichtum und Verschwendungssucht mit bitterster Armut und Not aufeinander. Völlig losgelöst von innenpolitischen Wirren einerseits, andererseits erst von ihnen ermöglicht, entwickelte sich Warschau zu dem, was die Reichen, die reisenden Genießer, das »Paris des Ostens« nannten.

Bilderbogen

In diesem Warschau, der flirrenden Hauptstadt des nach dem Ersten Weltkrieg endlich wiedergeborenen Polen, hatte sich auch jene Presse etabliert, die – scheinbar weltoffen – die Leserschaft eher desorientierte, denn Hilfen im Dschungel der Entwicklungen gab. Illustrierte Zeitschriften waren erhältlich, unter ihnen:

»Na szerokim swiecie« (»In der weiten Welt«), welche wöchentlich gerade zwei Seiten für aktuelle Politik erübrigte. Die restlichen Rubriken boten jenen Stoff, der Wünsche und Träume berührte: Reklame, Romane, »Humor« sowie die sogenannten »Tatsachenberichte«, einer fiktiven und verlogenen Welt entnommen, um Leserinnen und Leser der Wirklichkeit zu entlocken; mithin Drogen, oftmals am Schreibtisch erfunden. Selbst »Yellow-Press«-Macher von heute könnten Ausgaben der Zeitschrift »In der weiten Welt« des Jahrgangs 1933 als bedeutende Anregung nutzen.

Die Illustrierte berichtet in einer rührseligen Serie über das Liebes- und Eheleben Napoleons, über den »armen« Österreicher-Fürsten Franz-Ferdinand und über die »Abenteuer der weißen Frau des Maharadschas in Indien und auf Ceylon«. Sie beleuchtet die Intrigen und Eheanbahnungsmethoden des europäischen Adels. Man kann sich einem Abenteuer-Fortsetzungsroman mit den Erlebnissen eines »Unglückseligen italienischen Kundschafters« im Ersten Weltkrieg widmen; in einer phantastischen Analyse werden zudem die »Geheimnisse des Großen Krieges« aufgedeckt, und eine weitere Erzählung enthüllt die »Unglaublichen Abenteuer des Agenten Fergusson in Asien, Australien und auf Neuseeland«.

Auch durch die Artikel unter der Rubriken-Überschrift »Kultur« fand die »weite Welt« Einlaß in die Gemüter der polnischen Leserschaft: In »Straßen und Nächte in der Lichterstadt« – gemeint ist Paris – wird über leichtbekleidete Frauen, den Cancan, die Pferderennen berichtet. »Spannender als ein Roman« ist eine »Lebensgeschichte«, die von Tod und Liebe im Zirkus handelt; von Tieren, Clowns und Akrobaten, von Mädchen und Fakiren, von den »Jongleuren eigener Herzen«.

Man erfährt, wie man Haarausfall vermeidet, wie man seine Haut richtig pflegt (das 1933 empfohlene Produkt ist auch heute wieder im Devisen-PEWEX erhältlich). Hühneraugen- und Sommersprossenentferner werden angepriesen, und ein Buch mit der Anweisung »Seid sparsam!« zeigt den Weg auf, die einen ganz normalen Menschen zu »einem zweiten Rothschild« machen.

Die Priester vom Marianum, der Schule, die Wojciech Jaruzelski im Erscheinungsjahr dieses Weite-Welt-Bilderbogens aufnimmt, werden sehr darauf geachtet haben, daß ihren Schülern kein Lesestoff dieser Art unter die Augen kam. Das, was den jungen Leuten damit vorenthalten wurde, hätte seinen Reiz auch höchstens aus dem Verbot und nicht aus dem Inhalt ziehen können. Auch die marginalen »politischen« Meldungen des Wochenblattes hätten den Schülern kaum Einsicht in das tatsächliche Weltgeschehen vermittelt: ein Mordprozeß in Krakau, März-Schneefälle in Italien, Naturkatastrophen in Mexiko, Griechenland und Afrika – solche und ähnliche Meldungen firmierten unter der Überschrift »Politik«. Dazu kam – schon sehr viel ernster (!) – die Berichterstattung über »die arme japanische Kaiserin«, die schon vier Töchtern, aber noch keinem Sohn das Leben geschenkt hatte!

Über den Reichstagsbrand in Berlin erfuhren die Leser durch ein großes Foto und einige recht spärliche Hinweise auf ungeklärte Umstände: auf die vom Ausland behauptete Täterschaft der Nazis, die von den Nazis behauptete Täterschaft der Kommunisten und Sozialisten sowie die Tatsache, daß der festgenommene Brandstifter van der Lübbe der niederländischen Polizei nicht als Kommunist oder Sozialist bekannt sei. Das Blatt kommt immerhin zu dem Schluß, daß »zweifelsohne Anzeichen dafür bestehen, daß Deutschland vor irgendwelchen großen Ereignissen steht, die möglicherweise gefährlicher sind als nur Hitlers Machtergreifung«.

Immerhin – über einige Ausgaben hinweg berichtet das Blatt am Rande von den Ereignissen in Deutschland, die in der Verkündung des Ausnahmezustandes durch Hitler kulminieren, der das Ende der demokratischen Rechte anderer Parteien bedeutete.

Mehr Raum widmet die Zeitschrift dem japanisch-chinesischen Konflikt in der Mandschurei, paradoxerweise versehen mit einer Anmerkung, daß Europa »keine Zeit« habe, sich »damit zu beschäftigen«, außerdem seien die Chinesen schließlich »daran gewöhnt, in Massen zu sterben«.

Derartige »Einsichten« blieben den Marianen-Schülern zumindest offiziell vorenthalten. Jedoch – es waren nicht nur die aktuelleren Druckerzeugnisse, welche der Zensur anheimfielen. Zum Schrifttum, das nur »unter der Bettdecke« zu lesen war, gehörten zum Beispiel auch die Werke des Dichters Zeromski, dessen Gesellschaftskritik in einer realitätsnahen Sprache vorgetragen wurde, Grund genug, die Schüler damit nicht zu behelligen – die Schüler einer katholischen Privatschule im freien Staate Polen, dessen nationale Bildungseinrichtungen sich erst im Laufe der letzten zehn Jahre entwickelt hatten.

Polnischer Bildungsweg

Eine der großen Friedensleistungen polnischer Politik bestand in dem Versuch, dem nach 1918 entstandenen Vielvölkerstaat eine einheitliche Struktur für das Bildungswesen zu geben. Hatten doch die ehemaligen Annektionsmächte Rußland, Österreich und Preußen in ihren jeweiligen Einflußgebieten ihre eigenen Systeme aufgebaut, die miteinander unvereinbar und – nicht polnisch waren. Nach Recherchen der Agentur Interpress weisen die für die dreißiger Jahre gültigen Statistiken über das polnische Bildungswesen große Lücken auf, »was darauf zurückzuführen ist, daß die Angaben meistens von den Schulinspektoren, die lediglich die Aufsicht über die öffentlichen und einige Privatschulen hatten, gemacht wurden«. Für das Einschulungsjahr Jaruzelskis gibt es nur unvollständiges Material, wie die Pädagogische Bibliothek in Warschau vermerkt. Jedoch unterschieden sich die Daten für jenes Jahr nur unerheblich von denen der Jahre 1931/32. Interpress weist noch darauf hin, daß die ersten statistischen Unterlagen über das polnische Bildungswesen im »Zwischenkriegspolen« das Schuljahr 1927/28 betreffen. Diese Unterlagen und die im Jahre 1931 durchgeführte Volkszählung (31 924 027 Einwohner) hatten es erst ermöglicht, eine neue Schulgesetzgebung zu schaffen.

Laut Gesetz vom 11. März 1932 waren alle polnischen Kinder schulpflichtig. Die Pflichtschulzeit begann mit dem siebten und endete mit dem dreizehnten Lebensjahr. In einigen südlichen Wojewodschaften – so in der von Katowice – werden die Kinder von 1930 an schon mit sechs Jahren eingeschult. Solche Unterschiede hat man auf der Grundlage der neueren Gesetzgebung später aufgehoben.

Neben staatlichen Schulen existierten auch noch private. Die meisten jedoch unterstanden dem Ministerium für Konfessionen und öffentliche Aufklärung. Außerdem gab es noch Schulen, die anderen Ministerien unterstanden. So etwa Spezialschulen des Justizministeriums in den Jugendhaftanstalten, Kadettenanstalten des Ministeriums für das Militärwesen und Schulen des Gesundheitswesens sowie Dorf- und Forstschulen.

Die Finanzierung der Schulen erfolgte nicht nur aus dem zentralen Staatshaushalt. Auch örtliche Organe und die Kommunalverbände, die es in einzelnen Wojewodschaften gab, finanzierten Teile des Bildungsapparates. Die Aufsicht über das Schulwesen hatten zehn Kuratorien, deren Zuständigkeit sich mit den Grenzen der polnischen Verwaltungsbezirke deckte.

Die folgenden, das statistische Jahr 1931/32 betreffenden Daten lassen sich unter der Prämisse würdigen, daß Polen als selbständiger Staat erst seit etwa einem Jahrzehnt existierte. Die Zahlen sind auch deshalb aufschlußreich, weil sie einer Erhebung entstammen, die in der europäischen Kulturnation Polen etwa acht Jahre vor einem erschreckend menschenfeindlichen Verdikt der Nazis erstellt wurde. Also:

1931/32 besuchten etwa 104 000 Kinder die Vor- und über 427 000 Kinder die Grundschulen. Die Mittelschulen bildeten 80 000 und die Gymnasien fast 118 000 Schülerinnen und Schüler aus. Das Abitur legten über 15 000 Prüflinge ab. Etwa 94 000 Schüler wurden zu dieser Zeit an den berufsbezogenen Schulen unterrichtet. An den fünfundachtzig Fakultäten der zweiundzwanzig Hochschulen waren in diesem statistischen Jahr knapp 50 000 Studenten immatrikuliert. Die Wege der polnischen Bildungspolitik waren klar erkennbar, als die deutsche Okkupation wieder alles zu zerschlagen suchte, was die Staatsbürger und Regierungen Polens bis zum Jahre 1939 aufgebaut hatten. Getreu der Maxime seines Führers, daß die Polen es nur wert seien, als Helotenvolk behandelt zu werden, sagte der frühere Studienrat, der SS-Chef Heinrich Himmler:

»Für die nichtdeutsche Bevölkerung des Ostens darf es keine höhere Schule geben als die vierklassige Volksschule. Das Ziel dieser Schule hat lediglich zu sein: einfaches Rechnen, bis höchstens 500, Schreiben des Namens, eine Lehre, daß es göttliches Gebot ist, den Deutschen gehorsam zu sein und ehrlich, fleißig und brav zu sein. Lesen halte ich für nicht erforderlich. Die Bevölkerung wird als führerloses Arbeitsvolk zur Verfügung stehen und Deutschland jährlich Wanderarbeiter und Arbeiter für besondere Arbeitsvorkommen – Straßen, Steinbrüche, Bauten – stellen; sie wird dabei mehr zu essen und zu leben haben als unter polnischer Herrschaft und bei eigener Kulturlosigkeit unter der strengen, konsequenten und gerechten Leitung des deutschen Volkes berufen sein, an dessen ewigen Kulturtaten und Bauwerken mitzuarbeiten.«

Hitler steuerte noch einen weiteren Hinweis bei: »Es darf keine polnischen ›Herren‹ geben. Wo polnische ›Herren‹ vorhanden sind, sollen sie, so hart das klingen mag, umgebracht werden!« Und da auch die Angehörigen der Intelligenz alle unter dem Verdacht standen, »Herren« zu sein, fielen sie diesem Verdikt in Massen zum Opfer. Die von den Deutschen getöteten über 6600 Juristen, 5000 Physiker, 5500 Ärzte, 4900 Lehrer, 700 Professoren, 2650 katholischen Geistlichen und über 12 000 Verwaltungsbeamten hatten zuvor zum großen Teil dazu beigetragen, einen geheimen polnischen Staat zu etablieren, der dafür sorgte, daß die polnische Kultur nicht aus der Geschichte verschwand. So hatten sie neben anderen Strukturen des Widerstandes auch eine geheime Form des polnischen Bildungsweges entwickelt: Untergrund-Schulen und Untergrund-Universitäten bildeten weiterhin junge Menschen aus. Es wird nicht die schlechteste Ausbildung gewesen sein, die den Schülerinnen und Schülern zuteil wurde: Der Unterricht fand in kleinen Räumen statt, in Wohnzimmern zum Beispiel. Wegen der Räumlichkeiten und des konspirativen Charakters dieser Unternehmungen waren die Schülerzahlen in den einzelnen Gruppen gering.

Viele der Lehrenden wurden, wenn man ihr Tun entdeckt hatte, umgebracht. Viele der Lernenden konnten nach dem Kriege ihre im Untergrund erworbenen Kenntnisse beim Aufbau der neuen Bildungsstrukturen einsetzen. So, zum Beispiel, der Mann, der heute Präsident der polnischen Akademie der Wissenschaften ist: Professor Dr. Aleksander Gieysztor, ein Historiker. Gieysztor hatte 1942 seine Promotion im Untergrund gemacht. Die Urkunde konnte ihm erst nach dem Kriege ausgehändigt werden. Diesen Professor und Wojciech Jaruzelski verbindet im letzten Jahrhundert eine »gemeinsame Tante«. Er steht zu dem polnischen Papst in freundschaftlichen Beziehungen und gehörte in den achtziger Jahren, während des Kriegsrechts, dem ›Konsultativrat‹ Jaruzelskis an. Mit dem Wiederaufbau des Warschauer Königsschlosses schuf er sich bereits zu Lebzeiten ein eigenes Denkmal.

Reformgedanken

Einundfünfzig Jahre nach Beginn der Hitler-Stalin-Herrschaft über Polen und fünfundvierzig Jahre nach dem Neubeginn hat das polnische Bildungswesen noch viele Mängel. Aber Bildung hat faktisch aufgehört, ein Privileg der Reichen oder derjenigen zu sein, die von der Kirche bevorzugt wurden. Denn es steht außer Frage, daß der gezielte Aufbau eines für alle offenen Schul- und Ausbildungswesens erst mit der sozialistischen Nachkriegsrepublik begann. Das Ergebnis zeigt, daß viele der in der Nachkriegszeit Ausgebildeten unter Vorkriegsbedingungen niemals eine Chance gehabt hätten, in den Genuß einer höheren Bildung zu gelangen. Ihnen – oder ihren Eltern – hätte ganz einfach das Geld gefehlt, das in den früheren, feudalen Zeiten für Schulbesuch und Lehrmaterial gezahlt werden mußte. Rund zwei Drittel aller Studenten erhalten heute Stipendien; elf Prozent der Oberschüler und über zwanzig Prozent der Berufsschüler kommen in den Genuß finanzieller Unterstützung. Ob die Mittel ausreichen, den Lebensunterhalt zu bestreiten und die Nebenkosten der Ausbildung zu finanzieren, ist eine Frage, die nur im Zusammenhang mit den allgemeinen Lebensbedingungen im Lande betrachtet werden kann. Aber das Prinzip, jedem jungen Menschen eine ihm gemäße Ausbildung zu ermöglichen, ist im wesentlichen verwirklicht. Wenn heute vielleicht zu wenige der jungen Polen die gebotenen Chancen nutzen, beruht dies unter anderem darauf, daß den sogenannten »Intelligenz-Berufen« während der kommunistischen Herrschaft die wirtschaftliche Anerkennung versagt wurde. Auch in den ausgehenden achtziger Jahren war dies noch der Fall. Und bis heute hat der Staat – auch unter der neuen Regierung – keinen Weg gefunden, dies zu verändern. Die stellvertretende Ministerin für Nationale Bildung, Anna Radziwill, betont, daß die polnische Schule, das Ausbildungswesen eine Kur benötigen. Sie räumt jedoch ein, »daß diese Reformetappe die Grenzen der Wirtschaftsreform von Minister Balcerowicz nicht überschreiten soll. Mit einem Wort, man muß alles tun, was ohne zusätzlichen finanziellen Aufwand möglich ist.«

Nun beträgt der Etat für das gesamte Bildungswesen in Polen nicht einmal fünf Prozent des Staatshaushaltes. Vierzig Prozent der Jugendlichen machen Abitur, es studieren etwa zehn Prozent. Damit fällt Polen noch hinter die DDR und die Sowjetunion zurück, wo jeder vierte junge Mensch studiert. Bei einer Anfrage der Journalisten Teresa Kwasniewska und Roman Debecki an die Vizeministerin Anna Radziwill, auf welchem Wege sie denn mehr junge Polen zu einer besseren Ausbildung ermutigen wolle, stellen sie fest, daß es in Polen nicht schwierig war, hohe Posten auch ohne besondere Qualifikation zu erreichen. Außerdem sichere eine gute Ausbildung weder eine gute materielle noch eine hohe gesellschaftliche Position. Anna Radziwill: »Das braucht Zeit, es erfordert eine Wandlung in der Mentalität der Gesellschaft und auch gutfunktionierende Wirtschaftsmechanismen. Ebenso muß die Gesellschaft damit einverstanden sein, daß ausgebildete Menschen gut verdienen. Die Ausbildung muß den Aufstieg erleichtern. Der gesunkene Ausbildungsehrgeiz ist ein Rückkopplungseffekt, das Resultat des in den vergangenen Jahren zurückgegangenen Lebensstandards der Intelligenz, insbesondere derjenigen mit geisteswissenschaftlicher Ausbildung. Im Ergebnis sind immer weniger Menschen zum Beispiel am Hochschulstudium interessiert.«

Es kommt alles zusammen: die Umwandlung der Wirtschaft,

der Zusammenbruch der alten Beziehungen und Strukturen im Osten, das Erarbeiten und Einüben demokratischer Verhaltensweisen, die Ungeduld derjenigen, denen alles zu langsam geht, und das Beharrungsvermögen der alten Unbeweglichen. Die Arbeitslast der Regierung ist ungeheuer. Die Vorhersage des Ausbildungsbedarfs unter der Bedingung einer stärkeren Verzahnung von Bildung und Wirtschaft und die Regelung für diejenigen, die mit oder ohne Ausbildung plötzlich ohne Arbeit sind, sind Ausdruck von Problemen, die auch in den alten »kapitalistischen« Ländern schwer lösbar sind. Um wieviel schwerer hat es da ein Land, das sich in allen Lebensbereichen erneuern muß; ein Land, dem nur zu wünschen ist, daß es auf der Grundlage neuer, auf Konsens begründeter Konzeptionen in Ruhe seinen Weg gehen kann; ein Land, dem zu wünschen ist, daß nicht neue Heilsbringer kommen, deren Rezept wieder der Befehl sein würde.

In Polens Schulen wurde nach dem Kriege viel befohlen; ideologische Lernvorgaben waren verbindlich. Nachdem die kommunistischen Indoktrinäre das Weite suchen, fragen die Katholiken wieder an, ob sie sich nun wieder deutlicher zur Geltung bringen dürften. Denn Religionsunterricht wurde in Polens Schulen nach kommunistischer Sitte nicht erteilt. Aber auch die neue Regierung beharrt darauf, daß die staatlichen Schulen neutral bleiben und nicht zu Konfessionsschulen umgewandelt werden sollen. Die jetzt Verantwortlichen wollen nach dem Abschied der alten Dogmatik nicht einer noch älteren wieder die Schultore öffnen. Anna Radziwill: »Ein Nichtgläubiger, dem diese Dogmatik fremd ist, könnte dadurch nur schlechte Noten ›ernten‹.« Aber: Die Kirche setzte sich inzwischen durch; es gibt wieder Religionsunterricht in den Schulen.

Nach Meinung der Regierung sollen die jungen Leute so ausgebildet werden, daß ihnen auch Berufswechsel leichter gemacht werden können, daß sie anpassungsfähiger reagieren können, wenn Wissenschaft, Technik und Wirtschaft es erfordern. Wenn es nach den Plänen der Regierung Mazowiecki geht, entwickelt sich in Polen jetzt zum erstenmal ein Schulsystem, das – jenseits aller Dogmen – allen offensteht. Es bilden sich Strukturen heraus, deren Vorgaben interministeriell erarbeitet werden, einschließlich des Ministeriums für Arbeit und Soziales unter Jacek Kuron, dessen wichtigste Aufgabe die Bekämpfung der bisher verdeckten – und nun immer offener zutage tretenden Arbeitslosigkeit ist.

Polnische Kinder beginnen ihren Schulunterricht mit sechs Jahren in sogenannten Vorschulklassen. Danach besuchen sie die obligatorische achtklassige Grundschule. Nach der Grundschule können sie das Abitur in einer allgemeinbildenden Oberschule in vier oder in einer technischen Oberschule in fünf Jahren ablegen. Als Alternative bietet sich die zwei- oder dreijährige Berufsschule an. Der Hochschulabschluß kann in der Regel in fünf Jahren erworben werden; das Medizinstudium dauert ein Jahr länger. Allein an den Hochschulen sind rund 59 000 Lehrende beschäftigt. Und gerade sie gehören – zusammen mit den Hunderttausenden Lehrern der anderen Schulformen – zu den wirtschaftlich Unterprivilegierten im Lande.

Hatten Russen und Preußen die polnischen Intellektuellen schon wie Fußabtreter behandelt und teilweise zur Emigration gezwungen, so führten die Sowjetunion und Hitlerdeutschland die polnische Intelligenz in Arbeits- und Vernichtungslager. Der kommunistische polnische Staat hatte zwar – Lenin folgend – das Bündnis von Hand und Kopf proklamiert, aber im Laufe der Jahrzehnte immer wieder dafür gesorgt, daß die in den Wissenschaften Ausgebildeten nicht allzu aufmüpfig wurden. Diese Situation könnte sich nun ändern. Einerseits, weil die neue Regierung »Handlungsbedarf« erkennt, andererseits, weil die Intellektuellen sich der demokratischen Möglichkeit einer eigenen Interessenvertretung besinnen. Die Tatsache, daß sie es waren, die dem Solidarność-Führer Walesa den zweiten Steigbügel hielten – den ersten hielten die Arbeiter –, wird ihnen wahrscheinlich genug Selbstbewußtsein geben. Dennoch: Sie werden es schwer haben, den andern geht es auch nicht gut.

Die Gewerkschaften haben errechnet, daß eine alleinstehende Person im Monat über mindestens fünfhundertachtundfünfzigtausend Zloty verfügen müßte, um ihren Lebensunterhalt bestreiten zu können. Eine vierköpfige Familie benötigt mindestens 1,8 Millionen Zloty im Monat. Nach diesen Berechnungen der »Gesamtpolnischen Verständigung der Gewerkschaften (OPZZ)« erreichen nur etwa 40 Prozent aller polnischen Familien dieses Minimum.

Vor der Gründung der ersten polnischen Republik in diesem Jahrhundert war das Bildungswesen im Lande allein von der Gnade der jeweiligen Machthaber abhängig. Die Österreicher zeigten eine vergleichsweise liberale Einstellung. Geübt, einen Vielvölkerstaat zu organisieren, nahmen sie den Polen weder ihre Sprache, noch versuchten sie zwanghaft, ihre kulturelle Identität zu beeinflussen. Bei den Russen war dies anders. In den von ihnen beherrschten Gebieten sollte die polnische Sprache ganz verschwinden, sie war keine Amts- und Lehrsprache mehr. Ähnlich bei den Preußen, die zwar zunächst einen »österreichischen« Weg gingen, später aber auch Möglichkeiten suchten, die polnische Sprache als Kulturträger zunichte zu machen. Unter anderem auch dadurch, daß sie – dem russischen Beispiel folgend – das Polnische als Amts- und Lehrsprache abschafften. In einem freilich folgten sie den Russen nicht: in der Bestrafung der Jugendlichen, die sich in ihren privaten Unterhaltungen der polnischen Sprache bedienten.

Nicht zuletzt der Sprachunterdrückung aber verdankt die polnische Nation den Erhalt ihrer Identität. Nach der dritten polnischen Teilung wurden die ethnischen Fragen fast vollkommen zurückgedrängt. Nicht »das Blut« lieferte den Zusammenhalt, sondern die gemeinsame Sprache. Auch der Adel förderte, wo er konnte, diese Sprache durch geheimen Unterricht. Und der große Aufstand von 1863 war ein Aufstand der Polnischsprechenden. Dabei hatte die Nation lange gebraucht, um dieses gemeinsame Signum zu finden. Waren doch bereits die römischen Kirchenväter und ihre lehrenden Abgesandten, die Jesuiten, streng darauf bedacht, die Kirchensprache Latein auch als Maß allen weltlichen Sprechens im Lande zu erhalten. Das führte dazu, daß in keiner Sprache, die nördlich der Alpen und östlich von Frankreich gesprochen wird, so viele Latinizismen enthalten sind wie im Polnischen.

Eigenständige, vom Latein unabhängige Literatur gibt es in

Polen erst seit dem fünfzehnten Jahrhundert. Und das sechzehnte war schon fünf Jahre alt, als der später – noch zu Lebzeiten – hochverehrte »Vater der polnischen Literatur«, Mikolaj Rej, geboren wurde. Seine Lyrik und seine Prosa hielten die Jesuiten allerdings für so gefährlich, daß sie heftigen Rufmord betrieben. Rej, der Latein gelernt hatte, jedoch ausschließlich Polnisch schrieb, vermittelte eine wichtige Botschaft: »Unsere Nachbarn mögen wissen, daß die Polen keine Gänse sind, sondern ihre eigene Sprache haben!« Der Vater des Dichters war noch Analphabet gewesen. Rej, der sich in jungen Jahren zu einem Kirchenfeind entwickelt hatte, wurde später zu einem überzeugten Protestanten. Vermutlich vertrug sich seine Lebensfreude nicht unbedingt mit dem protestantischen Ideal. Aber es waren nicht seine Brüder im Bekenntnis, sondern die Jesuiten, die ihn einen Schlemmer, Trinker, Wüstling, Zotenreißer, ein Klatschmaul und einen Gotteslästerer nannten. Der Gescholtene übte Vergeltung auf seine Art: Unter anderem schrieb er ein großes Prosawerk über den wahren Glauben, das heißt den protestantischen, mit dem Titel »Postilla«. Diesem großen Erfolg – er erzielte mehrere Auflagen – ließ er 1546 »Davids Psalter« folgen, eine Übertragung der bis zu diesem Zeitpunkt nur in lateinischer Sprache vorliegenden Psalmen. Auch »Der Spiegel«, eines seiner Hauptwerke aus dem Jahre 1568, welches ihn bei seinen Zeitgenossen berühmt machen sollte, enthält viele Bibelzitate, die für polnische Leser bis dahin nur in lateinischer Sprache zugänglich waren.

Polen hatte keinen Luther, der »dem Volk aufs Maul« geschaut hätte, um eine im ganzen Lande verständliche Kirchensprache zu finden, die sich dann zum allgemeingültigen Idiom hätte entwikkeln können. Der erste Kirchenmann, der sich um die polnische Sprache verdient machte, tritt erst im achtzehnten Jahrhundert auf. Es war der große Schulreformator Stanislaw Konarski. Ein Katholik, ein Piarist, der nach Studien in Rom und Paris sowie nach verschiedenen weiteren Auslandsaufenthalten dafür sorgte, daß der jesuitischen Schule – für die Elite der polnischen Gesellschaft – eine Alternative gegenübergestellt werden konnte.

In dem Orte Miedzyrzecz, der früher Meseritz hieß, gab es

eine Piaristenschule. Dort unterrichtete der Ordinarius Adolph Sarg, Lehrer für Geschichte, Latein, Deutsch, Geographie und Polnisch. Er verfaßte aus Anlaß der Abschlußprüfungen des Jahres 1864 einen Bericht über die Entwicklung der Piaristenschulen im »ehemaligen Polen«, wie er sich ausdrückte. Seine Quellen waren polnisch: Roepell, Naruszewiez, Szczygielski, Lukaszewisz gehörten zu den klangvollen Namen, auf die er sich berief. Sein Bericht gibt ein farbiges Bild der Entwicklung polnischer Bildungswege.

Sarg beschreibt die hierarchischen Unterrichtsformen an polnischen Schulen: Ihre Strukturen seien vergleichbar mit denen einer archaischen Klassengesellschaft; sie wurden von Jesuiten und – vor Konarski – auch von den Piaristen mit Rangordnungen, Prügelstrafe und Karzer gepflegt.

Lehrer Sarg entdeckt jedoch mehr hinter den Reformen von Konarski, der, obwohl vom gleichen Glauben, der bestgehaßte Feind der Jesuiten wurde:

»Das Hauptverdienst Konarskis liegt nur wohl vor allen Dingen in seinem energischen Angriff auf die inhalts- und geschmacklose Rhetorik, auf den schwülstigen, unnatürlichen Stil, wie er zu jener Zeit in der Schule und im Leben noch in vollster Blüte stand. [. . .]

Mit dieser Tat trat er dann aber auch aus dem beschränkten Gebiete der Schule hinaus auf die offene, weite Arena des polnischen Kulturlebens, wo er sich bald als wackerer Vorkämpfer eines besseren Geschmackes in Rede und Schrift sowie als erbitterter Gegner jedes fremdländischen Einflusses auf Sprache und Sitte an der Spitze jener Männer erblicken mußte, die mit einer geistigen zugleich eine politische Wiedergeburt des polnischen Volkes erstrebten und ersehnten.«

Konarski, in der Mitte des achtzehnten Jahrhunderts wirkend, schuf einen neuen Schultyp, der zwar immer noch den Söhnen der Reichen vorbehalten war, der sich aber nicht mehr nur um Bildung als Selbstzweck bemühte. Wurde er als Schulreformer »magister Poloniae« genannt, so versuchte er auch, christlicher Duldung und Gewissensfreiheit wieder einen Platz in Polen einzuräumen – mit einer klaren Einmischung in die Politik in der heftig angefochtenen Schrift »Über die Religion rechtschaffener Leute«. Vor allem nach dieser Veröffentlichung rührten sich seine Gegner. Sie klagten ihn an höchster Stelle an, beim Papst in Rom. Doch Konarski ließ seine Schrift – ins Lateinische übertragen – dem Papst mit einer Widmung überreichen. Clemens XIV. erteilte ihm keinen Verweis, sondern höchstes Lob. Dies blamierte zwar die Gegner, hielt sie jedoch nicht davon ab, ihn weiter zu beschimpfen. Adolph Sarg führt an:

»Die Vorwürfe seiner damaligen und späteren Gegner richteten sich meistens darauf, daß er selbst keine Religion habe, daß er öffentlich religiöser Toleranz und der neuen Philosophie das Wort rede und endlich die Macht der Hierarchie in Polen vollständig zu brechen bestrebt sei. Als ein Kapitalvergehen wurde ihm aber seine wissenschaftliche Ansicht ausgelegt, daß der menschliche Geist an der Erfindung und Fortentwicklung der Sprachen den vorzüglichsten Anteil habe.«

Konarski kämpfte nicht nur an solchen Fronten gegen die absurdesten Dogmen der klerikalen Hierarchie, sondern auch für die politische Wandlung des polnischen Staates, der sich mit der Verfassungsbestimmung des »liberum veto« selbst handlungsunfähig machte. (Im Sejm konnten keine Beschlüsse gefaßt werden, wenn auch nur eines seiner Mitglieder eine gegenteilige Auffassung vertrat.) Trotz der heftigsten jesuitischen Gegenwehr konnte Konarski einen großen Teil der polnischen Bevölkerung für seine Ideen begeistern. Auch die damals regierenden Sachsenfürsten August III. und Stanislaw August förderten ihn in hohem Maße, wobei er die ihm immer wieder angebotenen Pfründen ablehnte. Sogar der römische Papst lockte ihn mit Senators- und Bischofswürden. Aber diese mehrfach angedienten Ämter mied der Reformer; wohl in der richtigen Erkenntnis, daß ihm auf diesem Wege die Hände gebunden werden sollten.

Als Stanislaw Konarski am 3. August 1773 starb, war eines klar: Auch dieser Mann hatte den Verfall des polnischen Staates nicht weiter aufhalten können. Sein Porträt hing neben den Bildern Rousseaus, Voltaires und Montesquieus in den fürstlichen Gemächern der polnischen Könige. König Stanislaw August ließ goldene und silberne Gedenkmünzen prägen. Bei der Beisetzung wurde Zacharyaszewicz, einer der berühmtesten Jesuitenprediger seiner Zeit, aufgefordert, an seinem Grabe zu predigen. Der Orden konnte es sich nicht mehr leisten, den Schöpfer einer neuen Denkrichtung in Schule, Kirche, Literatur und Staat zu negieren, dessen Leichenzug der päpstliche Nuntius, der polnische Großkanzler und mehrere Bischöfe anführten. Der polnische »Dichterfürst«, Bischof und Kosmopolit Ignacy Krasicki gab Stanislaw Konarski folgende Grabinschrift (in der freien Übersetzung von Adolph Sarg):

»Schaffend im Reiche des Schönen und herrliche Werke gestaltend,
Hast an wuchernd Gestrüpp muthig das Beil du gelegt;
Pfade, seit langem verwachsen, dem staunenden Blicke erschlossen,
Liebe zur geistigen That, Liebe zur Heimat geweckt.
Wie im Leben geehrt, so bist du im Tode gefeiert,
Ruhst vom Lorbeer bedeckt, welchen du selbst gepflanzt.«

Nach Konarskis Tod wurde die zweite und dic dritte Teilung Polens vollzogen. Napoleons Auftauchen gab den Polen Hoffnung auf eine Wiedererweckung ihrer eigenen Staatlichkeit, die sich nach Napoleons Ende in der Kunstgeburt des sogenannten »Kongreßpolen« verwirklichen und dann wieder verschwinden sollte.

Bis zur Gründung der Polnischen Republik, nach dem Ende des Ersten Weltkrieges, blieb den Polen eben nur ihre Sprache, an deren Veränderung der Reformer Konarski so kräftig gearbeitet hatte. Manche heute gehaltenen Redetexte klingen noch so pathetisch, wie jene – bereits reformierten – aus Konarskis Schulen. Freilich lächelt die jüngere Generation. Aber diese Sprache trägt auch jetzt noch zur Identität Polens bei. Das moderne Polnisch wird sich erst jetzt, unter den neuen Freiheiten entwickeln.

Die Polnische Republik von 1919 versuchte, das Schulsystem im Lande zu vereinheitlichen. Dennoch: Als Wojciech Jaruzelski 1933 ins Internat nach Warschau kam, waren die Unterschiede in den Ausbildungschancen noch nicht nivelliert. Die wenigen Armen, deren Kinder bessere Ausbildungsmöglichkeiten hatten, waren auf das Wohlwollen irgendeines Gönners oder die Gunst der Kirche angewiesen. Das monatliche Schulgeld für Wojciech Jaruzelski und jeden seiner Kameraden war doppelt so hoch wie der Monatslohn eines Arbeiters.

In Warschau gab es im wesentlichen drei Ausbildungsmöglichkeiten für die Abkömmlinge der Elite: die der Jesuiten, deren Schule als die elitärste galt; die der Piaristen, deren Institut die Ärmeren der Reichen aufnahm, und das Institut der Marianer, einer Kongregation, welche zwar den Jesuiten nahestand, die aber in der Ausbildung den vergleichsweise höchsten Wert auf den Faktor »Lebenstüchtigkeit« legte.

Marianum

Abseits vom Warschauer Hauptstadtleben findet man in Bielany auch heute noch die Kirche, das frühere Zentrum der Marianen-Schule. Dort, wo bis zum Kriege die Internatsschüler wohnten, ist jetzt ein Neubau entstanden, der Ordensschülerinnen beherbergt. Die alten Lehrerhäuschen mit ihren kleinen Gärtchen bilden eine malerische Gasse, sie haben den Krieg überdauert. Hier und da in der Umgebung zeugen Mauerreste noch von der Umfriedung des ehemaligen Internats. Die Stadt ist inzwischen von einer Seite an das Gelände herangewachsen. Aber die großen Wälder und der Weichselstrand in der anderen Himmelsrichtung ziehen die Hauptstädter noch immer an. Auch wenn zwischen dem alten Marianum und der Weichsel nun eine vierspurige Autostraße die Natur durchschneidet – man ahnt noch die Atmosphäre, die dem Platz in früheren Zeiten ihren ruhigen, malerischen Reiz gegeben haben muß.

Von den Lehrern, die Wojciech Jaruzelski im Warschauer Marianum unterrichteten, lebt noch ein einziger: Professor Roman Kadzinski, der mit dem früheren polnischen Primas Wyszynski eng befreundet war. Kadzinski hatte wesentlichen Einfluß auf die Interessen seines Schülers Wojciech, den er in Geschichte und in Literaturwissenschaften unterwies. Jaruzelski versichert, daß er diesem Lehrer sein Interesse für Literatur verdanke. Und er bezeugte dem Manne kürzlich auf seine Art Respekt: Er empfing Kadzinski zu dessen achtzigstem Geburtstag in seinem Dienstsitz Belvedere und widmete ihm einen halben Tag. Der alte Lehrer betrat das Amtszimmer des jetzigen Präsidenten, wo ihn eine besondere Ehre erwartete: Wojciech Jaruzelski »meldete« seine eigene Anwesenheit in vollendeter militärischer Form und stand »still«, bis der zunächst verdutzte Professor ihm befahl, daß er sich »rühren« möge. Kadzinski erzählte über diesen Auftritt seines alten Schülers in einer Fernsehsendung, die anläßlich der Präsidentenwahl produziert wurde.

An die Schulklasse des Wojciech Jaruzelski kann sich der Lehrer von einst vor allem deshalb erinnern, weil sie »besonders groß und ganz besonders unruhig« gewesen sei. Als junger Pädagoge habe er viel Mühe gehabt, mit diesen jungen Leuten fertig zu werden. Jaruzelski selbst habe seiner Erinnerung nach nicht »zu den größten Rabauken« gehört. Dem alten Mann ist noch im Gedächtnis, daß dieser Schüler »über eine große Begabung für Geisteswissenschaften« verfügte. Im Unterricht habe er fleißig mitgewirkt, sich »oft gemeldet« und für weniger gute Klassenkameraden Spickzettel geschrieben, vor allem, wenn es sich um Arbeiten in Polnisch und um Aufsätze gehalten habe. Überhaupt sei er neben Tadeusz Gajcy und einem weiteren Schüler der Beste im Polnischunterricht gewesen.

Tadeusz Gajcy war der einzige Schulkamerad, dem sich Jaruzelski enger verbunden fühlte. Diese Verbindung endete auf tragische Weise. Es war 1944. Die Londoner Exilregierung hatte beim Anrücken der Roten Armee auf Warschau den Aufstand gegen die Deutschen befohlen. Gajcy, inzwischen zu einem hoffnungsvollen jungen Dichter gereift, hatte im Untergrund auch als Mitherausgeber einer Zeitschrift gearbeitet. Nun kämpfte er mit der Waffe gegen SS-Truppen. Am anderen Weichselufer lag die Rote Armee und griff nicht in die Kämpfe ein. Auch Gajcys Schulfreund Jaruzelski stand mit polnischen Truppen vor Warschau. Alle Versuche, den Aufständischen von außen zu helfen, mußten wegen fehlender Unterstützung durch die Sowjets scheitern. In jenen Tagen des ungleichen Kampfes, über dessen Ausgang mehr die Politik bestimmte und nicht das Militär, fiel Gajcy bei den Kämpfen in der Stadt.

Das gleiche Schicksal erlitt ein junger polnischer Dichter, der posthum zu großer Beliebtheit gelangen sollte, einer der Lieblingsdichter Jaruzelskis: Krzysztof Kamil Baczynski. Seine Lyrik bietet ergreifende Zeugnisse von der Situation junger Polen und ihren Gefühlen aus jener Zeit.

Ein Gedicht von Baczynski in der deutschen Übersetzung von Karl Dedecius:

ELEGIE AUF EINEN POLNISCHEN JUNGEN

Sie trennten dich, mein Sohn, von Träumen, die wie Falter zittern,
sie malten dir ein Landschaftsbild aus Bränden und Gewittern,
sie strickten feuchte Augen dir, mein Sohn, die rot verbluten,
und mit Gehängten säumten sie den Fluß der grünen Fluten.

Sie prägten dir die Heimat ein, mein Sohn, mit toten Schritten,
das Eisen deiner Tränen hat den Weg herausgeschnitten.
Sie zogen dich im Dunkel groß mit Angst, die alle aßen,
und du gingst blind die schamhafteste aller Menschenstraßen.

Du gingst, mein heller Sohn, die schwarze Waffe in den Händen,
erlebtest in dem Schrei der Zeit, das Böse sich vollenden.
Und deine Hand bekreuzte noch die Welt, bevor sie sank.
War es die Kugel, war es das Herz, mein Sohn, was da zersprang?

Renate und Peter Lachmann, Lyriker und Übersetzer polnischer Texte, sehen die Wurzeln dieser Dichtung in Trenderfahrungen des Krieges: »Die Einbildungskraft, von konkreter Vernichtung bedroht und an ihre Grenzen getrieben, versuchte Durchbrüche und Öffnungen. Eine neue, schnell heranreifende Dichtergeneration stand vor dem Dilemma, Dichtung oder Kampf. Es war ein Dilemma, das nur für die wenigsten zu einer Alternative wurde. Die Erfahrung des Äußersten prägte viele Gedichte dieser

Generation, darunter jene von Baczynski und Gajcy. [...] Im Vorfeld des gewissen Todes wurden Dichtung und Liebe zum poetisch-kosmischen Totalerlebnis.«

Karl Dedecius, der für 1990 mit dem Friedenspreis des Deutschen Buchhandels ausgezeichnete deutsche Übersetzerpoet, übertrug auch das folgende Gedicht von Tadeusz Gajcy:

LIEBE OHNE MORGEN

Meinen tödlichen Schlaf erfüllst du mit dem Körper
und dem traumgeborenen flüchtigen Wort;
die flaumige Perle deines Haars
fließt als runder Strahl auf das Laken
wo die gefiederte Hand wie der Zweig eines Nadelbaums
die Schatten der Körper von der Frucht trennt.

Wir reden im Flüstern des sanften Blutes
in uns hineinhörend: möge es in uns fließen,
möge es tragen – Licht wie in der Pflanze
wird die kleinen Planeten der Herzen durchleuchten
und wir werden erwachend lauschen
Wolkengeraschel und Wasserspiel.

Denn in uns ist nur so viel Warme,
wie viel die staunende Hand zu fassen vermag
und so viel Angst wie viel die geronnene
feuergleiche Träne ins Gesicht graviert
und so viel Stimme ist in uns, wie viel hervorbringen kann
die Klinge der Zunge im Kelch der Lippen.

Es fließt in uns – sagen wir noch
dieses Rauschen der Dunkelheit, solange das Buch
der Wolken das weiche der Wind krümmt.
Denn nur so viel Glauben ist in einem Lied,
wie viel unter dem Augenlid Abbild
der endgültig gespiegelten Erde.

Pfadfinder

»Als Tadeusz Gajcy zum Dichter wurde, war keine Zeit der Fröhlichkeit – und das hatte Einfluß auf sein Schaffen«, sagte Wojciech Jaruzelski. »Als wir befreundet waren im Marianum, hat jeder von uns Gedichte geschrieben. Ich habe auch Gedichte geschrieben, für die ich mich heute schämen würde, das waren eher solche sogenannten ›Tschenstochau-Reime‹.« Leider gibt es keine Beispiele dieser frühen »Dichtkunst« des heutigen Präsidenten mehr. Aus jenen Zeiten ist nur ein Aufsatz über die Pfadfinder erhalten.

Wojciech Jaruzelski schrieb ihn als knapp sechzehnjähriger Junge für die »Eintagszeitung der Bielanska-Pfadfinderabteilung«. Der Text schlummerte in Warschauer Archiven. Zu den wenigen authentischen Dokumenten aus der Jugendzeit gehört auch der Pfadfinderausweis mit der Mitgliedsnummer 996. Jaruzelski war dem Polnischen Pfadfinder-Verband am 15. September 1935 beigetreten. Seit seinem zwölften Lebensjahr ist er dieser Vereinigung verbunden geblieben. Auch Vetter Stanislaw Szadkowski teilt diese Verbundenheit. Er arbeitet heute in leitender Funktion bei dieser Jugendorganisation, ein wenig traurig darüber, daß die Interessen der Jugendlichen heute etwas »ausfransen«. Anderweitige Interessen seien der Grund hierfür – aber auch die Konkurrenz anderer Jugendbünde aus dem politischen Raum.

Das folgende Dokument wurde in der Vergangenheit häufiger »unter der Hand« weitergereicht. Es diente unter anderem auch jenem Prälaten Jan Idzikowski dazu, den rechten Glauben an Jaruzelski zu stärken. Erschienen ist es in der April-Ausgabe der obengenannten Schulzeitung, gedruckt auf den Seiten sechs und sieben.

»Wojciech Jaruzelski, 4. Klasse des Gymnasiums

DER DIENST FÜR POLEN

Das Hauptziel und die Hauptparole eines jeden Pfadfinders muß der Dienst für Gott und für das Vaterland sein. Bei der Ablegung seines Eides verpflichtet er sich zur Arbeit, die für das Land nützlich sein soll.

Polen braucht nach dem langen Krieg die Hilfe der jungen Bürger, die seine Stärke und Unabhängigkeit festigen würde. Die Pfadfinder sollten diese Aufgabe am besten bewältigen, weil unser Kodex lehrt, wie man leben soll, um dem Vaterland nützlich sein zu können.

Wir müssen die in unserem Gesetz enthaltenen Losungen in die Tat umsetzen und nach dem Weg suchen, den wir schreiten wollen, um zum Ruhm des Volkes beizutragen.

Am Anfang unseres Pfadfinderdienstes haben wir versprochen, im Dienste des Vaterlandes zu stehen. Um diese Verpflichtungen zu erfüllen, müssen wir vor allem unser Vaterland lieben lernen. Wir müssen in uns das Nationalgefühl erwecken, wenn es eingeschläfert worden ist. Wir müssen uns in der ganzen Fülle in richtige Polen umwandeln. Und dann wird das Verständnis für den Vaterlandsdienst von allein in uns aufkommen.

Europa, und mit ihm auch Polen, stehen am Vortage der großen Ereignisse, bei denen die kühne und entschiedene Haltung der Bevölkerung über die weitere Existenz und Entwicklung unseres Landes entscheiden wird.

Wer, wenn nicht die junge Generation, muß an der Spitze stehen und mit ihrer geistigen und physischen Organisation als Beispiel für andere dienen, damit auch diese die Notwendigkeit des anstrengenden Dienstes für das Vaterland verstehen lernen. Die Pfadfinder müssen auf die künftigen Pflichten gut vorbereitet sein, weil das Volk von uns mehr als von den übrigen, die in ihrer Jugend den Dienst für die Heimat nicht geübt haben, verlangen wird.

Wir müssen bedenken, daß auf uns das heldenhafte Erbe der Jungen Adler von Lwow sowie der 1920 bei der Verteidigung des Landes vor dem Roten Eroberer gefallenen Pfadfinder lastet. Zum Anstoß und Anreger zur Steigerung der Leistungen soll der Tod von Kamerad Reger werden, der sein junges Leben im Kampf um den Anschluß von Teschiner-Schlesien an das Mutterland geopfert hatte.

In Polen gibt es viele Aufgaben und Probleme, die darauf warten, daß junge Menschen, die in schon unabhängigem Land geboren und erzogen wurden, sie bewältigen und lösen. Bevor wir zu ganz reifen Menschen werden, die schon verantwortungsvoll in den von ihnen gewählten Berufen arbeiten können, müssen wir geistige Vorbereitungen auf die künftige Arbeit in Gang setzen. Das Pfadfindergesetz belehrt uns, daß wir durch aufrichtige Erfüllung der Pflichten, durch Gehorsam, Hochschätzung der eigenen Ehre, ritterliches Benehmen zu wertvollen Individuen werden, die der Stolz des Volkes sind.

Die Liebe für den Nächsten und für die Natur des Vaterlandes, die Leistung von guten Taten sind auch Voraussetzung dafür, daß wir beweisen können, daß wir unser Land lieben und jederzeit in seinem Dienst stehen. Wir müssen jede uns übertragene Aufgabe und Arbeit mit Enthusiasmus und Energie erfüllen, weil wir dann Eigenschaften erwerben werden, die uns in der Zukunft erlauben werden, jedes Hindernis zu überwinden und jedes Ziel zu erreichen.

Die wichtigste Eigenschaft, die den Menschen edel macht, ist sein geistiger Wert, der sich gemäß der Steigerung der Verehrung und der Liebe zu Gott herauskristallisiert. Denn Gott regiert über das Schicksal der ganzen Welt und Polens. Um diese Eigenschaft zu erwerben, müssen wir die Arbeit an unserem Charakter aufnehmen und unser Lebensziel, das unser Wegweiser und Ideal wird, klar bestimmen.

Wir Pfadfinder, die eine besondere Pflicht des Vaterlandsdienstes haben, werden unsere alltäglichen Bemühungen und die Ergebnisse der Arbeit an uns selbst Gott aufopfern, der Polen segnen und es immer mit dem ›Glanz der Stärke und des Ruhms‹ umgeben wird.«

Ein Lehrer, Pater Jarzebowski, hatte den Schülern des Marianums den Patriotismus mitgegeben, in einer Sprache, die den alten patriotischen Reformer Konarski erfreut hätte, und zu einer Zeit, als die polnische Sprache bald wieder zum einzigen Kontinuum polnischer Identität werden sollte. Aber unbestritten: Der junge Jaruzelski zeigte hier schon sein Talent für politische Prosa. Und in späteren Zeiten sollte er beweisen, daß seine Verehrung für die »Jungen Adler« keine Jugendschwärmerei war, sondern tatsächlich empfundenem Patriotismus entsprang. Seine »Liebe zu Gott« hat wohl einen Wandel erfahren und bedarf noch besonderer Betrachtung.

Junge Adler

Das »heldenhafte Erbe der Jungen Adler von Lwow« wurde auf dem Friedhof der »Jungadler« gepflegt, einer Grabstätte in Lwow (Lemberg), welche die sterblichen Überreste von 1549 Gefallenen aus den Schlachten um Lemberg aufnahmen. Vierhundertundsechzehn dieser Gefallenen hatten das siebzehnte Lebensjahr noch nicht vollendet. 1921 wurde diesen »Jungadlern« ein Denkmal errichtet.

Nach dem Zweiten Weltkrieg begann für Lemberg ein neues Kapitel seiner langen, wechselvollen Geschichte. Die Stadt wurde um 1270 von den ukrainischen Fürsten von Halicz gegründet, kam 1340 an Polen und erhielt 1352 deutsches Stadtrecht, wie viele polnische Städte zu dieser Zeit. Von 1772 bis 1918 war Lemberg die Hauptstadt des österreichischen Kronlandes Galizien. Von 1919 bis 1939 gehörte es wieder zu Polen. Dann wurde es von der Sowjetunion vereinnahmt, die 1941 den deutschen Eroberern weichen mußte. Seit die Sowjettruppen die Stadt 1944 zurückeroberten, verblieb sie als Gebietshauptstadt der Ukraine bei der UdSSR. Die früher größtenteils polnische Einwohnerschaft der Stadt wurde nach 1945 zwangsumgesiedelt. Heute leben dort mehrheitlich Ukrainer, die von einer großrussischen Beamtenschaft beherrscht werden. Vielleicht erleben die wenigen noch verbliebenen Polen alsbald, daß ihre Heimatstadt wieder unter einer neuen, womöglich ukrainischen Oberherrschaft weiterlebt. Der Name stünde schon fest: Hatten die Deutschen und die Österreicher »Lemberg« gesagt, die Polen die Stadt »Lwów« genannt, so heißt sie bei den Russen »Lwow« und bei den Ukrainern »Lwiw«. Die Zentrifugalkräfte der neuen russischen Revolution werden die Stadt nicht unberührt lassen.

Für die vielen aus Lemberg vertriebenen Polen könnten sich wieder neue, allerdings trügerische Hoffnungen ergeben. Denn nach der endgültigen Festschreibung der polnischen Westgrenze dürfte auch die nach dem Zweiten Weltkrieg festgelegte Ostgrenze des Landes nicht mehr zu korrigieren sein. Und bei allseitig gutem Willen und allseitiggegenseitiger Anerkennung und Würdigung der kulturellen Verbindungen über die staatlichen Grenzen hinweg müßten sich nationalistische Exzesse zukünftig vermeiden lassen. Ein solcher Exzeß fand 1971 statt. Im Westen fast unbemerkt, zerstörten sowjetische und ukrainische Gewalttäter den Friedhof der Jungadler von Lwow.

Die Katakomben wurden geöffnet, die darin befindlichen Gräber aufgebrochen, die Wände mit pornographischen Zeichnungen und Sprüchen entweiht. Am 25. August 1971 schließlich zerstörten Panzer das Denkmal beinahe vollständig. Die Stadtverwaltung des sowjetischen Lwow begann, auf dem Friedhof eine Müllkippe anzulegen.

Die Empörung unter den Polen war groß. Geschah doch die Zerstörung dieses nationalen Symbols beinahe als Reaktion auf die Bemühungen zweier ehemaliger Befehlshaber von der Lemberg-Front, die seit Februar 1969 nach Wegen suchten, den Jungadler-Friedhof zu pflegen. Der eine – General a.D. Mieczyslaw Boruta-Spiechowicz – läßt sich dem Namen nach unschwer als Pole identifizieren. Der andere polnische Patriot trug einen Namen, der eine andere ethnische Herkunft vermuten läßt – General a.D. Roman Abraham. Die ehemaligen hohen Offiziere der polnischen Armee protestierten energisch gegen die gewalttätige Entweihung der Gedenkstätte und des Friedhofes. Zunächst hatten sie keinen Erfolg.

Sie schrieben an den polnischen Verteidigungsminister Rola-Zymierski, an den Ministerpräsidenten Jozef Cyrankiewicz, an den Generalsekretär des Verbandes der Freiheitskämpfer, Rusinek. Ihre Appelle gingen an alle wichtigen Partei- und Staatsinstanzen, an den Sozialistischen Jugendverband ebenso wie an den Kongreß des ZBoWiD, den Verband der Kämpfer für Freiheit und Demokratie. Über die Botschaft der UdSSR schickte man ein Schreiben an den Generalsekretär des Zentralkomitees der sowjetischen Kommunisten, Leonid Breschnew. Der Professor Tadeusz Wlodek überreichte dem sowjetischen Premier Kossygin eine

Bittschrift, als dieser Kanada besuchte. Alle überlebenden Teilnehmer der Schlachten um Lemberg und die »Aktivisten der Emigration« bemühten sich, eine Genehmigung für die Rekonstruktion des Jungadler-Ehrenmals zu erhalten. Man schrieb sogar direkt an die Bezirksregierung der nun sowjetisch-ukrainischen Stadt, von der die Müllkippen-Initiative gekommen war.

Letztlich war der Initiative von Abraham und Bieruta-Spiechowicz Erfolg beschieden. Aber nicht der polnische Präsident, nicht der Ministerpräsident, auch nicht die Verbände, die den Kommunisten nahestanden, hatten das bewirkt, sondern eine Initiative des damaligen Verteidigungsministers, General Wojciech Jaruzelski. General a.D. Abraham hat die Entwicklung der Angelegenheit dokumentiert, die dann 1989 erstmals öffentlich gemacht wurde. Demnach war Jaruzelski derjenige, der sich ohne Furcht vor der Internationale der sowjetischen Hegemonisten und deren Statthaltern in der Kommunistischen Partei Polens »den Stein ins Rollen« brachte, wie Abraham sich ausdrückte. Jaruzelski knüpfte damit an die Aussagen seines schwärmerisch-patriotischen Pfadfinder-Aufsatzes von 1939 an.

Vom Fürchten

»Es gibt ein polnisches Märchen von einem – verzeihen Sie bitte – ›dummen Wojtek‹, der auszieht, das Fürchten zu lernen. Er muß sich in ein Gespensterschloß begeben. In Ihrem Leben gab es viele Situationen, die Ihnen Angst machen konnten oder auch das Fürchten lehren!?«

»Ich will da drei Begriffe unterscheiden: Es gibt Furcht, Angst und Befürchtung. Befürchtungen hat jeder denkende Mensch. Furcht erlebt jedes Lebewesen. Die Angst betrachte ich als eine pathologische Erscheinung, die von schwachen Nerven oder auch von Feigheit zeugen kann. Befürchtungen und Furcht treten im Alltagsleben auf, man braucht dafür keinen Krieg und keine physiologische Bedrohung. Es gibt ja Befürchtungen beim Fällen einer Entscheidung, die Frage, ob man sie auch verwirklichen kann. Es gibt die Furcht vor einer Situation, die gefährlich sein kann, nicht nur für einen selbst, sondern auch für andere – und jeder Mensch erlebt solche Zustände. Aber Angst, in ihrer pathologischen Aussage, habe ich nicht erlebt, glaube ich. Ich weiß nicht, ob es Ihnen bekannt ist, daß die Menschen, welche die Gesetzmäßigkeiten des Funktionierens von Gewehren nicht kannten, an der Front falsche Angst bekamen. Es waren die sogenannten ›uneingeschossenen‹ Soldaten an der Front, die sich sofort auf den Boden warfen, wenn sie das Pfeifen einer Kugel hörten. Sie glaubten, daß ihnen die Kugel direkt über den Kopf saust, und hatten dann einen Reflex, eine automatische Reaktion.

Ich habe das in der Offiziersschule gelernt, daß die Kugel schon weit hinter mir ist, wenn ich ihr Pfeifen erst höre. Man soll keine Angst haben; wenn die Kugel mich trifft, dann werde ich sie überhaupt nicht hören. Ich glaube, daß es mir gelungen ist, diesen Zustand der physiologischen Angst zu vermeiden. Ich habe zwar einen langen Kampfweg durchgemacht, an der ersten Linie, ich bekam viele schwierige, gefährliche Aufgaben, und mir ist es gelungen, am Leben zu bleiben, obwohl ich ein paarmal verletzt wurde, einmal schwer verletzt.«

Dies ist jener Wojciech Jaruzelski, der sagt, er würde die Dinge erst »durch seinen Kopf filtern«, der sich besinnt, bevor er etwas tut. Dieser Jaruzelski, der die Furcht kennt, der in bestimmten Situationen Befürchtungen hegt, der die »physiologische Angst« mit seinem Verstande besiegt, bekennt sich zu dem Motto: »nihil desperandum«. So schreibt er es in dem ihm vorgelegten Fragebogen. »Nicht verzweifeln« (frei übersetzt), ein Wahlspruch, den er gebrauchen konnte in seinem Leben. In Sibirien schon, im Kriege dann und später in der Politik. Nun hätten sich viele in ähnlich prekären Situationen, wie er sie durchlebte, mit jenem Gottvertrauen an die Arbeit gemacht, das er selbst in seinem Pfadfinderaufsatz beschworen hatte. Allein – dies stand ihm nicht mehr zur Verfügung. Nicht der Glaube an den Gott, der schon alles richten werde, ließ ihn überleben, durchhalten und bestehen, sondern andere Prägungen und – sein Verstand, dessen Abwägungen ihn für manche Zeitgenossen als »zu zögerlich« erscheinen lassen.

Kirche

Eines ist wohl nur in Polen denkbar. Es gibt einen Staatspräsidenten, der aus einem konservativ-christlichen Elternhause stammt, in einem Ordensinternat erzogen wurde, aber bekennt, kein Christ zu sein. Ihm gegenüber amtiert im Kardinalspalast ein Primas, welcher seine Bildung in einem stalinistisch-kommunistischen Gymnasium erwarb. Vor allem in seinen Jahren als »kommunistischer Oberteufel« hatte es der jetzige Staatspräsident mit einer Kirche zu tun, die – auch gestützt von Rom – eine Symbiose mit der organisierten antikommunistischen Aktivität eingegangen war.

Polens katholische Kirche kann auf rund neunzig Prozent des polnischen Staatsvolkes bauen. Dies ist so, seit das Kriegsende dem Land seine jetzigen Grenzen bescherte, seit »es praktisch keine Juden mehr gibt in Polen«, wie Jaruzelski sagt, und – seit die Gläubigen der Orthodoxie und des Islam im Wortsinne »ausgegrenzt« sind. Schon seit dem Mittelalter war Polen das »Bollwerk des Christentums« gegen den heidnischen und später byzantinisch-orthodox-christlichen Osten gewesen. Die römisch-katholische Kirche Polens war schon immer sehr patriotisch und traditionalistisch.

Nur weil sie dies übersehen hatten, konnten westliche Katholiken irrtümlicherweise hoffen, der 1978 gewählte polnische Papst werde die Reformen des Konzilpapstes Johannes XXIII. fortführen. Als 1978 der weiße Rauch über dem Konklave aufstieg und das »habemus papam« verkündete, sahen viele in dem erst achtundfünfzigjährigen Karol Wojtyla einen Garanten für ein neues Beginnen im Miteinander aller Christen, das von dem Zwischenpapst Paul VI. und dem »Sechzig-Tage-Papst« Johannes Paul I. vernachlässigt worden war. Aber sie sollten sich nicht nur darin irren. Zumindest im Westen hat der Pole auf dem römischen Stuhle Petri mit seiner konservativen, zentralistischen und dogmatischen Kirchen- und Personalpolitik im Laufe der Jahre auch innerkirchlich immer mehr Gläubige abgeschreckt. Es gereicht der katholischen Kirche in den westlichen Staaten nicht zum Vorteil, daß dieser Papst Kardinalsstühle gegen den ausdrücklichen

Widerspruch oder gar Widerstand der Gläubigen und eines Teils der Amtskirche besetzt.

Auch die ungebrochene Reiselust von Johannes Paul II. irritiert die Menschen. Viele sagen, »die vielen Millionen Dollar, die der Kirchenfürst für seine Umtriebigkeit ausgibt, würden besser in Hilfsmaßnahmen angelegt werden«. Sie machen sich in dem Witz Luft, der Heilige Vater sei der einzige Mensch auf der Erde, der bei geschlossenen Augen alle Länder mit dem Munde erkennen könne, nämlich dann, wenn er den Flughafenboden küsse. Man nennt ihn schon den »Eiligen Vater« und sagt ihm nach, er renne von Reise zu Reise Glasnost davon. Doch wie Reden und Werk dieses Papstes auch beurteilt werden mögen: In Polen bewirkte seine Wahl im Jahr 1978 eine Stärkung des nationalen Bewußtseins.

Mitten in der Phase der Destabilisierung der kommunistischen Zentralmacht in Polen gab die römische Kirche mit der Wahl des Karol Wojtyla auch ein anderes Signal. Sie stabilisierte willentlich oder nicht die »Gewerkschaft Solidarność«, deren Fahnen fortan noch häufiger bei Altären, an Madonnenstatuen und anderen Plätzen im Kirchenraum befestigt wurden.

Der polnische Papst festigte damit auch die Stellung jenes Mannes, der zum internationalen Symbol der Solidarność-Bewegung geworden war: Lech Walesa. Wohl in einer Mischung aus tiefer Gläubigkeit und politischer Absicht heftete dieser sich das Solidarność-Zeichen zusammen mit einem Bild der Mutter Gottes von Tschenstochau an die Brust. Damit vereinnahmte der Mann aus Danzig zu jener Zeit alle Dinge für sich, die den Polen wichtig waren, nämlich ihr Glaube an Gott, ihre Gewißheit, daß der Kommunismus verschwinden müsse, und ihre Überzeugung, daß das Bündnis »Solidarność« die Kraft sei, welche im Vereine mit der Kirche zu Freiheit – und Wohlstand – führen könne. Da Walesa seinerseits die Unterstützung der Kirche genoß, war stets sichtbar: Bei fast all seinen Auftritten wurde er von Priestern begleitet, die – wie er sagte – seine Berater seien.

Gegenspieler der damaligen Gruppierungen um die polnische Kirche und die Gewerkschaft Solidarität waren die Regierenden der Vereinigten Polnischen Arbeiterpartei. Eines ihrer Negativsymbole war der damalige Verteidigungsminister Wojciech Jaruzelski.

»Man sagt, Sie seien Atheist. Es gab das katholische Elternhaus, es gab das Marianum, Ihr Land hat eine große katholische Tradition – sind Sie Atheist?«

»Ich bin ungläubig, konfessionslos. Warum ich in diesem Falle das Wort Atheist nicht gebrauche? Weil Atheismus bei uns als etwas aufgefaßt wird, das aktiv antireligiös ist, als aktive Bekämpfung der Religion. Von einer solchen Haltung bin ich weit entfernt. Ich achte das Recht eines jeden Menschen auf seine eigene Weltanschauung. Wie Sie richtig gesagt haben, wurde ich in dieser Religion erzogen und glaube, daß sie mir gewisse universelle Werte eingeprägt hat, die mich zu einer völlig anderen Weltanschauung brachten, die jedoch in gewissen Punkten gewisse Ähnlichkeit zu der Weltanschauung der Gläubigen aufweist. Ich glaube, daß religiöse Ideale eine äußerst wichtige moralische Konstruktion bilden. Man sollte nur bedauern, daß große und gewichtige Lehren der Kirche nicht ausreichend im Leben berücksichtigt und verwirklicht werden. Aber zweifellos haben sie einen positiven Einfluß auf die Moral der Bevölkerung.

Die Kirche hat unter anderem, das muß ich nochmal betonen, geschichtlich gesehen zur Aufrechterhaltung des Polentums beigetragen. In den Zeiten, als Polen nicht als ein unabhängiges Land existierte, und dann – in dieser schwierigen Periode. Wir haben uns an den 13. Dezember 1981 erinnert. In der Zeit danach und in der davor trug die Kirche zur Milderung der konfrontativen Situationen bei den Auseinandersetzungen zwischen den Gewalten und der Bevölkerung bei. Die Kirche hat kraft ihrer Autorität diese Stimmungen gemildert und dazu beigetragen, daß wir die Einigung erreicht, daß wir den runden Tisch zustande gebracht haben, usw. usw ... Ich schätze insbesondere diese gläubigen Menschen, die im Leben beweisen, daß die Religion nicht nur eine Dekoration, eine Sitte ist; jene, die religiöse Lehren im Leben in die Tat umsetzen. Ich kann aber diejenigen nicht achten, die sich so benehmen wie in diesem bekannten Spruch: Er betet unter dem Heiligenbild und hat den Teufel unter der Haut. Das reimt sich im Polnischen.«

»Hat es denn in Ihrem Leben irgendwann einen Punkt gegeben, an dem Sie gesagt haben: Gut, ich bin getauft, ich habe die Kommunion empfangen und die Firmung erhalten, aber nun will ich mit dieser Religion nichts mehr zu tun haben?«

»Also, es gab nichts, was mein Verhältnis zur Religion plötzlich, gewaltsam verändert hätte. Um so mehr, als ich bis zum heutigen Tage die moralischen Werte, die universellen Werte der Religion anerkenne. Es war nicht ein Bruch mit diesen Werten, sondern eher ein Bruch mit der Kirche. Gleichgültigkeit und Schwund der religiösen Praktiken. Es ist schwer, die Einzelheiten aus der Erinnerung herauszugreifen, aber ich denke, daß ich in der Endphase des Unterrichts bei den Marianen die Religion viel weniger intensiv erlebt und empfunden habe als mit zehn oder zwölf Jahren. Dann kam die Kriegszeit, in der es keine Möglichkeiten zum Praktizieren gab, ich war aber weiterhin ein gläubiger Mensch. Es gibt auch Spuren davon, daß ich weiterhin gläubig war. Es gab einen Brief, der bekannt und veröffentlicht wurde, den ich an die Eltern meines besten Freundes geschrieben habe, der an der Front, in der Nähe von Berlin, gefallen ist. Wenn ich diesen Brief lese, dann finde ich darin sehr viele Bezugspunkte zur Religion. Selbstverständlich im Kontext des Todes meines Freundes und des Schmerzes, den die Eltern empfunden haben. Es war ein Prozeß, in dem sich aus der Praxis meines Lebens ergab, daß es schwer war, Bindungen an die Kirche zu haben. Dadurch erfolgte die Auflösung der Verbundenheit mit der Religion selbst, weil die Religion sozusagen die Ernährung durch die Kirche braucht, durch kirchliche Ämter, durch Institutionalisierung, durch Sitten und Bräuche, durch Formen des kirchlichen Lebens. Später begann ich mich, wie ich es schon erwähnte, politisch umzuorientieren, ich wurde zum Anhänger der neuen Ideen. Der Marxismus ist seinem Wesen nach eine Verneinung der Religiosität in ihrer traditionellen Auffassung. Also eine gewisse Gleichgültigkeit, die schon früher zur Geltung kam, wurde in mir mit der neuen Weltbetrachtung verbunden. Zum Beispiel mit dem historischen Determinismus. Aber ich war nie ein Kämpfer in religiöser Hinsicht, ich habe die Religion nie bekämpft. Ich bin der Meinung, daß unsere Behörden in dieser

Hinsicht im Laufe vieler Jahre viele Fehler begangen und großen Schaden angerichtet haben. Es kam in vielen Fällen zu unnötigen Konflikten mit der Kirche, die gleichzeitig auch Gewissenskonflikte für die Menschen zur Folge hatten. Die Menschen waren einerseits gläubig und vertrauten andererseits diesen Behörden. Um objektiv zu sein muß man allerdings zugeben, daß die Kirche aber auch Schuld trug, besonders in der Anfangsperiode. Aber die Hauptsache ist, daß wir dieses Problem heute sozusagen gereinigt, gelöst haben. Wir haben die ›Kinderkrankheit des Linksradikalismus‹, wie es Lenin bezeichnete, schon überwunden. Selbstverständlich bezog sich das auf eine andere Erscheinung, aber die Bezeichnung ist sehr anschaulich.«

In den achtziger Jahren lebten in Polen rund einundzwanzigtausend katholische Geistliche, von denen etwa sechzehntausend Priester und fünftausend Ordensbrüder waren. Den Männerorden gehörten noch weitere rund fünftausend Ordensbrüder und Geistliche an. Die Orden hatten fast eintausend Missionare ins Ausland entsandt, die vor allem bei polnischen Exilanten tätig waren. In den Frauenorden lebten fast siebenundzwanzigtausend Nonnen.

Im Vergleich zu 1937 hat sich die Zahl der polnischen Geistlichen fast verdoppelt. Polen gliedert sich in siebenundzwanzig Diözesen und etwa achttausend Pfarreien. Der Süden Polens ist traditionell stärker kirchlich geprägt als der Norden: Aus dem Süden stammen die meisten Geistlichen, und auch die Zahl der Kirchenbesucher ist hier weitaus höher als im Norden des Landes. In der inneren Mission arbeiten die Jesuiten und die Dominikaner mit besonderer Intensität. Aber die Mönche befassen sich nicht nur mit der Seelsorge. Ein Großteil ihrer Arbeit ist wissenschaftlicher Art. Mehr als die Hälfte der wissenschaftlichen Lehrkörper an den beiden polnischen katholischen Hochschulen, der katholischen Universität in Lublin und der Warschauer Akademie für katholische Theologie, setzt sich aus Ordensbrüdern zusammen. An diesen beiden Hochschulen studieren etwa fünftausend Studenten. Außerdem findet in einer päpstlichen theologischen Akademie in Krakau sowie in drei päpstlichen theologischen Fakultäten in Warschau und Poznań kirchlich geprägte Forschung und Lehre statt. Sechsundvierzig höhere Priesterseminare bilden in Polen Kapläne aus, und zehn niedere Ordensseminare vermitteln neben einer religiösen Ausbildung auch die Oberschulreife. Die Mönchsorden leiten auch einige allgemeinbildende Oberschulen und Berufsschulen.

Etwa einhundert Frauenorden in Polen haben sich in über zweitausendsechshundert Klöstern niedergelassen. Auch diese stehen einigen »allgemeinbildenden« Oberschulen und Berufsschulen vor, sie sind aber auch in Fürsorgeeinrichtungen tätig. Obwohl die polnische »Caritas« nicht in die Kirche eingegliedert ist, wirken etwa zweitausendfünfhundert Nonnen in deren Häusern. Zweitausend weitere sind in staatlichen Krankenhäusern und Pflegeheimen tätig. Einige Frauenorden üben außerdem wirtschaftliche Tätigkeiten aus, indem sie beispielsweise Kirchengewänder, Kleidung für Geistliche oder Kirchenfahnen herstellen.

In Polen entstehen allerorts Gerüchte über die Anzahl von Kirchenneubauten: Sie reichen von vierzehntausend bis eintausendvierhundert. Dahinter verbirgt sich eine – auch von einer Vielzahl gläubiger Polen – geteilte Kritik, daß die Kirche für Gotteshäuser sehr viel Mittel aufwendet, während sie die Arbeit in den karitativen Bereichen oder zum Beispiel den Aufbau von Kindergärten vernachlässigt. In Polen findet man gegenwärtig etwa zwölftausend katholische Kirchen und viertausendfünfhundert Kapellen. Es ist interessant, daß entsprechend den staatlichen Genehmigungsverordnungen die Zustimmung zu Kirchenneubauten vor, während und nach dem Kriegsrecht ununterbrochen und reibungslos funktionierte. So wurden zum Beispiel die Kirchenbaupläne von 1982 bis 1985 nach Einführung des Kriegsrechts ausgehandelt. Der Staat genehmigte 1982 den Bau, Wiederaufbau oder Ausbau von über dreihundert Kirchen und Kapellen. In den achtziger Jahren sind trotz größter wirtschaftlicher Schwierigkeiten über zweitausend Gotteshäuser und noch weitere kirchliche Bauwerke errichtet worden.

Über die materielle Seite der Arbeit der katholischen Kirche fehlen die Angaben. Dies liegt im wesentlichen daran, daß die Finanzen der Kirche Polens dezentralisiert erfaßt sind. Auch weil sie es selbst so will, erhält die Kirche keinerlei staatliche Subventionen. Die Ausgaben der Kirche werden hauptsächlich aus den Kollekten der Gläubigen bei den sonntäglichen oder feiertäglichen Gottesdiensten oder bei anderen priesterlichen Diensten wie Trauungen, Taufen, Beerdigungen und Gedenkmessen bestritten. Diese Mittel werden aus Zuwendungen von Exilpolen und der römischen Weltkirche ergänzt. Daß sich Wojciech Jaruzelski der Stärke und der Rolle der Kirche immer bewußt war, erkennt man leicht, wenn man seine verschiedenen offiziellen Äußerungen zu Kirchenfragen liest:

In einem Interview für »Nepszabadsag« vom 4. Februar 1983 heißt es: »Die katholische Kirche in Polen hat in dramatischsten Momenten ihre patriotische Verantwortung bewiesen. Aufgrund der Zahl der gläubigen Bürger besitzt sie eine wichtige gesellschaftliche Position. Die Volksmacht berücksichtigt die in der Verfassung verankerte Trennung von Kirche und Staat und behandelt die katholische Kirche mit vollem Ernst und kommt ihren Bedürfnissen bei der Erfüllung der Seelsorgemission entgegen. Der heutige Stand der Beziehung von Staat und Kirche ist im allgemeinen gut, obwohl nicht alles zufriedenstellend ist. Ein Teil der Geistlichkeit engagiert sich in Tätigkeiten, die mit der Religion nichts zu tun haben. Das Problem beruht also vor allem auf der Kollision, auf den Widersprüchen zwischen einigen Vertretern der Hierarchie und dem vergessenen, politisch aktiven Teil des Klerus und der nicht rückgängig zu machenden Wirklichkeit des Endes des zwanzigsten Jahrhunderts. Das Zusammenwirken mit der Kirche betrachten wir nicht als eine vergängliche, taktische Notwendigkeit. Wir möchten, daß es für den Staat und für das Volk nützlich ist. Es ist ein reales Ziel. Wir hoffen, daß die Kirche als Institution den Charakter ihrer Seelsorgemission unter der Berücksichtigung der inneren und internationalen Interessen unseres Staates vereinigen kann. Der sozialistische polnische Staat vertritt alle Bürger, also Gläubige und Nichtgläubige. Am Bau Volkspolens haben von Anfang an große Massen der weltlichen Katholiken aktiv teilgenommen. Auf einem solchen Boden ist nicht nur ein einfaches Zusammenleben, sondern auch eine konstruktive Zusammenarbeit auf bestimmten Gebieten möglich. Je deutlicher die Kirche den sozialistischen Staat als Verkörperung der übergeordneten nationalen Interessen auffassen wird, desto größer kann der Nutzen dieser Zusammenarbeit für beide Seiten sein. Diejenigen unter den Geistlichen, die aufgrund des verbissenen Antikommunismus oder oberflächlicher Emotionen zuungunsten des inneren Friedens handeln, schaden gleichzeitig den langfristigen Interessen der Kirche. Die Treffen mit dem Primas Polens, Kardinal Glemp, festigen meine Hoffnungen, daß die langfristige Verständigung möglich ist, obwohl noch viele schwierige Probleme vor uns stehen.

Für den nächsten Monat wurde der Besuch von Johannes Paul II. in Polen angekündigt. Das Haupt der katholischen Kirche, unser Landsmann, wird in Polen herzlich und ehrwürdig empfangen. Nicht für alle jedoch ist dieser Besuch erfreulich. Es wirken verschiedenartige Kräfte, die die Aufrechterhaltung der internationalen Isolierung unseres Landes, die Abzäunung Polens mit einem undurchlässigen Kordon zum Zweck haben.«

Dies war die Sprache des »Staatsmannes« Jaruzelski, der in Erwartung des »Pilgers« Johannes Paul einerseits versuchte, jene Kleriker zu warnen, die sich – nach seinem Staatsverständnis – zu sehr in die politischen Geschäfte der kommunistischen Dogmatiker einmischten. Andererseits versuchte er diesen klarzumachen, daß sie entgegen ihrer Doktrin mit der Kirche zu leben hätten. Andere Töne findet er, als er im Namen des Politbüros eine Rede vor den Landesdelegierten der Polnischen Vereinigten Arbeiterpartei hält:

»Für die Bürger unseres Landes kann es keine Wahl zwischen der Loyalität gegenüber dem Staat und der Anhänglichkeit zur Kirche geben. Vor über hundert Jahren schrieb der ums Vaterland besorgte Pfarrer und Gelehrte, Valerian Kalinka, folgende Worte:

›Im Wörterbuch der polnischen öffentlichen Tugenden konnten alle Tugenden, bis auf den Gehorsam, gefunden werden. Und ohne Gehorsam kann man weder die Regierung bilden noch den Staat aufrechterhalten. Durch Opposition konnte man schnell Popularität erwerben, viel schneller und sicherer als durch Arbeit.‹ Dieser Gedanke ist bis heute aktuell geblieben.

Heutzutage verursacht das Kokettieren mit der Kirche, der Mißbrauch ihrer Autorität durch verschiedene geheimnisvoll ›Bekehrte‹ oder ›Moralische‹ ein tiefes Mißbehagen. Sie versuchen, aus den Tempeln Kundgebungssäle oder Vorstellungsräume zu machen, in den Kirchen Politik zu treiben. Sie finden Unterstützung unter denjenigen, die die Kanzel mit dem Mikrofon von ›Free Europe‹ verwechselt haben.«

Diesem Text ist anzumerken, daß die Adressaten Jaruzelskis Funktionäre waren, die den »Kämpfer« in ihm suchten, der sich gegen die erkennbare Gemeinsamkeit von Kirchenmännern, Oppositionellen, westlichen Medien und Ideen stellte. Argumentativer und sachlicher wurden seine Ausführungen, wenn er in größeren Reden nach Möglichkeiten der Zusammenarbeit fragte und dabei auch an das Verantwortungsbewußtsein der Kirche appellierte. Hier ein Beispiel aus seinem Referat für das Zentralkomitee der PVAP, gehalten auf deren X. Parteitag am 29. Juni 1986:

»Wir sollten auch nach der Möglichkeit der engen Zusammenarbeit bei der Bekämpfung der gesellschaftlichen Pathologien, im Kampf um die moralische Gesundheit des Volkes suchen. Die Religiosität findet leider äußerst oft keine Widerspiegelung in der alltäglichen Haltung, in der gesellschaftlichen Moral.

Nicht ohne Einfluß der Kirchendoktrinen schlagen wir seit vielen Jahren die europäischen Rekorde der Geburtsraten. In dieser Situation sollten die Bemühungen um die Gestaltung des Arbeitsethos, des bürgerlichen Verantwortungsgefühls, die Sorge um die Vermehrung des Nationalreichtums, um die familiengerechten materiellen Bedingungen nicht allein dem Staat überlassen werden.

Wir befürworten also die Ausweitung des Zusammenwirkens und gleichzeitig die Beschränkung der Sphäre der Widersprüche und Mißverständnisse. Wir beachten die Identität der Kirche, ihren Charakter. Wir erwarten gleichzeitig und werden die Beachtung der Verfassung Volkspolens und seiner Gesetze sowie der Staatsraison des sozialistischen Staates fordern.«

Hat er in diesem Referat die Kirche aus Parteiraison noch zur »Staatsraison« gegenüber dem »sozialistischen Staat« aufgefordert, so formuliert er gegenüber den Mitgliedern des »Konsultativrates beim Vorsitzenden des Staatsrates« Gedanken bisher unbekannter Art, die eigentlich schon auf Rückzug hindeuten. Der Konsultativrat, ein sehr wirkungsvolles Gremium, quasi ein Vorläufer des »Runden Tisches«, beriet den Staatsratsvorsitzenden Jaruzelski in allen Bereichen, die das staatliche Leben Polens betrafen. Zur Beendigung seiner dritten Sitzung hielt der damalige Staatsratsvorsitzende am 18. Mai 1987 eine Rede, in der er bei dem Thema Kirche und Staat zunächst Sarkasmus zeigt:

»Im Referat von Professor Szczepanski war ein Gedanke enthalten, dem Sie wohl keine größere Aufmerksamkeit geschenkt haben.

Professor Szczepanski beweist nämlich, daß die katholische Kirche an der Festigung des Sozialismus interessiert sein sollte, weil ihre Situation in den westlichen, kapitalistischen Ländern nicht besonders günstig ist. Dies gilt auch für erzkatholische Länder wie zum Beispiel Frankreich oder Italien.

Wenn Sie die sehr interessante Fernsehreihe über die Lage der Kirche gerade in Italien gesehen haben, dann müssen Sie wohl zugeben, daß es der Geistlichkeit bei uns nicht am schlechtesten geht. In Polen hat das Zusammenwirken zwischen dem Staat und der Kirche keinen vergänglichen, konjunkturellen oder taktischen, sondern einen historischen Charakter. Wir bringen es deutlich zum Ausdruck und beweisen auf Schritt und Tritt, daß es wirklich so ist.«

Diesen Inhalt wird Jaruzelski zwei weitere Jahre in variierter Form öffentlich vortragen. Doch dann, am 5. Oktober 1988, gibt er seine bisherige Zurückhaltung auf. Er legt nun vor aller Welt dar, was vermutlich schon seit längerer Zeit seine persönliche Überzeugung war. Während einer Beratung mit den Ersten Sekretären der PVAP-Betriebskomitees versucht er, diese davon zu überzeugen, daß es nicht die Partei, der Kommunismus sein können, die den Menschen Freiheit, Gerechtigkeit und Glück bringen können.

»Vor Jahren waren wir der Meinung, daß der größte Teil der Bevölkerung einen tiefen weltanschaulichen Wandel erlebt hat.

Es war falsch, weil ein großer Teil der Gesellschaft seine echte Einstellung zur Religion oft verheimlicht hat. Viele waren im ›Untergrund‹ – darunter verstehe ich, daß viele ihre Religionsgefühle unterdrückt oder eben verheimlicht haben. Das war keine gesunde Erscheinung.

Viele, viele Jahre haben wir theoretisch und praktisch auf die ›Erlösung‹ der Massen abgestellt: die Gesellschaft, die Arbeiterklasse, die Revolution, die Befreiung, die Gerechtigkeit. Gleichzeitig haben wir fast gänzlich das vergessen und unzureichend betont, was ich als ›sozialistischen Personalismus‹ bezeichnet habe. Wir wollten die ganze Gesellschaft glücklich machen und haben dabei oft den einzelnen Menschen vergessen. Den Menschen, der leidet, dem es schlechtgeht. Und gerade in diesem Punkt ist die Kirche uns überlegen.«

Mit diesem Referat hat sich Jaruzelski öffentlich wieder einer Wirklichkeit des polnischen Lebens genähert, die für ihn in seiner Zeit als Verteidigungsminister und später auch als Oberkommandierender der polnischen Streitkräfte nicht unbekannt war. Es gab in Polen rund sechzig Garnisonskirchen. In der polnischen Armee dienten über tausend sogenannte »Feldkapläne« – und das gegen den nachhaltigen und ständigen Protest der anderen Staaten des Warschauer Paktes. Inzwischen hat sich deren Zahl auf dreitausend erhöht.

Dem »gemeinen« Soldaten wurde auch in der Vergangenheit weder der Kirchenbesuch noch der Gottesdienst oder der Kontakt zum Geistlichen verwehrt. Anders war es bei den Offizieren.

Ihnen wurde nicht der Gottesdienstbesuch per Befehl oder Verordnung untersagt, es war aber bekannt, daß es die politische Führung nicht gerne sah, wenn Offiziere sich allzu deutlich zur Kirche bekannten. Dadurch kam es zu Handlungen von großer Verlogenheit, die ein enges Vertrauensverhältnis zwischen dem durch die Kommunisten repräsentierten Staat und dem Volk unmöglich machten.

Offiziere – vor allem höheren Ranges – fühlten sich vielfach genötigt, den Gottesdienst in Zivilkleidung an entfernten Orten zu besuchen. Die enge Bindung an die Kirche verraten auch zahlreiche kirchliche Trauungen und Taufen in Offiziersfamilien außerhalb der Stationierungsorte. Es gab heimliche Hochzeiten, heimliche Taufen. Und auf diesem Wege erhielt die Kirche wieder ein Stück mehr vom Nimbus eines Hortes im Widerstand gegen den Kommunismus.

Es werden Vorkommnisse berichtet, die eigentlich unter das Rubrum der Kuriosa gehören: In Warschau verstarb vor einigen Jahren ein höherer Offizier. Seine Familie legte Wert darauf, daß er auf einem katholischen Friedhof von einem katholischen Geistlichen beigesetzt werde. Gleichzeitig bestand – zu Recht oder nicht – die Sorge, daß nach einer solchen Beerdigung Nachteile etwa bei der Hinterbliebenenrente entstehen könnten. Der Offizier wurde kirchlich beerdigt. Doch damit die eventuell anwesenden Spitzel des kommunistischen Staatssicherheitsapparates nicht erfuhren, wer beerdigt wurde, benutzte der Priester am Grabe die weibliche Form des Vornamens des Verstorbenen!

Wojciech Jaruzelski selbst wurde gewissermaßen auch ein Opfer der fehlgeleiteten Kirchenpolitik. Als seine geliebte Mutter 1963 starb und in Lublin beerdigt wurde, fiel es allgemein auf, daß er an der kirchlichen Trauerfeier nicht teilnahm. Schnell bildeten sich Legenden. Die erste kam der Wahrheit noch am nächsten: Jaruzelski sei ja tatsächlich Atheist und könne deshalb einem kirchlichen Trauerakt nicht beiwohnen. Eine zweite Legende besagt, Jaruzelski habe heimlich – um seiner Karriere nicht zu schaden – in einer kleinen Kapelle gebetet, während in der großen Kirche der Trauerakt vollzogen wurde. »Ich bin kein Mensch mit zwei Gesichtern!« sagte Jaruzelski. Seine Schwester, Teresa Starnawska, erzählt: »Er hat mir gesagt, er könne nicht mit in die Kirche gehen, weil er nichts tun wolle, was seinen Untergebenen verwehrt sei.« Jaruzelski, befragt, ob diese Version seiner Schwester richtig sei, meint: An die Worte könne er sich nicht mehr erinnern, aber inhaltlich sei die Darstellung wohl den Tatsachen entsprechend. Er sagt dann noch mehr:

»In den fünfziger Jahren – später war es dann nicht mehr so schlimm – war das kirchliche Zeremoniell, die kirchliche Trauung oder Beerdigung für Offiziere ziemlich unerwünscht. Aber sehr viele Offiziere ließen sich kirchlich trauen. Ich als General und

Generalstabschef habe 1963 an der Beerdigung meiner Mutter teilgenommen, am Grab. Es war also nichts, was den Haupterfordernissen in der damaligen Zeit widersprochen hätte. Wir haben aber eine Zeit erlebt, in welcher der politische Kampf auch in das private Leben der Menschen eindrang.

Heute betrachte ich es nicht nur als eine unvernünftige, sondern auch als eine moralisch ungesunde Sache. Denn dadurch wurden viele Menschen in den Untergrund gedrängt. Wenn jemand durch seine kirchliche Trauung nicht negativ beurteilt werden wollte, dann hat er das, so wie Sie es soeben geschildert haben, an einem anderen Ort heimlich getan! Dies betraf im Grunde nicht die Unteroffiziere. Es galt hauptsächlich für schon ältere Offiziere, mit höheren Rängen, vor allem, wenn sie auch in der Partei aktiv waren. Denn man achtete darauf, daß die Ideologie und das, was sie praktisch taten, sich nicht widersprach. Ich möchte erneut betonen, daß es sehr ungesund war. Ich bin sehr froh, daß es hinter uns ist!«

Bei diesen Worten ist Wojciech Jaruzelski anzumerken, welch weiter Weg hinter ihm liegt. Es ist auch erkennbar, daß er heute nicht mehr zwischen militärischem Machbarkeitswahn in Kombination mit kommunistischem Omnipotenzdenken und der ihm angeborenen toleranten Menschlichkeit hin und her gerissen wird. Für ihn ist die Zeit falscher Kompromisse Vergangenheit. Mehrere solcher hatte er schließen und ausleben müssen, bis sich seine innere Freiheit so weit entwickelte – und seine Position so gefestigt war –, daß er auch die Entwicklung anderer Freiheiten zulassen oder gar forcieren konnte. Diese Entwicklungen waren für viele seiner Landsleute nicht nachvollziehbar, weil sie nichts über diesen Menschen wußten. Und weil er kein »Marschall« war, kein Heros auch, mußte seine Glaubwürdigkeit über lange Zeit im Zwielicht bleiben. Denkbar ist, daß seine tatsächliche Lebensleistung erst dann gewürdigt werden wird, wenn auch sein Abschied schon wieder Geschichte geworden ist; wie die Deportation der Polen in die Sowjetunion und die Zeiten des Zweiten Weltkrieges, die den jungen Jaruzelski prägten.

Abschied

Auch wenn der Vater glaubte, es sei nur ein vorläufiger Abschied – für ihn selbst sollte es ein endgültiger werden. Ein Abschied von Trzeciny, von der übrigen Familie, von Polen. Für seinen Sohn Wojciech beendete die Flucht vor den Deutschen im September 1939 den Abschluß des ersten wichtigen Abschnittes seines Lebens, den der Prägungen in Kindheit und Jugend.

Geprägt hatten ihn die zehn Jahre des wechselnden Umherziehens auf dem Lande. Der Vater war sehr lange mit sich selbst beschäftigt, mit seinen existentiellen Problemen, mit den Fragen seines Selbstwertgefühls. Konstanter familiärer Bezugspunkt war die starke Mutter, sollte es auch weiterhin bleiben. Eine engere Verbindung zur Schwester ergab sich erst im Laufe der folgenden Jahre. 1939 war Teresa Jaruzelska gerade elf Jahre alt, also noch nicht in einem Alter, wo die »großen Brüder« sehr viel von der Persönlichkeit kleinerer Schwestern wahrnehmen. Auch die Szadkowskis, einschließlich Cousin Stanislaw, hatten kaum prägenden Einfluß auf den inzwischen sechzehnjährigen Schüler, der mit der Flucht seiner Familie die Ausbildung im Marianum zwangsweise beenden sollte. Am Ende der vierten Klasse des Gymnasiums hatte er die sogenannte »Kleine Reifeprüfung« abgelegt.

Die sechs Jahre in der Marianen-Schule hatten zweifellos einen sehr großen Einfluß auf den Jungen vom Lande gehabt. Vor allem das systematische Lernen hat ihn geprägt. Die Disziplin, die ihm Halt gegeben hat, die Gruppenerfahrung, die ihm zeigte, daß man sich als einzelner sehr wohl durchsetzen kann, ohne sich allzu gemein zu machen. Es ist kaum anzunehmen, daß Wojciech Jaruzelski, hätte er das Gymnasium weitere zwei Jahre besucht, in der Masse von Schülern untergegangen wäre. Auch in diesem Falle hätte sich seine ausgeprägte Individualität erhalten. Denn den Abstand, den er damals zu anderen hielt, hat er auch später in all den anderen Situationen seines Lebens beibehalten. Nach den wenigen vorliegenden Zeugnissen derjenigen, die ihn im Gymnasium beobachteten, gibt es auch keinen Anlaß anzunehmen, der Schüler Jaruzelski habe sich durch sein Verhalten in

Führungspositionen gedrängt, etwa indem er eine Gruppe um sich geschart hätte. Er beobachtete und verarbeitete das Gesehene und Erfahrene, bildete sich eigenständige Urteile. Daß er auf Klassenfotos vorne und im Zentrum der Schülerschaft zu sehen ist, liegt sicher daran, daß er ein nicht sehr groß gewachsener, auch etwas schmaler junger Mensch war.

Berufswünsche hatten sich bis zum Zwangsabschied aus der Bildungsanstalt noch nicht ausgeprägt. Auch Eltern und Lehrer hatten bis zu diesem Zeitpunkt noch keine Vorgaben gemacht, welches Lebensziel der Junge hätte anstreben sollen. Alle Vorstellungen – auch die eigenen – waren eher idealistischer Natur und kaum damit verbunden gewesen, daß man mit dem Erlernten auch einmal Geld verdienen müsse. Jaruzelskis Prägungen waren andere.

Bei der Suche nach den wichtigen Einflüssen durfte auch die Frage nicht fehlen, ob vielleicht der Vater dem Sohn eine wichtige Botschaft, einen Auftrag gegeben habe, der im Leben zu erfüllen sei. Ob ein solcher Auftrag vielleicht im Zusammenhang mit dem bei Wojciech Jaruzelski so stark ausgeprägten Patriotismus lag? Jaruzelski: »Ich könnte es nicht als eine Botschaft, als ein Gebot bezeichnen, was mir mein Vater sagte. Ich kann mich aber an viele seiner Erzählungen erinnern, zum Beispiel von der Zeit des Krieges von 1920, an dem er teilgenommen hat. Daß diese Erzählungen aber den Charakter einer Botschaft, eines Gebotes gehabt haben sollen, kann ich nicht behaupten. Ich habe so etwas nicht in Erinnerung behalten.

Außerdem: Im Alter von zehn Jahren habe ich das Elternhaus praktisch verlassen, habe außerhalb des Hauses gelebt. Ich bin nur in den Ferien nach Hause gefahren. Später wurde ich von meinem Vater getrennt. Er war im Lager, wir waren in der Taiga. Nach seiner Rückkehr ist er verstorben. Es ist auch so, daß mir meine Mutter immer näherstand als der Vater. Sie hatte den größten Einfluß auf mich. Sie war tiefgläubig, aber zugleich ein sehr guter, sanfter Mensch, der sehr viel Mitgefühl für andere Menschen hatte. Ihr Einfluß auf mich war zweifellos sehr stark. Zweitens, ich war sechs Jahre lang Schüler eines Gymnasiums, das von Priestern geleitet wurde. Jeden Tag gab es eine Messe, jeden

Tag viel kirchliche Lehre, die einerseits den Glauben einprägte, andererseits aber auch moralische Werte von universellem Charakter. Auch das Gerechtigkeitsgefühl, auch das Gefühl dafür, daß der arme Mann auch ehrwürdig ist. An der dritten Stelle stand die Lektüre. Als Junge habe ich sehr viel gelesen, darunter auch viele Bücher, die bestimmte humane Werte mitbrachten, Prus, Zeromski und andere.«

»Hat das Leben der Szlachta, des Adels, bei Ihnen eine Rolle gespielt? Hat Ihr Vater darüber erzählt?«

»Etwas von dieser Adelsmythologie war in den Erzählungen enthalten. Es summierte sich aber alles mit der Literatur, mit den gelesenen Büchern. Unsere Literatur ist von diesem Motiv sehr gesättigt. Heute ist schwer festzustellen, was eine familiäre Überlieferung war oder was den Büchern entnommen wurde.«

»Welches war Ihr erstes Buch?«

»Mein erstes Buch, das ich gelesen habe, war Napoleon gewidmet. Es war ein Kinderbüchlein. Aber ich kann mich bis heute an seinen Titel erinnern. Es hieß ›Lolek, der Grenadier‹. Das war ein kleiner Junge, der in den Schlachten von Napoleon in dessen Armee gekämpft hat. Es waren bunte Geschichten, es war sehr farbig. Und am Schluß des Buches wacht Lolek auf und stellt fest, daß alles nur ein Traum gewesen ist. Aber so ein absolut irrationales Sentiment zu Napoleon ist in mir drin geblieben. Ich habe ein sehr kritisches Verhältnis zu ihm, ich betrachte ihn auch ganz besonnen.«

»Er hat doch Polen nicht unbedingt das Beste gebracht!«

»Ja, deshalb habe ich auch zu ihm ein kritisches Verhältnis. Aber es ist halt die Kraft des Mythos.«

Die Menschen lieben Helden. Sie lieben den Mythos. Politiker wissen das und sorgen dafür, daß zumindest ihr Äußeres möglichst günstig wirkt. Frau Thatcher ließ sich ihre Stimme von Stimmpädagogen um einiges tiefer und sanfter präparieren.

Helmut Kohl ließ sich von Public-Relations-Fachleuten eine neue Brille anpassen. Solches liegt Jaruzelski fern. Auch zu einem speziellen Friseur geht er nicht. Höchstens aus seiner partiellen Schweigsamkeit erwächst ein Mittel, einen Mythos aufzubauen, aber keinen positiven. Die »Helden« der modernen

Medien sind nämlich nicht die geheimnisvollen Schweiger, sondern diejenigen, welche – scheinbar offen – jederzeit öffentlich zur Stelle sind. Von diesen Politikerinnen und Politikern weiß man meist, was sie vorwärtstreibt. Manchmal nehmen sie gar Abschied von Teilen der eigenen Identität, um an den Platz zu kommen, den sie für sich für angemessen halten. Wenn dann einmal etwas mißlingt, nicht ihrem Bilde entspricht, kann es vorkommen, daß sie »aus der Rolle fallen«, daß sie den selbsterrichteten Mythos zerstören. Wojciech Jaruzelski wird solche Probleme nicht bekommen. Sein politisches Leben ist nach Wertmaßstäben ausgerichtet, die frühzeitig aufgenommen, unverändert bleiben. Der Mythos, der ihn umweht, hängt nicht mit bewußtem Styling zusammen, sondern ausschließlich mit manchmal mißverständlichem Tun. Und davon, was die Zeitgenossen davon halten, die oft nicht wissen, warum er dieses tut und jenes nicht. Was treibt ihn an?

»Ich beginne damit, daß Sie gesagt haben, daß die Menschheit Helden liebt. In Polen werden zusätzlich die Märtyrer besonders geliebt. Und Menschen von farbigen, romantischen Lebensläufen. Weniger liebt man Menschen, die Realisten sind, die auf weniger spektakuläre Weise ihren Weg gehen und mit möglichst wenig Übel möglichst viel aufbauen, je nach ihren Möglichkeiten. Das ist eine besondere polnische Eigenschaft. Ich werde sie anhand meiner eigenen Lebenserfahrung veranschaulichen. In diesem Gymnasium, in dem ich lernte, in diesem Internat, in dem ich wohnte, da gibt es eine Kirche. Und bei dieser Kirche befindet sich das Grab eines der größten Polen, Stanislaw Staszic. Er war Priester. Er wurde berühmt. Er war der Vorläufer des neuen pragmatischen Denkens, des Baus des modernen Polens mit guter Wirtschaft, eines Polens, das nahe bei Europa liegen würde. Ich und meine Kollegen sind sechs Jahre lang an diesem Grab vorbeigelaufen. Jeden Tag, wenn wir auf den Turnplatz gingen, der dort in der Nähe lag. Und nichts hat uns zu tieferen Überlegungen gezwungen, wir haben auch in der Schule keine entsprechenden Impulse erhalten.

Aber unser Held, unser größtes Idol damals, das war der Prinz Jozef Poniatowski, der Frauenverehrer. Der hatte zwar mit der

Kirche wenig zu tun, ist aber einen ›schönen Tod‹ gestorben. In Leipzig, 1814, während der Völkerschlacht. Angeblich soll er vor dem Tode gerufen haben: ›Gott hat mir die Ehre Polens anvertraut, ich gebe sie nun Gott zurück!‹ Sehen Sie, das Gymnasium wurde von Priestern geleitet. Wir waren sehr gläubig und beteten viel. Und dann gab es das Grab vom Priester Staszic, der von uns kaum geachtet wurde, und den Prinzen Poniatowski, den wir anbeteten! Also, es gibt etwas davon in unserer Mentalität.

Aber vielleicht funktioniert bei mir ein gewisser innerlicher Selbstschutz, weil ich das alles durch mein Bewußtsein filtere. Ich bin zwar Pole bis ins Knochenmark hinein. Für mich ist auch diese romantische Tradition besonders wertvoll. Sie hat es uns auch ermöglicht, als Volk zu überleben. Diese ständigen Aufstände, das Nichtakzeptieren der Gefangenschaft, die Aufrechterhaltung der nationalen Identität, darauf bin ich stolz. Das ist besonders wertvoll, das möchte ich beibehalten. Aber andererseits möchte ich mehr Pragmatismus sehen. Ich möchte, daß man mehr auf dem Boden läuft und die Realitäten des Lebens und der Gegenwart berücksichtigt.«

Seit dem Jahr 1939 wurde Wojciech Jaruzelski gezwungen, sich der Realität zu stellen. In kürzester Zeit wurden alle romantischen Anwandlungen jäh und brutal zerstört.

An diesem Scheidepunkt seines Lebens, wo die Träume von Vaterland und Heldentum der Wirklichkeit nicht standhalten, bildet sich bei Jaruzelski wahrscheinlich der erste Ansatz für eine Weise des Denkens und Handelns, die vielen Polen womöglich unverständlich bleiben muß: die von ihm selbst hier erstmals in dieser konkreten Form definierte Verbindung von »romantischer Tradition« und Realität.

Der deutsche Überfall auf Polen, die Angst der Familie vor den Deutschen gaben den Ausschlag für eine lebensentscheidende Flucht. Die Familie Jaruzelski nahm Abschied von Trzeciny. Während die Großmutter weiter auf dem Gut verweilte, zogen Tochter, Schwiegersohn und Enkelkinder mit zwei Pferdewagen in Richtung Litauen. Viel Gepäck hatten sie nicht dabei. Sie waren davon überzeugt, nur für kurze Zeit auf Wanderschaft zu sein. Am 29. September 1939 überschritten die vier Jaruzelskis bei

Grodno die Grenze. Als Flüchtlinge ließen sie sich in der Ortschaft Winksznupiai im Kreis Wilkowiszkis, in der damaligen Republik Litauen nieder.

9. Kapitel
Sibirien

Statistik

Die Deportation der Familie Jaruzelski erscheint – rückblickend, in einer historischen verallgemeinernden Perspektive – nicht als besonderes oder gar einmaliges Schicksal. Auch deshalb hat Wojciech Jaruzelski diesen Lebensabschnitt nie besonders herausgestellt. Die zwei Erwachsenen und ihre beiden Kinder gehörten zu den weit über eineinhalb Millionen Menschen, dic während der Gültigkeit des Hitler-Stalin-Paktes als polnische Staatsbürger aussortiert und in die Sowjetunion verschleppt wurden. Die Deportationen fanden hauptsächlich in den Jahren 1940 und 1941 statt. Sie begannen in Ostpolen und wurden dann in den baltischen Staaten fortgesetzt – in den Gebieten, die das Dritte Reich der Sowjetunion als Einflußsphäre zugestanden hatte. In beiden Gebieten waren nicht nur die einheimischen polnischen Bürger dem Zugriff der Sowjets ausgesetzt, sondern auch jene, die sich vor den Deutschen auf der Flucht befanden.

Die Anzahl derjenigen, die verschleppt wurden, wird ebensowenig genau zu ermitteln sein wie die Anzahl der Opfer, die bei der Deportation ihr Leben ließen. Die Untersuchungen der polnisch-sowjetischen Katyn-Kommission wird zeigen, welche Aussagekraft die sowjetischen Archive haben. Da es sich bei den Opfern von Katyn aber um Militärpersonen handelt, werden die Unterlagen noch relativ genaue Aufschlüsse darüber geben, wer, wann, wohin geschickt und dann ermordet wurde. Bei den zivilen Opfern der Deportation ist solche Genauigkeit kaum zu erwarten. Denn vermutlich hat die Buchhaltung des Todes bei den Sowjets nicht so gut funktioniert wie bei den Deutschen, die auch Massenmorde von »unschuldigen« Registratoren im Detail erfassen ließen.

Die meisten polnischen und westlichen Quellen und Statistiken weisen rund eineinhalb Millionen Deportierte aus. Für manche Historiker ist eine Zahl von fünfhunderttausend sicher. Andere halten dagegen zwei Millionen als eine der Wahrheit nahe kommende Angabe. Die statistischen Ansätze sind sehr umstritten. Der Streit entzündet sich schon an juristischen Fragen. Waren die statistisch erfaßten Deportierten »Polen«? Waren es polnische Staatsbürger anderer ethnischer Herkunft? Dieser Streit um ethnische Bewertungen und Hintergründe hält in einer sowjetisch-polnischen Historikerkommission schon eine Weile an.

Es gibt ferner Wissenschaftler, die behaupten, »Deportation« sei ausschließlich der Tatbestand »lebenslänglicher Verbannung mit Arbeitszwang«. Dies nennt man »Herunterrechnen«. Nach dieser Definition wären nur diejenigen »deportiert« worden, die nicht mehr zurückkehrten. Außerdem: Ob der Sachverhalt nun als »Verschleppung«, »Verbannung« oder »Deportation« bezeichnet wird, ist im Sinne der Ausfüllung geschichtlicher »weißer Flecke« ziemlich unerheblich. Die Polen, die so viele Opfer zu beklagen haben, interessiert vor allem, wo ihre Verwandten und Freunde geblieben sind, die sie vermissen. Eine wissenschaftliche Aufarbeitung der Verbrechen ist der zweite Schritt.

Den gleichen Problemen und Diskussionen stehen inzwischen die Menschen in der bisherigen DDR, in Ungarn, der Tschechoslowakei, in Rumänien, kurz, überall da gegenüber, wo die Menschenrechte über lange Zeiträume außer Kraft gesetzt waren. Wo Terrorministerien und geheime Dienste sich über Grundrechte erhoben.

Und nicht nur für die ehemaligen stalinistisch-kommunistischen Staaten müssen vergleichbare Wahrheiten ans Licht geholt werden. Das gleiche gilt für süd- und mittelamerikanische Staaten mit ihren faschistoiden Militärdiktaturen, für afrikanische und asiatische Länder, in denen menschenverachtender Kolonialismus oft von grausamen Diktaturen abgelöst wurde. Und die Welt wird wohl erleben, daß auch in der Sowjetunion die Akten über die Schicksale der eigenen Bürger geöffnet werden. Wie sich in Polen zeigt, das im Osten den tatsächlichen Anfang mit der Bearbeitung der »weißen Flecke« machte, reichen verbale und pauschale Schuldbekenntnisse auf Dauer nicht aus.

Die Arbeiten, die sich bisher mit der Deportation polnischer Staatsbürger aus Ostpolen und den baltischen Staaten in den Jahren bis zum deutsch-sowjetischen Krieg befassen, sind oft tendenziös. Nur eines scheint inzwischen unumstritten zu sein: Die Deportationen hatten ihre Grundlage in einem umfassenden Befehl, den der sowjetische Geheim- und Terrordienst NKWD unter der Nummer 001223 am 11. 10. 1939 herausgab. Nach diesem Befehl sollten alle diejenigen Personen deportiert werden, die »antisowjetische Elemente« seien. Die Deportation dieser Personen wurde als »Aufgabe von Staatsrang« eingestuft. Dem Befehl wurde ein Verzeichnis beigefügt, in welchem jene Menschengruppen aufgelistet waren, deren Angehörige in den Weiten der Sowjetunion verschwinden sollten.

Das Verzeichnis betraf:

- die Führer des Lagers für Nationale Vereinigung (OZN);
- die Führer des Parteilosen Blocks für Zusammenarbeit mit der Regierung (BBWR);
- die Führer der Polnischen Sozialistischen Partei (PPS);
- Führer und Mitglieder der »Nationalen Demokratie« (ND);
- die Führer und Organisatoren der »Strzelec« (der Schützen);
- die Führer des Polnischen Pfadfinderverbandes (ZHP);
- alle Personen der Polnischen Militärorganisation (POW);
- die Aktiven der »bürgerlich-nationalistischen« und der faschistischen Jugendorganisationen und die fest angestellten Mitarbeiter der von ihnen herausgegeben Zeitschriften;
- die ehemaligen Beamten des Leitenden Staatsapparates;
- alle Polizisten;
- Offiziere der Abwehr und des Nachrichtendienstes;
- Staatsanwälte und Richter, die in der Vergangenheit politische Verfahren geleitet hatten;
- Offiziere und Unteroffiziere, die über längere Zeit gedient hatten;
- Offiziere und Unteroffiziere des Grenzschutzcorps (KOP);
- Familienangehörige und nächste Verwandte derjenigen, die ins Ausland geflüchtet sind, und derjenigen, die unter einem Vorwand das Land zu verlassen suchten;

– Repatrianten aus Deutschland oder auf Transitreise durch Deutschland, über die es genügende Angaben über ihre Kontakte zu deutschen oder zu anderen fremden Nachrichtendiensten gab.

Daß diese trockene Auflistung sehr viele Menschen betreffen mußte und der Willkür alle Tore öffnete, steht außer Zweifel. An keiner Stelle des Befehls gab es Hinweise auf die ethnische Herkunft der zu Deportierenden. Gemeint waren alle Bürger, die sich in Ostpolen oder den baltischen Staaten aufhielten.

Und so wurden deportiert:

Über 1 100 000 ständige Bewohner dieser Gebiete und über 330 000 Menschen, die vor den Deutschen in diese Gebiete flohen. Dazu kamen rund 250 000 polnische Soldaten, die in den Ostgebieten Polens zum Kampf gegen die Deutschen mobilisiert worden waren und nun auch in die Deportation gingen. Diese Statistik von B. Podoski belegt die Deportation von

379 500 Kindern bis vierzehn Jahren,
822 500 Männern und
306 000 Frauen zwischen 15 und 49 Jahren,
109 000 Männern und
75 000 Frauen von über 49 Jahren.

Nach Podoski waren 703 000 Deportierte polnischer, 217 000 ukrainischer, 56 000 weißrussischer, 20 000 litauischer Herkunft; 83 000 waren Juden. Fünfzig Prozent der Deportierten seien Bauern gewesen, schreibt Podoski, vierundzwanzig Prozent Arbeiter, und siebzehn Prozent stammten aus »intellektuellen Berufen«.

Alle Quellen stimmen darin überein, daß die Deportationen in drei Wellen erfolgt sind: Die erste Welle im Februar 1940 umfaßte meistens Ansiedler und Angehörige von Forstberufen. Die zweite Welle folgte Mitte April 1940. Zu diesem Zeitpunkt wurden die Familienangehörigen der Kriegsgefangenen von 1939, die Familien der Militärs und all derjenigen, die bereits in der ersten Welle festgenommen worden waren, sowie die Familien der Emigranten abgeholt. Zu den in der dritten Welle Deportierten gehörten dann vor allem ukrainische Nationalisten und »politisch verdächtige« Polen.

In allen Perioden wurden auch polnische Bürger als »Freiwillige« für den Arbeitseinsatz in der Sowjetunion angeworben. Dies gilt auch für die Zeit nach dem Ausbruch des deutsch-sowjetischen Krieges, als die »normalen« Deportationen eingestellt wurden. Ihre Zahl wird nach glaubwürdigen Statistiken mit nur 30 000 angegeben. Nach Beginn des deutsch-sowjetischen Krieges folgte aber die Rekrutierung von deportierten polnischen Bürgern für die Rote Armee. Sogar nach dem Ende der Deportation entwickelte man in der Sowjetunion weitere Pläne für große Umsiedlungsaktionen. Sie sollten für spätere Zeiten gelten und hatten den Sinn, polnische Bürger für die Besiedlung der Gebiete von Chabarowsk, Tscheljabinsk, Nowosybirsk, Omsk, von Kasachstan, Kirgisien und Jakutien einzusammeln. Diese Aktionen wurden nicht mehr durchgeführt.

Die Sowjetunion wurde von den westlichen Alliierten freigebig mit den polnischen Ostgebieten abgefunden. Eine Bilanzierung der sowjetischen Maßnahmen ist sehr schwierig. Fest steht, daß über 1,5 Millionen Menschen deportiert wurden. Fest steht auch, daß von diesen Opfern bis 1942 über vierhunderttausend umgekommen sind. Bei dieser Zahl ist nicht berücksichtigt, wie viele Offiziere und Mannschaften der stalinistische Terror an Militärpersonen bis zu diesem Zeitpunkt insgesamt gekostet hatte. Über die polnischen Armeen, die auf dem Gebiet der Sowjetunion gebildet wurden, gibt es verläßlichere Zahlen. Doch dies gehört in einen anderen Zusammenhang. Hier sei nur festgestellt, daß nicht nur eine Jahrhunderte währende Feindschaft zwischen Russen und Polen, sondern vor allem das düstere Kapitel der Deportationen keinen günstigen Boden für das Wachsen der aus dem Osten stammenden Blume des realen Kommunismus schuf. Daß die Sowjetunion – und mit ihr die Machtelite Polens – die recherchierbaren Tatsachen dieses Kapitels gemeinsamer Zeitgeschichte bis in die Gegenwart mit dem Mantel des Schweigens überdeckte, hat der Idee des Sozialismus womöglich ebensoviel geschadet wie alle Schwierigkeiten, die das System in wirtschaftlicher und anderer politischer Hinsicht hatte. Lügen,

Ungewißheit, Verneblung – gerade weil es in Polen kaum eine Familie gibt, die nicht selbst betroffen ist, konnten die Exporteure der »Sowjetfreundschaft« und ihre polnischen Parteigänger so wenig Anhänger finden, die auf Dauer bei der Fahne geblieben wären.

Wirklichkeit

Fast zwei Jahre hatten sich die Jaruzelskis in der litauischen Ortschaft Winksznupiai aufgehalten, als sich auch ihnen das Ende des Exils ankündigte. Die Ankündigung kam nicht laut daher, zunächst verbreitete sie sich als Gerücht. Litauen war von den Sowjets okkupiert worden. Als Exilanten unter den roten Zaren hatten die Jaruzelskis ihr Leben bis Anfang Juni 1941 gefristet. Es war kein außergewöhnliches Leben, von vielen anderen geteilt, nicht aufregend, nicht anstrengend.

Nur Wojciech Jaruzelskis Schwester hat eine ausgeprägt negative Erinnerung an diese Zeit. Sie war damals etwas über zehn Jahre alt, mithin in einem Alter, in dem Mädchen aus diesen Kreisen normalerweise noch recht verspielt sein konnten. Vielleicht schwärmerisch träumten, vielleicht erste künstlerische Ambitionen hegten. Jedenfalls waren junge Adelsdamen diesen Alters nicht dazu erzogen, schon selbst Erziehungsaufgaben zu übernehmen. Doch Teresa Jaruzelska wurde die Aufsicht über einen kleinen dreijährigen litauer Jungen übertragen. Eine Aufgabe, die sie rückblickend noch mit Kummer betrachtet, die ihr wohl nie Spaß bereitete und ihr doch noch einige Jahre ihres Kinderlebens erhalten bleiben sollte. Der Junge war verlassen, die Eltern, litauer Staatsbürger, waren schon vor den Jaruzelskis verschleppt worden. Als die polnischen Flüchtlinge dann selbst an die Reihe kamen, selbst auf die lange Reise in die sibirischen Fernen gehen mußten, ging der kleine Junge mit.

Deportation

Beim unaufhaltsamen Vordringen der deutschen Truppen hatte die Einwohner von Trzeciny eine Art Panik ergriffen. Innerhalb von zwei, drei Stunden hatten sich die Jaruzelskis zur Flucht entschlossen. Einige Bewohner der Umgebung waren schon geflohen. Einige Männer schlossen sich der Familie auf dem Weg nach Litauen an. Die beiden Kinder waren in keiner Weise auf diesen Weg vorbereitet. Vater Jaruzelski hatte Angst, als Gutsbesitzer von den Deutschen als Geisel benutzt zu werden. Zwei Tage nachdem die Familie Trzeciny verlassen hatte, marschierte die deutsche Armee ein.

Ursprünglich plante die Familie in Litauen bei Verwandten unterzukommen. Unterwegs kam ihnen jedoch die Nachricht entgegen, daß die Häuser der Verwandten bereits mit polnischen Flüchtlingen besetzt seien. Also entschlossen sich die Jaruzelskis, einen anderen Platz zu suchen. Sie wurden schließlich von anderen Menschen aufgenommen. Zunächst mußte der Vater nicht arbeiten. Später jedoch benötigte man seine Arbeitskraft auf den Gütern.

Die Idee, nach Trzeciny zurückzugehen, wurde auf tragische Weise von der großen Politik durchkreuzt. »In Litauen saßen wir wie in einem Sack«, sagte Teresa Starnawska. 1940 besetzten die Sowjets den Fluchtort der Familie. Die baltischen Staaten wurden liquidiert, die Güter aufgeteilt und die Nahrungsmittel rationiert. Neben dem Vater mußten nun auch Mutter und Sohn Jaruzelski arbeiten. Wojciech Jaruzelski lernte recht gut Litauisch, wie sich seine Schwester erinnert. Die Familie lebte in der Hoffnung, doch bald wieder heimkehren zu können. Bis sich etwas änderte.

Eines Tages, etwa Mitte 1941, waren plötzlich die »Dienstleute« vom Gut verschwunden. Und im Dorf raunten sich die Leute zu: »Also hör mal, irgend etwas stimmt nicht! Am Bahnhof macht man eine Menge Waggons fertig und – das ist nicht normal!« Beim Frühstück, am darauffolgenden Morgen, sagte jemand: »Wissen Sie, daß man gestern von hier schon Leute abgeholt hat?«, und im gleichen Moment fuhr ein Lastwagen vor, beladen mit Litauern und Polen. Die Sowjets holten Teresa, die Mutter und Wojciech Jaruzelski ab. Dem Vater sagten sie, er solle seine Sachen gesondert packen. Die Familie wurde noch gemeinsam auf den Lastwagen verladen. Dann, auf dem Bahnhof, trennte man sie. Den Vater orderte man mit weiteren Männern in einen anderen Waggon. Es waren Güterwaggons mit kleinen vergitterten Fenstern. Es gab nur wenige Polen im Transport. Die Mehrzahl der Deportierten waren Litauer. Und diese hatten dafür gesorgt, daß die Zwangsreisenden auf der Fahrt wenigstens etwas zu essen bekamen. Sie hatten Hartwurst dabei. Von den Sowjets gab es nur einige Male eine Wassersuppe auf dieser Reise nach Sibirien, die vier Wochen dauern sollte.

Die Waggons mit Frauen und Kindern waren meist mit fünfundzwanzig Personen besetzt. Sie mußten den größten Teil der Fahrt liegend zubringen. Man hatte Stockbetten gebaut. Teresa und der ihr anvertraute Pflegesohn lagen oben, Wanda Jaruzelska und ihr Sohn Wojciech in der darunterliegenden Bettstelle. Zum Glück für die Menschen in diesen Transporten war es Sommerzeit, man litt unter Durst, nicht aber unter Kälte in den zugigen Waggons. Irgendwann unterwegs erfuhren die Reisenden, daß die Deutschen nun auch in die Sowjetunion eingefallen seien, daß Krieg herrsche. Einen Einfluß auf den Transport, seine Umstände, sein Ziel hatte dieser Kriegsausbruch nicht. Irgendwo auf der Strecke wurden die Waggons mit den Männern abgehängt und in eine andere Richtung weiterbefördert.

Sehr viel später erfuhren Wanda Jaruzelska und die Kinder, daß der Ehemann und Vater zusammen mit Tausenden anderer polnischer Deportierter in den sogenannten siebten Lagerpunkt von Krasnojarski Kraj gebracht worden war. Die Umstände des dortigen Lagerlebens und die Arbeit, welche die Deportierten zu verrichten hatten, sollten Wladyslaw-Mieszyslaw Jaruzelski so schwächen, daß er sich nicht mehr erholen würde.

Der Eisenbahnzug mit den Frauen und Kindern fuhr weiter in Richtung Sibirien. Es waren viele Waggons, die von zwei Lokomotiven gezogen werden mußten. Zwei- oder dreimal gab es Suppe auf der Reise. Manchmal ein Stück Brot. Keiner konnte die Waggons verlassen, sie waren plombiert. Zwischen den Stockbetten war ein schmaler Gang. »Hier konnten wir Kinder ein bißchen hin und her gehen«, sagte Teresa Starnawska, »und auch manchmal aus dem Fenster gucken. Nach genau vier Wochen waren wir auf einem Bahnhof, da wurden wir aus den Waggons herausgeschubst. Das war das Ende der Fahrt.«

Es liegt schon eine gewisse Tragik über diesem Transport aus dem litauischen Vilnius: Er war der letzte mit polnischen und litauischen Bürgern, der von den Sowjets durchgeführt wurde. Der deutsch-sowjetische Krieg veränderte die Sachlage. Dennoch sollte es einige Zeit dauern, bis sich die Situation für die polnischen Deportierten in der Sowjetunion etwas bessern würde. In der Tatsache, daß Wojciech Jaruzelski mit dem letzten Deportiertentransport in die Sowjetunion kam, liegt wieder eine der Zufälligkeiten, die sein Leben bestimmen und zu absonderlichen Legenden führen würden. Der Zufall hatte es gewollt, daß für den gerade Siebzehnjährigen der Ort Bijsk Endstation war. Die Schienen führten nicht weiter, aber – die Reise war noch nicht zu Ende.

Teresa Starnawska erzählt: »Manche Leute wurden nach Berufen ausgewählt und in verschiedene Betriebe gesteckt. Manche hat man waggonweise zugeteilt. Eine Waggonladung ging in eine Zuckerrübenfabrik, die Leute hatten dann alles – fließendes Wasser in normalen Häusern, Elektrizität. Diese Leute hatten Glück. Wir mußten noch einmal dreihundert Kilometer durch die Landschaft fahren. Auf Pferdewagen wurden wir mitten in die Taiga gebracht.«

»Was sollten Sie dort machen?«

»Das waren die Leute aus drei Waggons. Wir sollten die Taiga abholzen.«

»Das hätten aber eigentlich Männer machen müssen!?«

»Nein, die Frauen haben abgeholzt. In unseren drei Waggons war eine sehr ungünstige Mischung von Leuten. Entweder waren es alte Leute oder ganz junge, oder es waren Kinder. Keiner von den Betrieben wollte die Leute aus unseren Waggons haben.«

Frau Teresa lacht, sie meint, nach der langen Zeit könne man darüber lachen. Im übrigen seien alle davon überzeugt gewesen, zurückzukommen, sonst hätten sie nicht überlebt. Die kleine

Siedlung, in der Wojciech Jaruzelski mit Mutter und Schwester landete, hieß Turatszak. Ein in den Bergen gelegener, älterer Ort. In der Nähe wurde Goldgräberei betrieben. Manche der Litauer hatten noch etwas zu essen, getrocknete Wurst. Die wurde unter den Deportierten verteilt. Turatszak hatte nur eine Straßenkreuzung und fünf Häuser. Dort lebten sie nun ohne den Vater.

Teresa mußte nicht arbeiten, sie hatte weiterhin die Aufgabe, den kleinen Jungen zu betreuen. Wojciech hingegen kam in eine Holzfällerkolonne. Überlebende haben berichtet, er sei sehr schmächtig gewesen und habe seine »Norm« nicht schaffen können. Und nur wer die »Norm« schaffte, war berechtigt, Essen zu empfangen. Die anderen haben ihm dann geholfen. »Die anderen« waren ausschließlich Litauer. Mutter, Tochter und Sohn Jaruzelski waren die einzigen Polen in Turatszak, was sich als ungünstig erweisen sollte.

Der Ort lag weitab von ordentlichen Nachrichtenverbindungen. Der polnischen Exilregierung von General Sikorski war es gelungen, mit Stalin einen Vertrag abzuschließen, der den deportierten Polen in der Sowjetunion einen anderen Status gab als zum Beispiel den Litauern. Die Polen mußten von den sowjetischen Behörden nun als Ausländer behandelt werden. Allmählich reifte der Plan, auf russischem Boden eine polnische Armee aufzubauen. Aber weit draußen in der Taiga wußten die auch dort allgegenwärtigen Funktionäre des NKWD entweder noch nichts von den neuen Entwicklungen, oder sie hatten keine Ahnung, was nun mit dieser einen Polen-Familie anzufangen sei. Wahrscheinlich, weil er dort mehr leisten konnte, wurde Wojciech Jaruzelski im Spätherbst 1941 in das Magazin versetzt, das für die Versorgung der Goldgräber zuständig war. Die drei Jaruzelskis wohnten in einer Baracke, in der man auf dem Boden Feuer machte. Dieses Feuer wärmte und diente gleichzeitig als Kochstelle.

Vater Jaruzelski wurde nach Abschluß der Stalin-Sikorski-Verträge aus dem Lager entlassen. Schon vorher hatte er herausgefunden, daß der Transport mit den Frauen und Kindern bis Bijsk gekommen war, und fuhr nach seiner Entlassung in diesen Ort.

Er wurde von Leuten aufgenommen, die zur Arbeit in der Zukkerfabrik eingeteilt waren. Als er ankam, war er völlig abgemagert und schwer krank. Er fand einen Weg, die Familie über seinen Aufenthaltsort zu verständigen.

Anekdote

Daß sich Wojciech Jaruzelski über seine Zeit in Sibirien eigentlich nie öffentlich äußerte, trug auch viel zur Legendenbildung bei. Aber er hält sein eigenes damaliges Erleben für nicht so wichtig in dem Land, dessen »Sibirer-Vereinigung« viele zigtausend Mitglieder zählt. Auch jetzt, in einem sehr ausführlichen Gespräch erzählt er nur wenig. Etwas, das zur Anekdote gerät.

»Sie haben sich früher nie über Sibirien geäußert. Warum eigentlich nicht?«

»Ich habe mich geäußert, in dem Sinne, daß ich dort gelebt und schwer gearbeitet habe, und – die übrigen Details wären Stoff für einen Roman. Allein das Wort ›Taiga‹, es besagt schon sehr, sehr viel ...«

»... für denjenigen, der dort war!«

»Ja, als wir zunächst in der Taiga waren, dort gab es sehr primitive Einrichtungen, so etwas zwischen Zelt und Baracke, in dem wir gelebt haben. Aber in dieser Stadt, in der wir dann waren, eine typisch sibirische Stadt, da wohnten wir zusammen mit anderen in einem Haus mit zwei Zimmern. Es war ein Holzhaus, aus dicken Holzbalken, zwischen die Moos hineingestampft wurde. Ein großer Ofen war in der Mitte des Raumes. Die Tür führte gleich auf die Straße hinaus. Und im Winter, als Frost war, und da gab es Frost bis minus 60 Grad – also, wenn man dann die Tür aufmachte, dann entstand sofort eine Dampfwolke, durch die man nichts mehr sehen konnte. Es gab dort Wanzen. Aber – das hat mir gutgetan! Man konnte sie nicht loswerden. Es gab keine Betten, sondern Pritschen, und man stellte deren Beine in Behälter mit Benzin oder Petroleum, damit die Wanzen nicht hochklettern konnten. Dann haben sie sich klugerweise immer von der Decke herabfallen lassen, wenn wir schliefen. Nun ist irgendeiner auf die Idee gekommen, daß sie den Terpentingeruch nicht vertragen können. Und ich habe mich mit Terpentin eingerieben. In der Jugend hatte ich immer akute Gelenkbeschwerden. Aber nach dieser Medizin waren sie vorbei! Die Wanzen haben mir zur Heilung verholfen.«

»In gewissen Zeiten hätte das die Schlagzeile bedeutet: ›Sowjets erfinden Gelenkmedizin!‹«

»Wanzen kamen oft vor. Auch in Warschau gab es vor dem Krieg sehr viele Wanzen.«

»Das war eine gesamteuropäische Plage.«

»Ich bin als Junge mal nach Warschau gekommen. Normalerweise lebte ich ja dort im Internat, aber einmal habe ich bei meiner Tante übernachtet. Es war eine schöne, geräumige, gut möblierte Wohnung – aber nachts haben mich Wanzen überfallen! Es war grausig! Ich habe mich gedreht wie verrückt! Und am nächsten Tag fragten mich die Tante und der Onkel: ›Warum bist du so nervös, so aufgeregt?‹ Denn sie selbst reagierten gar nicht mehr! Sie hatten sich an die Wanzen gewöhnt, sich mit ihnen angefreundet.«

Tod

Als die Familie erfuhr, wo sich der Vater aufhielt, überlegte man, was zu tun sein. »Und dann«, erzählte Teresa Starnawska, »hat Wojciech beschlossen: Wir flüchten zum Vater!« Man hielt den Plan geheim, denn die Reaktionen in dem kleinen Ort waren nicht zu berechnen, vor allem nicht die des örtlichen NKWD.

Also konnte Wojciech Jaruzelski die Flucht nur mit vertrauenswürdigen Menschen vorbereiten, die auch direkt daran beteiligt sein würden. Bei seiner Arbeit im Goldgräber-Magazin hatte er Kontakte zu den Führern der Pferdegespanne geknüpft, welche die Verpflegung und Ausrüstung für die Arbeiter in der Taiga transportierten.

Es war Januar, die Landschaft tief verschneit. Es herrschten Temperaturen von minus sechzig Grad Celsius. Die Schlittengespanne waren die einzige Verbindung zur Außenwelt. Der junge

Jaruzelski arrangierte sich mit einem der Gespannführer, der die drei Personen mitnehmen wollte. Am Tage der Flucht – es war schon dunkel – verließen die Mutter, die Schwester und der Sohn zu verschiedenen Zeiten und auf verschiedenen Wegen die Baracke. Hinter dem Ort trafen sie auf das Schlittengespann, bestiegen die Ladefläche und fuhren durch Kälte und stiebenden Schnee davon. Die Fahrt dauerte einige Tage. Übernachtet wurde in den Stationen, in denen die Pferde versorgt wurden. Am zwanzigsten Januar 1942 erreichten sie die Stadt Bijsk, waren damit auf relativ sicherem Territorium und konnten nach dem Vater Ausschau halten.

In Bijsk lebten über eintausend Polen, die nun eine relative Freiheit genossen. Es herrschte kein Lagerzwang. Post konnte versandt und empfangen werden. Vor allem: Man traf nicht nur Landsleute, sondern auch Menschen, die aus dem gleichen Landstrich kamen. Es gab eine Art diplomatischer Vertretung für die polnischen Exdeportierten. Im Gegensatz zu vielen Polen und anderen Deportierten, die weiter in der Wildnis, abgeschnitten von allen Nachrichten und Kontakten, leben mußten, ging es den Leuten in Bijsk verhältnismäßig gut. Wojciech arbeitete nun wieder als Holzfäller, der Vater war bei der Holzabfuhr beschäftigt. Maschinen gab es nicht. Die Bäume wurden mit der Axt gefällt und dann mit Pferdegespannen abtransportiert.

Vater Jaruzelskis körperlicher Zustand besserte sich nicht. In der Lagerzeit hatte er sehr viel geraucht. Hatte irgendwann angefangen, seine Essensrationen gegen Zigaretten zu tauschen. Aß dann fast gar nichts mehr, rauchte statt dessen große Mengen Zigaretten. Mitte 1942 lieferte man ihn in das Krankenhaus von Bijsk ein, in dem er im Juni starb. Seine Familie konnte an der Beerdigung teilnehmen. Das Grab existiert heute noch. Wie andere identifizierte Gräber auch wird es gepflegt.

Wartezeit

In Bijsk gab es sogar Zeitungen. Es war kein System erkennbar, nach dem man die in dem Ort lebenden Polen gerade hierhergeschickt hatte. Bauern, Angehörige der Intelligenz-Berufe und ehemalige Staatsdiener trafen aufeinander.

Vater Jaruzelski hatte seinen Sohn schon vor dessen Ankunft aus der Taiga für die sogenannte »Anders-Armee« angemeldet. Um in diese polnische Armee einzutreten, kam Wojciech Jaruzelski aber zu spät aus der abgeschiedenen Gegend. Die meisten Männer aus den sowjetischen Polen-Lagern, welche mit Stalins Billigung die Anders-Armee bildeten, erreichten in Massentransporten den Sammelpunkt. Daß Jaruzelski den Zeitpunkt der Abfahrt verpaßte, ist ein weiterer Zufall in seinem Leben, den er in einer Rede vor in London lebenden Polen so kommentiert:

»Wie Sie wissen, bin ich aus östlicher Richtung nach Polen zurückgekommen. Ebensogut hätte ich über den Westen zurückkommen können oder – auch gar nicht mehr. Nur der Zufall entschied, daß ich überlebte, daß ich in der Berling-Armee und nicht in der Anders-Armee war. So war eben unser Schicksal. Und dies alles sollte uns doch vereinigen! Weil die Idee, das Bedürfnis dieselben gewesen sind – der Wunsch, für die Freiheit des Vaterlandes kämpfen zu können.«

Mit diesem Ausschnitt ist angedeutet, welche Abgründe sich auftun, wenn der zufällig von Osten kommende und damit vielleicht auch später nur zufällig für den Kommunismus stehende Jaruzelski mit Menschen zusammentrifft, die den anderen Weg gegangen sind.

Der andere Weg, es war der Weg an der Seite des Westens, der Weg des Antikommunismus, der Weg aber auch in die Emigration, ein Weg, der aus der Deportation nur über den Eintritt in die Armee des General Anders beschritten werden konnte. Jener Armee, die fast um die halbe Welt ziehen mußte, um gegen die Deutschen zu kämpfen. Dieser Wunsch, der alle patriotischen Gefühle einschloß, der den Gedanken an ein freies Polen anstrebte, beseelte auch den nun bald Neunzehnjährigen, der aber auf eine weitere Gelegenheit warten mußte, um Soldat zu werden. In dem Gespräch verneinte Jaruzelski die Frage, ob sein Vater ihm vor dem Tode eine Botschaft, einen patriotischen Auftrag vielleicht, mitgegeben habe. Seine Schwester hingegen ist davon überzeugt, daß die Anmeldung des Sohnes zur Armee durch den Vater schon eine Art Botschaft gewesen sei. Teresa Starnawska weiter:

»Wir sind am zwanzigsten Januar angekommen. Wir hatten nichts organisiert, wir schliefen auf dem Fußboden. Mein Vater wurde immer mehr krank und verstarb dann in der Jahresmitte. Es wäre wirklich eine Legende, eine typisch polnische, wenn so etwas beschrieben würde, nach dem Motto ›Gehe jetzt Polen retten!‹. Erst waren wir deportiert und hatten keine Rechte. Dann wurden wir Ausländer und hatten gewisse Rechte. Dann wurde das polnisch-sowjetische Verhältnis wieder schlechter, und man nahm uns die Rechte. Dann sagte man: ›Alle müssen in die Armee.‹ Und dafür kamen wir zu spät. Dann hat er wieder Holz gefällt, bis er eine bessere Arbeit bekam. Das war, als alle Polen wieder arbeiten mußten. Da hat er zeitweise eine sehr gute Arbeit gehabt in einer Bäckerei. Das war gut für uns, weil 1943 in der Sowjetunion eine Hungersnot herrschte. Wir hatten Brot. Und dann ist er im Juni schon verpflichtet worden.«

»Sie sagen, er sei verpflichtet worden, war das nicht eine Selbstverpflichtung?«

»Man hat alle Männer genommen.«

»Was hat Ihre Mutter im ersten Moment gesagt?«

»Alle sind gegangen. Was sollte sie sagen?«

»Ihre Mutter und Sie sind noch lange dort geblieben. Wie haben Sie weiter gelebt?«

»Wir mußten noch drei Jahre dort bleiben.«

»Was haben Sie gemacht?«

»Meine Mutter war krank. Ich habe hauptsächlich die Versorgung übernommen.«

Frau Teresa erzählt, wie sie sich zu einer Handarbeitsspezialistin entwickelte. Sie strickte Pullover für andere Leute und brachte es zu einer gewissen Meisterschaft. Sie wurde so perfekt, daß sie sieben Pullover im Monat anfertigte – also etwa einen in vier Tagen. »Deshalb sehe ich jetzt auch sehr schlecht.« Ihr Bruder habe seine schlechten Augen gleichfalls dieser Zeit zu verdanken. Beim Holzfällen habe ihn der Schnee fast blind gemacht.

Als Schlafstätte dienten der Familie Holzbretter. Und zunächst – der Vater lebte noch – habe man in einem Durchgangszimmer geschlafen, aber auch gewohnt, gekocht, gelebt. Eine andere Familie wurde in dem hinteren Zimmer einquartiert. So durchquerte diese mehrmals am Tage den Raum der Jaruzelskis. Es habe auch ständig jemand anwesend sein müssen. Denn die durchgehenden Nachbarn seien nicht die ehrlichsten Leute gewesen.

Dem kranken Vater bauten andere eine Pritsche, auf der er liegen konnte. Und dann eine für Mutter und Tochter. Wojciech Jaruzelski schlief auf dem Fußboden. Später – der Vater lebte schon nicht mehr – bekam die Familie einen weiteren Raum. Die Räume, in denen die Familie nun schlief, kochte, in denen Teresa strickte, hatten kleine Fenster. Bei Dämmerung und Dunkelheit wurde eine Ölfunzel angezündet. Erst in der letzten Zeit, als die beiden Frauen alleine in Bijsk lebten, konnten sie sich den Komfort einer etwas besseren Petroleumlampe leisten. Drei Jahre, bis 1946, waren die Frauen in Bijsk. Als Elfjährige war Teresa Jaruzelska deportiert worden. Als Achtzehnjährige kehrte sie mit ihrer Mutter nach Polen zurück.

Rückkehr

Die Rückkehr von Wojciech Jaruzelski in seine Heimat sollte sich unter weitaus dramatischeren Umständen abspielen als die der beiden Frauen. Und bei seiner Rückkehr hatte er auch wieder etwas von dem aufgenommen, was ihn zu einem Kommunisten machen sollte, zu einem Mann der Linken jedenfalls, der mit seiner Sensibilität Dinge gesehen hatte, die über das Ertragen eines persönlichen Schicksals hinausgingen. Was es war, umreißt er im Gespräch:

»Ich sagte Ihnen schon, die Kommunisten waren für mich Menschen mit Hörnern und Schwanz. Auf diese Weise wurden wir alle gestaltet. Und später kam der Krieg mit seiner ganzen Tragik. Ich wurde deportiert nach Sibirien. Dort habe ich sehr viel erlebt! Aber ich habe sehen können, daß es dort außer der ganzen Brutalität der stalinistischen Verhältnisse keine Kontraste zwischen Armen und Reichen gegeben hat. Es war die Brutalität der Verhältnisse der Macht, der Verhältnisse zwischen den Behörden und dem Bürger. Das soziale Verhältnis war dort vollkommen anders. Selbstverständlich hatte ich nicht die Begeisterung einer neuen Idee, weil ich es nicht auf diese Weise betrachtet habe. Es war aber die Beobachtung neuer gesellschaftlicher Verhältnisse, die sich im wesentlichen davon unterschieden, was ich kannte. Dann kam die Armee. Ich wurde Offizier. Kämpfte die ganze Zeit in der ersten Linie. Ich habe die Schrecken des Krieges erlebt, ich habe Polen nach dem Kriege erlebt. Und als in Polen das neue System entstanden ist, hat es verbildlicht, daß man bestimmte Deformationen auf eine radikale Weise verändern kann. Gleichzeitig hat das neue System neue Perspektiven für Polen eröffnet. Insbesondere die Perspektive der schnellen Industrialisierung, der Urbanisierung, der allgemein zugänglichen Bildung, der Bücher, die endlich unter die Dächer kamen. Und das hat sehr gelockt.

Sie müssen dabei berücksichtigen, daß mein Fall ganz und gar keine Ausnahme ist. Tausende von Menschen aus den unterschiedlichsten Kreisen und Milieus waren von dieser Idee, von der Dynamik dieser Umwandlungen fasziniert. Sie wirkten sehr verlockend. Ich bin der Partei erst 1947 beigetreten und möchte sagen, daß die Partei damals anders war! Es war noch die Partei, die vor der Wende stand, die 1948 bis 1949 vollzogen wurde. Sie hatte ursprünglich den polnischen Weg zum Sozialismus verkündet, wurde dann in der von Stalin aufgezwungenen Richtung deformiert. Aber wir da unten haben es ganz anders gefühlt und aufgefaßt. Wir haben es so aufgefaßt, daß diese Wende eine Beschleunigung des Tempos bedeutet, eine Radikalisierung der Wandlungen mit sich bringt.«

»Haben Sie denn damals nicht von den Prozessen gewußt, von den vielen Todesurteilen, die plötzlich gefällt wurden?«

»Ich habe davon gewußt. Offiziere wurden sogar zu diesen Prozessen eingeladen. Ich persönlich war bei einem solchen Prozeß. Zwar kann ich mich an nichts Näheres erinnern. Aber ich habe gehört, wie die Angeklagten aussagten und bekannten, daß sie spionierten! Und wir haben geglaubt, daß es so ist. Insbesondere, weil die Welt damals so geteilt war, der Eiserne Vorhang,

Osten – Westen. Erst viel später haben wir erfahren, daß diese Aussagen, diese Bekenntnisse mit Gewalt erpreßt wurden. Damals schien uns alles schwarzweiß zu sein: Der Kampf der zwei Welten geht vor sich; diese Menschen waren Agenten, sie wollten unsere Welt zerstören.«

Bis Wojciech Jaruzelski diese Entwicklungen hinter sich gebracht hatte, sollte es noch eine Weile dauern.

Bevor sich die Betrachtung seinem weiteren Weg zuwendet, erzählt Teresa Starnawska von den Erlebnissen der beiden Frauen, die noch bis 1946 in Sibirien verbleiben mußten.

»Wir haben mit Wojciech laufend Post gewechselt. Er hat uns geschrieben und wir ihm. Er konnte sogar von seinem Sold etwas Geld an uns schicken. Wir hatten die ganze Zeit Kontakt. Er hat daran gedacht, sehr häufig zu schreiben. Auch vor den schwierigsten Kämpfen, weil er sich bewußt war, daß jeder Brief sein letzter hätte sein können.«

»Hat er dann irgendwann geschrieben: ›So, nun könnt Ihr wieder zurück nach Polen kommen?‹«

»Nein, wir durften dann die Transporte selbst organisieren. Wir sind wieder mit Waggons zurückgefahren. Nur, daß die Waggons jetzt keine Gitter hatten.«

»Mußten dann alle fahren, oder konnte auch jemand dortbleiben, wenn er wollte?«

»Es war erlaubt, dortzubleiben. Aber eigentlich wollte keiner. Es gab aber Menschen, die verstreut waren, die verlorengegangen waren, getrennt waren von ihren Familien. Mit den Jahren tat sich so manches. Manche haben dort auch Familien gegründet.«

Der Transport mit den Sibirien-Heimkehrern ging nach Lublin. Von dort aus wurden diejenigen, die keine Häuser besaßen, nach Westen geschickt. Sie sollten statt des von der Sowjetunion vereinnahmten polnischen Ostens nun den früheren deutschen Osten, den neuen polnischen Westen, besiedeln.

Teresa und ihre Mutter fuhren aber zunächst in die alte Heimat, um nach der Großmutter und der Tante zu sehen. Danach durchlebte die Familie ein typisches polnisches Nachkriegsschicksal.

Stefan

Als sich die Familie Jaruzelski 1939 entschloß, nach Litauen zu gehen, war sie eine von vielen Landadelsfamilien, die das Gebiet südwestlich von Bialystok verließen. Die wenigsten allerdings wählten den Weg nach Litauen. Statt dessen flohen sie im Herbst oder im Winter 1939/40 in das von den Deutschen errichtete sogenannte »Generalgouvernement«. Der Grund: Die deutsch-sowjetischen Verträge ließen zu, daß die Truppen Stalins bereits Ende September in die – der Sowjetunion zugeschlagenen – Gebiete Ostpolens einmarschierten. Während die Jaruzelskis sich zu diesem Zeitpunkt in Litauen sicher wähnten, flohen die zunächst Daheimgebliebenen vor den Sowjets. Unmittelbar schien das sinnvoll zu sein, denn: Fast alle Landadligen, die auf ihren Besitzungen geblieben waren, wurden Anfang 1940 in sowjetische Gefängnisse gebracht. In der Nacht vom sechsten zum siebten Januar 1940 führten die sowjetischen Greifkommandos Massenverhaftungen durch. Jene Landadligen, derer sie habhaft werden konnten, verschwanden in den Gefängnissen von Tomza und Bialystok. Jozef Wlodek, inzwischen verstorbener Chronist der »Vernichtung des polnischen Landadels« in der Region, schreibt in einem bisher unveröffentlichten Bericht:

»Man nahm auch Ignacy Jelenski, den Besitzer des großen Waldkomplexes zwischen Wysokie und Sokoly, und den Leiter der Forstverwaltung, Antoni Jaruzelski, fest. Beide starben im Gefängnis.«

Wlodek berichtet weiter, daß einige Landadlige später, nach Beginn des deutsch-sowjetischen Krieges, im Generalgouvernement blieben, wo sie Wohnung und Arbeit gefunden hatten. Andere gingen zurück in ihre Heimatregion, aus der die Sowjets nun von den Deutschen verjagt worden waren, und mußten dann »feststellen, daß »viele Familien völlig ausgerottet« worden waren. In den anderen Familien habe es niemanden mehr gegeben, »der die Arbeit auf den zerstörten, ausgeraubten und aufgeteilten Gütern hätte machen können«.

Einer der wenigen Überlebenden war, diesem Bericht zufolge, Stefan Jaruzelski, Onkel des heutigen Präsidenten und ehemals

Eigentümer des alten Jaruzelski-Gutes Stara Rus bei Sokoly. Nachdem die Sowjets 1939 Stara Rus besetzt hatten, versteckte sich Stefan Jaruzelski irgendwo in der Umgebung. Kurz nach dem Beginn des deutsch-sowjetischen Krieges fand er sich wieder auf seinem Gut ein und mußte hinnehmen, daß nun die Deutschen den alten Familiensitz verstaatlicht hatten. In den Jahren von 1941 bis 1944 arbeitete er dann als von den Deutschen bestellter Gutsinspektor. Und danach?

Wlodeck: »Im kommunistischen Nachkriegspolen versteckte sich Stefan Jaruzelski bei der Familie seiner Haushälterin im Nachbardorf. Er lebte dann noch etwa zwanzig Jahre in der Nähe seines ehemaligen Landbesitzes.« Nach seinem Tode wurde er nicht in der eigenen Familiengruft beigesetzt. Der Pfarrer der Gemeinde seines Altersdomizils fand für ihn einen Platz im Familiengrab einer Landadelsfamilie, die zwar mit den Jaruzelskis verwandt, aber im neunzehnten Jahrhundert ausgestorben war.

Aktenlage

Aus welchen Gründen auch immer: Bis zum Erscheinen dieses Buches gab es keine umfassendere, von Wojciech Jaruzelski autorisierte Darstellung seiner Beteiligung an den Kämpfen des Zweiten Weltkrieges. Die bisherigen Berichte beschränken sich fast ausschließlich auf Ausschnitte und Einzelheiten. Die auf den ersten Blick unverständliche, mangelnde Offenheit führte auch auf diesem Gebiet zur Legendenbildung: Jaruzelski wurde der Besuch der Moskauer Parteiakademie während der Kriegsjahre ebenso angedichtet wie der fast ausschließliche Aufenthalt in den Stäben, weit hinter der Front. Das letztgenannte kann nur dann sinnvoll behauptet werden, wenn auch das erstere stimmt. Dann wäre Jaruzelski womöglich im Führungskader gewesen, der nach dem Sieg über die Deutschen für hohe Aufgaben vorgesehen war. In Wahrheit jedoch war Jaruzelski noch viel zu jung, um staatliche oder hohe militärische Führungsaufgaben zu übernehmen. Außerdem trat er erst zwei Jahre nach dem Kriege in die kommunistische Partei ein.

Statt an der Moskauer Parteiakademie zu studieren, war er im Rahmen von Kampfaufgaben einer polnischen Armee immer an der vordersten Front zu finden. »Aufklärer« nannte sich die Truppe, deren Mitglieder wußten, daß ihre Überlebenschance etwa eins zu zehn war. Diese Truppe, die für reguläre Kampfverbände Aufklärung im feindlichen Hinterland betrieb und Stoßtruppunternehmen durchführte, um Gefangene zu machen, Befehlsmaterial zu erbeuten, um die Stärke des Gegners zu erkunden oder ihn zu verwirren, war kein Reservat für Aspiranten der politischen oder militärischen Führungsebene.

Diese Truppen wurden »verheizt«, waren Bewährungskommandos, »Himmelfahrtskommandos«, wie sie im deutschen Landserjargon hießen.

Jaruzelski selbst zitierte in einer Fernsehsendung ein russisches Soldatenwort, das von einem solchen »Aufklärer« stammt: »Entweder du hast die Brust voller Blech – oder du hast den Kopf unter der Erde.« Er habe, sagt Jaruzelski, trotz seiner Verwundungen viel Metall auf die Brust bekommen.

Der Bitte, seine militärischen Erlebnisse aus dem Zweiten Weltkrieg für dieses Buch zu bündeln, genauer zu schildern, wollte er nachkommen. »Sie sollten jedoch im Auge behalten«, sagt er, »daß ich im Krieg ein junger Offizier war. Ich war kein Schukow, kein Montgomery, kein Guderian. Aber ich bin stolz darauf, daß ich an diesem Krieg teilgenommen habe und meinem Vaterland dienen konnte.«

Wojciech Jaruzelski verweist erneut darauf, daß er sein Überleben allein dem Glück verdankt. Dieses Glück teilt er nur mit wenigen aus seiner damaligen Truppe. Zu diesen gehört Zwi Rosenberg, ein tapferer ehemaliger polnischer Soldat, ein Mann, der seit vielen Jahren in Israel lebt, ein polnischer Jude.

Hipolit Zaremba, Herr auf Trzeciny, Großvater Jaruzelskis.
Foto: Familie Jaruzelski

Jaruzelskis Vater in Kavallerieuniform. *Foto: Familie Jaruzelski*

Das Taufbuch der Kirchengemeinde Kurow mit der wichtigen Eintragung Nr. 141. *Foto: Gabor Lörinczy*

». . . jaja, den Herrn Vater von Jaruzelski habe ich gekannt!« Alter Mann in Kurow, dem Geburtsort des heutigen Präsidenten. *Foto: Gabor Lörinczy*

Wladyslaw-Mieczyslaw Jaruzelski, der Vater. *Foto: Familie Jaruzelski*

Wanda Jaruzelska, geb. Zaremba, die Mutter. *Foto: Familie Jaruzelski*

Selbstbewußt – Wojciech Witold Jaruzelski als junger »Herr«.
Foto: Familie Jaruzelski

Mutter und Sohn, Anfang der dreißiger Jahre. *Foto: Familie Jaruzelski*

Prälat Idzikowski, ein Mann des Ausgleichs. Er ist älter als das Jahrhundert.
Foto: Gabor Lörinczy

Jaruzelskis Vater hatte einen Kutscher, dessen Tochter noch lebt. *Foto: Gabor L.*

Untere Reihe, fünfter von rechts: Wojciech Jaruzelski als Pfadfinder.
Foto: Familie Jaruzelski

Mit jungen Offizierskameraden nach dem Zweiten Weltkrieg.
Foto: Familie Jaruzelski

Heirat ohne kirchlichen Segen. Barbara und Wojciech Jaruzelski.
Foto: Interpress

Barbara und Wojciech Jaruzelski. *Foto: Interpress*

»Briefmarken« und »Geldschein« aus dem Untergrund nach 1981.
Herausgeber: Solidarność

Jaruzelski mit Vorbild de Gaulle, 1967 in Warschau. *Foto: CAF*

Gegner: Breschnew und Jaruzelski. *Foto: CAF*

Partner: Andropow und Jaruzelski. *Foto: CAF*

Freunde: Gorbatschow und Jaruzelski. *Foto: J. Morek*

Zwei Polen. *Foto: Interpress*

»Zwei Berge können nicht zueinander kommen – zwei Polen doch!«
Foto: G. Roginsky

Premier Mazowiecki und Präsident Jaruzelski – Männer, die sich gegenseitig achten. *Foto: Interpress*

1989 war das Jahr der Staatsbesuche in Polen. Hier Frankreichs Präsident Mitterand mit Jaruzelski. *Foto: G. Roginsky (PAJ)*

Erste Besucherin nach dem Wandel: Margaret Thatcher. *Foto: W. Krynski*

Ein Besuch, mit dem sich viele Hoffnungen verbanden: Präsident Bush mit Jaruzelski auf der »Westerplatte«. *Foto: J. Bogacz*

Dichter und General – zwei Präsidenten. Vaćlav Havel und Wojciech Jaruzelski 1989. *Foto: J. Bogacz*

1989 in Warschau: Barbara Jaruzelska, Willy Brandt, Brigitte Seelbacher-Brandt und der Präsident. *Foto: Interpress*

Er wäre gerne früher gekommen: Bundespräsident Richard v. Weizsäcker. *Foto: Interpress*

Zwi Rosenberg aus Israel. Ein Zufall führte die Kriegskameraden zusammen.
Foto: M. Macierzynski

Generalmusikdirektor Robert Satanowski, als Partisanenführer Chef der »Satansjungs«, wird zum Brigadegeneral d.R. ernannt.
Foto: W. Rozmystowicz (CAF)

Mit Tochter Monika. *Foto: Familie Jaruzelski*

Seine Liebe gilt der Frau, der Tochter, Polen – und den Pferden.
Foto: Z. Staczyszyn (CAF)

10. Kapitel
Krieg

Begegnung

Im Winter des Jahres 1989 besuchte der damalige israelische Außenminister Simon Peres Polen. Wie bei Präsident Jaruzelski üblich, hatten seine Mitarbeiter vorher in Tag- und Nachtarbeit Unterlagen zusammentragen müssen, Archive durchstöbert, Beurteilungen und Stellungnahmen der Regierung eingeholt. Am Tage vor der Begegnung mit Peres erhielt der Präsident viele hundert Blatt Papier mit allen Daten und Fakten, welche für die politischen Gespräche von Wichtigkeit sein könnten. Der Präsident gab auch ein Frühstück für den Gast. Dabei erzählte Jaruzelski in guter Atmosphäre von Zwi Rosenberg. Aus Polen zurückgekehrt, berichtete Peres am Abend einer befreundeten Journalistin von Jaruzelskis gemeinsamen Kriegserlebnissen mit einem polnischen Juden, dessen Namen er allerdings mit »Grünberg« angab.

Angeregt von dieser Geschichte, veröffentlichte die Israelin am Tage darauf eine Kolumne mit dem Titel »Wo ist Grünberg?« Bald nach Erscheinen klingelte das Telefon bei der Redaktion. Aufgeregt berichtete ein Mann, er habe die Geschichte gelesen. Der gesuchte Mann könne aber nicht Grünberg heißen, sondern Rosenberg, es sei Zwi Rosenberg, sein Onkel! Oft genug habe der Onkel vom Weltkrieg erzählt, obwohl er inzwischen auch an zwei israelisch-arabischen Kriegen teilgenommen habe. Seinen Lebensunterhalt verdiene der Onkel sich nun als Hilfsarbeiter. Die Journalistin beeilte sich, jenen Zwi Rosenberg aufzusuchen.

Als sie ihn fand, war er damit beschäftigt, Obst zu verladen. Nach einem ersten Gespräch war sie davon überzeugt, Stoff für eine gute Story gefunden zu haben. Sie gewann ihren Chefredakteur für die Idee und begann, eine Polenreise vorzubereiten. Innerhalb kurzer Zeit wurde Kontakt zum polnischen Präsidialamt hergestellt. Wenige Tage später begrüßten sich zwei Überlebende des Krieges mit einer Umarmung: der polnische Staatspräsident und der Hilfsarbeiter aus Israel. Seit Kriegsende hatten sie sich nicht mehr gesehen.

Kurz nach dem Besuch bei Jaruzelski versicherte Rosenberg: »Ich habe mein Leben lang nur von Jaruzelski geträumt, Tag und Nacht! Nun habe ich ihn wiedergesehen, er hat sogar mit mir gesprochen! Denn damals hat er nie mit uns gesprochen.«

Dazu meint der Präsident: »Ich gehöre nicht zu den Menschen, die mit anderen nicht sprechen! Aber tatsächlich gab es wohl eine Distanz, die jedoch etwas Natürliches zwischen dem Soldaten und dem Offizier ist. Um so mehr noch, als unsere Armee, wie jede Armee in der Kriegszeit die Menschen verschiedener Generationen aufsaugt – also in unserer Armee gab es auch viele Menschen, die viel älter waren als ich. Ich hatte Soldaten, die sogar meine Väter hätten sein können! Und das hatte die Entstehung einer gewissen Distanz zur Folge, die ich nicht bewußt aufzwingen wollte. Es war eher das Ergebnis meines inneren Lampenfiebers. Vielleicht wollte ich dadurch diese Zeitdistanz ausgleichen. Dies galt aber wohl nicht für Rosenberg, weil er ja in meinem Alter war.«

Jetzt, bei der Begegnung im Belvedere, begrüßte Jaruzelski Rosenberg mit den Worten: »Ich habe dich aber viel größer in Erinnerung!« – »Sie kennen mich auch nur mit Mütze auf dem Kopf und auf dem Pferd!« antwortete der Mann aus Israel, von dem Jaruzelski berichtet, daß er sich immer für die schwierigsten Aufgaben gemeldet habe, speziell für solche, die alle für undurchführbar hielten. Rosenberg trägt bei der Begegnung mit Jaruzelski einen Anzug mit Weste: »Ich habe das alles extra gekauft, ich wollte als Mann mit Würde und Stolz herkommen!«

Bei diesem Gespräch ist ein weiterer Überlebender der damaligen Gruppe anwesend.

Die Journalistin berichtet: »Auf einmal saßen sie zusammen und waren sofort wieder die Kameraden von damals. Wir waren die Outsider. Ich konnte die Atmosphäre körperlich fühlen. Sie haben sich gegenseitig gar nicht richtig ausreden lassen am

Anfang. Sie haben gelacht, imitierten alte Stimmen. Das erste, was sie aber sagten, war, daß Herr Rosenberg immer ›Rose‹ hieß. Das Ganze war unglaublich. Jaruzelski war begeistert, er war sprachlos, weil er es nicht fassen konnte. Seine Mitarbeiter hatten ihm eine halbe Stunde Zeit gegeben, aber er unterhielt sich eine und eine halbe Stunde mit den alten Kameraden.«

Dieser Mann, Zwi Rosenberg, dieser Hilfsarbeiter, der in Israel Obstkisten schleppt, ist Jude. Er ist Jude und trägt den höchsten Militärorden Polens, den Virtuti Militari.

Korrekturen

Seinen gesamten Frontdienst im Zweiten Weltkrieg absolvierte Jaruzelski in den Reihen des 5. Infanterie-Regiments der 2. Division. Diese trug den Namen des Generals Jan Henryk Dabrowski, des Befehlshabers der polnischen Legion Napoleons. Das Regiment formierte sich im Herbst 1943 in Riazanskaja Oblast, fünf Kilometer südwestlich der Ortschaft Konstantynowska. Der erste Befehlshaber war Oberstleutnant Antoni Szabelski. In das Regiment traten Polen ein, die aus der gesamten Sowjetunion zusammenströmten. Am 11. November 1943, dem Jahrestag der polnischen Unabhängigkeitserklärung von 1918, legten die Soldaten ihr feierliches Gelübde ab. Am 17. Dezember 1943 trat dem Regiment Fähnrich Wojciech Jaruzelski bei. Er wurde Zugführer in der 8. Infanteriekompanie.

Zuvor hatte er die Offiziersschule in Riazan besucht, die er im August 1943 nach seiner langen Reise aus dem Verbannungsort Bijsk in Mittelostsibirien erreichen konnte.

Um den Eintritt in diese polnische Armee und um den Nichteintritt in die sogenannte Anders-Armee ranken sich zwei Legenden. Die erste: »Jaruzelski war nicht bei der Anders-Armee, weil er sich auf dem Weg zum Sammelpunkt alle Papiere und sein Geld stehlen ließ.« Das sei eben »so ein komischer Mythos«, sagt Wojciech Jaruzelski.

»Als die Anders-Armee gebildet wurde, war ich in der tiefen Taiga, und ich wußte überhaupt nichts davon. Später, als ich nach

Bijsk umzog, gab es dort einen Delegaten der Londoner Regierung. Bei diesem habe ich mich mit gleichaltrigen Polen angemeldet. Das hatte den Zweck, den Armee-Einberufungsschein zu bekommen. Damals hat man uns geantwortet, daß unsere Region, also die, in der wir leben mußten, bei der Mobilisierung noch nicht dran ist. Wir mußten dann auf unsere Zeit warten. Denn schon im Sommer 1942 begann die Anders-Armee, die Sowjetunion zu verlassen. Und ich muß Ihnen sagen, daß wir es ihr damals sehr übelgenommen haben! Sie ist nach dem Iran gegangen, und man hat einen Großteil der Polen, die ihr noch hätten beitreten können, einfach in Sibirien gelassen! Aus Selbsterhaltungstrieb sagten wir uns dann, daß dies vielleicht auch gar nicht schade sei, denn diese Armee ging ja nicht an die Front, sondern in ein warmes, südliches Land!«

»Aber diese Armee hatte die Mitbegründer des Staates Israel dabei?!«

»Ja, das stimmt.«

»Betrachten Sie persönlich diese Männer heute noch als Deserteure, Menachim Begin zum Beispiel?«

»Wissen Sie, ich hatte diese Informationen, daß er aus der Armee desertiert ist. Aber, als ich jetzt mit israelischen Politikern zusammentraf, betonten sie ausdrücklich, daß er eine Befreiung von der Wehrpflicht bekommen hat! Daß er sich auf eine völlig legale Weise demobilisieren ließ und einfach dortgeblieben ist. Wir werden allerdings auch nicht mehr nachrecherchieren, wie es gewesen ist . . .!

Daß wir damals in der Sowjetunion geblieben sind, entsprach jedenfalls überhaupt nicht unserem Wunsch. Wir wollten dieser Armee beitreten, was aus Zeitgründen nicht mehr ging. Und wir hatten damals auch das Gefühl, daß diese Armee die Sowjetunion gerade zu diesem Zeitpunkt verließ, um bessere Lebensbedingungen zu gewinnen und nicht, um an der Front zu kämpfen, während wir weiterhin unter sehr harten Bedingungen dableiben mußten.«

»Es gibt eine Äußerung Ihrer Frau Schwester, nach der Ihr Vater Ihnen Telegramme geschickt hat mit der Bitte, Sie möchten sich bei jener Armee melden.«

»Ja, es hat solch ein Telegramm gegeben. Dies hatte jedoch den Zweck, uns aus derTaiga herauszuholen. Es gab doch damals kein System der Einberufung der Polen in die Armee. Alles erfolgte doch auf freiwilliger Basis. Und das Telegramm war sozusagen ein ›Familienmanöver‹, um uns aus diesem ›Halblager‹ aus der Taiga herauszubekommen.«

»Es gibt einen Bericht, demzufolge Sie nach Ihrer Reise aus Sibirien zunächst Zwischenstation auf einem Gutshof gemacht haben. Dort hätte ein Brüderpaar sich Ihrer angenommen und Ihnen zu einer besseren gesundheitlichen Konstitution verholfen. Wer waren diese Männer?«

»Das ist schon wieder absolut verkehrt. Das mit diesen Gebrüdern. Das stimmt nicht! Also – als ich aus Sibirien zurückkam, fuhr ich zurück mit einer größeren Gruppe, das war eine sehr lange Fahrt, zusammen mit lauter Freiwilligen, die zur Armee wollten. Die Reise hat mehrere Wochen gedauert. Im Vergleich mit der Hinfahrt in den Osten war sie jedoch ziemlich komfortabel, obwohl die Bedingungen selbstverständlich nicht leicht gewesen sind. Wir kamen dann gleich in diese Offiziersschule in Riasan. Bevor dort der Unterricht begann, gab es eine Aufnahmeprüfung, eine Art Test für alle Kandidaten, der jedoch ziemlich tolerant war. Und dann blieb etwa ein Monat Zeit, bis die echte Ausbildung begann. Wir wurden in ein staatliches Landwirtschaftsgut geschickt, das dieser Schule angehörte. Dort mußten wir auf dem Felde arbeiten. Wir machten alle möglichen landwirtschaftlichen Arbeiten, also Mähen, Ackern und so weiter. Dann kamen wir in die Offiziersschule zurück, und es begann eine sehr harte Arbeit, eine sehr harte Lehre. Also – es gab kein Brüderpaar, keine Zwischenstufen! Ich war doch die ganze Zeit auf dem Territorium der Sowjetunion! Und nun sieht es so aus, als ob da irgendwelche Brüder irgendein Privatgut betrieben hätten! Als ob es in der Sowjetunion private Landwirtschaft gegeben hätte!

Sie sprachen von den Papieren, die mir angeblich gestohlen worden seien. Und da fällt mir eine Geschichte ein von dieser Fahrt, eine lustige Geschichte.

Unter denen, die sich auf die lange Fahrt gemacht hatten, befand sich auch ein Freund von mir. Ein Reserveoffizier, der bis heute in Szczecin lebt. Er war einige Jahre älter als ich, er war verheiratet und – sehr schick gekleidet. Es war dort gar nicht einfach, schick zu sein. Wir liefen alle in einfachen Wattejacken herum, und er hatte ein richtiges Jackett und sogar einen Schlips und auch sehr ordentliche Schuhe. Und während dieser Reise hat man ihm diese Schuhe gestohlen. Es war ein wunderschöner Anblick: er, mit diesem Schlips und – barfuß!«

Die Geschichte von den gestohlenen Schuhen gehört zu jener Kategorie anekdotischer Erinnerungen, die in allen Kriegserzählungen ehemaliger Soldaten aller Länder auftauchen. Es sind solche Geschichten, die über das Blut und den Tod hinweghelfen, über all das Entsetzliche, das zum Kriege gehört und so schlecht zum Heldenpathos paßt. Wenn sich Wojciech Jaruzelski – was sehr selten geschieht – mit Offizierskameraden aus dem Weltkrieg trifft, werden solche Geschichten erzählt. »Solche Geschichten wie bei Konsalik«, sagt Jaruzelski, der seinen Weg durch die Schlachten zunächst äußerst knapp, sehr karg, beschreibt. Erst im Verlauf des Gesprächs werden die Erzählungen lebendiger, zeigt sich eine Betroffenheit, die über einen knappen Rapport hinausgeht.

Am 2. Januar 1944 war die Ausbildung der polnischen Soldaten beendet. Das 5. Regiment setzte sich in Bewegung. Sein Weg führte über dreitausendfünfhundert Kilometer, bis zur Elbe.

Weg an die Front

An dem Tage, an dem sich Wojciech Jaruzelski in seinem Regiment auf den Weg an die Front machte, meldete der deutsche »Wehrmachtsbericht« über Radio:

»Am Brückenkopf von Nikopol brachen wiederholt sowjetische Angriffe unter schweren Verlusten für den Feind vor unseren Stellungen zusammen. Südwestlich Dnjepropetrowsks wiederholten die Bolschewisten ihre Angriffe mit mehreren Divisionen. Erbitterte Kämpfe sind an einigen Einbruchstellen im Gange. Im Kampfraum von Schitomir dauert das harte Ringen an. Besonders südöstlich Berditschews kam es zu schweren Kämpfen mit dem weiterhin stark angreifenden Feind. Bei Witebsk scheiterten die gestern mit schwächeren Kräften geführten feindlichen Durchbruchsversuche. Die durch eigene Gegenangriffe zurückeroberten Geländeabschnitte wurden von versprengten feindlichen Abteilungen gesäubert. Nordwestlich Newels wiesen unsere Truppen örtliche Angriffe der Sowjets blutig ab und zerschlugen Bereitstellungen.

Von der süditalienischen Front wird nur örtliche Kampftätigkeit gemeldet. Die Adriainsel Mijet wurde mit Unterstützung der Kriegsmarine von Banden gesäubert.

Die Reichshauptstadt wurde in den frühen Morgenstunden des Sonntags wieder von einer größeren Zahl britischer Bomber angegriffen. Durch planlosen Abwurf von Spreng- und Brandbomben entstanden in einigen Stadtteilen Schäden, vor allem an Wohnhäusern. Einzelne Störflugzeuge warfen außerdem Bomben im rheinisch-westfälischen Raum. Luftverteidigungskräfte schossen nach bisher vorliegenden Meldungen 30 viermotorige Bomber ab.

Die im Wehrmachtsbericht vom 1. Januar gemeldete Abschußzahl von 10 feindlichen Flugzeugen beim Angriff auf Groß-Paris hat sich nach ergänzenden Meldungen auf 31 feindliche Flugzeuge, davon 29 viermotorige nordamerikanische Bomber, erhöht.«

Mit Berichten dieser Art wurde den Deutschen mehr verschwiegen als gesagt. Das Propagandainstrument »Wehrmachtsbericht« hatte bis zur Niederlage von Stalingrad noch mit hohem Wahrheitsgehalt operiert. Später wurde es zu einem Verwirrspiel, das nur bei genauerer Analyse tatsächliche Vorkommnisse offenbarte. Außerdem hatte sich Hitler von einem bestimmten Zeitpunkt an die Führung des »Heerestagebuches« für den Bereich der Ostfront vorbehalten. Die Ereignisse des östlichen Kriegsschauplatzes konnten also nur noch nach einer weiteren Zensur gemeldet werden. Da die Tagebücher des Ostheeres im Kriege vernichtet wurden, lassen sich die wirklichen Ereignisse im Detail nur sehr schwer rekonstruieren.

Den militärhistorisch Informierten mag der folgende Bericht Wojciech Jaruzelskis vielleicht wenig Neues bieten. Dennoch füllt er eine Lücke. Abgesehen davon, daß es sich hier um den authentischen Weg und die prägenden Erlebnisse des heutigen polnischen Präsidenten handelt: Bisher hat man hierzulande noch wenige Berichte von denjenigen Polen gelesen, die mit der Armee »aus dem Osten kamen«.

Soldatenprosa

- *Auf seinem Weg an die Front gehörte das 5. Regiment dem 1. polnischen Armeekorps in Weißrußland an und wurde in der Zeit von Januar bis März 1944 der 2. Frontstaffel, der westrussischen Front, in der Gegend von Smolensk angegliedert. Die Soldaten hatten eine intensive Ausbildung erfahren. Sie erfüllten auch zusätzliche Aufgaben: Während des strengen, schneereichen Winters waren sie ständig im Einsatz, um die Befahrbarkeit der Straßen zu gewährleisten. Im Zuge der Befreiung der Ukraine wurde das Regiment später in die Gegend von Zytomierz und Berdyczow verlegt. Dort wurde das 1. Korps in die polnische Armee umgewandelt.*
- *Im Mai 1944 verlegte man die polnische Armee nach Wolyn in die Nähe von Luck und Kiwerce, wo sie der 2. Staffel der russischen Front unter dem Befehl des Generals Konstantin Rokossowski, des späteren polnischen Verteidigungsministers, angegliedert wurde. Im Zuge der Ereignisse an der weißrussischen Front bereiteten sich die polnischen Streitkräfte zum Vorrücken in die 1. Frontstaffel vor. In dieser Zeit setzten die Soldaten ihre Ausbildung fort. Die wichtigsten Aufgaben waren damals die Übersetzung über den Fluß Styr und die Verteidigung der zweiten Frontlinie. Im Juni 1944 griff die Artillerie der polnischen Armee dann in die Kämpfe am Turjafluß ein. Der Rest der Soldaten setzte sich nach Westen in Bewegung. Damit befanden sie sich unter dem Beschuß der deutschen Luftwaffe. Im Mai 1944 wurde dem Fähnrich Jaruzelski der berittene Aufklärungstrupp unterstellt. Diese Einheiten bewegten sich in der Regel vor den eigentlichen Truppen und waren so für deren Sicherheit verantwortlich.*

- *Am 22. Juli 1944 überquerten die polnischen Einheiten den Bug und betraten erstmalig polnisches Territorium. Die Aufklärungsmannschaften des 5. Regiments unter dem Befehl Wojciech Jaruzelskis überquerten den Fluß bei Uchanka. In der letzten Juliwoche erreichten die russischen Truppen den mittleren Weichselabschnitt und nahmen die Verteidigungsstellung am Ostufer ein. Ende Juli beschlossen die Befehlshaber der 1. weißrussischen Front, den rechten Flügel und den mittleren Frontabschnitt zu entlasten und die Weichselüberquerung dem linken Flügel zu überlassen. Dort kämpften die polnischen Verbände. Vom 28. bis zum 30. Juli übernahm die 2. Division die Befestigung des rechten Weichselufers. Am 29. Juli nahmen die Kundschafter der 2. Division eine Gruppe deutscher Soldaten gefangen und erhielten so Informationen über die Verteilung deutscher Einheiten auf dem linken Flußufer. In der darauffolgenden Nacht, unter ständigem Beschuß, erreichte die von Jaruzelski angeführte Kundschaftergruppe einen weit vorgeschobenen Observierungsposten des Regiments. Die Verbindung zwischen dem Vorposten und dem Generalstab wurde unterbrochen. Jaruzelski sollte die Situation überprüfen und Befehle weiterleiten. Der Auftrag wurde ausgeführt, und nur mit Glück ist Jaruzelski dem Tod durch Artilleriebeschuß entkommen.*
- *In den Tagen vom 1. bis zum 6. August überquerte die 1. polnische Armee die Weichsel bei Deblin und Pulawy. Das 5. Regiment sollte den Angriff bei Leka durchführen. Dabei erlitt es große Verluste. Die Übersetzung mißlang wegen der Stärke des Gegners, der genug Zeit gehabt hatte, seine Verteidigung vorzubereiten. Schließlich war den polnischen Truppen auch die schwierige geographische Lage zum Verhängnis geworden und nicht zuletzt die mangelhafte Erfahrung bei der Überquerung eines so breiten Wasserhindernisses. Während dieser Operation übernahmen die Aufklärerzüge die Aufgabe, das linke Weichselufer auszukundschaften. Als besonders schwierig erwies sich dabei die Aufklärungsarbeit, die von der Wolka Profecka aus über eine große Sandbank in der Weichselmitte geführt wurde. Die Kundschafter gerieten dort unter Beschuß der deutschen Artillerie. Unter extrem schweren Bedingungen mußten sie ihre*

Stellungen bis zur Dämmerung halten. Die Teilnahme an dem Kampf in diesem Frontabschnitt war für Jaruzelski mit besonderen Emotionen verbunden. Denn die Stellung des 5. Regiments befand sich nur einige Kilometer von seinem Geburtsort Kurow entfernt.

- *Wegen der Notwendigkeit, die Verteidigung des Brückenkopfs von Magnuszew auszubauen, hatte sich die Frontführung dazu entschlossen, die 1. polnische Armee zur Verstärkung heranzuholen. Am 9. August erreichten die 1. Panzerbrigade und die 3. Infanteriedivision den Brückenkopf. Am 15. August überquerten die 2. Division und auch das 4. Regiment die Weichsel. Wie üblich gingen ihnen die Aufklärungstrupps voran. Ein Tag später übernahm das 5. Regiment die Verteidigung des nördlichen Abschnittes des Brückenkopfs.*
- *In der Nacht vom 18. auf den 19. August führten die Aufklärungszüge einen Ausfall in die gegnerischen Stellungen durch. Sie sollten Gefangene nehmen, um Informationen über die deutsche Verteidigung einzuholen. Es agierten zwei Kundschaftergruppen, deren erste unter dem Befehl Jaruzelskis Erfolg hatte. Es gelang ihr, in die feindliche Stellung einzudringen und die Kenntnisse über die Organisation und Feuerstellung des Gegners zu präzisieren.*
- *Diese Aufklärungsarbeit trug dazu bei, daß der Angriff auf deutsche Stellungen am 19. August erfolgreich verlaufen konnte. Während der Kampfhandlung am Brückenkopf von Magnuszew, die bis zum 12. September andauerte, lagen die Schützengräben des 5. Regiments nur 60 bis 100 Meter von den deutschen Stellungen entfernt; diese Truppenstellung erforderte eine ständige Überwachung der feindlichen Bewegungen. Es gab heftigen Feuerwechsel. Bei einem der Angriffe wurde Jaruzelski verletzt.*
- *Am 12. September erlaubte die erfolgreiche Einnahme des Warschauer Stadtbezirks Praga die Abkommandierung der 1. polnischen Armee zum Kampf um Warschau. In den Tagen vom 16. bis zum 22. September nahm die 1. Armee an den blutigen Kämpfen um die Brückenköpfe von Czerniakow, Solec und Zoliborz teil. Da die Stellung der 2. Division durch Angriffe aus*

der Richtung vom Zerankanal gefährdet war, hatten die Befehlshaber das 6. Regiment zur Weichselübersetzung abkommandiert und versuchten mit den restlichen Kräften die Verteidigung von Brodno aufrechtzuerhalten. An dieser Aktion nahm auch das 5. Regiment teil und war sowohl für die Weichselüberquerung als auch für die Verteidigungskämpfe des rechten Flügels einsatzbereit.

- *Die Mißerfolge beim Kampf um die Brückenköpfe veranlaßten die Befehlshaber dazu, die 2. Division mit voller Stärke in die Kämpfe um die Weichsel zu schicken. Gerade in diesen Kampfhandlungen stieg die Bedeutung der Aufklärung, die ständig neue Informationen über die sich verändernde Situation bei den gegnerischen Truppen beschaffen mußte. Ende September, Anfang Oktober begann die Evakuierung der Soldaten und Aufständischen vom linken auf das rechte Weichselufer. Im Oktober wurde das 5. Regiment bei der Verteidigung eingesetzt. In dieser Zeit waren nur die Aufklärungseinheiten ständig im Einsatz. In der Nacht vom 24. auf den 25. Oktober wurde Jaruzelski bei einem Einsatz leicht verletzt. In der kommenden Nacht, vom 25. auf den 26. Oktober, versetzte man das Regiment in die Ortschaft Wawer bei Warschau. Am 11. November dann, am Jahrestag der Unabhängigkeitserklärung, wurde Fähnrich Jaruzelski zum Leutnant befördert. Obwohl das 5. Regiment selbst im November und Dezember an der zweiten Frontlinie stand, wurden seine Aufklärungszüge im direkten Kampfgeschehen in der ersten Linie eingesetzt. Zu dieser Zeit entwickelten und probten die sowjetischen Befehlshaber die sogenannte »Operation Warschau«.*
- *In der Nacht vom 4. auf den 5. Januar wurde das Regiment als erste Staffel nach Jablonna abkommandiert. Am 17. Januar um 5.00 Uhr früh ging die 2. Infanteriedivision zum Angriff über. In den Nachmittagsstunden begegneten sich im zerstörten Zentrum von Warschau die 1. polnische Armee und die 2. Division, die aus der nördlichen Richtung heranrückte. Jaruzelski erreichte Warschau über den Stadtteil Bielany als Vorhut des 5. Regiments. In Bielany befand sich das Gymnasium der Marianer, das er vor dem Kriege besucht hatte.*

- *Die Hauptstadt Polens war frei, die letzten Gefechte mit vereinzelten Gruppen deutscher Soldaten dauerten bis in die Abendstunden hinein. Das völlig zerstörte Warschau hat bei den Soldaten einen tiefen Eindruck hinterlassen. Am 19. Januar fand im alten Stadtzentrum von Warschau die legendäre Siegesparade derjenigen polnischen Einheiten statt, die an den Kämpfen von Warschau beteiligt waren, eine Siegesparade mit einem traurigen Unterton. Die in Eile gebaute Tribüne stand mitten in einer schneebedeckten Trümmerwüste.*
- *Am 25. Januar setzte sich das 4. Regiment in Richtung Westpommern in Bewegung. Die sowjetische Offensive entwickelte sich blitzschnell. Ende Januar, Anfang Februar 1945 erreichten die Truppen der 1. weißrussischen Front den mittleren Oderabschnitt. Die Gruppe der sowjetischen Verbände war nur noch 80 bis 100 Kilometer von Berlin entfernt. Die im Norden Kämpfenden stießen auf das schwere Hindernis einer massiven Befestigungsanlage in Form der sogenannten Pommernstellung. Die Einnahme dieser Befestigung war von höchster strategischer Bedeutung.*
- *Die Teilnahme des 5. Regiments an den Kämpfen um die Pommernstellung setzte am 7. Februar 1945 ein. Das Regiment sollte vom Nordwesten angreifen. Am 8. Februar erreichte es Rudka und den Deboleka. Doch am selben Tag änderten die Befehlshaber der 1. weißrussischen Front die Angriffsrichtung der polnischen Truppen. Nun sollten sie die Deutschen in Richtung Mirostaniec vom Westen aus angreifen. Dieses taktische Manöver sollte die Kampfkraft der 47. sowjetischen Armee verstärken, die gegen die deutschen Truppen in Walcz kämpfte. Das 5. Regiment wurde bei den schwersten Gefechten eingesetzt. Es begann ein zweitägiger besonders schwerer Kampf. In dieser Phase blieben die Aufklärungseinheiten von Leutnant Jaruzelski rund um die Uhr im Einsatz. Das Gefecht um Miroslawiec begann am 9. Februar. Am nächsten Abend wurde die Stadt eingenommen. Die Tage des 12. und des 14. Februars waren für das 5. Regiment besonders schmerzhaft. Es mußte während der Kämpfe um Borujsk und Zabin große Verluste verzeichnen.*
- *Anfang Februar übernahm Leutnant Jaruzelski die Führung*

aller Aufklärungszüge des Regiments. Am 4. Februar wurde er mit der Silbermedaille für Verdienste auf dem Schlachtfeld beim Kampf um Warschau ausgezeichnet. Während der Kämpfe um Pommern hat sich Leutnant Jaruzelski um die gute Organisation der Aufklärungseinsätze verdient gemacht. Unter anderem hatte er eine erfolgreiche Aktion in der Nähe von Borujsk durchgeführt, in deren Verlauf zahlreiche deutsche Soldaten gefangengenommen wurden. In den Tagesbefehlen während der für das 5. Regiment so tragischen Februarwoche wurde der Name Jaruzelski einige Male lobend erwähnt.

- *Beginnend mit dem 22. Februar setzte eine verstärkte Aufklärungsarbeit der Truppe unter Leutnant Jaruzelski ein. Eine Kundschaftertruppe unter der Führung von Leutnant Ryszard Kulesza, eines Freundes von Jaruzelski, erreichte in der Nacht vom 21. auf den 22. Februar das Vorfeld der deutschen Verteidigungslinie in der Nähe von Borujsk. Die Aktion wurde in der darauffolgenden Nacht wiederholt. Doch angesichts der bevorstehenden Kämpfe waren die erbeuteten Informationen recht bescheiden. In der Nacht vom 25. auf den 26. Februar organisierte Jaruzelski zum wiederholten Male einen Ausfall unter die feindliche Frontlinie in Richtung Zabin. Diesmal wurde die Aktion zur Abschreckung des Gegners von starken Artillerietruppen begleitet. Die Deutschen ließen sich nicht täuschen und konzentrierten ihre gesamte Feuerkraft auf die Kundschafter. Zwei Soldaten wurden getötet, drei schwer verletzt, ein Kundschafter ist verschollen.*
- *Am 24. Februar 1945 wurde die 2. Division mit dem Namen »Jan Henryk Dabrowski« für den Einsatz in den Kämpfen um Warschau mit der Bezeichnung »Die Warschauer« geehrt. Alle Soldaten erhielten für ihre Haltung während der Kämpfe in Pommern vom Hauptbefehlshaber der sowjetischen Armee eine persönliche Dankadresse. Neben den Regimentsführern hat auch Jaruzelski die Medaille für Verdienste auf dem Kampffeld erhalten.*
- *Am 1. März startete die 2. Division einen weiteren Angriff, in den Tagen vom 2. bis zum 4. März führte das Regiment verbissene Kämpfe um die Ortschaft Zlocieniec. In der Nacht vom 4. auf*

den 5. März erhielten Jaruzelskis Aufklärungseinheiten einen erneuten Einsatzbefehl, um eine geeignete Stelle zur Überquerung des schmalen, aber reißenden Flusses Orawa herauszufinden. An diesem Unternehmen nahm auch ein Pionierzug teil. Leutnant Jaruzelski setzte mit einem kleinen Trupp Soldaten auf das von Deutschen besetzte gegenüberliegende Ufer über. Nach zahlreichen Schwierigkeiten landeten die polnischen Truppen am 5. März auf dem westlichen Drawa.

- *Am 7. März ging die erste polnische Armee zum Angriff über und trieb die deutschen Truppen in Richtung von Kamien Pomorski. Das 5. Regiment näherte sich dem Meer, als sich der befehlshabende Oberst Antoni Szabelski und Leutnant Jaruzelski plötzlich allein auf freiem Feld unter starkem Beschuß wiederfanden. Trotz der gefährlichen Situation reagierten die Offiziere ruhig. Dennoch: Diese kleine Episode hätte für Jaruzelski schwere Konsequenzen haben können. Er wurde verletzt und hätte beinahe ein Auge verloren.*
- *In den Tagen vom 11. bis zum 13. März führte das 5. Regiment schwere Gefechte um Wrzosowo und Dziwnowek. In der Nacht vom 12. auf den 13. März konnte die verbissen verteidigte deutsche Stellung in Wrzosowo eingenommen werden. Am darauffolgenden Mittag erreichte die polnische Truppe das Meeresufer, ihr wurde die Verteidigung eines sieben Kilometer langen Streifens überlassen. Sie hielt die Stellung bis zum 7. April. Während dieser Zeit waren Jaruzelskis Aufklärungstrupps oft im Einsatz. Erneut wurde er hoch dekoriert. Am 5. April wurden alle polnischen Truppenverbände, und zwar die 1. und die 2. Armee, das 1. Panzerkorps und die 2. Artilleriedivision, zur Operation Berlin abkommandiert.*
- *Am 7. April erreichte die 2. Division den mittleren Oderabschnitt. Die Truppen marschierten vorwiegend nachts. Die 1. polnische Armee sollte die Oder bei Gozdowice überqueren, um gemeinsam mit der 61. sowjetischen Armee die vom Osten angreifenden Hauptkräfte vom Norden her abzuschirmen. Die deutschen Truppen konnten gerade noch das westliche Ufer der Oder erreichen. Dieses Ufer war sehr gut befestigt: mit einem hohen Erdwall und gut getarnten Verteidigungsstellungen.*

Genau an dieser Stelle gabelte sich der Fluß und bildete ein sumpfiges Landdreieck. Die Oder stellte sich als ein großer, 300 Meter breiter Hindernisstreifen dar, der wegen der Schneeschmelze streckenweise eine Breite von eineinhalb Kilometern erreichte.

– *Dann, am 14. April 1945, konnten polnische Soldaten am rechten Oderufer polnische Grenzposten aufstellen. Sie waren sich der historischen Bedeutung dieser Handlung wohl bewußt. In der Nacht vom 14. auf den 15. April begann die Besetzung des Brückenkopfs von Czelin. Vierundzwanzig Stunden später ging man zum Angriff auf das sogenannte Todesdreieck über, der die deutsche Verteidigung zerschlagen sollte. Der Befehl für das 5. Regiment lautete: Die Ortschaft Neulietzgöreke einnehmen. Um 13.40 Uhr waren die polnischen Truppen in der Stadt und setzten den Angriff ohne Unterbrechung fort. In den Morgenstunden des 17. April stürmten das 5. und das 6. Regiment die Bahnstation in Altreetz.*

Am selben Tag wurde der beste Freund Jaruzelskis, Leutnant Ryszard Kulesza, bei der Durchführung des Auftrags, die Umgebung der Station zu erforschen, tödlich verwundet. Als unmittelbarer Vorgesetzter schrieb Leutnant Jaruzelski einen Brief an den Vater seines gefallenen Freundes, den die Familie Kulesza bis heute aufbewahrt. Hier ein Auszug: »Sehr geehrter Herr, ich schreibe diesen Brief unter dem starken Eindruck der Ereignisse. Glauben Sie mir bitte, daß Ryszard mein einziger und bester Freund war und daß sein Verlust mich zutiefst verletzt hat. Das entstandene Vakuum kann niemand füllen. Ich möchte Ihnen mitteilen, daß Ihr Sohn mit der großen Tapferkeitsmedaille ausgezeichnet worden ist. Alle seine Dokumente und persönlichen Sachen befinden sich in meinen Händen, und ich werde Sie Ihnen bei der ersten Gelegenheit übergeben. Sollte ich am Leben bleiben, werde ich mich bemühen, Sie in Polen zu treffen, damit ich Ihnen alles, was Ihnen teuer und wichtig ist, schildern kann. Doch vor allem muß ich Ihnen über den Tod von Ryszard berichten, der so tapfer und großartig war wie sein Charakter. Ich beende jetzt meinen Brief, dessen Niederschrift ich als Verpflichtung gegenüber meinem Freund empfand. Doch Worte

des Trostes kann ich nicht finden. Dennoch bewegen mich Trauer und der Schmerz zutiefst. Sie lassen mich diesen Tod, der die Eltern und Freunde Ryszards so schrecklich getroffen hat, nicht vergessen. Ich erlaube mir, Ihnen mein tiefstes Beileid auszusprechen. Mit Hochachtung Leutnant Wojciech Jaruzelski.«
Wojciech Jaruzelski nimmt jede Gelegenheit wahr, das Grab seines Freundes am polnischen Militärfriedhof in Siekierki an der Oder zu besuchen.

– *Der Tag des 18. April bleibt den Soldaten des 5. Regiments als ein besonders schwerer Tag in Erinnerung.*
Nach dem Angriff auf die Bahnstation gingen die Soldaten dazu über, die Alte Oder zu überqueren. Erst am Abend gelang es, den Ort Neugaul zu besetzen. Am 20. April erreichte das 5. Regiment die Autobahn in Richtung Berlin. Nach ein paar Stunden Rast begann die Verfolgung der gegnerischen Truppen. Während der dreitägigen Kämpfe an der Oder verlor die Division 426 Soldaten. 351 Männer erlitten Verletzungen. Am 21. April besetzte die 2. Division die Orte Gerzdorf und Kruge. Am nächsten Tag nahmen sie Machlow und Zühlsdorf ein. Während dieser Aktionen leisteten die Kundschaftertrupps von Leutnant Jaruzelski eine intensive Aufklärungsarbeit. Am Abend erreichten die Aufklärer das Konzentrationslager Oranienburg, nördlich von Berlin. Der Anblick erschütterte die Soldaten zutiefst. Unter den Inhaftierten entdeckten sie einhundertvierundachtzig polnische Professoren und wissenschaftliche Mitarbeiter der Jagiellonen-Universität in Krakau. Hier wurde auch der Oberkommandant der Landesarmee, General Stefan Grot-Rowecki, der den Warschauer Aufstand kommandierte, hingerichtet.
– *In der Nacht vom 22. auf den 23. April erreichte das 5. Regiment den Hohenzollernkanal und überquerte ihn kurz nach Mitternacht. Am 24. April ging das Regiment dazu über, das Südufer des Ruppiner Kanals zu verteidigen. Am 30. April löste das Regiment das 1. Infanterieregiment ab, das zu den Kämpfen in die Stadtmitte von Berlin abkommandiert worden war. Die Aufklärungspatrouille von Leutnant Jaruzelski überquerte den Ruppiner Kanal und erreichte das Städtchen Hochenbruch. Am 2. Mai nahm das 5. Regiment sieben Dörfer um den Rhinkanal*

ein. Am späten Abend erreichte das Regiment die Botschaft von der Einnahme Berlins. Die Besetzung der Hauptstadt des »Deutschen Reiches« bedeutete für alle die Krönung ihres langen, schweren Weges.

- *Am 3. Mai, kurz vor Mitternacht, standen die polnischen Soldaten an der Elbe. In den Morgenstunden bemerkten sie am anderen Ufer Soldaten in ihnen unbekannten Uniformen. Es waren Soldaten des 41. Regiments der 109. Infanteriedivision der 9. amerikanischen Armee. Wenige Tage später kommandierte man die polnische Truppe nach Osten ab. In den Wäldern nordöstlich von Nauen erreichte sie die Nachricht vom Kriegsende und von der bedingungslosen Kapitulation des »Dritten Reiches«. In Erinnerung an die gefallenen Kameraden und die schwersten Gefechte vermochte in dieser Nacht niemand zu schlafen. Für die Soldaten des 5. Regiments vollzog sich mit dem Kriegsende ein bedeutsamer Rollenwechsel. Sie zählten nunmehr zu den Besatzungsstreitkräften. Am 11. Mai fand im Städtchen Schmachtenhagen die Siegesparade statt. Der Befehlshaber der 1. Armee, General Stanislaw Poplawski, nahm die Parade ab.*
- *Bis zum 5. Juni begab sich das 5. Regiment auf den Weg nach Süden. Ein Teil der Soldaten, unter ihnen auch Leutnant Jaruzelski, fuhr nach Berlin. Nach den Trümmerfeldern von Warschau und von so vielen anderen Städten empfanden sie die Zerstörung Berlins als einen Akt historischer Gerechtigkeit.*
- *Ende Juni wurde das Regiment bei Cottbus stationiert. Für seine Verdienste in den Kämpfen des Zweiten Weltkrieges wurde Wojciech Jaruzelski mit der Medaille »Virtuti Militari« fünften Grades, zweimal mit der Tapferkeitsmedaille und dreimal mit der Silbermedaille für Verdienste auf dem Kampffeld ausgezeichnet.*

Persönliches

Menschliches, persönliches Erleben blitzt in dem Bericht von dem Weg der polnischen Truppen bis zur Elbe nur selten auf. Jaruzelski hielt sich hier an die von der Militärtradition vorgegebene

Materialisierung des Geschehens. Ganz anders in einem Interview aus dem Jahre 1984, das die Perspektive des unmittelbar Erlebten freigibt: »Ja, ich wußte es [daß die Armee nach Berlin geht]. Aber ich kann heute nicht sagen, ob es alle Soldaten wußten. Das ist doch normal, daß Stäbe ihre Geheimnisse haben! Die Soldaten wußten aber, daß etwas Wichtiges auf sie zukommt. Die Tatsache, daß wir nach Berlin marschieren, hatte eine große psychologische und moralische Bedeutung. Einerseits als eine große Befriedigung, als ein Symbol. Andererseits überwog ganz einfach die menschliche Freude über das nahende Ende, darüber, daß es unsere letzte Kriegsetappe ist.

Die nächtlichen Märsche waren sehr anstrengend. Manchmal haben wir zig Kilometer in der Nacht zurückgelegt. Das waren zwar keine Wintermärsche mehr, aber – Müdigkeit bleibt Müdigkeit. Die Soldaten schliefen förmlich im Gehen ein.

Die menschenleeren Dörfer und Städte machten einen deprimierenden Eindruck. Manchmal überholten wir Kolonnen deutscher Flüchtlinge, die meist auf Fuhrwerken unterwegs waren. Sie hatten es nicht geschafft, rechtzeitig vor der Front zu fliehen. Genauer gesagt, die Hitlerregierung hatte sie nicht rechtzeitig evakuiert. Frauen, Kinder, Greise, Behinderte – wenn wir an ihnen vorbeigingen, senkten sie ihre Augen, es war so, als ob sie sich auch schuldig fühlten. Nach alledem, was die deutsche Besatzung gebracht hatte, war es schwer, sich über den Haß auf die Deutschen zu wundern. Es gab also unter unseren Soldaten Einzelfälle von Unmut und Wut. Aber das Mitleid mit diesen verschreckten Flüchtlingen überwog. Es kam oft vor, daß die Soldaten ihr Essen mit ihnen teilten, ihnen halfen.«

Auch die übergroße Förmlichkeit des damaligen Befragers – »Was verbindet den Genossen General mit . . . ?« – hinderte Jaruzelski nicht daran, in recht unmilitärischer Sprache zu antworten. Er erzählt:

»Die Oder war tatsächlich sehr breit, als wir dort ankamen, sie trat frühlingshaft über die Ufer. Ob ich Angst hatte? Ich war zwar jung. Aber die Fronterfahrung hatte aus mir einen erfahrenen Soldaten gemacht. Der Krieg ist eine superschnelle Schule. Und von einem bestimmten Moment an stellt sich eine gewisse Widerstandsfähigkeit oder vielleicht auch Gleichgültigkeit ein. Es ist nicht nur eine Frage des Mutes. Es ist eher eine Determination: Was sein muß, muß sein. Es muß einfach so sein und – Schluß!

Auf der gesamten Kriegsroute gab es in unserem Regiment etwa eintausend Tote und noch mehr Verwundete. Statistisch gesehen wurde das Regiment also zweimal ausgetauscht. Die ›Ergänzungen‹ fügten sich schnell in die Gemeinschaft ein. Bei der Auswahl hatte ich den Vortritt. Ich machte mich mit den neuen Soldaten bekannt, unterhielt mich mit ihnen. Was zählte, waren die Intelligenz, das äußere Erscheinungsbild, der erste Eindruck und – manchmal auch – die Vergangenheit. Ich bin mir bewußt, daß es zweideutig klingen mag, aber es ging nicht um eine ›leuchtende‹ Vergangenheit. Im Gegenteil sogar: Es ging ganz einfach um eine aktive, pfiffige, auch zänkische Persönlichkeit. Was zählte, waren Kampflust, schnelles Reaktionsvermögen, Kühnheit bei Entscheidungen. Ein Kundschafter muß bestimmte psychologische Merkmale aufweisen. Die damals gewonnene Erfahrung hilft mir auch heute noch dabei, Menschen zu betrachten und sie ohne Vereinfachungen zu bewerten. Man muß an den Menschen glauben.«

Jetzt, 1990, läßt Wojciech Jaruzelski es zu, daß man ihn nach den tieferen persönlichen Erlebnissen fragt, die ihn noch heute beschäftigen. Und da ist es vor allem der Tod seines Freundes, der ihn nachdenklich werden läßt:

»Das, was ich sehr schmerzlich erlebt habe, war der Tod meines besten Freundes, der übrigens auch in Sibirien war. Dort waren wir nicht zusammen. Zusammen waren wir in der Offiziersschule, im Regiment, bei der Aufklärung. Er war der Chef der Infanterieaufklärung, ich der Reiteraufklärung. Aber später wurde ich zu seinem Vorgesetzten, weil ich zum Chef aller Aufklärungstruppen insgesamt geworden war.

Es war in den Tagen nach dem sogenannten ›Oderdurchbruch‹, als aber noch Kämpfe an der Alten Oder im Gange waren. Das war ein totes Flußbett der Oder, etliche Kilometer vom Hauptbett entfernt. Es gab da eine Ebene, auf der harte Kämpfe vor sich gingen. Die Wehrmacht hat dort starken Widerstand geleistet. Es gab dort einen Wallgraben. Wir konnten überhaupt nicht vorwärtskommen. Dann befahl der Regimentskommandant, dieses Terrain besser zu erkunden, um zu erfahren, wo sich die wichtigsten Artilleriepunkte befinden. Wir hatten uns ganz kurz in einer kleinen Ortschaft aufgehalten. Es gab nur ein paar Häuser. Wir hatten lange nächtliche Märsche und Strapazen hinter uns. Und da wollte sich dieser Freund von mir, Ryszard Kulesza, etwas ausruhen. Man ruhte sich meistens in Kellern aus, um sich vor Bombenangriffen zu schützen, und ich schickte meine Ordonnanz zu ihm, um ihn wecken zu lassen und ihn mit dieser Aufklärung zu beauftragen. Die Ordonnanz kam zurück, meldete, daß er geweckt wurde. Es verging eine gewisse Zeit, und Kulesza ließ sich nicht blicken. Ich habe noch mal die Ordonnanz geschickt. Nach einer gewissen Zeit stellte ich fest, daß er immer noch nicht bei mir war. Dann ging ich selber hin. Ich begann an ihm zu rütteln. Er war wirklich sehr schwer wach zu kriegen, weil er unheimlich müde war. Ich habe ihn dann mit dieser Aufgabe beauftragt, und er ging weg, um sie zu erfüllen.

Nach einer Stunde bekam ich die Nachricht, daß er umgekommen sei. Bis heute steckt in mir irgendwie das Bewußtsein, daß ich ihn in den Tod geschickt habe. Irgendwie scheint er es geahnt zu haben. Denn er wollte weiterschlafen, ließ sich überhaupt nicht wecken. Er war ein phantastischer Kerl, sehr intelligent, mit Witz, er wurde von den Soldaten sehr gemocht. Man hat ihn zu mir gebracht, ich schaute mir die Leiche an. Es war ein sehr hartes Erlebnis für mich. Vielleicht deswegen, weil ich mich selbst für diesen Tod schuldig gefühlt habe. Obwohl dies natürlich irrational ist. Es war doch die Front, der Krieg . . .«

Bei den letzten Sätzen ist Jaruzelski erkennbar ergriffen, ein General, der durch einen persönlichen Verlust den Krieg für einen nachdenklichen Moment zu entmaterialisieren vermag.

Briefe

Über Denken und Fühlen des jungen Soldaten Wojciech Jaruzelski geben Briefe Auskunft, die er von der Front an Mutter und Schwester in Sibirien richtete. Teresa Starnawska war bereit, einige der vielen schriftlichen Bekundungen ihres Bruders zur Verfügung zu stellen.

Aus einem Brief vom 1. September 1944:

»Es geht mir weiterhin bestens, obwohl es oft sehr knapp vorbeigeht. Die Menschen fallen wie Mücken, und ich hab' weiterhin Glück. Manchmal bin ich etwas betäubt von dem Getöse oder mit Erdboden zugeschüttet, aber keine weiteren Verletzungen. Es gibt viele Sachen, von denen ich nicht berichten kann, sie liegen mir jedoch auf dem Herzen. Man hat den Wunsch, daß vieles anders geht, und man kann auch kaum fassen, daß es so in einem neuen und freien Polen zugehen wird. Ich glaube, daß wir als diejenigen, die Blut für das Land geopfert haben, unser Sagen haben und ein Land Polen erbauen werden, das jedem anständigen Polen recht sein wird.«

Brief vom 11. Oktober 1944:

»Gestern hat mich der Kommandant unserer Einheit zu Wort gestellt und hat mir angeboten, sein Adjutant zu werden. Ich habe mich sehr für sein Vertrauen bedankt, ich habe jedoch abgelehnt mit der Begründung, daß ich mich an die bisherige Arbeit gewöhnt habe, ich habe die Menschen und die Pferde gern, zweitens, ich bin lieber an der Front und führe Kampfaufträge aus als das Herumhocken beim Stabssitz oder dem Oberbefehlshaber. Man versuchte mich zu überzeugen, daß ich als Adjutant einer viel kleineren Gefahr ausgesetzt bin, daß ich ein recht komfortables Leben werde führen können, daß ein Aufstieg mit Auszeichnungen sich anbahnt, usw. ... Trotzdem habe ich noch einmal gebeten (da eine Absage an eine Person mit einem höheren militärischen Grad in der Armee nicht zugelassen ist), jemanden anderen dafür auszusuchen und mich in Ruhe zu lassen. Ich weiß momentan nicht, wie diese Sache entschieden wird, da der Kommandeur seine endgültige Antwort noch nicht gegeben hat. Daher kann ich damit rechnen, daß mein Schicksal verändert werden kann. Ich denke, meine Lieben, daß Ihr meine Entscheidung begrüßen werdet, und was auch immer geschehen möge, Ihr werdet sagen können, unser Sohn und Bruder blieb auf seinem Posten und kämpfte ehrenvoll für das Vaterland.«

Warschau, 25. Januar 1945

»Meine Lieben!
Das ist mein zweiter Brief an Euch aus Warschau, wir sind in diese Stadt bekanntlich vor wenigen Tagen einmarschiert. Ich hatte das Glück und die Ehre, einer unter den ersten zu sein, die die ausgebrannte Hauptstadt zu sehen bekamen. Die Stadt ist bekanntlich total zerstört. Der Wiederaufbau von Warschau wird eine gigantische Tat des gesamten Volkes verlangen, das seine Hauptstadt auf den Stand aus der Zeit vor dem Kriege bringen muß.«

Aus dem Brief vom 15. März 1945:

»Es sind schon beinah drei Monate vergangen, seitdem ich zwei bis drei Stunden pro Tag schlafe, ohne die Sachen abzulegen, in der Kälte und ständigem Kampffeuer um Pommern. Gestern sind wir bis zur Küste vorgedrungen, und ich hatte das Glück gehabt, der erste Pole zu sein, der sein Pferd in der Ostsee tränken konnte, wovon sogar zwei Zeitungen berichtet haben. Ich bin wieder zur Auszeichnung vorgeschlagen worden, es ist eigenartig, daß so viele von meinen Freunden, Vorgesetzten und Untergeordneten verwundet und getötet worden sind, und ich, obwohl ich überall vorneweg bin, bin gesund und munter. Gott muß es so gewollt haben und die Vorsehung. Obwohl wir alle sehr erschöpft sind; das Bewußtsein, daß das Ende in Sicht ist, und die häufigen Siege stärken den Kampfgeist, und man vergißt die Grausamkeiten, die uns umgeben, man denkt nicht an das Getöse der Kanonen und das Kugelgeprassel, der Sieg ist vor uns und die Rückkehr in die Heimat, für die wir jetzt unser Leben und Blut nicht schonen.«

Der Brief vom 21. April 1945:

»Ihr Liebsten, Ihr seid sehr weit weg, aber seht sicherlich ein, daß jetzt, wo der Krieg zu Ende ist, sehr schwierige Fragen und Angelegenheiten einer Lösung bedürfen. Jeder sieht diese Fragen in anderem Licht, ich bleibe aber beim alten. Man muß Polen dienen, ganz gleich, wie das Land gestaltet wird und welche Opfer auch immer von uns verlangt werden. Wir glauben auch stark daran, daß für den Soldaten, der sein Leben aufs Spiel setzt und Blut vergossen hatte, in Polen ein Platz vorhanden sein wird, da wir alle von dem Ziel und Leitgedanken, der Freiheit für das Vaterland, ausgegangen sind. Wir wissen, daß das Volk über sein Schicksal entscheiden wird und wir seinen Willen ausführen und das Land wahren werden.«

Am 25. April 1945 schreibt er auf einer Postkarte:

»Viele liebe Grüße aus den Vororten Berlins. Ich bin gesund und guter Hoffnung. Wojciech«

Pferde

Nach dem Abschied von Mutter und Schwester, dem der Tod des Vaters vorausging, war Jaruzelski zunächst entwurzelt. Er hatte seine Heimat Polen verloren und keine Sicherheit, ob er sie je wiedersehen würde. Mutter und Schwester waren auch in Sibirien Zentrum seines eigenen Daseins gewesen. Erst ganz allmählich sollte sich die Armee zu einer neuen »Heimat« entwickeln, wie er sie heute bezeichnet. Aber auch diese neue Heimat brachte – oder erhielt – ihm kaum Freunde. Jaruzelski, ohnehin kein kontaktfreudiger Mensch, wurde in kürzester Zeit Offizier und Chef einer Truppe, deren Angehörige zumeist viel älter waren als er selbst.

Sein ehemaliger Untergebener Zwi Rosenberg meinte doch, daß sein Chef damals ein äußerst wortkarger Mann gewesen sei. Jaruzelski bestätigt dies indirekt, indem er andeutet, daß er als ein um viele Jahre jüngerer Vorgesetzter mit seinen älteren Kameraden nicht allzu gemein habe werden dürfen, weil dies der Disziplin geschadet hätte. Seine – auch durch äußere Umstände bedingte – Einsamkeit ließ ihn viele Briefe an Mutter und Schwester schreiben.

Allerdings gab es etwas für sein Leben Wertvolles, das Wojciech Jaruzelski über die sibirischen Jahre vermissen mußte, aber bei der Armee bald wiederfand. Er war zwar als Infanterist ausgebildet, als es aber um die Aufstellung einer Reiteraufklärungstruppe ging, wurde man auf ihn aufmerksam, weil er so gut reiten konnte. Seine Kriegspferde stellten für ihn wieder eine Verbindung zu Kindheit und Jugend her. In Gesprächen wirkt er selten entspannter als dann, wenn er über Pferde spricht.

Bis in die sechziger und siebziger Jahre ist er noch viel geritten. Danach hatte er zuwenig Zeit. Zu Hause pflegt er verschiedene Pferde-Accessoires: ein Hufeisen, das er von einem Vogt geschenkt bekam, Sporen, die ihm von Veteranen der Kavallerie-Brigade aus Wolyn verehrt wurden. An den Wänden seines Zimmers hängen Pferdeportraits, von denen er sagt, »sie bringen mich in eine bessere Stimmung. Beim Aufwachen schaue ich sie immer wieder an. Und so wird der Tag fröhlicher!«

»Unter den Kriegsbedingungen gewöhnte sich der Mensch an das Pferd auf eine ganz besondere Art und Weise. Man sagt, daß das Pferd der Freund des Menschen sei. Aber unter normalen Bedingungen, im Frieden, ist diese Freundschaft ganz anders. Sie ist anders, als wenn man gemeinsam die Gefahren des Krieges erlebt, wenn man im Krieg zusammen ist. Ich erinnere mich daran, daß es das Evangelium eines Reiters ist, für das Pferd nicht weniger als für sich selbst zu sorgen. Es ist undenkbar, daß ein Reiter oder Reiteraufklärer zu essen begonnen hätte oder sich auf den Schlaf vorbereitete, ohne sein Pferd versorgt zu haben. Man muß das Pferd erst saubermachen, den Schweiß abwischen, dann abwarten, bis es sich beruhigt. Dann muß man ihm zu saufen, dann zu fressen geben, und erst dann kann man sich mit sich selbst beschäftigen. Und das ist unverletzliches Gesetz des Reiters. Und das Pferd entgegnet es, instinktiv selbstverständlich.

Ich kann mich an lange Märsche erinnern, bei denen die Pferde sehr müde wurden. Dann sind wir abgestiegen, und sie gingen hinter uns her wie Hunde. Das Pferd besitzt einen besonderen Instinkt, es kann vor Gefahren warnen. So haben uns die Pferde zum Beispiel vor Bombenangriffen gewarnt. Wir hatten die Flugzeuge überhaupt noch nicht gehört und wahrgenommen, da wurden sie schon unruhig, haben uns gewarnt.

Ich erinnere mich an einen bestimmten Fall, was selbstverständlich von nichts Besonderem zeugt, dafür aber eine gewisse Romantik beinhaltet: An der Front schläft man gewöhnlich sehr wenig. Man marschiert auch meistens nachts. Es gab eine kurze Rast, ich hatte mich unter einem Baum auf den Boden gelegt, und es war kalt. Sehr kalt. Ich bin eingeschlafen, und plötzlich begann ich im Rücken Wärme zu spüren. Hinter mir stand ein Pferd und atmete mir in den Rücken. Selbstverständlich bin ich weit davon entfernt zu behaupten, daß es das absichtlich getan hat, um mich zu wärmen! Aber ich hatte dieses Gefühl, etwas sehr Vertrautes um mich zu haben.

Ich hatte zwei Pferde, die ich geritten habe im Krieg. Das erste hatte ich noch in der Sowjetunion. Es war ein Halbmongole, also winzig klein, aber sehr zahm, mit einer großen Ausdauerkraft. Die Mongolen-Pferde waren sehr schwer zu reiten, denn sie trabten so wie Ziegen! Ich als Kommandant hatte so eine Kreuzung zwischen einem Mongolen und einem normalen Pferd. Es hieß Bobik und war mausfarben. Ich habe es sehr gemocht, obwohl es nicht besonders imposant war. Als wir dann schon den polnischen Boden betraten, es war an der Weichsel, haben meine Aufklärerjungs irgendwo ein Beutepferd für mich aufgetrieben. Vorher diente es, sozusagen, bei der deutschen Wehrmacht. Es war eine Stute. Eine riesige, mächtige Stute. Kastanienfarben. Wir haben sie Baska genannt. Sie war sehr gut ›beritten‹, irgendein sehr guter deutscher Reiter muß sie beritten haben. Baska zu reiten war eine riesige Freude. Und mit diesem Pferd bin ich bis an die Elbe gekommen.

Im Zusammenhang mit den Pferden erinnere ich mich auch noch an ein Erlebnis, das sehr traurig war. Wir standen in einem Warschauer Vorort, in Wawer, das war im Herbst 1944. Unsere Pferde hatten wir in der Nähe einer Kirche untergebracht. Es war entweder ein Keller oder ein Lagerraum, auf jeden Fall waren es unterirdische Räume. In diesen Tagen wurden wir von Eisenbahngeschützen der Wehrmacht vom Westufer der Weichsel aus sehr heftig beschossen. Sie hatten ein sehr großes Kaliber und haben sich vor allem an den von weitem sichtbaren Punkten orientiert, das war in unserem Falle der Kirchturm. Einer der Schüsse hat auch den Keller getroffen, in dem die Pferde standen. Sechs von ihnen sind sofort getötet worden. Es war ein sehr schmerzvolles Erlebnis für mich, denn es war so, als ob wir Freunde verloren hätten.«

Jaruzelski erzählt dann noch eine Geschichte aus dem Kriege. Eine Geschichte, die mit dem Pferdeliebhaber zu tun hat, aber auch mit dem Herzen des patriotischen Soldaten. Er sagt selbst, es sei ein »Erlebnis einer ganz anderen Art« gewesen, ein Eindruck, »über den man ein Gemälde malen könnte«. Es war bei den Kämpfen am Pommernwall. Dort gab es eine Riegelposition bei einer Ortschaft, die Schönfeld hieß.

»In der Nähe dieses Ortes war ein Flugplatz, den wir erstürmt hatten. Es war uns aber nicht gelungen, das Dorf ebenfalls zu erstürmen. Es war ein großes Dorf mit Ziegelsteinhäusern. Und davor war ein tiefer Graben. Die Kämpfe dort haben einige Tage lang gedauert, und dennoch ist es uns nicht gelungen, den Riegel zu sprengen. Ich habe da auch Aufklärung gemacht, einige meiner Aufklärer sind dabei umgekommen. Dann wurden am 1. März große Kräfte konzentriert und über den Flughafen hinweg eingesetzt. Das war eine große flache Ebene mit einer sehr guten Sicht. Der Angriff begann. Und es war die letzte Reiterattacke in der Geschichte des Zweiten Weltkrieges – vielleicht überhaupt die letzte Reiterattacke in der Geschichte des Krieges. In unserer Armee hatten wir noch eine Reiterdivision. Ich habe diesen Anblick immer noch vor Augen: zusammen mit den Reitern angreifende Panzer, eine mächtige Reiterattacke, die Reiter mit Säbeln in ausgestreckten Händen – und alle greifen dieses Dorf an. Sie springen über diesen Graben, und das Dorf wird erstürmt. Das Bild war tatsächlich sehr malerisch, die Panzer zusammen mit der Reiterei.«

Es war so, als hätte der von napoleonischen Garden und kühnen Reiterführern träumende junge »Wojtek« Jaruzelski gesprochen. Frei von den martialischen Reizen schwärmend, die Kriegsszenarien manchmal an sich haben. Jedoch – in Wirklichkeit war er eingebunden in das Schlachten und Sterben. Und in die damals vielleicht noch nicht so übersichtlichen Zwänge der sowjetischen Kriegspolitik.

Beurteilung

Jan Rozdzynski veröffentlichte einen Bericht, der die Verknüpfungen zwischen der Roten Armee und den polnischen Truppen sehr gut beschreibt. Hauptperson dieses Berichtes ist der ehemalige sowjetische Oberst Alexander Fomin, der Ende 1944 Stabschef in jenem Regiment wurde, dem Jaruzelski damals angehörte. Fomins Urteil über den Aufklärer:

»Wir beide, [der Regimentskommandant] Oberst Szabelski und ich, waren uns einig, daß Oberstleutnant Jaruzelski der neue Stabschef sein sollte. Ich sage es nicht nur, weil er heute eine wichtige Person ist. Nein – er stand im Kampf unter Beschuß, und was viel wichtiger ist – er zeigte die Fähigkeiten eines Frontsoldaten und Befehlshabers ebenso wie die Besonnenheit eines Stabsoffiziers. Davon zeugen auch seine Auszeichnungen. Nur ein Wesenszug paßte nicht zu seinem jungen Alter und den Frontbedingungen, die den Menschen ein größeres Selbstbewußtsein verleihen: Er war bescheiden. Manchmal vielleicht zu bescheiden. Er zwang niemandem seine Meinung auf, er sagte, er müsse noch viel lernen.«

Eine spezifische Form der Bescheidenheit ist in Jaruzelski fest angelegt. Sie blieb ihm bis heute erhalten.

Lernprozeß

Oberst a.D. Alexander Fomin lebt in der Sowjetunion, wo er sich auch um die Belange der polnischen Kriegsveteranen kümmert. Seine Ehefrau, eine aus Deutschland zurückgekehrte Zwangsarbeiterin, hatte er in Polen kennengelernt. So sind seine Verbindungen zu Polen sehr vielfältig. Ein Umstand, den er sich in jüngeren Jahren nicht hatte träumen lassen.

Alexander Fomin wurde 1913 geboren und 1921 eingeschult, nur einige Monate nach Beendigung des polnisch-sowjetischen Krieges. Seinen Wehrdienst im Fernen Osten schloß er ein Jahr vor Ausbruch des Zweiten Weltkrieges ab.

»Über Polen wußte ich damals genausoviel wie die anderen auch: daß die UdSSR ihre Westgrenzen festigen muß, denn Polen, wie die anderen kapitalistischen Länder, ist ein Feind des ›Landes der Räte‹. Der polnisch-deutsche Krieg, sagte man uns damals, ist ein Konflikt ebensolcher Länder. Etwas früher, als das Ribbentrop-Molotow-Abkommen unterzeichnet wurde, wußten wir, daß wir auch mit Hitler werden kämpfen müssen, aber wir mußten ein wenig Zeit gewinnen. Aber schon damals habe ich die späteren Aktivitäten unserer Propaganda nicht verstehen können, die irgendwie nicht mehr von der Gefahr des Faschismus sprach, sondern indirekt Hitler sogar unterstützt hat. Nicht genug: Für eine kurze Zeit wurde er fast zum Freund; das war ein großer Fehler, für den wir später teuer bezahlten.

Was wußte ich damals von den Polen? Die Zeitungen schrieben, daß wir, indem wir 1939 die Ostgebiete des damaligen Polens besetzten, andere Nationalitäten von der Unterdrückung befreit hätten. Sie schrieben auch, daß ein Teil der Bewohner dieser Gebiete, die sich der neuen Ordnung gegenüber negativ eingestellt zeigten, zusammen mit ihren Familien deportiert wurden, u. a. nach Sibirien. Von dort, wie ich später erfuhr, kam zur polnischen Armee einer meiner künftigen Untergebenen, Wojciech Jaruzelski.«

Nach dem deutschen Einfall in der Sowjetunion kämpfte Alexander Fomin, damals Artillerieoffizier, bei Stalingrad. Seine Einheit wurde auf dem Kurskbogen eingesetzt und befreite Charkow. Am Dnjepr durchbohrte ihm die Kugel eines Schrapnells die rechte Schulter. Ein halbes Jahr lag er im Krankenhaus. Von dort wurde er im Mai 1944 an die Frunse-Militär-Akademie in Moskau gesandt. Da die Veranstaltungen erst im Herbst beginnen sollten, diente er – schon Kapitän geworden – in einem Reserveregiment. Er wurde dann aber nicht – wie geplant – Hörer an der Akademie, sondern zusammen mit ein paar anderen Offizieren von der politischen Verwaltung der Armee einberufen.

»Man sagte uns, daß wir auf Bitten polnischer Patrioten hin in die gerade sich formierende polnische Armee überwiesen werden. Ich wußte, daß, während wir bei Stalingrad bluteten, eine polnische Armee in den Nahen Osten geführt wurde. Ich hörte auch von der Vereinigung der polnischen Patrioten, aber ich hätte nie gedacht, daß ich selbst einmal zum Offizier der polnischen Armee werden würde! ›Wollt Ihr Polen aus uns machen?‹ fragte damals einer von uns in der politischen Verwaltung. Er bekam eine Antwort, daß keiner mehr versucht hat zu opponieren. Es war einfach, wie man damals sagte, eine politische Notwendigkeit. Und so, statt an der Akademie, ohne nur ein polnisches Wort zu kennen, landete ich im Juni beim 5. Regiment der 2. ›Dabrowski‹ Infanteriedivision. Die Einheit, in der ich zum Stabschef werden sollte, stand damals in den Wäldern bei Kiwerce, neunundachtzig Kilometer östlich vom Bug.

Polnische Uniformen bekamen wir in Moskau. Anfangs störten mich diese komischen Ecken an der vierkantigen Mütze, und die Kapitänssternchen führten die sowjetischen Soldaten irre. Ich gehe einmal in der Gorkistraße, und von gegenüber salutiert mir nach Vorschrift unser Oberstleutnant. Er hielt mich für einen Oberst. Dafür mußte ich aber in Kiwerce, wo ich die nötigsten polnischen Vokabeln lernte und die Pflichten des Stellvertretenden Stabschefs erfüllte, viele andere Schwierigkeiten meistern. Die polnischen Soldaten waren doch Leute, die vom Schicksal nicht verwöhnt wurden. Anfangs behandelten sie ihre russischen Vorgesetzten mit Reserve. Das heißt nicht, daß sie die Disziplin nicht einhielten, aber in den ersten Wochen spürte man eine Distanz, die erst verschwand, als wir uns im Kampf befanden.«

Doch bereits zuvor, während der Übernahme seiner Pflichten, lernte Fomin nach und nach die anderen Offiziere im Regiment kennen. Darunter befanden sich zwei junge Zugführer, damals im ersten Offiziersgrad des Fähnrichs: Wojciech Jaruzelski und Ryszard Kulesza – beide Absolventen erster Promotion der Offiziersschule in Riazan.

»Ehrlich gesagt, habe ich sie erst nach einiger Zeit bemerkt, als ich merkte, daß ihre Freundschaft ihnen bei der Erfüllung ihrer Pflichten hilft. Äußerlich waren sie sich nicht besonders ähnlich: Der erste wie eine Kerze, groß und schlank, der andere etwas kleiner, sie hatten aber viel gemeinsam, nicht nur dienstlich. Ich habe erfahren, daß sie gemeinsam die Schule in Riazan besucht hatten, nach deren Beendigung bekamen sie die Zuweisung in ein Infanteriebataillon, danach wurden sie zu Führern des Spähtrupps – Jaruzelski bei der Kavallerie zu Pferde, Kulesza bei der Infanterie. Ich habe bemerkt, daß sie selbst ihre Abteilungen komplettierten, sich sehr um ihre Soldaten kümmerten und man sie, wenn es um Disziplin ging, nicht antreiben mußte. Oberstleutnant Mikolaj Bunda, damals der Helfer des Chefs für die Aufklärungsbelange, sagte: Endlich wird mich der ›Alte‹ nicht wegen der schlechten Arbeit des Spähtrupps anschnauzen. Dieser ›Alte‹ war Oberstleutnant Antoni Szabelski – der Regimentskommandant.«

Der 5. Infanteriepulk überquerte den Bug einen Tag nach der Bekanntmachung des denkwürdigen Manifestes der PKWN. Es war so, wie es die alten Wochenschauen zeigen: Willkommenstränen, Blumen . . ., aber auch – was die Chroniken nicht zeigen – Mißtrauen gegenüber den Ankömmlingen aus dem Osten. Kapitän Fomin verharrte während der gesamten Zeit im Auto. Er schämte sich seines »russischen Polnisch«.

Einige Tage später bezog der 5. Infanteriepulk in der Nähe von Pulawy die Stellung.

»Wojciech Jaruzelski konnte gut reiten und führte seine Aufgaben gut durch, wobei er, wie die Polen sagen, nur durch ein Wunder am Leben blieb. Ein Artilleriegeschoß ging nämlich haarscharf an ihm vorbei. Erst viele Jahre später habe ich erfahren, was dieser junge Offizier damals empfinden mußte: Er hat keinem gesagt, daß das seine Heimat war, und nach Kurow, wo er geboren war, waren es von dort nur ein paar Kilometer . . .«

Fomin wurde Ende 1944 Stabschef, als das Regiment nach schweren, einige Wochen andauernden Kämpfen auf dem Magnuszew-Brückenkopf ankam und dort Stellung bezog: zwischen Pelcowizna und der Poniatowski-Brücke. Der Warschauer

Aufstand neigte sich seinem Ende zu. Die Chronik des Regiments erwähnt, daß in der Nacht vom 30. September vierzig Boote den Fluß überquerten. In der Aktion, deren Ziel es war, die Aufständischen zu evakuieren, war Oberstleutnant Jaruzelski befugt, mit den Leuten, die das Praga-Ufer erreichen wollten, Kontakt aufzunehmen. Es gelang, achtundzwanzig Menschen hinüberzubringen. Darunter sechs Verletzte.

Nach Unterdrückung des Aufstandes setzte man die Aufklärung des linken Ufers fort. Die Aufgabe der Aufklärer lautete: Feuerpunkte zu lokalisieren und Gefangene zu machen, eine Aufgabe, die zunächst nicht gelingen wollte.

»Ich erinnere mich, daß eine Gruppe einmal versucht hat, bei Nacht über die Joche der Kierbedz-Brücke an das andere Ufer zu gelangen. Als sie bereits in der Nähe des anderen Ufers waren, stieß einer der Soldaten gegen ein Stück Blech, das gegen die eiserne Konstruktion schlug. Sofort eröffneten die Deutschen das Feuer. Seitdem war dieser Weg versperrt. Ein anderes Mal versuchten es die Aufklärer mit einem Boot. Sie waren bereits drüben, als das Boot irgendein Hindernis streifte. Wir sahen nur Leuchtraketen und hörten Schüsse. Nur ein Soldat konnte sich retten. Man hätte in diesen Tagen Jaruzelski und Kulesza sehen sollen: Sie liefen aufgeregt umher, diskutierten, dachten über verschiedene Möglichkeiten, die Aufklärung durchzuführen, nach. Nach mehreren Anläufen erlaubte uns die Arbeit beider Züge, das Feuersystem der Deutschen gut kennenzulernen, aber Gefangene hatten wir immer noch nicht. Gefangene nahmen wir später auf ›Madagaskar‹ – einer Insel, die in der Nähe von Jablonna aus der Weichsel ragt. Den Abschnitt nahm unser Regiment bei der Januaroffensive nach den Kämpfen in der Gegend um Zeranski-Kanal.«

Soweit aus den von Rozdzynski ausgegrabenen Berichten des Obersten Fomin, eines Sowjetrussen, der Wert auf die Feststellung legt, er habe sich mit Jaruzelski nicht geduzt; der über tragische Details berichtet, die mit dem von der Londoner Exilregierung befohlenen Warschauer Aufstand zusammenhängen.

Aufstand

Daß der ehemalige Sowjetoffizier Fomin sich nicht über die fehlende Unterstützung für die Warschauer Aufständischen durch die vor Warschau liegende Rote Armee beschwerte, läßt sich nur nachvollziehen, wenn man bedenkt, daß er Exponent einer anderen Gesellschaftsordnung war als der, die von der polnischen Exilregierung in London vertreten wurde. Daß die Sowjets den Warschauer Aufständischen nicht halfen, führte auch zu einer Perversion in der Aufbereitung der Geschichte des Zweiten Weltkrieges: Die in der »Herrenmenschen«-Praxis tätig gewesenen deutschen SS-Chargen konnten sich bis heute zu den führenden Zeugen der Ehre der Warschauer Aufständischen machen, denen sie das Attribut »heldenhaft« schon immer zuerkannten. Ein Grund mehr, den Polen Wojciech Jaruzelski zu befragen, was ihn und seine Männer bewegte, als sie dem Opfergang der Landsleute fast tatenlos zusehen mußten, weil ein Befehl aus Moskau den Einsatz der großen Armee nicht zuließ. Jaruzelski:

»Die Frage ist etwas eigenartig formuliert. Denn es klingt, als ob ein Soldat im Kriege – oder nicht nur im Kriege – willkürlich handeln könnte! Als ob er frei entscheiden könnte und nicht nach bestimmten Befehlen handeln müßte oder nach gewissen Plänen. Nach Befehlen und Plänen, die von seinem Regiment, seiner Division, seiner Armee verwirklicht werden müssen. Also da gibt es in diesem Sinne keine Diskussion zu dieser Frage. Was aber den Charakter dieser Ereignisse angeht, die ja bis heute Gegenstand verschiedener Diskussionen und Streitigkeiten zwischen Historikern sind, glaube ich, daß die Geschichte, besonders wenn alle sowjetischen Archive geöffnet werden würden, eine sehr ausführliche Antwort auf diese Frage fände. Was mich angeht und alle anderen, die tatsächlich damals in der Armee waren: Als der Aufstand ausgebrochen ist, kämpfte meine Division, mein Regiment an der Weichsel bei Pulawy etwa 100 km südlich von Warschau. Es waren sehr schwierige Kämpfe.

Die Nachricht über den Aufstand hat uns mitten im Kampf erreicht. Dieser Kampf hatte den Zweck, Brückenköpfe zu bilden, von denen man dann später die Schlacht um Warschau beginnen konnte, um in den Norden zu gehen. Wir gingen zum Magnuszew-Brückenkopf, wo es vom 15. August an sehr harte Kämpfe gegeben hat. Es wurde dann ein sehr starker Stützpunkt, der als die Stütze für die Januar-Offensive diente. Ein Teil dieser Armee nahm dann an der Befreiung Warschaus teil. Am 12. September wurden wir auf das rechte Weichselufer bei Warschau geschickt. Dort gingen Kämpfe vor sich. Es wurde der Zweck verfolgt, Beförderungen auf das linke Ufer zu ermöglichen und den Aufständischen Hilfe zu leisten. An diesen Kämpfen beteiligten sich auch Divisionen der polnischen Armee, darunter die, der ich angehörte. Zoliborz, Czerniakow – es waren sehr harte Kämpfe dort, und die Stützpunkte wurden von der deutschen Armee liquidiert. Ich war damals bei der Aufklärung, und wir haben in der Tat das Maximum von gutem Willen und Bereitschaft gezeigt, um den Aufständischen zu helfen. Aber unsere Kräfte waren zu schwach, um diese Aufgaben zu bewältigen. Und hier ergibt sich die Frage der vollen Aufklärung dieses Sachverhaltes durch Historiker.

Die sowjetischen Historiker, die Kommandanten erklären, daß die sowjetische Armee durch die lange, einige hundert Kilometer umfassende Offensive sehr geschwächt war, daß der Gegenangriff vom Norden sehr stark war und daß sie es sich nicht leisten konnte, Warschau in einem Frontalangriff zu erkämpfen. Die Stützpunkte wurden geschaffen – davon habe ich gesprochen.

Für mich persönlich war es ein sehr hartes, schmerzvolles Erlebnis. Als wir von Magnuszew Richtung Warschau zogen, sah man auf eine große Entfernung diesen riesigen Feuerschein. Und dieser Feuerschein war auch die ganze Zeit über zu sehen. Für jeden Polen bedeutet Warschau etwas sehr Wichtiges, Herznahes, und ich habe es vielleicht auf eine besondere Weise empfunden, weil ich vor dem Krieg sechs Jahre lang in Warschau, in diesem Internat in Bielany lebte. Und so traf es sich auch später: Als diese Befreiungsoffensive im Januar begann, stürmte meine Division vom Norden ein, von einem Ort, etwa 30 km nördlich von Warschau entfernt. Jablonna heißt der Ort. Wir sind über Eis marschiert. Das war der 17. Januar. Ich als Aufklärer stand direkt an der Spitze und kam nach Warschau, genau in die Nähe der Stelle, wo ich früher wohnte. Es war ein erschütternder Anblick, es war alles ein riesiger Friedhof, ein Trümmerhaufen. Und am 19. Januar fand in Warschau eine Parade statt, es war eine fürchterliche Parade inmitten dieser Trümmer, diesem Schutt und dieser Asche. Es waren sehr wenig Menschen da, die aus ihren Löchern herausgekrochen oder von außerhalb gekommen sind. Es war ein Friedhofszug, und das rechne ich zu meinen schlimmsten Erlebnissen aus dieser Zeit.

Die Frage nach der Möglichkeit, daß die Sowjetarmee beim Warschauer Aufstand hätte helfend eingreifen können, muß erstens militärisch und zweitens politisch betrachtet werden. Wie ich Ihnen schon sagte, behaupten die offiziellen sowjetischen Quellen, die Historiker und die Kommandanten konsequent, daß das Kräfteverhältnis, dieser mehrere hundert Kilometer dauernde Marsch, die Erschöpfung der Vorräte und die Tatsache, daß Verpflegungseinheiten weit hinten geblieben sind, ein Eingreifen unmöglich machten. Dazu sagen sie, daß auch die Erschöpfung der mechanischen Ressourcen, zum Beispiel der Panzer, sehr groß war und daß der sehr starke Gegenschlag der Divisionen ›Hermann Göring‹ vom Norden mit dazu beigetragen hat, daß der Angriff auf Warschau mißlang. Es ist im Krieg auch ein Gebot, daß man Großstädte niemals frontal zu erstürmen versuchen soll. Und ganz besonders, wenn es mit der Überquerung eines großen Flusses zusammenhängt, gilt dieses Gebot. Großstädte werden in der Regel durch Umzingelung erstürmt. Und die Kämpfe bei Magnuszew, bei Sandomierz und im Norden an der Narew hatten eben zum Ziel, im entsprechenden Moment dieses Umfassungsmanöver um Warschau auszuführen.

Ich verfüge über keine Möglichkeiten, um bewerten zu können, ob es doch noch so viele Möglichkeiten und Kräfte gegeben hätte, um diese Offensive fortzuführen und vielleicht doch noch frontal anzugreifen. Wenn man davon ausgeht, daß es möglich gewesen wäre, dann hätte man mit großen Verlusten rechnen müssen. Denn das Überqueren der Weichsel in der Großstadt wäre eine sehr schwierige Operation gewesen.

Andererseits ist es mir völlig klar, daß der Aufstand politisch sehr unbequem und unwillkommen war, und zweifellos hat es für

Stalin die Idee, den Aufständischen um jeden Preis helfen zu wollen, nicht geben können. Das war wohl auch einer der Faktoren, der in der gesamten Situation berücksichtigt worden ist. Ich bin überzeugt, daß dieser politische Faktor im großen Maße ausschlaggebend war. Aber logische, sachliche Argumente, vom militärischen Standpunkt aus, sind auch schwer in Frage zu stellen. Wenn ich jetzt spekulieren sollte, daß die Sowjetunion an dem Sieg dieses Aufstandes interessiert gewesen wäre, dann hätte sie sich doch noch anstrengen können, obwohl sie auch dabei einen hohen Blutzoll zu zahlen gehabt hätte.

Hier sind also wohl diese zwei Sachen zusammengelaufen. Denn es würde extrem hart klingen, wenn man behaupten möchte, sie hätten es ohne weiteres geschafft, bloß nicht gewollt. Denn wenn sie es realisiert hätten, dann wäre es mit Sicherheit nicht leicht gewesen, und andererseits, wenn sie zur Erkenntnis gekommen wären, daß es ein unbedingt zu realisierendes Ziel ist, dann wären sie wohl doch imstande gewesen, dieses Ziel zu erreichen.

Für uns, für uns polnische Soldaten, ist hierbei noch in moralischer Hinsicht besonders wichtig, daß wir all das geleistet haben, wozu wir damals imstande waren. Es ist ein besonders großes Verdienst von General Berling, der im gewissen Sinne die Verantwortung auf seine Schultern genommen hat und die Armee einsetzte. Obwohl diese Kräfte für einen Sieg vollkommen unausreichend waren. Man kann hier also sagen, daß die Ehre der polnischen Armee dadurch gerettet wurde.«

»Eine spekulative Frage: Hätte die Sowjetunion womöglich mit einem stärkeren Eingreifen, mit einem Sieg in Warschau, ihre eigene Ausgangsbasis in Ihrem Land verbessern können?«

»In welchem Sinne meinen Sie das?«

»Im Sinne der Einstellung der polnischen Bevölkerung gegenüber diesem Befreier.«

»Zweifellos wäre es von unserer Bevölkerung günstig aufgenommen worden. Berücksichtigen Sie bitte dabei bloß, daß der Gedankengang damals auch so gewesen sein kann, daß die Befreiung Warschaus zu einem Zeitpunkt, in dem sich ja noch die Kommandantur des Aufstandes befand, die ja direkt der Londoner Regierung unterstellt war, über die Richtung der künftigen politischen Ereignisse entschieden hätte oder diese Entwicklung zumindest sehr kompliziert hätte.

In Frankreich und zum Teil auch in Italien gab es eine sehr starke kommunistische Partisanenbewegung. Und die Alliierten haben diese Sache ziemlich schnell in den Griff bekommen. Sie waren dort auch nicht daran interessiert, daß die kommunistischen Partisanen davon profitieren würden, was sie im Kriege geleistet haben. In Griechenland gab es eine lange Zeit einen Bürgerkrieg, und die kommunistischen Partisanen wirkten dabei sehr aktiv und sehr stark. Sie kämpften wohl noch zwei bis drei Jahre nach dem Krieg. Die Briten haben sich da sehr engagiert, das ist doch etwas Ähnliches! Die Politik ist da schon rücksichtslos.«

Damals, bei seinem Kampfeinsatz vor Warschau, konnten er und seine Kameraden diese speziellen Einsichten noch nicht haben.

Armeen

»Ich bin überzeugt, daß dieser politische Faktor in großem Maß ausschlaggebend war« – und »Die Politik ist da schon rücksichtslos«, dies sind die beiden Schlüsselsätze in den heutigen Abwägungen Jaruzelskis zum Warschauer Aufstand. Daß die Sowjetunion diesen Aufstand nicht wollte, steht fest: Von »polnischen Banden« sprach Stalin gegenüber Churchill, die »ohne Absprache mit der Sowjetunion einen verbrecherischen Aufstand in Warschau angezettelt hätten«. Noch etwas ist bekannt: Die Westalliierten wollten den Aufständischen helfen, indem sie Waffen und Gerät nach Warschau transportierten. Flugzeuge, die den Transport besorgen sollten, hätten auf dem rechten Weichselufer – da, wo die Rote Armee bereits war – zwischenlanden müssen. Die Zwischenlandungen wurden von den Sowjets nicht gestattet. Dadurch wurde die Versorgungslage der Aufständischen hoffnungslos, nach 63 Tagen mußten sie kapitulieren. Die deutschen Truppen hatten bei den Kämpfen in Warschau rund 26 000 Soldaten verloren. Die Aufständischen beklagten über 18 000 Tote und 25 000 Verwundete. Bei Vergeltungsaktionen der Deutschen gegen die polnische Zivilbevölkerung kamen dann 150 000 Menschen ums Leben. Wer in Warschau noch überlebt hatte, wurde deportiert. Auf persönlichen Befehl Hitlers wurde Warschau dem Erdboden gleichgemacht.

Die Bevölkerung der Stadt hatte die Aufständischen unterstützt, wo und wie sie konnte. Den Kurierdienst zwischen den einzelnen Truppenteilen der Aufständischen leisteten polnische Pfadfinder, deren geheime Wege durch die Kanalisation führten. Peter Gatter urteilt in seinem Werk *Der weiß-rote Traum, Polens Weg zwischen Freiheit und Fremdherrschaft*: »Der Warschauer Aufstand hatte zwei Wirkungen: Er schuf den Stoff zu einem neuen Heldenlied von der Tapferkeit, dem Unabhängigkeitsstreben und der Leidensfähigkeit des polnischen Volkes. Und er schaltete die Heimatarmee als militärische und damit die Londoner Exilregierung als politische Kraft bei der Gestaltung Nachkriegspolens aus.«

Im Jahre 1939, bevor die deutschen Truppen Warschau erreicht hatten, setzte sich die polnische Regierung nach Frankreich ab. Und noch vor der Niederlage Frankreichs gegenüber Deutschland ging sie von Paris in das Londoner Exil, um von dort aus als Exilregierung den Widerstand Polens zu koordinieren. Formell hatte Polen niemals kapituliert. Die Polen betrachteten sich weiter als kriegführende Nation. Über 83 000 Mann polnischer Truppen kämpften sich vor dem deutschen Ansturm nach Rumänien und Ungarn durch. Sie führten dann zunächst auf französischer und später auf britischer Seite den Krieg fort. Die kleine polnische Marine, drei Zerstörer und zwei Unterseeboote, war dem deutschen Angriff entkommen, unterstellte sich von vornherein britischem Oberbefehl. Die nach Beginn des deutsch-sowjetischen Krieges in der Sowjetunion gegründete polnische Armee unter Führung des Generals Anders wurde aus Soldaten gebildet, die in den von den Sowjets okkupierten polnischen Ostgebieten interniert worden waren, und – aus den deportierten Zivilisten in Sibirien. Diese Einheiten gingen zunächst in die »warmen Länder«, wie Jaruzelski sagt. Die Armee marschierte über den

Iran in den Nahen Osten, wo sie in Palästina – einem Mandatsgebiet der Briten – einige Männer »verlor«. Diese polnischen Juden, zu denen auch Menachem Begin gehörte, kämpften fortan für einen eigenen jüdischen Staat und damit gegen die britische Mandatsmacht in Palästina. Die Armee des Generals Anders kämpfte zusammen mit den Briten. Zunächst in Nordafrika gegen die Truppen des Feldmarschalls Rommel und später bei der Befreiung Italiens.

Beim Sturm auf den Berg und das Kloster Monte Cassino erwarben sich die Polen besondere Meriten. Einer der deutschen Kampfkommandanten schrieb: »Ich verstehe das nicht! Die Polen kämpfen so, als ob sie hier ihr Land verteidigen könnten!« Hier drängt sich der Vergleich mit jenen polnischen Legionären Napoleons auf, die sich über ein Jahrhundert vorher in Spanien schlugen. Die ebenfalls daran glaubten, ihr oberster Dienstherr Napoleon wäre ihr natürlicher Verbündeter für die Wiederherstellung des polnischen Staates damals am Anfang des neunzehnten Jahrhunderts. Die in Italien entstandene polnische Nationalhymne, die »Mazurek Dabrowskiego«, erinnert noch heute an jenen fernen Traum, den die napoleonischen Legionäre polnischer Nationalität unter ihrem General Dabrowksi träumten:

Noch ist Polen nicht verloren,
solange wir leben;
was uns die fremde Macht entrissen hat,
werden wir mit dem Säbel zurückerobern.

Marsch, marsch, Dabrowski,
von italienischem Boden bis nach Polen,
unter Deiner Führung
werden wir uns mit dem Volk vereinigen.

Was sagte der alte Mann in dem alten Judenstädtchen Sokoly: General Anders habe versprochen, später würde man mit den Amerikanern und den Italienern und den Engländern und den Deutschen zusammen gegen die Russen kämpfen – dies war der

Traum der polnischen Italienarmee bald einhundertfünfzig Jahre nach Napoleon. Diese Armee stand unter dem Oberbefehl der polnischen Exilregierung in London.

Eine Armee, auf welche die Exilregierung ebenfalls direkten Einfluß hatte, war die »Armia Krajowa«, die Heimatarmee. Anders als in allen anderen besetzten Ländern führte diese Partisanenarmee den Kampf gegen die Deutschen mit einer »ordentlichen« militärischen Hierarchie und in Uniform. Die Heimatarmee führte erfolgreiche Partisanenüberfälle und Sabotageakte durch. Sie hatte auch Propagandafunktionen. Ihr Hauptkampfgebiet war das sogenannte Generalgouvernement. Der Oberbefehlshaber über »Armia Krajowa« und die polnischen Verbände im Exil, der Chef der Londoner Exilregierung, General Wladyslaw Sikorski, kam am 4. 7. 1943 bei einem bis heute nicht aufgeklärten Flugzeugabsturz bei Gibraltar ums Leben.

Die Exilregierung in London war bis April 1943 der Meinung gewesen, daß die Sowjetunion und die westlichen Demokratien als gemeinsame Alliierte gegen Hitler-Deutschland anzusehen seien. Diese Ansicht änderte sich schlagartig, als die Deutschen der Weltöffentlichkeit ein Massengrab mit viertausend Leichen erschossener polnischer Offiziere in Katyn, in der Nähe von Smolensk, präsentierten. Die Deutschen hatten die Chuzpe, diesen Fund auch vom Internationalen Roten Kreuz besichtigen und feststellen zu lassen, daß die Ermordung der Offiziere auf das Konto der Sowjets ging. Die Londoner Exilregierung protestierte in Moskau, das daraufhin seine diplomatischen Beziehungen zu dieser Regierung abbrach. Diese träumte dennoch davon, daß die Westalliierten Polen eines Tages befreien würden. Sie nahm später nicht so recht zur Kenntnis, daß Josef Stalin nicht die Absicht hatte, mit der von der Exilregierung gesteuerten Heimatarmee zusammen zu kämpfen; hatte er doch seiner Roten Armee den Befehl gegeben, die Soldaten der »Armia Krajowa« auf polnischem Boden sofort zu entwaffnen und dann zu internieren. Stalin tat noch ein übriges: Als seine Truppen den Bug in Richtung Westen überschritten hatten, ließ er in Lublin das »Polnische Komitee der nationalen Befreiung« einsetzen und erkannte dieses kommunistische Erzeugnis als Regierung Polens an.

Am 22. Juli 1944 gab das Komitee das »Lubliner Manifest« heraus. Hier ein Auszug: »Geschichte und Erfahrungen des gegenwärtigen Krieges beweisen, daß gegen den Andrang des germanischen Imperialismus nur die Errichtung eines großen slawischen Dammes helfen kann, dessen Grundlage die polnisch-sowjetisch-tschechoslowakische Verständigung sein wird. [...] Die Aufgaben der Befreiung Polens, des Wiederaufbaus der Staatlichkeit, der siegreichen Beendigung des Krieges, der Erringung eines würdigen Platzes in der Welt für Polen, der Inangriffnahme des Wiederaufbaus unseres verwüsteten Landes – das sind die Hauptaufgaben.« Damit war die in London domizilierte polnische Exilregierung zur reinen Lobbytätigkeit verurteilt, die sich der Entwicklung einer sowjetischen Hegemonie entgegenstemmte. Peter Gatter analysiert die Situation wie folgt: »Die politische Lage der Londoner Polen wurde nicht gerade erleichtert durch die Tatsache, daß das Lubliner Komitee die rund 100 000 polnischen Soldaten hinter sich wußte, die gemeinsam mit der Roten Armee den Bug überschritten hatten. Von dieser politischen Konstellation weist eine klare Linie zum tragischen Warschauer Aufstand, der zum Tod von fast 160 000 Warschauern, zur Aufreibung der Heimatarmee, zur Deportation der Warschauer Zivilbevölkerung und zur fast völligen Zerstörung der polnischen Hauptstadt führte.«

Der politische Zweck des von ihr genehmigten Warschauer Aufstandes lag für die Exilregierung zweifellos darin, den Truppen und auch der Politik der Sowjetunion mit einem bereits befreiten, in eigener Hand befindlichen Warschau entgegentreten zu können. Diese Spekulation jedoch stand auf tönernen Füßen: Erstens dachten die Deutschen noch gar nicht daran, ihre Verteidigungslinie an der Weichsel und damit Warschau aufzugeben; zweitens gab man sich in der Exilregierung allen Ernstes der doppelten Illusion hin, man werde – nach einem Sieg der »Armia Krajowa« über die Deutschen – Teile des eigenen Landes so lange gegen die Sowjets halten können, bis anglo-amerikanische Streitkräfte zusammen mit Teilen der Anders-Armee Polen befreit hätten.

Dann, 1945, war Polen endlich befreit, konnte sich zu einem

einheitlichen Staat formieren. Das Land hatte neue Grenzen, erwachte unter dem roten Stern.

Extrablatt

Am 9. Mai 1945 verkündet ein Extrablatt des »Zycie Warszawy« in großen Lettern: »Deutschland hat kapituliert!« und »Wir haben gesiegt!« Das Blatt schreibt, nach zweitausendsiebenundsiebzig Tagen des blutigsten Krieges der Menschheit sei am 8. Mai 1945, eine Minute nach dreiundzwanzig Uhr mitteleuropäischer Zeit, der Befehl ergangen, alle Kriegsaktivitäten zu Lande, zu Wasser und in der Luft einzustellen.

»2077 alptraumhafte Kriegstage endeten mit einem freudigen Siegesfest, mit einem großen Triumph über Hitlerdeutschland und den Faschismus.« Das polnische Volk erlebte nun »zum zweiten Mal in einer Generation ein siegreiches Kriegsende«. Das erste Mal – 1918 – habe »aufgrund tragischer politischer Irrtümer, welche die damaligen Staatsmänner begingen«, nur eine kurzzeitige Befreiung gebracht. Es folgt die Mahnung, »die Erfahrung von 1918 sollte nicht umsonst gewesen sein, denken wir heute daran, wenn wir zum zweiten Mal den Triumph über den Imperialismus, die preußische Gier und die Blutrünstigkeit der Kreuzritter feiern«.

Das Blatt verkündet die Wahl Bieruts zum Präsidenten und den Beschluß des Ministerrates, den 9. Mai zum »Tag der Siegesfeier« zu erklären. Viel Raum wird einer Darstellung über Auschwitz, den »Ort der Folter für vier Millionen Menschen«, gegeben. Eine Untersuchungskommission hatte das damals verfügbare Wissen über die grauenvolle Geschichte dieser Vernichtungsmaschine zusammengetragen. Es folgt ein Bericht über die im ehemaligen KZ Majdanek bereits errichtete Gedenkstätte, deren »grausigstes Exponat ein zehn Kubikmeter großer Komposthaufen ist, der aus menschlichen Überresten besteht. Eine weitere Sehenswürdigkeit sind Dosen mit einem Giftgas erzeugenden Pulver. Laut Etikett ›Vertilgungsmittel für Schädlinge‹.« Das Etikett verspreche außerdem ein »im Gebrauch zuverlässiges Mittel«, das Pulver sei imstande gewesen, zweihundert in einer Kammer befindliche Menschen innerhalb von sechs Minuten umzubringen.

Die Redaktion des Extrablattes versucht jedoch auch zu dokumentieren, daß sich das Leben in den Ruinen allmählich wieder normalisiert: »Zum Schluß etwas Erfreuliches: Die Fußballsaison kommt in Schwung. Die Schiedsrichterabteilung des Warschauer Fußballverbandes bittet alle Schiedsrichter, die an aktiver Teilnahme am Sportgeschehen interessiert sind, sich im Sekretariat zu melden.«

Die wahren Ereignisse aus Krieg und Nachkriegszeit beschäftigen die Polen noch heute. Während die deutschen Verbrechen schon früh zumindest aufgelistet wurden, begann man in Polen erst in letzter Zeit, die Taten der sowjetischen Hegemonialmacht und die damit in direktem oder indirektem Zusammenhang stehenden innenpolitischen Geschehnisse aufzuarbeiten.

Damals, direkt nach dem Kriege, hätten die Polen eigentlich allen Grund gehabt, sich gemeinsam zu freuen, und Hand in Hand das Aufbauwerk zu beginnen, wie es etwa im »Lubliner Manifest« angeregt wurde. Aber – weit gefehlt. Vor allem die sowjetische Einflußnahme auf die polnische Innenpolitik verführte manche wichtigen Gruppen dazu, sich in Partikularinteressen zu verlieren. Nicht einmal der gemeinsam errungene Sieg über das imperialistische Deutschland konnte diejenigen Polen einigen, die ihn errungen hatten – wenn auch an verschiedenen Fronten zusammen mit unterschiedlichen Alliierten kämpfend. In Polen erklang kein gemeinsames Heldenlied.

Heldenlieder

Nach Jahrzehnten, im Jahre 1990, haben es auch die »Helden von der Westerplatte« geschafft, eine finanzielle Aufbesserung zu erhalten, die anderen – ebenfalls hochdekorierten – Kriegsteilnehmern schon lange zuteil wurde. Diesen zu kurz gekommenen Verteidigern polnischen Bodens hatte man bisher lediglich viel Ehre erwiesen: Den deutschen Angreifern hielten sie 1939 am längsten stand, dies brachte ihnen hohes Ansehen bei den gegnerischen Militärs ein; wegen ihrer allgemein anerkannten Tapferkeit wurde ihnen auch seit Jahrzehnten die Ehre zuteil, bei Staatsbesuchen – welche die Westerplatte selten ausließen – eine meist schlecht gekleidete, aber aufwendig ordensgeschmückte Formation zu bilden. Allein – wer lebt schon von der Ehre! Eine nachträgliche finanzielle Anerkennung scheint von dem jeweiligen Beitrag der Kämpfenden verschiedener Gruppierungen zur Befreiung Polens abzuhängen, und davon, wie dieser im nachhinein bewertet wurde. Waren diejenigen, die schon längst als sogenannte Kombattanten alle möglichen Vergünstigungen bezogen, größere Helden? Oder waren die Männer von der Westerplatte nur in der falschen Armee: der Nationalarmee, die den Deutschen nur kurz widerstehen konnte? Waren sie deshalb gar schlechtere Polen als die Soldaten der Anders-Armee, die mit dem Westen kämpfte, oder mindere Patrioten als die Angehörigen der Berling-Truppen, die mit den Sowjets vom Osten bis zur Oder kamen? Damit aber nicht genug der Heldenlieder!

Polens Schicksal zwischen dem damaligen Deutschen Reich und der damaligen Sowjetunion wurde ebenso von den Partisanenkämpfern der Heimatarmee mitbestimmt wie von jenen, die mit sowjetischen Partisanen gegen die Deutschen kämpften. Und nicht zu vergessen die Untergrundkämpfer, die einen geheimen Staat mit seinen geheimen Schulen, seiner geheimen Post aufrechterhielten. Und – waren jene Partisanen keine Patrioten, die gegen die Sowjets kämpften? Waren letztere völlig geächtet, so mußten auch andere Gruppen ständig um die Siegespalme kämpfen und – später – um deren materiellen Kern.

Schließlich kamen die Streiter zu der Einsicht, daß ein Interessenausgleich unter den verschiedenen Kombattantenströmungen stattfinden müsse; wenn sich die Gruppen verschiedener Couleur schon nicht auf ein gemeinsames Heldenlied zu einigen vermochten, sollte ihnen eine gemeinsame Interessenvertretung wenigstens zu den angemessenen Privilegien verhelfen. So entstand der »Bund für Freiheit und Demokratie«, kurz ZBoWid, der Überlebenden des Kampfes um Polens Freiheit.

ZBoWid

Ich hatte erfahren, daß es nicht nur wegen der Helden von der Westerplatte erneut Krach im ZBoWid gegeben hatte; die unterschiedlichen Interessen verschiedener Strömungen ließen vermutlich nur dann harmonische Arbeit im Bund zu, wenn starker Druck von außen die Reihen schloß. Über die aktuellen Auseinandersetzungen wollte ich Genaueres wissen. Zudem interessierte mich, welches Ansehen Jaruzelski bei ZBoWid genießt, immerhin – zeitweise amtierte er dort als Vizepräsident. So schien mir die Möglichkeit, einen der jetzigen Chefs der Organisation zu sprechen, sehr verlockend. Ich bekam einen Termin und wurde von einem älteren Herrn, einem Oberst, einem studierten, promovierten, sehr gut deutsch sprechenden Vertreter der Organisation empfangen und zu meinem hohen Gesprächspartner geleitet.

Dieser erwies sich als äußerst freundlicher, zuvorkommender Mensch. Sein Büro war mit Möbeln ausgestattet, denen man ihr Alter, ihre vermutlich »adlige« Herkunft ansehen konnte. Wir einigten uns sehr schnell darüber, zunächst nur ein Vorgespräch zu führen. Er erklärte sich bereit, auf meine Fragen ausführlich zu antworten, müsse sich aber vorbereiten, wolle mir zusätzliches Material zur Verfügung stellen und zwei weitere Herren bitten teilzunehmen. Das nächste Zusammentreffen sollte wenige Tage später sein.

Verabredungsgemäß rief ich nach zwei Tagen an. Er sagte dann schon am Telefon, der eine der beiden Herren sei zur Jagd gefahren, und der andere sei leider gleichfalls verhindert. »Aber das macht ja nichts, ich selbst werde Sie am Dienstag um 9.30 Uhr empfangen.« Dieses Telefonat wurde am Freitag abend geführt.

Als ich mich dienstags in der geräumigen Villa des ZBoWid anmeldete – sie ist unmittelbar gegenüber der amerikanischen Botschaft gelegen –, schien der vormals so zuvorkommende Empfangs-Oberst wie umgewandelt: Er hatte plötzlich große Schwierigkeiten mit der deutschen Sprache. Auch konnte er sich nicht an meinen Besuch erinnern. Als ich auf meine feste Vereinbarung verwies und Anstalten machte, den mir bekannten Büroraum zu erreichen, schob er mich mit festem Griff durch eine Tür, die er mit seiner freien Hand öffnete und sofort wieder schloß.

Ich fand mich in einem überraschend weitläufigen Raum wieder. Am Kopfende eines mächtigen, ovalen Konferenztisches, in etwa zwölf oder fünfzehn Metern Entfernung, saß mein Gesprächspartner und machte keinerlei Anstalten, seine Freundlichkeit zu wiederholen. Er ließ sich zu diesem Zeitpunkt zudem offensichtlich ablenken: Der Redakteur einer Schülerzeitschrift fotografierte ihn.

Als ich das Oval des Konferenztisches seitlich passiert hatte, bat er mich, Platz zu nehmen. Hastig beantwortete er meine Fragen; und sichtlich nervös übergab er mir schließlich einen fünf Jahre alten Kongreßbericht und zwei Zeitungsartikel mit dem Hinweis auf die von mir erbetenen Unterlagen. Im gleichen Moment öffnete sich die Tür; wir wurden darüber informiert, daß der Konferenzraum gebraucht werde. Nach einem raschen Abschied von meinem Gesprächspartner verließ ich den Raum. Erst als ich über die breite Treppe wieder die Straße erreicht hatte, verließ mich eine große Beklemmung.

Ein polnischer Freund sagte: »Na ja, der Mann ist am Wochenende abgesetzt worden!«

In meinem Gespräch mit Wojciech Jaruzelski wollte ich dieser Entwicklung auf den Grund gehen. Ich wollte erfahren, warum die Streiter für Polens Freiheit sich gegenseitig bekämpfen, und gab zu bedenken, daß bei derartigen Auseinandersetzungen doch untergehen würde, welch hohen Blutzoll Polen im Kriege insgesamt geleistet habe. Frage:

»Es scheinen viele Partikularinteressen im Spiele zu sein, und ich möchte gerne wissen, ob Sie nicht kraft Ihrer Autorität sagen können: Leute, hört auf damit, konzentriert euch auf dieses neue Polen«. Antwort Jaruzelski: »Sie schneiden ein sehr wichtiges Thema an, das aber die Kombattantenoptionen weit überschreitet. Das Ganze ist die Funktion der politischen Teilungen, die gar nicht erst auf die Kriegszeit zurückgehen, sondern oftmals weit früher vollzogen wurden. Unabhängig davon kann man dabei aber auch gewisse psychologische Regelmäßigkeiten beobachten. Es liegt doch in der menschlichen Natur, daß die Erinnerungen an die Jugend viel heller und farbiger sind. Der Mensch war jung, hatte kein Rheuma, trug keine Brille.

Es ist vollkommen natürlich, daß der Mensch zu den Zeiten zurückgreift, als er jung war, sich unter bestimmten Einflüssen befand, in bestimmten Milieus verkehrte. Er schloß sich einer bestimmten Strömung an, manchmal war es sogar keine bewußte Wahl, sondern eine Frage des Zufalls, des Schicksals. Das gilt ja auch für meine Person. Und das findet seine Bestätigung in den Teilungen, die es nicht nur nach dem Zweiten, sondern auch nach dem Ersten Weltkrieg in Polen und auch in anderen Ländern gegeben hat, die sich in einer ähnlichen Lage befanden.

Ich kann mich daran erinnern, es gab in Polen verschiedene Kombattantenströmungen, die zueinander in Konkurrenz standen. Die eine Strömung, die mit Jozef Pilsudski und seinen Legionen verbunden war, und die zweite Strömung, die mehr in die christlich-nationale Richtung ging. Ihre symbolischen Persönlichkeiten waren General Haller und General Sikorski. Es gab einen starken politischen Kampf zwischen diesen beiden Richtungen. Polen war in dieser Hinsicht ein besonderes Land. Aber ähnliche Beispiele könnte man auch in anderen Ländern finden.

Um nun zu dem von Ihnen angeschnittenen Thema der Heimatarmee, der Armee des Generals Anders, der des Generals Berling, der Bauernbataillone und anderer Strömungen zurückzukehren: Einerseits waren es bestimmte politische Optionen, die die Führungszentren betrafen – in diesem Fall das Führungszentrum der Londoner Regierung –, und andererseits kommunistische Kräfte, die bestimmte Organisationen wie den Verband der Polnischen Patrioten gegründet haben. Die auch die Heimatarmee und deren Entsprechungen im Lande gebildet haben, die Heimatarmee und die Volksarmee. Hierbei waren selbstverständlich politische Optionen vertreten.

Wenn es sich jedoch um einzelne, konkrete Menschen handelt, dann war es meistens das Schicksal, das sie zu solchen und nicht anderen Positionen und Stellungen verleitet hat. Die Heimatarmee war eine viel stärker vernetzte, ausgebaute Organisation als die linke Kampfbewegung, und sie hat kraft dieser Tatsache Menschen vereinigt, die manchmal eine ganz andere politische Wahl getroffen hätten. Und umgekehrt, das gleiche kann man von der regulären Armee sagen. Oder: Der Anders-Armee sind Kommunisten beigetreten, einer von unseren größten Dichtern, Wadiswaf Bronjewski. Und bei Berling gab es Menschen, die mit dem Kommunismus nichts gemein hatten. Ich selbst gehöre der Generation an, die noch nicht über eine klare, eigene politische Vision verfügte. Ich bin eigentlich nur durch einen Zufall in die Anders-Armee geraten.

Sie haben gefragt, warum diese Unterschiede bis heute noch zur Geltung kommen, da schon so viele Jahre vergangen sind. Da gibt es sozusagen Etappen. In den Jahren direkt nach dem Kriege kam es sogar zu bewaffneten Konflikten mit bürgerkriegsähnlichem Zuschnitt. Dann kam die Periode der stalinistischen Repressalien, die vor allem gegen die Soldaten der Heimatarmee gerichtet waren. Auch gegen die Soldaten aus dem Westen. Zum Teil sind diesen Repressalien aber auch Kommunisten unterzogen worden. Dann kam die Periode des sogenannten Tauwetters: Während dieser Zeit gab es die Integration aller Kreise, unabhängig von ihrem Ursprung, ihren Wurzeln.

Es existiert eine Organisation, der ›Bund der Kämpfer für Freiheit und Demokratie‹, ZBoWid, der damals die Vertreter aller Strömungen vereinigte. Gegenwärtig haben sich aber die Teilungen wieder zugespitzt. Es sind sogar gewisse Spaltungsprozesse innerhalb dieser Organisation selbst zu beobachten. Das hat aber die Funktion der allgemeinen politischen Situation. Es haben sich bestimmte politische Konflikte zugespitzt.«

»Gehört diese Entwicklung also zu dem Gärungsprozeß, der in Polen insgesamt stattfindet?«

»Nein, ich würde nicht behaupten, daß es so allumfassend ist. Trotz allem, was des öfteren sehr exponiert wird und worum man manchmal viel Lärm macht, will der größte Teil der Bevölkerung Frieden bewahren, will keine Konflikte haben. Diese Prozesse gehen jetzt bei uns sehr friedlich vor sich und bewirken dennoch tiefgreifende Umwandlungen. Diese Tendenz hat vor allem die Aufklärung der sogenannten Weißen Flecke begünstigt. Früher wurde über diese Fragen aus verschiedenen Gründen nicht gesprochen. Da solche Fragen jetzt an die Oberfläche gelangen, werden auch alte Streitigkeiten lebendig. Das ist eine gewisse Welle, die vorbeiziehen wird mit der Zeit. Obwohl – ich bin mir dessen völlig bewußt – die Integration, die einst innerhalb des ZBoWid herrschte, nicht mehr zu wiederholen, nicht mehr zu erreichen ist. Es geht aber darum, daß sich nicht alles ausschließlich auf Antagonismen reduziert.«

Der Präsident meinte dann noch: Dieses Problem müsse – obgleich seine Bedeutung nicht heruntergespielt werde – den Politikern nicht allzu große Sorgen bereiten.

Was war ZBoWid? Eine umfangreiche Dokumentation über die Organisation erschien anläßlich des ZBoWid-Kongresses von 1985. Sie gibt unter anderem Aufschluß über die Struktur des Verbandes. Als Mitglieder werden genannt:

- Soldaten des Verteidigungskrieges von 1939 (ca. 29%)
- Teilnehmer der Widerstandsbewegung (ca. 22%)
- Soldaten der LWP (Volksarmee Polens) (ca. 20%)
- Teilnehmer der Kämpfe zur Wahrung der Volksherrschaft (ca. 16%)
- Insassen der Gefängnisse der Hitlerzeit und der Konzentrationslager (ca. 7%)
- Soldaten der PSZ (Polnische Streitkräfte) im Westen (ca. 3%)
- ehemalige polnische Soldaten der Roten Armee (ca. 2%)
- Lehrer an den geheimen Schulen (ca. 1%)
- Aufständische aus Groß-Polen und Schlesien
- Teilnehmer der Revolutionskämpfe von 1905 bis 1918
- Freiheitskämpfer aus Spanien
- und andere.

Aus dieser historischen Aufstellung läßt sich unschwer ableiten, wie schwierig es sein muß, diese Veteranen zu vereinigen beziehungsweise deren Interessen miteinander zu verbinden.

Die Aufgaben des ZBoWid sind vielfältiger Art. Mit erheblichen staatlichen Mitteln wurde die Unterstützung der Mitglieder organisiert.

Die Zusammenarbeit mit der Jugend und den Massenmedien ist sehr aufwendig, denn man verfolgt »ideell-erzieherische und politisch-propagandistische« Ziele. Außerdem gibt es die vielfältigsten Aktivitäten im sozialen Bereich, die Lösung sozialer Probleme der Mitglieder. Eine der wichtigsten Aufgaben – die auch gleichzeitig zu großen Zerwürfnissen innerhalb des Verbandes führte – ist die seit Anfang 1983 an ZBoWid delegierte Verteilung von Privilegien: Diese werden nach unterschiedlichen Kriterien und nach der »Rangordnung« innerhalb des Verbandes gewährt.

Kombattanten beanspruchen Rentenzulagen um zwanzig Prozent, kostenlose Benutzung von Fernseh- und Rundfunkgeräten, halbe Fahrpreise bei Bus und Bahnen, Vergünstigungen bei der Abrechnung von Strom, Gas und Heizung, Ermäßigungen von fünfzig Prozent bei den Telefongebühren. Sie erhalten den Vortritt beim Kauf eines Freizeitkleingartens oder der Verteilung von Genehmigungen für nicht vergesellschaftete Handels- bzw. Wirtschaftstätigkeiten. In der Mangelwirtschaft haben sie auch den Vortritt beim Kauf von Landwirtschaftsmaschinen und -geräten. Sie erhalten zum Beispiel Rechtsschutz, wenn sie zwei Jahre vor der Rente aus ihrer Arbeitsstelle entlassen werden. Zehntägige Zusatzurlaube gehören ebenso zu den Privilegien wie zehnprozentige Ermäßigungen beim Kauf von Eigentumswohnungen. ZBoWid unterhält sogenannte »Häuser des Kombattanten«, unterstützt Sanatorienaufenthalte und zahlt individuelle Sozialbeihilfen.

Außerdem werden auch heute noch massenhaft Orden verliehen: Militärische Formationen aus den verschiedensten Kampfzeiten der polnischen Geschichte werden nachträglich ausgezeichnet.

Zur Organisation des ZBoWid gehören ein Zentralrat, eine Hauptverwaltung, ein zentraler Prüfungsausschuß und ein zentrales Kollegialgericht. Obwohl sich das Mitgliederpotential durch natürliches Ableben auch schon früher hätte reduzieren müssen, stiegen die Mitgliederzahlen noch an: Gab es 1979 über

650 000, so zählte man 1984 bereits über 760 000 ZBoWid-Angehörige. Über 90 % der Mitglieder sind Männer.

Bei den zahlreichen zu verteilenden Privilegien und Hilfen ist es verständlich, daß viele Polen versuchen, Anerkennung als Kombattant zu finden. Zwischen 1979 und 1984 gab es 381 984 Anträge bei ZBoWid. In dieser Zeit wurden dann auch endlich die Ansprüche der in den Ghettos inhaftierten Personen jüdischer Abstammung sowie derjenigen, die im Alter von unter vierzehn Jahren in Lagern inhaftiert wurden, anerkannt. 293 336 Aufnahmeanträge wurden positiv entschieden.

Für Streitfälle ist das verbandseigene Kollegialgericht zuständig. Seine Aufgaben sind teilweise an höhere Stellen auf Wojewodschaftsebene delegiert. In den Jahren 1979 bis 1984 hatten diese Gerichte 434 Fälle zu behandeln, von denen 32 % »unethische Taten« betrafen, 18 % üble Nachrede, 16 % Verschweigen der Strafbarkeit, 10 % Anklagen wegen mangelnder Grundlagen für die Mitgliedschaft bei ZBoWid, 4 % wegen Kollaboration, 3 % wegen Verzicht auf die Nationalität, 2 % Fahnenflucht und 15 % andere Vorwürfe. Die Gerichte erließen folgende Urteile:

23 % der Beschuldigten wurden aus dem Verband verwiesen, 14 % wurden durch »Tadel« bestraft, 8 % durch »Verwarnung«, 7 % durch Suspension der Mitgliederrechte, 13 % der Urteile endeten mit Freispruch, und 35 % der Verfahren wurden niedergeschlagen.

ZBoWid pflegt sehr ausgeprägte internationale Beziehungen: zum Internationalen Auschwitz-Komitee, zum polnischen Kombattantenverein in Nottingham, Großbritannien, zu den Kombattanten der polnischen Kolonie in Großbritannien, zur polnischen Vereinigung ZGODA, ebenfalls in Großbritannien, zur Kulturvereinigung Polonia in Schweden und zur polnischen Vereinigung der Kriegsversehrten in der Bundesrepublik Deutschland.

Zur Zeit des Kongresses aus dem Jahre 1985 wurden zu den über siebenhundertfünfzigtausend Mitgliedern noch fast zweihunderttausend sogenannte »Schützlinge« gezählt, von ZBoWid betreute Frauen oder Kinder. Unterstellt man einmal, daß dieser

Verband die bescheidene Existenzgrundlage vieler Menschen verbessern konnte, sind seine wieder aufgeflammten Zwistigkeiten sehr folgenreich. Es ist anzunehmen, daß die Hahnenkämpfe alter Herren bewirken, daß es einigen Menschen im Lande wieder etwas schlechter geht. Unterstellt man andererseits, daß der Verband unter dem Schirm der Kommunisten die einen bevorzugt und die anderen abgewiesen hat, ist es sicher sinnvoll – wie dies gegenwärtig geschieht –, Weiße Flecke mit Farbe zu versehen; zum Beispiel einen ehemals führenden ZBoWid-Funktionär aus dem Amte zu verweisen, der sich zwar über Jahrzehnte als Aufklärer von Nazi-Verbrechen verdient gemacht hatte, aber in den sechziger Jahren einer jener Parteifunktionäre war, die mit dem Mittel des offenen Antisemitismus eine Säuberungskampagne in Partei und Staat entfesselten.

Für den außenstehenden Beobachter ist es dabei fast unverständlich, wenn zeitgleich mit dieser Aufklärung neue Kampagnen durchgeführt werden, die sich wieder der gleichen Mittel bedienen. Im Frühsommer agitierten Gegner der Regierung Mazowiecki mit der üblen »Scherzfrage«, wie viele Regierungsmitglieder »unbeschnitten« seien.

Antwort: »Leider nur zwei, die beiden Frauen.«

Seit Mitte der fünfziger Jahre hat Polen einen relativ eigenständigen Kurs gesteuert. Von inneren Zuständen, wie sie in den ehemaligen Blockstaaten DDR oder Rumänien herrschten, war das Land stets weit entfernt. Polen wurde zum Schrittmacher der großen Umwandlungen. Die Verantwortlichen entwickelten gemeinsam die politische Kultur der Diskussion am »Runden Tisch«. Politische Ziele können sich wandeln, die Wege zum Erfolg nicht immer die gleichen sein. Aber eine einmal gefundene Möglichkeit, die politische Auseinandersetzung mit neuen, fairen Mitteln durchzuführen, sollte eigentlich konserviert werden können.

Begegnung

Die polnischen Soldaten begegneten dem Grauen in den deutschen Konzentrationslagern, seit die Truppen über den Bug gekommen waren. Sie trafen auf das bereits befreite Konzentrationslager Majdanek. Sie mußten sich überzeugen, daß keine Greuelpropaganda böser sein konnte als diese Wirklichkeit.

Auch Jaruzelski wurde unmittelbar Zeuge dieser Inhumanität. Im Verlaufe der weiteren Kriegshandlungen kam er nach Oranienburg-Sachsenhausen. Das dortige Konzentrationslager war von den SS-Schergen gerade verlassen worden. Jaruzelski:

»Oranienburg war ein sehr starkes Erlebnis. Die Situation im KZ Sachsenhausen war so, daß das Lager nicht im Kampf befreit wurde. Am zweiundzwanzigsten April 1945 – ich erinnere mich genau und habe es in Dokumenten bestätigt gefunden –, an diesem Tag war irgendeine sowjetische Einheit irgendwo in der Nähe von Oranienburg im Angriff. Daraufhin floh die Kommandantur des Lagers Sachsenhausen. Es gab zunächst eine kleine sowjetische Streife, die später einfach wegging. Viele der Häftlinge sind dann auseinandergelaufen.

Wir sind am dreiundzwanzigsten April dort einmarschiert. Ich befand mich unter den ersten, die eintrafen. Im Lager waren nur noch die Häftlinge, die einfach keine Kraft mehr hatten, um sich zu evakuieren oder wegzulaufen. Es war ein schrecklicher Anblick. Es waren menschliche Skelette, darunter besonders viele Polen, Russen und Juden. Aber das ganze Europa war vertreten; es gab Niederländer, Belgier, Franzosen, Tschechen und so weiter. Dort gab es ein richtiges Barackenstädtchen. Mit Gaskammer, wie man sagte, und mit Krematorium.

Die Häftlinge aus Polen waren zum größten Teil nach der Niederlage des Warschauer Aufstandes dahin gekommen. Sie haben uns mit großer Freude empfangen. Sie waren keine wirklichen Gefangenen mehr, nachdem die Lagerleitung am Tage davor geflohen war. Aber als wir kamen, haben sie erst richtig gespürt, daß sie frei waren. Es war nun eine spezifische, psychologische Befreiung.«

Wojciech Jaruzelski findet ausgehend von diesem Erlebnis,

das ihn vor fünfundvierzig Jahren erschütterte, einen bewegenden Brückenschlag zur Gegenwart, zu seinem politischen Tun, vermittelt über einen Mann, der nicht seiner Partei angehörte, von dem er aber annimmt, daß er ihm in einer schwierigen Situation entgegenkommen wollte.

Als im vergangenen Jahr die Präsidentschaftskandidatur Jaruzelskis auf den Weg gebracht werden sollte, gab es einen zweiten Kandidaten, General Kiszczak, den späteren Innenminister in der Regierung Mazowiecki, der im Juli 1990, seinen Abschied aus diesem Amt erhielt. Beide Kandidaten wurden von den Parlamentsfraktionen ausführlichen Anhörungen unterzogen. Nach der Befragung durch die Solidarność-Fraktion äußerte sich deren Sprecher, Professor Geremek, sinngemäß gegenüber der Presse: Obwohl er mit Jaruzelski in der Sache häufig nicht übereinstimme, habe ihm imponiert, daß der Kandidat seine Meinung so fest vertreten habe, ohne sich anzubiedern. An die Befragung knüpft sich Jaruzelskis nachhaltige Erinnerung:

»Ich wurde da sehr genau befragt und habe mich bemüht, alle Fragen zu beantworten. Plötzlich höre ich eine Stimme aus dem Saal, in dem wohl einhundertfünfzig Solidarność-Abgeordnete versammelt waren: ›Herr General . . .‹, denn es war vom Kriegsrecht die Rede; warum ich das Kriegsrecht ausgerufen habe; ob denn die Maßnahmen, die ich ergriffen habe, richtig und nötig waren und so weiter. Ich habe diese Frage erörtert, beantwortet. Und dann hörte ich eine Stimme, die zu mir sagte: ›Herr General, ist da nicht manipuliert worden, wurden Sie denn richtig informiert von Ihren Untergebenen? Haben diese Informationen nicht die Wirklichkeit dämonisiert?‹ Also, kurz gesagt, er ist mir entgegengekommen, hat mir die Hand hingestreckt. Seine Frage bedeutete, wenn ich Entscheidungen getroffen hätte, die ihres Erachtens unrichtig gewesen wären, dann deshalb, weil ich falsch informiert wurde.

Lärm und Getrampel erhoben sich im Saal, nachdem die Frage so gestellt war. Dem Rest des Publikums schien sie nicht gefallen zu haben. Hinterher erkundigte ich mich, wer derjenige gewesen sei, der mich angesprochen habe. Die Antwort: ›Es war der hervorragende Schriftsteller Andrzej Szczypiorski!‹ Ich habe nun ein

Buch von ihm gelesen und dabei erfahren, daß er in Sachsenhausen im KZ war und am dreiundzwanzigsten April 1945 befreit wurde! Wenn ich mit ihm zusammentreffe, muß ich ihn nach allen Einzelheiten fragen! Das ist so ein spezifischer Zufall.«

Zufall?

Bei dieser Erzählung wirkt Jaruzelski sehr angeregt, jung, als habe er eine Entdeckung gemacht. Ganz plötzlich kommt ihm aus der anonymeren Einheit der Solidarność-Fraktion ein Mensch ins Blickfeld, mit dem ihn mehr verbindet als der politische Streit um den besten Weg für die Zukunft Polens. Gemeinsame Zeugenschaft, gemeinsames Erleben, das Erlebnis vom Ende einer Qual, vom Ende des einen großen Verbrechens in der Mitte dieses Jahrhunderts. »Wenn ich mit ihm zusammentreffe, muß ich ihn nach allen Einzelheiten fragen!« – dieser Satz ist das Dokument einer partiellen Sprachlosigkeit Jaruzelskis, und er zeichnet den Graben auf, der – nicht nur in Polen – zwischen Trägern der »Staatsmacht« und dem »Staatsvolk« klafft.

Ein »spezifischer Zufall« erst führt den eigentlich kommunikationsfeindlichen Wojciech Jaruzelski zu einer »menschlichen« Begegnung – symptomatisch für diesen Menschen, der sein Leben im Banne vorbestimmter Strukturen verbrachte; der individuelle Ansprüche allzu häufig unter den zentralen Schlagworten wie »Patriotismus«, »Verantwortung«, »Partei« und so weiter verbarg. Es ist kein Zufall, daß auch von ihm mit dem zarten Beginn demokratischer Kommunikation menschliche Entdekkungen gemacht werden können, die unter der selbstgewählten oder systembedingten Isolation unmöglich gewesen waren.

Andrzej Szczypiorski, Jahrgang 1924, ein Jahr jünger als Jaruzelski, kämpfte während des Krieges im Warschauer Aufstand, und zwar als Oberleutnant in der linken Volksarmee. Als Überlebender wurde er von den Deutschen ins KZ Sachsenhausen gebracht. Die polnischen Truppen unter dem Kommando Jaruzelskis gaben auch ihm am 23. April 1945 die Gewißheit der Befreiung. Er wurde Publizist und Schriftsteller, war Mitglied des

Vorstandes im polnischen PEN-Club und des polnischen Schriftstellerverbandes. Am 13. Dezember 1981 wurde er interniert. Unter dem Oberkommando Jaruzelskis. Im Frühjahr 1982 aus der Internierung entlassen, widmete er sich wieder seinem Werk: »Das macht Sczcypiorskis Roman so überzeugend: Daß er zwar Systeme verurteilt und Ideologien an den Pranger stellt, aber nie über Menschen den Stab bricht, auch über den erbärmlichsten nicht«, schrieb der Kritiker der »Weltwoche« in Zürich über seinen Roman »Die schöne Frau Seidenmann«. Auch in anderen Werken verarbeitet der von Zeitläufen und Menschen so schwer Geprüfte seine Botschaft des Verstehens und Vergebens. Eine Haltung, die gerade heute eine besondere Bedeutung gewinnt. Nelson Mandela, der so lange Eingekerkerte, versucht diesen Gedanken in die praktische Politik Südafrikas einzuführen. Auch die Deutschen müssen sich dieser Idee beugen, wenn sie die – auch in Sachsenhausen – aufgedeckten Verbrechen des sowjetischen NKWD und seiner Stasi-Helfer und eigenständige Stasi-Taten in der DDR verarbeiten wollen, ohne neue Wälle aufzuschütten. Vergangenes zwar aufarbeiten, nicht aber Rache üben. Vergeben – aber nicht vergessen.

Im vereinten Deutschland werden die Menschen etwas kennenlernen, was in Polen schon lange zum schwierigen Alltag gehört: die Zerrissenheit der staatlichen Geschichte; parallel verlaufende und dennoch sehr unterschiedliche Lebensläufe erschweren den Dialog. Aber für die Polen ist die Entwicklung einer von Dialogen geprägten, pluralistisch formierten staatlichen Organisation ebenso lebenswichtig wie für die Bewohner der bisherigen DDR und anderer Staaten, in denen der real existierende Sozialismus alle individuelle Kreativität erstickte.

Oft sind es nur die »spezifischen Zufälle«, welche Menschen mit unterschiedlichen Herkunfts- und Erlebnishorizonten zusammenführen und ihnen die Chance zu einer Symbiose, zu kreativer Gemeinsamkeit geben, die sich auch im sachlichen Gegeneinander ausdrücken kann oder muß. »Kritische Loyalität« fordert Wojciech Jaruzelski von seinen Freunden. Daß er selbst diese Eigenschaft in seinem Amte kultiviert, bestätigen alle, die mit dem Präsidenten arbeiten. Indem er mitwirkt, die weißen Flecken zu beseitigen, die das von ihm repräsentierte Regime hinterlassen hat, erwirbt er sich zusätzlich Achtung. Daß er heute von Dingen erfährt, die während »seines« Kriegsrechts vonstatten gingen, ihm aber verborgen blieben, gehört zur Tragik seines persönlichen Weges. Nicht zuletzt diese Einsicht, zu der er sich im Gespräch sehr offen bekennt, und die Begegnungen mit den Menschen von der »anderen Seite der Barrikaden« haben ihn – öffentlich erkennbar – dialogfähiger gemacht. Seine Fähigkeit, im Gespräch weite Gesprächsräume zu öffnen, wird mittlerweile allgemein anerkannt.

Diese Beobachtungen sollen nicht vorwegnehmen, welche Wege Jaruzelski weiter ging und wie er zu dem wurde, der er ist. Und es ist noch vieles von dem Lande zu berichten, von seiner Geschichte nach dem Krieg, von den Spaltungen, die noch vielfältiger sind, als der Kombattantenstreit vermuten läßt. Jedoch, ein kleines Intermezzo kann nicht schaden, wenn es beim Leitmotiv verbleibt:

Begleitmusik

»Lieder vom Gewehr und Bajonett sind polnischer Hausgesang«, sagt dem Fremden ein intimer Kenner der polnischen Mentalität. Wer freitags oder an Abenden vor Feiertagen – oftmals – unfreiwillig den musikalischen Partygewohnheiten der Hausnachbarn ausgesetzt ist, kommt zu anderen Hörerlebnissen: Die Klänge der westlichen Hitlisten ertönen von rechts, von links, von oben und von unten. Später in der Nacht jedoch kommt »Hausgesang« durchaus zu Ehren. Erklingen Lieder, die man sang, als es kein Polen gab, in den Zeiten der von den Okkupationsmächten verordneten offiziellen Sprachlosigkeit. Und die Polen haben diese Lieder auch gesungen, als die Deutschen im Land waren, noch davor in der »Zwischenkriegszeit« und später – während des Kriegsrechts. Damals, Anfang der achtziger Jahre, waren diese Lieder auch ein Ersatz für Sprüche, die man nicht skandieren durfte – »Wir sind das Volk«, wäre den Menschen vor zehn Jahren gar nicht gut bekommen.

Im Lied der Schützen schleift man »den Stahl der Bajonette am Grabe der Väter«. Das Eideslied beschwört: »Wir werden unsere Sprache nicht begraben lassen«, es singt vom Kampf gegen das Kreuzritterjoch und davon, »daß der Deutsche uns nicht ins Gesicht spucken wird«. Kampflieder – aber auch Lieder voller Schmerz, Demut und Liebe, wie das Lied von den weißen Rosen, mit Texten wie aus einer vergangenen Welt:

Die Blüten der weißen Rosen blühen auf,
oh, mein Hänsel kommt von dem Krieg zurück,
komm und küß mich wie zu alten Zeiten,
ich schenke Dir dafür die schönste Rosenblüte.

Als Du in den Krieg gezogen bist,
habe ich Dir eine weiße Rose für den Weg gegeben.
Bevor Du aber noch weggezogen bist,
ist die weiße Rose schon verwelkt.

Über der Steppe herrscht ein undurchsichtiger Nebel,
der Wind weint leise im Steppengras,
der Winter ist gekommen, Rosenblumen sind verwelkt,
Hänslein ist in die Welt gezogen und spurlos verschwunden.

Der Sommer und Herbst sind schon vorbei, der Winter naht,
die weißen Rosen sind schon lange weg.
Was kann ich Dir, Hänslein, jetzt geben?
Wenn Du jetzt vom Krieg zu Deinem Mädchen zurückkehrst?

Hänslein braucht aber überhaupt nichts mehr.
Es wachsen für ihn neue weiße Rosenblüten,
in diesem Tal, wo er im Krieg gefallen ist,
blüht an seinem Grabe die weiße Rose auf.

Begleitmusik zum Kriegsrecht, die aus polnischem Empfinden entstand und aus vergangenen Jahrzehnten, Jahrhunderten überkommen war. Im Westen wurde oft nicht verstanden, daß während des Kriegsrechts beide widerstreitenden Parteien ihren

Kampf auch um die Erhaltung der polnischen Identität und die Gewinnung der nationalen Unabhängigkeit führten. Wenn das Volk in diesen Zeiten zu alten Liedern Zuflucht nahm, dann geschah auch das in beiden Lagern. Der alte Kenner polnischen Hausgesangs sagte jedenfalls, daß sich seine Landsleute nie davon abhalten ließen, ihr gemeinsames Liedgut zu pflegen.

Etwas anders verlief die Geschichte der »Begleitmusik« des real existierenden Sozialismus. Der westliche Medienkonsument pflegte sie fast ausschließlich bei den Berichten über die Maifeiern zu erleben, jenen in den meisten sozialistischen Staaten zu Militärparaden pervertierten Machtdemonstrationen. Diese Veranstaltungen ließen oft nur noch erahnen, daß ihr Ursprung in der historischen Arbeiterbewegung lag. In den neu entstehenden Demokratien werden die Arbeitnehmer wohl wieder zu den freiwilligen Übungen nützlicher Klassensolidarität zurückkehren (müssen). Gründe dafür hat es immer gegeben. Jetzt sind auch die Plätze wieder frei.

Während die wuchtigen Militärparaden in den ehemals sozialistischen Staaten abgeschafft oder – zum 1. Mai – auf symbolische Beiträge reduziert wurden, hat sich in China kaum etwas verändert. Im Gegenteil: Eine der bombastischsten Manifestationen reaktionär-kommunistischer Begleitmusiken ist wiederauferstanden. Die »Peking-Oper« wird neu inszeniert. Hunderte von Musikern, Sängern und Tänzern beschreiben auf riesigen Bühnen den Sieg der Revolution über den Klassenfeind. Guten Willens kann man die logistischen und artistischen Bühnenleistungen noch bewundern. Aber: Die Komponisten oder Arrangeure schrecken vor nichts zurück! Aus Beatles, Britten, Bernstein, Beethoven, Mozart, Tschaikowsky, Strawinsky, Puccini, Verdi und chinesischer Folklore entsteht ein solch unentwirrbarer Mischklang, daß die Zuhörer – nach den vielen Stunden, die dieses Werk zu dröhnen pflegt – nur noch in Taubheit entlassen werden. Nur zu verständlich, daß der europäische Revolutionär sich hier und da lieber von der feinsinnigeren kirchlichen Begleitmusik verwöhnen läßt.

Für Soldaten, insbesondere für Generale, ist Musik oft nur ein Ordnungsfaktor, der den Parademarsch erleichtert. Jedoch: Die

Gelegenheiten für Begleitmusiken solch martialischer Präsenz verringern sich. Militärkapellen bestimmen immer weniger den Marschtritt von Kolonnen, statt dessen geht ihr Klang anderen ins Ohr. Auf Reisen werden Politiker bei ihrer Amtsausübung gezwungen, sich vielerlei anzuhören: auch Präsentiermärsche beim Abschreiten von Ehrenkompanien. Und fremde Nationalhymnen, die Abwechslung bedeuten; sowie die eigene Hymne, die draußen nur in Sternstunden besser gespielt wird als daheim. Und – so mancher Politiker hat durchaus ein musikalisches Gehör, wie der frühere Kanzler Helmut Schmidt, der Orgel und Klavier zu Wohlklang brachte. Oder Edward Heath, jener britische Premier, der Philharmonien dirigieren konnte. In jüngster Zeit gar haben sich ausgebildete Musiker zu Staatsmännern gemendelt: Lothar de Maizière in der Noch-DDR und der Musikprofessor Landsbergis in Litauen: Was mögen sie empfinden, wenn oft schrille Töne von Begrüßungskapellen ihr geschultes Ohr berühren!

Aber auch Politiker, deren eigentliche Profession am Generalspatent erkennbar ist, hören manche diplomatische »Begleitmusik«, die ihnen nicht nur einen Wonnerausch beschert.

»Herr Präsident, Sie haben im ›Teatr Wielki‹ die Oper ›Siegfried‹ besucht. Sind Sie ein Wagner-Fan, oder war dieser Besuch ein diplomatischer Akt?«

»Ich muß ehrlich mit Ihnen sein: Wagner ist zu schwer für mich. Es ist eine große Musik. Aber Beethoven, Mozart, Tschaikowsky stehen mir näher.«

»Und Chopin . . .«

»Selbstverständlich! – Wagner ist eine große Musik, aber auf mich wirkt sie grausam, schwierig. Ich mag keine solche Musik, diese schreiende Musik, diese Kakophonie. Ich bin kein Musikfan, ich verstehe Musik nur auf eine sehr mäßige Weise. Aber – ich habe mir die Oper mit Interesse angeschaut, ich freue mich nämlich sehr, daß das ›Große Theater‹ in Polen es sich leisten konnte, ein so großes Werk aufzuführen.«

Bei der Premiere hatte Generalmusikdirektor und Generalintendant Robert Satanowski dem polnischen Präsidenten seinen deutschen Regisseur vorgestellt: Regiepapst August Everding zeigte Nerven, denn er wußte nur zu gut, mit welchen Vorbehalten ein Werk – dem Hitler zugetan war – in Polen belastet sein mußte. Aber Jaruzelski würdigte die »Leistungen der deutschen Kultur« und beglückwünschte Everding und Satanowski zu ihrer Arbeit.

Richard Wagners Werk als Begleitmusik polnisch-deutscher Diplomatenarbeit, gar ein Stück davon? Warum nicht! Hatte doch der junge Wagner 1849 auf den Barrikaden von Dresden gestanden und dabei auch den Ruf nach Polens Freiheit aufgenommen. Das Thema ließ ihn nicht los: Als Hymnus auf den Freiheitskampf der Polen schrieb er die »Polonia-Ouverture«, längst bevor er »Siegfried« im »Ring des Nibelungen« ausziehen ließ, damit der reine Tor das Fürchten lerne! Vergeblich – von Furcht und Befürchtungen unberührt mußte Siegfried untergehen, als die Götter kämpften.

Nicht nur Wagner, auch Jaruzelskis Lieblingskomponist Chopin hat Schicksalsmusik geschrieben: die Begleitmusik zu einer äußerst wichtigen Begegnung. Der Präsident erinnert sich noch genau daran, daß ein chinesischer Pianist namens Fu Tsung bei einem Chopin-Wettbewerb sein Können präsentierte; er weiß sogar noch zu berichten, daß der Interpret sehr gut gewesen sei. Mit diesem bemerkenswerten Erinnerungsvermögen hat es eine besondere Bewandtnis: »Während der Pause wurde ich auf eine junge Frau aufmerksam. Sie war blond und – zu meinem Glück – in Begleitung eines meiner Bekannten. Und so fing alles an!«

Die schöne junge Frau war Halina Barbara Jaskolska, von der er heute sagt, er sei ihr wohl kein guter Ehemann geworden, »ein guter Ehemann widmet seiner Familie mehr Zeit, ist fürsorglich, immer heiter – leider erfülle ich diese Bedingungen nicht«.

Eine andere – wieder mit Musik zusammenhängende – Bedingung hat er erfüllt: Er inspirierte – wenngleich ohne sein Wissen – eine Begleitmusik zu seinem Tun; er wurde zum Inspirator einer Kölner Musikgruppe, ist seit Jahren der Namenspatron! Die JARUZELSKI-Musiker betrachten ihr Werk als »Experiment«, mit dem sie bei einem Workshop für improvisierte Musik in Köln, bei der »Jim Whiting Show« der Baseler Galerie Littmann oder bei den Wuppertaler »Postnuklearen Aktionstagen« das Publikum suchten. Daß den Musikern im Rahmen dieses Buches eine Würdigung widerfährt, verdanken sie ihrer ureigenen Analyse des Phänomens »Jaruzelski«, die sich als musikalisches Credo wie folgt präsentiert:

»JARUZELSKI ist das Experiment, über den Weg ›Instrumente‹ zu kommunizieren. Da die Vorgabe aus ›Alles ist erlaubt‹ besteht, gerät die Unterhaltung genauso zum aufgeregten Durcheinandergeplapper wie auch zu quälender Sprachlosigkeit. Die unausgesprochene Disziplin zwingt den einzelnen, die Impulse der anderen aufzunehmen, zu verstärken, Antipoden zu setzen oder zu zerstören.

JARUZELSKI ist hart, JARUZELSKI ist moderat.
JARUZELSKI tritt zurück,
JARUZELSKI verschafft sich Gehör.
JARUZELSKI ist undurchsichtig – JARUZELSKI.«

Die Gruppe versteht »Jaruzelski« also als System. Um sich Gehör zu verschaffen, bedient sie sich der elektronischen Verstärkung. Dennoch war ihr Lied noch nicht bis Polen gedrungen, als Wojciech Jaruzelski kommentierte, eine solche Widmung sei immerhin »besser als eine Striptease-Veranstaltung«.

Auch ohne das Hörerlebnis »Jaruzelski« schon gehabt zu haben, halten es Künstler von der Weichsel wohl eher mit der folgenden Aussage: »Unser Wunsch ist es, daß die Kunst auf dem Boden, auf dem wir schaffen, von unentbehrlichem Wert wäre!« Der Mann, der diese Worte sprach, war der Pole Ignacy Paderewski. Der Pole Robert Satanowski versucht, diesem Anspruch gerecht zu werden.

Zerrissen

Robert Satanowski wurde im vergangenen Jahr von Wojciech Jaruzelski zum Brigadegeneral ernannt. Somit trägt er nun drei »Generalstitel«: Bereits zuvor hatte er schon das Amt des Generalintendanten des Warschauer Großen Theaters, des »Teatr Wielki«, sowie des Generalmusikdirektors im selben Hause inne. Das Große Theater in Warschau hat eine der größten Opernbühnen der Welt. Seit Satanowski gegen Ende der siebziger Jahre die Geschicke des Hauses in seine Hände nahm, erlebte es einen Aufschwung, der international für Aufsehen sorgte. Der »General« erweiterte das Repertoire, schuf ein hochqualifiziertes Ensemble und ein Orchester, das sich mit klangvollen Namen im internationalen Konzertgeschäft durchaus messen kann.

Im Großen Theater hatte Wagners »Ring« – die Gesamtaufführung aller Werke – im vergangenen Jahr Premiere: Östlich der Oder gibt es kein Haus, das sich bisher an dieses Projekt herangewagt hat. Der Erfolg der Aufführung war überwältigend. Der internationale Wagner-Jet-set stellte sich ein, die Kritiker rühmten Satanowski. Neben der großen Oper pflegt der Künstler das Ballett. Und auf der kleineren Bühne im großen Haus werden musikalische Schätze gehoben: lang begrabene Opern aus der Frühzeit des Musiktheaters und erlesene Werke der Kammermusik. Er, der auch im Theater wohnt, um »immer alles unter Kontrolle zu haben«, entdeckt alte polnische Musik, erweckt sie zu neuem Leben.

Orchester und Oper gehen mit ihrem Meister sehr häufig auf Tournee. Im Jahre 1989/90 standen Deutschland, Frankreich, die Schweiz und Israel auf dem Programm. Die Tourneen helfen Satanowski, sein kostspieliges Haus zu finanzieren, zumal er im Westen sehr viele Freunde hat, mit denen er in Gemeinschaftsproduktionen zusammenwirken kann. Kostüme, gar ganze Theaterdekorationen werden zwischen westlichen Häusern und dem »Teatr Wielki« hin und her bewegt. Das Budget ist schmal an der Weichsel und wird noch schmaler werden. Im Lande gibt es Wichtigeres zu tun, als den vergleichsweise wenigen Theaterfans opulente Oper kulinarisch zu vermitteln.

Satanowski wird auch weitere Klippen elegant umschiffen. Dabei hilft ihm seine große Reputation, die er sich vor allem in den beiden Deutschland erwerben konnte. Den letzten Schliff als Regisseur holte er sich als Stipendiat bei Walter Felsenstein in Ost-Berlin, während er gleichzeitig Dirigierkurse bei Herbert von Karajan im Westen der Stadt absolvierte. Er war als erster Ausländer Generalmusikdirektor von Karl-Marx-Stadt, das nun wieder Chemnitz heißt. Das gleiche Amt hatte er im Rheinland inne; für einige Jahre dirigierte er die Niederrheinische Philharmonie mit ihrem Opernbetrieb in Krefeld. Er war in Zürich engagiert, bevor er nach Polen zurückgeholt wurde. Heute hat er nichts dagegen, von einer Journalistin in einem Interview mit einem pathetischen Spruch Panderewskis eingeführt zu werden:

»Ein großer Mann, auch der größte, darf weder über seinem noch außerhalb seines Volkes stehen. Er stammt aus seinem Samen, ist sein Bestandteil, und je größer, schöner, kräftiger er ist, desto näher ist er dem Herzen seines Volkes!«

Robert Satanowski tun solche Worte wohl. Denn er ist dem Herzen seines Volkes nahe, kehrte zu ihm zurück, als es draußen bequemer für ihn gewesen wäre, mit Sicherheit ertragreicher. Er entdeckt seinem Volk verborgene Schätze aus der verschütteten musikalischen Vergangenheit. Er dient als Botschafter seines Volkes. Doch ein Teil des Volkes schenkt ihm nicht sein Herz, es findet, er habe einen Makel. Nicht ohne Grund hat ihn Jaruzelski zum Brigadegeneral gemacht. Dies ist kein käuflicher Titel in Polen. Ganz nebenbei ist Satanowski nämlich ein Held. Einer derjenigen, um den sich Legenden ranken. Einer, der anderes hätte werden können als »nur« Theatermann.

Satanowski ist 1919 in Lodz geboren. Seine hohe mathematische Begabung erweckte in ihm den Wunsch, Ingenieur zu werden. Er begann ein Ingenieur-Studium in Lemberg, das er auch noch fortführen konnte, als die Sowjetunion die ihr im Hitler-Stalin-Pakt zugeschlagenen Gebiete besetzte. Nachdem der deutsch-sowjetische Krieg 1941 begonnen hatte, zeigte sich in dem jungen Satanowski erstmals das, was man mit »Führungsqualität« beschreiben kann. Satanowski ging in die Wälder; aus freien Stücken und zunächst auf sich selbst gestellt, gründete er eine Partisanengruppe unter dem Namen »Jeszcze Polska nie zginela«, zu deutsch »Noch ist Polen nicht verloren«. Diese Partisanengruppe erweiterte sich in kürzester Zeit auf rund zweitausend Kämpfer. Der junge Mann war ihr Oberbefehlshaber. Die Truppe leitete ihren Namen von dem seinen ab: »Satanowcy«

nannten sie sich. Bei der Bevölkerung wurden sie auch die »Satansjungs« genannt.

Die Kämpfe der Satanowcy richteten sich aber nicht nur gegen die Deutschen. In der Zeit der sowjetischen Besetzung des Landes lebten Ukrainer und Polen beinahe gezwungenermaßen friedlich zusammen. Als dann die Deutschen kamen, erhoben sich Ukrainer vor allem auch gegen die Polen. Die ukrainischen Nationalisten zerfielen in drei verschiedene Richtungen, die sich jeweils in Bewegungen organisierten: die »Bulbowcy«, die »Banderowcy« und die »Melnikowcy«. Die »Melnikowcy« operierten sehr weit in Richtung Osten, also auf dem weiteren Gebiet der Sowjetunion. Satanowskis Partisanengruppe kämpfte einerseits gegen die Deutschen und andererseits gegen die »Bulbowcy«, die ihren Namen von Taras Bulba, einem Kosakenführer, ableiteten. »Wir waren gezwungen, uns gegen die Kosaken zu wehren. Sie haben auf grausame Weise Polen umgebracht. Daraus ergab sich ein gegenseitiger Haß, den ich aber auch bekämpfte. Bei mir ist nie Haß geblieben, im Gegenteil – ich liebe die Ukraine, deren Kultur, deren Natur. Ich habe deren Dichter gelesen, und ich habe auch deren Lieder gesungen. Ich liebe das. Denn ich glaube nur an eins: Man kann Liebe ohne Liebe nicht aufbauen, man kann Gutes mit Bösem nicht aufbauen. Wir haben keine andere Möglichkeit – wenn die Menschheit erhalten bleiben soll, dann gibt es keinen anderen Weg. Wir müssen uns darum bemühen, jeder auf seine begrenzte Art, so wie er kann.«

Satanowskis Partisanenkampf war wohl sehr erfolgreich, aber später auch heftig umstritten. Denn Satanowski kämpfte zusammen mit russischen Partisanen gegen die Deutschen. Er hielt das für eine taktische und strategische Notwendigkeit, auch – daß er später mit der Ersten Armee verbunden wurde. »Ich war aber nie Armia Ludowa. Ich hatte deswegen viele politische Schwierigkeiten, aber ich lebe. Man hat damals von mir verlangt, daß ich mich als ›Armia Ludowa‹ festlege. Auch nach dem Krieg. Ich habe die ganze Zeit immer darauf bestanden, nicht ›Armia Ludowa‹ zu sein, auch nicht ›Armia Krajowa‹. Ich war frei, ich ging meinen eigenen Weg. Bitte beachten Sie: Trotz der Tatsache, daß wir zusammen mit russischen Partisanen kämpften, haben wir nie die polnische Krone abgesetzt.« Dieses Beharrungsvermögen auf der persönlichen Freiheit der Entscheidung hat sicher viel Kraft gekostet. Und auch die Versuchungen, etwas anderes zu tun, waren groß.

Schon die Sowjets versuchten ständig, Satanowski zu einem der Ihren, möglicherweise zu ihrer Marionette zu machen. So auch im Jahre 1943, als man ihn zu einem geheimen Gespräch abholte. Es war in der Nacht, dunkel, man brachte ihn an einen Ort, den er nicht kannte; er führte dann ein Gespräch mit vier Personen, welche sich während der Unterredung verdeckt hielten. Man hat ihm geschmeichelt, seine Tapferkeit und Kühnheit hervorgehoben und ihm indirekt angeboten, nach Kriegsende das Kommando über die »Armia Ludowa«, also die spätere polnische Volksarmee, zu übernehmen. Satanowski lehnte ab. Man fragte ihn auch, wie es denn um die Disziplin seiner Truppe stünde, er habe doch selber gesagt, er sei viel zu jung, um die ihm angebotene höhere Berufung anzunehmen. Er sagte: »Es ist mir nie eingefallen, daß jemand meinen Befehl nicht ausführen könnte.«

Dieses Selbstbewußtsein hat sich erhalten. Als der Krieg zu Ende war, war Satanowski nicht einmal sechsundzwanzig Jahre alt, aber bereits Oberst. Er bekleidete dann in der Armee verschiedene verantwortungsvolle Positionen. Zum Schluß war er Kommandant der Offiziersschule der Kriegsmarine in Gdingen. Seine Zeugnisse verweisen auf großes Talent und ausgeprägte militärische Fähigkeiten. Und dennoch verließ Satanowski den »Arbeitsplatz«, er verzichtete auf eine verheißungsvolle Karriere.

Bei vielen Konzertbesuchen, auch in seiner Jugend, hatte er die Musik als ein Mittel für den Zugang zu den Geheimnissen der menschlichen Seele erlebt. In diese Geheimnisse wollte er eindringen. Er verspürte eine Berufung zur Musik, obwohl er nie ein Instrument erlernt hatte. Er sagt von sich, daß alles, was er bis zu diesem Zeitpunkt getan habe, sich aus konkreten Lebensnotwendigkeiten ergab, so wie er sie verstand. Nun wurde es ihm zur Lebensnotwendigkeit, zur Musik zu gehen. Er besuchte die Musikhochschule von Zoppot. Nach Abschluß des Studiums wurde er an der Lubliner Philharmonie engagiert. Drei Jahre später beriefen ihn die Philharmoniker von Bydgogoszcz (Bromberg), die er 1958 nach vierjähriger Tätigkeit verließ. Der erfolgreiche Künstlerische Leiter hatte ein Stipendium für seine Studien in Berlin erhalten.

Was verbindet die Geschichte Robert Satanowskis nun mit dem Lebensweg des Wojciech Jaruzelski? Der Dirigent mag als Beispiel für die Zerrissenheit gewertet werden, in der die polnische Gesellschaft – oder zumindest große Teile von ihr – auch heute noch leben. Heute – fünfundvierzig Jahre nach Kriegsende. Manche haben Satanowski nicht verziehen, daß er zusammen mit den Russen gegen die Deutschen kämpfte. Polnische Kreise schwärzten ihn in Deutschland als »Jaruzelskis General« an, der als Lehrer an Musikschulen in Uniform unterrichte, gegen Solidarność gearbeitet und sich verantwortlich dafür zu zeichnen habe, daß Tausende polnischer Künstler das Land verlassen mußten.

Tatsächlich hat er nicht in Uniform unterrichtet, hat überhaupt nicht unterrichtet, hat 1980, als die Auseinandersetzungen einem Höhepunkt zustrebten, als erster Künstler überhaupt ein Solidaritäts-Konzert für »Solidarność« durchgeführt. Nach Einführung des Kriegsrechts bekam er zwar als einer der ersten Künstler eine Ausreisegenehmigung. Diese nutzte er aber zu einer Reise nach Deutschland, um in Düsseldorf an einem geheimgehaltenen Ort ein Treffen mit Simone Veil zu haben. Er konnte die damalige Präsidentin des Europäischen Parlaments bei dieser – von einem deutschen Industriellen vermittelten – Begegnung sehr eindringlich über die Situation in Polen unterrichten. Ihm wurde auch vorgeworfen, »Jaruzelskis Marionette« in der »Vereinigung polnischer Tonkünstler« zu sein, dessen Präsident er seit vielen Jahren war und – in freier Wahl wiedergewählt wurde. Der Künstler versuchte, den in der Zeitung »Die Welt« gegen ihn erhobenen Vorwürfen den Stachel zu brechen. Die von ihm verlangte »Gegendarstellung« wurde aber nicht in der presserechtlich relevanten Form, sondern – als »Leserbrief« gedruckt. Zwar entschuldigte sich »Die Welt« in der gleichen Ausgabe bei dem Angegriffenen. Dies aber geschah als Fußnote in einer Schrift, deren Lesbarkeit nur durch eine Lupe gewährleistet werden konnte. Die Affäre fand 1985 statt, in einer Zeit, als solche gezielten Falschmeldungen und Berichte bestimmter Korrespondenten noch eine Funktion des kalten Krieges waren. Vielleicht auch Ausfluß des Konkurrenzneides oder eines blinden Kommunistenhasses. Ein Künstler wurde beschimpft, in den Schmutz gezogen – Jaruzelski war gemeint. Denn in dem Artikel war zu lesen, Satanowski sei Jaruzelskis »Helfer auf dem Gebiet der Musik«. Der Autor jenes Artikels berief sich auf Zeugen, die Robert Satanowski als linientreuen Kommunisten schilderten, »der keine Versammlung der KP-Ortsgruppe an der Kölner Polen-Botschaft ausließ«. Der Dirigent hat solche Veranstaltungen nie besucht.

Die Zeitung druckte auch: »Beim neuen Premier in Generalsuniform – den er vermutlich noch aus der UdSSR kennt – ging er ein und aus.« Beide Behauptungen sind unwahr. Ein anderes Detail sollte Satanowski besonders treffen: »Zu den polnischen, sowjetischen und tschechischen Orden aus der Kriegszeit kamen höchste Orden der polnischen Volksrepublik.« Nun könnte es sein, daß Satanowski auch noch einen ukrainischen Orden erhält, obwohl er doch gegen die Ukrainer gekämpft hat: Er war der erste, der ermöglichte, daß die Oper von Lwow in Warschau spielen konnte; aller Wahrscheinlichkeit nach wird Satanowski selbst mit seinem Ensemble und seinem Orchester im Herbst dieses Jahres ein Gastspiel in dem ehemaligen Lemberg geben. Es sieht so aus, als gelänge es dem Künstler, alte Gräben zuzuschütten, zur Verständigung zwischen den seit Jahrhunderten verfeindeten Polen und Ukrainern beizutragen. Er hat gegen die Ukrainer gekämpft – wie gegen die Deutschen. Und der deutsche Bundespräsident Richard von Weizsäcker hat dem Dirigenten, dem polnischen Patrioten, der zugleich ein überzeugter Europäer ist, den Stern zum Großen Verdienstkreuz der Bundesrepublik Deutschland verliehen. Aus Anlaß dieser Verleihung wurde dem dreifachen »General« Ende August 1990 in der Deutschen Botschaft in Warschau ein großer Empfang ausgerichtet.

Mit dieser Auszeichnung erhält Satanowski einen symbolischen Dank für seinen zuweilen sehr erfolgreichen Versuch, zerrissene Beziehungen wieder zusammenzufügen. Daß er Jaruzelski für einen Patrioten hält, schadet ihm dabei im eigenen Lande genauso häufig wie seine Vorbehalte gegen jede Art von polnischem Populismus. Er meint, daß man die Auswirkungen von populistischer Politik gerade in Europa ausreichend studieren könne und sich dagegen wehren müsse. Im übrigen findet er es schade, daß der Staatspräsident sein Theater so selten besucht, aber dafür »kommt Frau Barbara Jaruzelska des öfteren«. Die Frau des Präsidenten liebt das Ballett.

Schon von Berufs wegen steht ein Dirigent im Rampenlicht. Die militärpolitische Beziehung Satanowskis bescherte ihm zusätzliche Aufmerksamkeit der Antikommunisten in westlichen Staaten. – Einem anderen, tatsächlich militanten Antikommunisten Polens wurden im Westen öffentliche Aufmerksamkeiten kaum zuteil. Obwohl man auch über ihn eine interessante politische Biographie schreiben könnte und er in äußerst vielfältiger Weise mit dem Lebensweg Wojciech Jaruzelskis verbunden ist. Auf eine ganz andere Art und Weise als Satanowski ist er ein Symbol für die Zerrissenheit Polens, aber auch für die Chancen des neuen Polen: Zenon Komender, der keine sowjetischen Orden empfing, sondern von den Sowjets in Haft genommen und verschleppt wurde. Auch die polnischen Nachkriegsfreunde der Sowjets hielten Komender gefangen. Ein polnisches Militärgericht verurteilte ihn sogar zum Tode. Sein Überleben war ein kleines Wunder und führte ihn nach vielen Jahren mit Jaruzelski zusammen, mit dem er bis dahin nur eines gemeinsam hatte: Beide hatten das Marianum besucht.

11. Kapitel
Heimlicher Krieg

Partisanen

Fast unbeachtet von der westlichen Öffentlichkeit setzte sich in Polen nach Ende des Zweiten Weltkrieges ein Bürgerkrieg fort, der sich schon nach dem Rückzug der deutschen Truppen aus dem südöstlichen Teil Polens entwickelt hatte. Der erfolgreiche Weltkriegssoldat Jaruzelski wurde an die neue Front verlegt. Seine Truppe, die Aufklärer, erhielt den Befehl, erneut blutige Aufträge zu erledigen. Jaruzelski erinnert sich: »Das ist ein sehr schmerzhaftes Blatt unserer Geschichte, so wie übrigens jeder Bürgerkrieg.

Viele Länder, viele Völker haben in ihrer Geschichte innere Konflikte erlebt, und diese sind am schmerzvollsten. Ich habe an den Kämpfen vom Herbst 1945 bis Anfang 1947 teilgenommen. Zum größten Teil war ich in den östlichen Regionen Polens, wo Kämpfe gegen den nationalistischen ukrainischen Untergrund vor sich gingen. Es war die sogenannte UPA-Armee, die Ukrainische Armee der Aufständischen. Ihr Kommandant, Bandera, lebte später in der BRD. Unter den sehr nationalistischen Gruppierungen gab es auch viele ehemalige Soldaten von der SS-Division ›Galizien‹. Das Problem bestand darin, daß auf diesen Gebieten viele Menschen mit ukrainischer Abstammung lebten. Es handelt sich um die heutigen Gebiete von Zamość, Hrubieszow, Jugory – manchmal entflammten sehr heftige Auseinandersetzungen, die auf beiden Seiten viele Opfer forderten.

Ich habe selbst an mehreren Beerdigungen gefallener Soldaten teilgenommen. Und es war eben sehr traurig, daß Soldaten, die den ganzen Weltkrieg überlebten, nach dessen Beendigung umkamen.

Es gab Untereinheiten, Sotnia, also Hundertschaften, etwa in der Größe einer Kompanie. Sie waren dermaßen stark, daß sie für einige Stunden eine Kreisstadt, ›Hrubieszow‹, gefangenhielten. Die Kaserne befand sich außerhalb der Stadt, und sie besetzten öffentliche Gebäude. Wir mußten von außerhalb der Stadt heranrücken, um sie fortzujagen. Es ist eine sehr komplizierte Geschichte.

Als ich jetzt in Lemberg war, traf ich mit Ukrainern zusammen, mit diesen neuen Kräften, die dort in den Wahlen die Mehrheit der Stimmen erhielten und eine sehr kritische Stellung diesen Ereignissen gegenüber haben. Sie nehmen uns besonders die Umsiedlung eines Teils der ukrainischen Bevölkerung aus diesen Gebieten in andere Regionen Polens übel. Man wird in einem gewissen Sinne an die Situation der deutschen Bevölkerung erinnert, die man aus den Westgebieten Polens ausgesiedelt hat.

Aber die Situationen sind nicht identisch, denn die ukrainische Bevölkerung hat an diesen Kämpfen teilgenommen, wenn nicht direkt, dann in der Form der Unterstützung; sie gewährten den UPA-Leuten Unterschlupf, versorgten sie und so weiter. Wenn ich es heute aus der Distanz und mit einem größeren Wissen ausgerüstet betrachte, dann wird mir klar, daß die Umsiedlung unvermeidlich war. Alles andere hätte zu einem endlosen Kampf geführt und sehr viele Opfer gefordert, um so mehr, als es Wald- und im Süden auch Gebirgsgegenden waren. Es ist aber ein schmerzhaftes Kapitel, und ich verstehe, daß es für einen Teil der Zivilbevölkerung ein sehr qualvolles Erlebnis gewesen sein muß.

Die polnisch-ukrainischen Verhältnisse haben schon eine sehr lange Tradition; einerseits stehen wir sehr nah zueinander, es gibt diese kulturelle, sprachliche Gemeinschaft; und andererseits gab es im Verlauf der Geschichte auch sehr viele schmerzhafte und schwierige Konflikte. Deshalb müßte man dieses Kapitel jetzt endlich abschließen und sich auf beiden Seiten zur Schuld bekennen.

Die Polen wurden von ukrainischen Nationalisten in der Zeit der Okkupation besonders hart ausgerottet. Und als sich in Lemberg jetzt die Vertreter dieser neuen Behörden an mich wandten, wohl mit der Erwartung, daß ich die Ereignisse von damals mißbilligen würde, habe ich dann vorgeschlagen zu veranlassen, daß sich polnische und ukrainische Historiker zusammensetzen, darüber diskutieren und objektive Formen ausfindig machen, die objektive Interpretationen hervorbringen sollen, welche uns den Schluß des Kapitels bringen werden.

»Wer hat denn diese UPA und die SS-Galizien überhaupt mit Waffen versorgt, waren es Restbestände aus dem Kriege?« – »Es waren zunächst die Restbestände aus dem Kriege, es waren starke Einheiten, die dortgeblieben sind. Zweitens waren es Beutewaffen, ›erworben‹ bei polnischen oder sowjetischen Soldaten. Auf dem Gebiet der Ukraine, in der Gegend von Kijow, wurde von ukrainischen Nationalisten im Kriege einer der hervorragendsten Führer der sowjetischen Armee getötet, Armeegeneral Watutin, der Kommandant der Ukrainischen Front.«

»Ich möchte auf eine andere Geschichte hinaus. In der Kriegsrechtszeit hatten Sie im Ministerpräsidentenamt einen Stellvertreter, der auch in der Ukraine kämpfte. Aber auf der anderen Seite, sozusagen gegen Sie. Und – weiß Gott – er war nie Kommunist.«

»Sehen Sie, das ist eben das polnische Schicksal. Herr Komender besuchte das gleiche Gymnasium wie ich. Er war zwar eine Klasse niedriger, obwohl er der gleiche Jahrgang war wie ich. Aber damals haben wir uns nicht gekannt. Vor kurzem war auch Bischof Kraszewski aus Warschau hier bei mir. Auch er hat dieses Gymnasium absolviert, war aber wiederum zwei Jahre älter. Wir haben uns gemeinsam im Gespräch an bestimmte Ereignisse erinnert. Komender war im Krieg im Untergrund, und nach dem Krieg war er bei diesen politischen Kräften, die die neue Macht bekämpften, auf deren Seite ich stand. Unsere Wege haben sich irgendwie nie überschnitten. Er wurde in die Sowjetunion verschleppt, dann in Polen gefangengehalten. Sechs Jahre wohl saß er in einem schweren Gefängnis. Ich habe eine große Hochachtung vor ihm, auch weil er es vermochte, sich von seinen Erlebnissen zu distanzieren, zu sagen: ›Na ja, die harten Erlebnisse sind schon hinter mir.‹ Er hat die Betrachtung vieler Vorfälle umgewertet und wirkte sehr aktiv zugunsten der Annäherung der politischen Kräfte, die in der unmittelbaren Nachkriegszeit so unterschiedlich waren und so viele Dinge trennte.

Er stand neben mir, im Kriegsrecht, nach dem Kriegsrecht, er war Vizeministerpräsident. Er ist ein sehr edler Mann und auch eine sehr gute Illustration der polnischen Schicksale.

Ich habe Ihnen schon davon erzählt, daß ich mit dem ukrainischen Untergrund besonders viel zu tun hatte. Da gab es auch polnische Einheiten – die sogenannten Nationalen Streitkräfte NSZ. Ein Teil von ihnen hat übrigens im Krieg kollaboriert, man half den Nazis, die kommunistischen Partisanen zu bekämpfen. Ein Teil hat sich zusammen mit den Nazis evakuiert, aber nur ein Teil, es betraf nicht alle. Dieser Untergrund war sehr nationalistisch orientiert und beteiligte sich an den Nachkriegskämpfen sehr aktiv.

An der Besatzung der Kreisstadt Hrubieszow, von der ich erzählte, nahmen als Hauptkräfte die ukrainischen Nationalisten teil; aber sie wirkten zusammen mit polnischen Einheiten. Und darin steckt ein Paradox; einerseits waren es Einheiten der ukrainischen, andererseits der polnischen Nationalisten. Ihre Interessen standen gänzlich im Widerspruch zueinander. Denn die Ukrainer waren der Meinung, daß diese Gebiete zur Ukraine gehören sollten, und die Polen glaubten, daß Polen bis Vilnius und Lemberg reichen müsse. Sie wurden durch das gemeinsame Ziel des Kampfes gegen die neue Macht vereinigt.

Ich bin davon überzeugt, daß die beiden Gruppen am Tage nach einem gemeinsamen Sieg sofort in Streit geraten wären. Denn sie waren wie Feuer und Wasser. Es war halt einer dieser Fälle der konjunkturellen Bündnisse, die man angesichts eines gemeinsamen Gegners schließt.«

»Wie viele Opfer hat dieser heimliche Krieg gekostet?«

»Es gibt da verschiedene Berechnungen, aber insgesamt wohl dreißigtausend Todesopfer.«

12. Kapitel
Karriere

Anfänge

Die Karriere von Zenon Komender führte vom »Schülersoldaten«, der gegen die Deutschen kämpfte, über Gestapo-Haft, der er zweimal entfliehen konnte, in die Partisanenkämpfe gegen die Rote Armee und dann gegen die Truppen der sogenannten Neuen Ordnung in Polen, denen Jaruzelski angehörte. Komender wurde von den Sowjets verhaftet und hinter den Ural gebracht, wo er zu seiner eigenen Überraschung in einem Lager landete, in dem auch deutsche Kriegsgefangene waren. Es gelang ihm auch dort zu fliehen; er kehrte nach Polen zurück. Alles um den Preis, auch dort wieder verhaftet und ins Gefängnis geworfen zu werden. Erst mit Gomulka, mit der Öffnung Polens für eine nationale Besinnung am Ende der stalinistischen Zeit, kam er wieder frei. Er schrieb, arbeitete mit der größten katholischen Laienorganisation der Welt, PAX, zusammen. Diese polnische Gruppierung verfügte zwar nicht über den Einfluß, der ihr nach der Mitgliederzahl entsprochen hätte. Auch verhielt sich die Amtskirche nicht immer freundlich zu PAX. Die Organisation hatte jedoch einen großen Vorzug: Ihr Begründer und Nachkriegsleiter Piasecki unterhielt sogar in der Zeit des Stalinismus gute Verbindungen zum Staat.

PAX entwickelte sich zu einem Sammelbecken, unter dessen teilweise schützendem Dach sich alle möglichen Nicht- und Antikommunisten vereinigten: Sozialdemokraten, Faschisten, heimatlose Adlige, Liberale, Konservative. In den fünfziger Jahren gab PAX die »einzigen lesbaren Zeitungen« heraus, wie Beobachter schreiben. Und gegen Ende dieses Jahrzehnts machte der Pax-Buchverlag westliche Autoren dem polnischen Publikum zugänglich: Heinrich Böll, Graham Greene, Stefan Andres, François Mauriac und viele andere. Im Umfeld dieses Verlages war Komender zunächst beschäftigt, bis er dann in den sechziger

Jahren zusätzlich einen Platz im Sejm eroberte. Nach der Einführung des Kriegsrechts betraute man ihn mit einem Ministerium.

Jaruzelski traf nach Beendigung des Partisanenkrieges eine Entscheidung: Er blieb bei der Armee. Seine Mutter und die Schwester waren – nach einem Zwischenaufenthalt in der alten Heimat bei Trzeciny – nach Lublin gezogen, wo die Mutter einen kleinen Laden eröffnete. Sie verkaufte Schreibwaren, Zeitungen, andere kleine Artikel und versuchte so, ihrer Tochter ein Studium zu finanzieren.

Irgendwann erlebte die kleine Familie die zweite Enteignung. Nachdem das Gut Trzeciny unter die Landarbeiter aufgeteilt worden war, verstaatlichte man nun den kleinen Laden. Die Mutter verdingte sich dort weiterhin als Angestellte, um den Lebensunterhalt zu verdienen. In der Zwischenzeit begann der steile Aufstieg des Sohnes, der sich bald an der Finanzierung der Studien der Schwester beteiligen konnte.

Von seiner Karriere, die ihn an die Spitze des Staates bringen sollte, blieb seine zurückhaltende Bescheidenheit unbeeinflußt. Sein recht unscheinbares Haus erwarb er unter Inanspruchnahme der Vergünstigungen, die man allen Kombattanten gewährte. Zusätzlich nahm er einen Barzahlungsbonus in Anspruch, der auch all jenen zur Verfügung stand, die einen Teil des Kaufpreises für eine Wohnung oder ein Haus nicht über Kredite finanzierten. Gegen den Rat von Freunden und Mitarbeitern verzichtet er bis heute auf Zusatzeinkünfte, die ihm etwa aus der achtbändigen Veröffentlichung seiner Reden zukommen. Dieses Geld stiftete er einem ehrgeizigen Projekt, das unter anderem durch die Armee unterstützt wurde.

Nach Einführung des Kriegsrechts traf sich der Militärrat zur Nationalen Rettung mit einer Gruppe polnischer Frauen, um über ein Denkmal zu diskutieren, das man der polnischen Mutter widmen wollte, die in allen Kriegszeiten die größten Opfer erbracht habe. Jaruzelski schlug vor, nicht ein Monument zu errichten, sondern eine Art Denkmal-Krankenhaus, ein Gesundheitszentrum für Mütter. Diesem Zentrum, das 1988 seiner Bestimmung übergeben wurde, stiftet Jaruzelski seine Honorare

– die allerdings gegenwärtig spürbar zurückgehen, da Bücher mit Reden aus der sozialistischen Epoche des polnischen Staates keinen Absatz mehr finden. Anläßlich der Übergabe des »Denkmal-Krankenhauses der polnischen Mutter« betonte Jaruzelski in einem Interview:

»Es ist ein imponierendes und modernes Objekt. Es wird seine Aufgabe sicherlich sehr gut erfüllen. Aber es soll auch als ein Symbol dienen: Auf daß nie wieder ein polnischer Arzt im Getöse der Bomben, im Licht einer qualmenden Kerze, Geburten empfangen muß. Auf daß keine polnische Mutter mehr um das Leben ihres Sohnes fürchten muß!« Zusätzlich befragt, was seine Mutter wohl zu der Karriere des Sohnes gesagt hätte, die sie nicht mehr miterleben konnte, bemerkte Jaruzelski lapidar: »Ganz sicher das, was jede Mutter sagen würde, die sich Sorgen machen müßte, ob der Sohn denn auch genug Schlaf bekäme.«

An Schlaf hatte der karrieremachende Soldat am wenigsten gedacht. Und auch die Mütter seiner Mitarbeiter werden sich und ihren Söhnen oftmals dieselbe Frage gestellt haben. Denn der Mann, der alle Zwischenstufen der militärischen Karriere jeweils als Jüngster – im Vergleich zu anderen während der neueren polnischen Geschichte – erreichte, war eben ein harter Arbeiter. Und diejenigen, die sich in sein Umfeld kommandiert sahen, mußten notgedrungen mitmachen, wenn sie auf dem Zuge bleiben wollten, der sie zusammen mit Jaruzelski weiterbrachte.

Seit dem Zeitpunkt, der Jaruzelskis Vorstoß in die höheren und höchsten Ämter markiert, wird an der Auswahl seiner Mitarbeiter erkennbar, daß er nicht nach dem klassischen Auswahlmuster der kommunistischen Nomenklatura handelte: Seine Mitarbeiter waren stets hochqualifizierte Fachleute. Er ist selbst von einer unerschöpflichen Lernbegierde geprägt, und Verdrängungsängste haben ihn bei der Auswahl seines Umfeldes nie beeinflußt.

Basis: Die Armee

Nachdem er die einzelnen Stationen seiner militärischen Karriere in raschen Schritten durchmessen hatte, schien er zunächst einen endgültigen Höhepunkt erreicht zu haben. Seine Ausbildung beschränkte sich im wesentlichen auf die Vertiefung des militärischen Wissens, auf eine besondere Vorbereitung, die all jenen zuteil wurde, die in der Armee an herausgehobener Stelle Dienst tun sollten. Für Wojciech Jaruzelski kam die Zeit, in der er mit sich in Einklang sein konnte. Im Kriege hatte er praktisch bewiesen, daß er ein sehr guter Soldat war; in der Folgezeit gab ihm die theoretische Untermauerung der praktischen Erfahrung Sicherheit im Umgang mit Vorgesetzten und Untergebenen. Auch sah er eine Aufgabe vor sich, die seinen patriotischen Neigungen entgegenkam: In der Armee hatte sich ein unmilitärisches Denken eingebürgert: »Von den Deutschen Genossen bekommen wir die Zigaretten, die Russen schicken uns den Wodka!« Zigaretten, Wodka, Schlendrian, mangelnder Drill, eine insgesamt schlechte Ausbildung und eine große Nachlässigkeit der Armeeführung gegenüber den Bedürfnissen ebendieser Armee boten dem neuen Oberbefehlshaber ein neues Betätigungsfeld.

Jaruzelski hatte erkannt, daß die einzige Chance zur Wiederherstellung von Disziplin und eine Verbesserung des Kampfwertes nur zu erreichen waren, wenn diese Armee wieder zu einer polnischen Truppe gemacht werden würde. Nicht die für die Sowjets äußerst bequeme Truppe zum Schutze der Nachschubwege an die DDR-»Front« sollte bestehenbleiben; Jaruzelski hatte – unterstützt vom National-Kommunisten Gomulka – die Aufgabe vor sich, die Armee wieder zu einem Symbol der polnischen Eigenstaatlichkeit werden zu lassen.

Der Alkohol wurde aus der Truppe verbannt; wenn Offiziere geistige Getränke zu sich nehmen wollten, mußten sie schon die neu eingerichteten Kasinos aufsuchen. Trunkene Soldaten – gleich welchen Ranges – wurden disziplinarisch hart bestraft. Andererseits richtete der neue Oberbefehlshaber Erziehungsheime her, die Alkoholabhängigen eine Chance zur Gesundung gaben.

Zudem wurden scheinbar äußerliche Veränderungen bewirkt, die aber von großer Wichtigkeit waren, weil sie das Sentiment der Soldaten und in der Folge auch die Bevölkerung allgemein direkt ansprachen. So wurden bestimmte Formen des zeremoniellen Exerzierens wiedereingeführt, die von den sowjetisch beeinflußten Vorgängern Jaruzelskis abgeschafft worden waren. Ein anderes Beispiel: Seit dem achtzehnten Jahrhundert trugen polnische Offiziere jene auffälligen viereckigen Mützen als besonderes nationales Kennzeichen. Etwa um 1950, im Zuge der versuchten Gleichschaltung, wurden auch die Polen-Mützen nach russischem Vorbild rund geformt. Unter Jaruzelski holte man die eckigen Mützen wieder aus den Kammern, die seither den Ehrenkompanien der Armee wieder ihr traditionelles Erscheinungsbild verliehen.

Jaruzelski sorgte in den schwierigsten Zeiten dafür, daß die für polnische Soldaten so wichtige Einrichtung der Feldkapläne niemals abgeschafft wurde. Es gab immer geistlichen Beistand in der Armee, wohl auch in der Einsicht des Oberkommandierenden, daß das kommunistische Glaubensbekenntnis für den normalen Soldaten nicht ausreichte, ihn bei der Fahne zu halten. Die alten Ränge wurden wiedereingeführt oder erhalten. Der Adler wurde nicht durch ein neues Symbol ersetzt, man steckte ihm auch nicht Hammer und Sichel in die Fänge.

Als Verteidigungsminister hat er mit einer militärischen Variante potemkinscher Täuschung Schluß gemacht: Bei Großmanövern fuhren die Minister, die Generalität der verschiedenen Staaten des Warschauer Paktes, die eigene Regierung und die zugelassenen Medienvertreter regelmäßig durch Alleen alter Bäume zu der Tribüne, von der aus die Schlußparade abgenommen wurde. Auch die bekränzte Tribüne war von altem Baumbestand umgeben. Das Erscheinungsbild – wie bei fast allen Manöverfestivitäten jener Zeit in West und Ost – war beeindruckend: Das Militär glänzte, man marschierte in Reih und Glied, die Kampfvorführungen funktionierten, unter schattenspendenden Bäumen wurde ein Imbiß gereicht, und verschiedenartige geistige Getränke versetzten die Anwesenden in jene Stimmung, in der sie mit sich und ihrer Welt in Einklang waren.

Am Tage darauf verwandelten sich die festlich geschmückten Sommerparadeplätze zu ruhigen Oasen in der staubigen Einöde der Truppenübungsplätze. Weitere Tage später paßten sich die Alleen und die alten Tribünenbäume der Tristesse ihrer Umgebung an: Die frischverpflanzten Bäume starben ab. Denn anders als die schmucken Obersten, Generale und Marschälle, anders als die strammstehenden Zivilisten hatten die Bäume ihren Platz ganz unfreiwillig eingenommen. Tüchtige Pioniere hatten in Unkenntnis der Weisheit, daß man alte Bäume nicht verpflanzt, aber der unendlichen Weisheit höherer Befehle folgend, das grüne Leben entwurzelt und am Paradeplatz dem Boden implantiert. Diesem militärisch-ökologisch-ökonomischen Unsinn machte Jaruzelski schnellstens ein Ende.

Jaruzelski versuchte, die Soldaten an kulturelle Programme heranzuführen. Er schuf einen »Ehrenkodex« für Berufssoldaten, der im Warschauer Pakt ohne Beispiel war. Die Offiziere, welche über seine Verdienste im Rahmen der Armeereform berichteten, erinnern sich speziell an seine Initiativen, den Soldaten in Abendkursen eine Möglichkeit zur Erweiterung des Wissens zu geben. Soziologie und juristische Sonderausbildungen, Pädagogik und sogar Ästhetik standen im Programm. Es gab Schulungsberatung, Leistungswettbewerb auf nichtmilitärischem Gebiet, Einsatz der einschlägig vorbereiteten Militärs in Verwaltung, Wirtschaft und Gesundheitswesen.

Daß sich ein Perfektionist und überzeugter Militärkommandant um die Ausbildung seiner Truppe am Gerät kümmern würde, ist nicht verwunderlich; auch daß er den technischen und organisatorischen Standard seiner Armee zu verbessern suchte, entsprach seiner Aufgabe. Da Polen jedoch über keine strategischen Waffen verfügte, bestand die Notwendigkeit, die Militärkader durch mühsamen Drill und Disziplinierung der Kämpfereigenschaften zu einer ernstzunehmenden Truppe zu formen. Da er selbst ein guter Stratege war, hatte er sich eine hohe Anerkennung bei den Offizieren erworben; sie erzählen voller Stolz, wie ihr oberster Befehlshaber eines Tages dem sowjetischen Oberkommandierenden des Warschauer Paktes strategische Änderungsvorschläge unterbreitete, die auch angenommen wurden;

das Verhältnis von Schüler und Lehrer schien sich umgekehrt zu haben. Die Offiziere berichten aber auch von einer Leidenschaft Wojciech Jaruzelskis, die nur am Rande mit dem Militär zu tun hatte.

Er förderte, wo er nur konnte, die zivilen Fähigkeiten seiner Mitarbeiter. Man überliefert folgenden Vorfall: »Was ist mit Ihrer Promotion?« fragte er einen Offizier.

Der Angesprochene wurde etwas verlegen, versicherte, er werde die Arbeit noch in der gleichen Woche beenden. Er erinnert sich noch heute an die Antwort Jaruzelskis: »Gut, ich nehme dich beim Wort. Wenn die Arbeit nicht bis kommenden Montag fertig ist, darfst du nicht mit zum Manöver!« Die Arbeit wurde fertig. Solche Geschichten hinterlassen regelmäßig ein schales Gefühl, sie haben soviel anekdotischen Beigeschmack, daß sie auch von Public-Relations-Fachleuten hätten erfunden sein können. Aber – der Fürsorge-Erzählungen gibt es so viele und nachprüfbare, daß man sie im Falle Jaruzelski ernst nehmen kann.

Die Handlungsweise entsprang seiner tiefen Menschlichkeit und hatte einen begrüßenswerten Nebeneffekt: Er genoß uneingeschränktes Vertrauen. Er, der – wie seine Untergebenen sagten – auch noch die Nacht als Arbeitszeit hinzugewann, wurde auch in der Armee nie geliebt; aber er war sehr geachtet. Er hatte den Schlendrian besiegt und der Truppe ein neues Selbstwertgefühl gegeben, was sie auch dringend benötigte, um die Behandlung, die ihr so mancher sowjetische Pakt-Oberkommandierende angedeihen ließ, verkraften zu können.

Deren Besuche zelebrierte man – auch wenn sie reinen Routineangelegenheiten galten – wie Staatsakte. Nicht nur einmal soll es vorgekommen sein, daß die Moskauer Militärherren das polnische Empfangskommando ganz einfach versetzten. Nach anfänglich – per Telex mitgeteilter – mehrfacher Verschiebung des Besuchs, erst um Stunden, dann um einen Tag, blieb die zuletzt angekündigte Ankunftszeit ohne Korrektur. In vielen Fällen hatte sich das polnische Begleitkommando schon einige Male vergeblich am Flughafen eingefunden. Nun wartete man wieder dort. Der Kriegsherr kam nicht. Man entschloß sich, die Nacht in den Fahrzeugen am Flughafen zu verbringen, um den hohen

Herrn nicht zu verpassen, der sich dann zwölf Stunden später einstellte. Dieses Verhalten war so verletzend, daß das Verhältnis zwischen den beiden durch den Pakt befreundeten Armeen kräftig Schaden nahm.

Nun – Jaruzelski war dann der Mann, der für seine Armee bestens sorgte. Als Ressortminister hatte er im Kabinett den Kampf um die Anteile an den Staatsfinanzen durchzufechten, die er für seine Aufgabe zu benötigen glaubte. Meist gelang ihm dieser Kampf auch mit Bravour. Einmal jedoch brüllte Gomulka, nun sei es genug; immer und immer wieder habe die Armee alles bekommen, doch »nun ist es genug!« Gomulka war sozusagen der Entdecker von Jaruzelski, der ihn förderte, beförderte und als Person bei Jaruzelski tiefen Eindruck hinterließ.

Verhältnis

Jaruzelskis Vorgänger als Verteidigungsminister war Marschall Spychalski. Als Jaruzelski ihn ablöste, verließ er den sicheren Hort der Armee, das sichere Pflaster, auf dem er sich problemlos bewegen konnte. Die Politik, das Ministeramt forderten neue Fähigkeiten. Die Frage ist, was den General reizte, die unsicheren Pfade der Politik zu betreten. War es die Macht, die ihn anzog? Jaruzelski:

»Ich möchte nicht, daß meine Äußerungen für Sie unglaubwürdig klingen, daß ich mich in einem besseren Licht zeigen möchte, als es in der Tat ist. Die einzelnen Stufen meines Aufstiegs erfolgten gegen meinen Willen oder, besser gesagt, neben meinem Willen, nennen wir es mal so. Ich habe mir nie gedacht, ich muß diesen höheren Posten bekommen, ich muß einen höheren Rang erreichen. Es hat mich des öfteren selbst überrascht, ich war der jüngste General der Armee. Ich war immer sehr arbeitsam. Ich habe wohl auch einige Begabungen. Zweifellos war es am Anfang meiner Karriere sehr günstig für mich, daß ich die Frontkarte besaß, daß ich das Militärstudium mit Auszeichnung absolvierte. Ich bin, sozusagen, ein Perfektionist. Sie wissen es auch am besten, wenn ich etwas schreibe, dann kommt es bei mir auf den letzten Punkt und das letzte Komma an. Ich quäle sie alle damit. Es ist übrigens ein Nachteil, für einen Menschen auf einem hohen Posten ist es kein Vorteil. Das ist aber in meinem Blut enthalten, vielleicht haben es mir die Priester beigebracht.

Das alles hat dazu geführt, daß ich immer einen guten Ruf hatte. Als ein fähiger, arbeitsamer Mensch, der seine Arbeit gut zu machen versucht und vorbildhafte Ergebnisse dabei erzielt. In einigen Fällen sind meine Aufstiege unter äußerst dramatischen Umständen, trotz meines starken Widerstandes, zustande gekommen, etwa als ich z. B. Verteidigungsminister wurde. Mein Vorgänger war Marschall Spychalski.

Er war Architekt, sogar ein hervorragender Architekt. Als Militärmann war er nicht mehr so gut. Er war auf jeden Fall eine große Gestalt in unserem politischen Leben. In der Zeit, als die politische Entscheidung gefällt wurde, daß er nun den Posten des Staatsratsvorsitzenden mit den Befugnissen des Präsidenten erhalten sollte, war ich Chef des Generalstabs, und ich hatte diese Funktion gern inne, ich hatte auch die Qualifikation dafür, es ist eine Militärfunktion im reinsten Sinne.

Die Funktion des Ministers dagegen ist politisch-militärischer Natur. Marschall Spychalski bat mich in sein Arbeitszimmer und sagte, daß es einen politischen Vorschlag gebe, mich zum Verteidigungsminister zu ernennen. Meine Antwort lautete: Ich bin absolut nicht einverstanden, ich bin Soldat, in dieser Funktion fühle ich mich auch wohl, ich sehe für mich keine Möglichkeit, politische Tätigkeit zu betreiben. Unser Gespräch dauerte fast vier Stunden. Spychalski faßte sich am Ende an den Kopf und jammerte: Was tue ich denn, was tue ich denn, es gibt doch die Entscheidung ... Ich sagte, daß ich damit nicht einverstanden bin. Dann bat mich Gomulka zu sich und behandelte mich auf seine Art.« Diese »Behandlung« bestand bei Gomulka im Einsatz erheblicher Lautstärke, unter verstärktem Hinweis auf die patriotische Bedeutung, und – letztlich traute sich Gomulka auch, einem General etwas zu befehlen. Aber Argumente, Gründe, die Jaruzelski einzusehen vermochte, gab es auch. Die Zeiten waren schwierig! Jaruzelskis Bericht:

»Dann gab es noch unterschiedliche Gespräche, und in der Tat überwog dieser Faktor, daß es damals innerhalb der Armee nicht korrekt zuging. Nach 1968, nach den Ereignissen vom März 1968, kam es zu einer Auflockerung der Disziplin, man fing an, nach Juden und Nicht-Juden innerhalb der Armee zu fahnden, es fanden Kundgebungen statt. Man brauchte einfach einen Militärmann, der alles in Ordnung bringen würde. Ich glaube, daß es mir einigermaßen gelungen ist, obwohl ich in der Tat dazu gezwungen wurde. Ich bedauere es auch sehr; ich bedauere es, weil ich sonst die ganzen Qualen nicht durchmachen müßte, die mir später zuteil wurden. Es war einer meiner größten Fehler.

Und der zweite, als ich zum Ministerpräsidenten wurde. Es war eine ähnliche Geschichte, ich war bloß ein stärkerer Gesprächspartner. Es war Januar/Februar 1981. Mein Freund Stanislaw Kania, der damals der Erste Sekretär der Partei war, flehte mich wortwörtlich an, diese Funktion zu übernehmen: die Funktion des Ministerpräsidenten. Weil damals das Land zu zerfallen begann und der damalige Ministerpräsident Pinkowski die Situation nicht mehr beherrschen konnte. Unsere Gespräche dauerten einige Tage lang, ich wollte diesen Posten auch nicht annehmen, lediglich als Ergebnis verschiedener Überredungen, vor allem aber aufgrund des Verantwortungsgefühls für diese Lage, habe ich mich doch einverstanden erkärt.«

Persönlichkeiten

»Verantwortungsgefühl« erscheint als ein Schlüsselwort in den Aussagen Jaruzelskis, von vergleichbarer Eindringlichkeit sind seine Wendungen: »Ich bin überredet, überzeugt worden.« Wenn es also nicht Machtstreben war, das Jaruzelski reizte, muß vor diesem Hintergrund gefragt werden, welche Persönlichkeiten ihn während seiner Karriere am stärksten beeindruckt und auch beeinflußt haben.

»Ein Mensch, der zweifellos nicht nur bei mir, sondern beim größten Teil unserer Bevölkerung tiefe Spuren hinterlassen hat, war Wladyslaw Gomulka. Eine hervorragende und zugleich tragische Gestalt. Er war im Umgang ein sehr schwieriger Mann, ein apodiktischer Mann, ein Mann von sehr starkem Charakter, ein großer Patriot und zugleich von traditioneller Auffassung von bestimmten Werten der Gesellschaftsordnung, was im Laufe der Zeit ungünstig zugenommen hat. Man kann ihm jedoch seine großartigen Verdienste nicht absprechen: Erstens ist es ihm zu verdanken, daß Polen in den frühen vierziger Jahren seinen eigenen Weg zum Sozialismus beschritten hat, mit allen seinen Fehlern zwar, aber einen polnischen Weg, auf dem es auch Wertvolles gegeben hat. Und dann das Jahr 1956, als er in der Tat alle stalinistischen Abartungen ausgerottet hat, was zum Glück ohne ein solch großes Drama wie in Ungarn erfolgte. Ich hatte mit ihm natürlich Kontakte schon in der späteren Zeit, als Chef des Generalstabs, als Verteidigungsminister. Er hat uns alle wie Schüler behandelt, aber seine Persönlichkeit ist in meiner Erinnerung geblieben.

Der zweite Mann, der für mich wichtig war, obwohl auf eine andere Weise, war General Berling. Mit ihm ist natürlich mein persönliches Schicksal verbunden. Als Berling seine Armee in der Sowjetunion gründete, holte er mich aus der Taiga heraus. Er gab mir die Waffe in die Hand und machte mich zum Offizier. Er hat dafür gekämpft, daß das Land frei geworden ist. Er durchlebte dann eine sehr große Krise, war eine Gestalt von schwierigem Charakter; er war damals für seine Vorgesetzten nicht annehmbar, für seine politischen Vorgesetzten. Aber später, als ich schon zum General, Stabschef, Verteidigungsminister wurde, habe ich mit ihm viele Gespräche geführt, und er erzählte mir sehr viele Dinge, die ich nicht kannte, aus der Zeit der Gründung unserer Armee, über seine Gespräche mit Stalin, über seinen Kampf um die Bewahrung des nationales Charakters dieser Armee. Es war somit auch eine Gestalt, die auf mein Leben Einfluß hatte. Es war eine suggestive, starke Gestalt.«

Geheimnisvoll meint Jaruzelski dann, es gäbe noch eine Reihe Menschen, über die er weder gut noch schlecht reden möchte. Wie seine persönlichen Kontakte aussehen, wie wenig er private Beziehungen kontinuierlich pflegen konnte oder wollte, geht aus einer Begegnung hervor, die am Tage zuvor stattgefunden hatte, über die er nun sprach. Der Vater des bekannten polnischen Schriftstellers Jerzy Zelnik besuchte ihn. Zusammen mit diesem Besucher – und anderen, die sich hinzugesellten – war er 1943 in der Offiziersschule in Riasan in der Sowjetunion gewesen. Zelnik, zusammen mit Jaruzelski und General Siwicki zu den wenigen Überlebenden des Krieges gehörend, war nach dessen Ende aus der Armee ausgetreten, hatte bei Radio und Fernsehen gearbeitet. Die Wege hatten sich getrennt, wie Jaruzelski meint. Siebenundvierzig Jahre lang waren sich Zelnik und er nicht mehr begegnet.

An diesem einen Abend tauschten sie nun Erinnerungen aus, aus Sibirien und Riasan, »von dieser harten Schule. Es erinnerte ein bißchen an Hans-Helmut Kirsts ›Null-acht-fünfzehn‹, das kennen Sie doch sicher, es gab auch solche Bilder bei uns, in unserer Armee.«

»Zu solchen Bildern: Sie haben dieses Warschauer Denkmal eingeweiht, das Denkmal der Helden des Warschauer Aufstandes; gefällt es Ihnen persönlich?«

»Als plastische Form scheint es mir nicht gelungen zu sein. Ich ziehe Denkmäler vor, die eine synthetischere Form haben. Dies hier ist eine Denkmal-Illustration!«

»Also eigentlich eine Form, die man eher in den Zeiten des ›Sozialistischen Realismus‹ gewählt hätte.«

»Tja, aber die Aufständischen, diejenigen, die darüber zu entscheiden hatten, wählten im Rahmen eines Wettbewerbs diese Form aus. Es war doch der Gegenstand der Streitigkeiten, sie wollten, daß da der Aufständische, der Priester, die Sanitäterin, der Soldat abgebildet werden. Wichtig ist, daß dieses Denkmal steht. Ich kenne das Schicksal vieler Denkmäler, die in bestimmten Phasen sehr kritisiert wurden, später jedoch fest in das Leben der Städte eingingen, in denen sie errichtet wurden, so daß die Menschen sich ihre Stadt kaum ohne sie vorstellen konnten. Und ich glaube, daß dieses Denkmal mit der Zeit nicht mehr als ein Kunstwerk aufgefaßt werden wird, sondern als Zeugnis einer Epoche und ihrer Ästhetik.«

»Wird man es anschließend wieder abreißen?«

»Ich glaube, nicht. Dieses Denkmal bestimmt nicht!«

Denkmäler

Wie »Schwerter zu Pflugscharen« werden sollten, haben in den letzten zwölf Monaten auch unzählige Stalin- und Lenindenkmäler eine Metamorphose erfahren. Man wird kaum Kirchenglokken aus den ehemals meterhohen Bronzen gießen – jedoch auch keine Kanonen. Die Denkmäler von Marx und Engels werden noch mit einer leicht pietätvollen Zurückhaltung behandelt. Zu irgendeinem Zeitpunkt jedoch werden auch sie wieder dem Materialkreislauf der Volkswirtschaften zugeführt; wenige Exemplare werden in Museen darauf verweisen, welche Rolle diese beiden in Erz gegossenen Genossen einmal in der Weltgeschichte spielten. Was alles in ihrem Namen angerichtet wurde, auch welche Hoffnungen sich an ihre Ideen knüpften, man wird es in den Schulen lehren.

Mit diesen Denkmälern und ihrem Verschwinden aus der Öffentlichkeit verändert sich die Denkmal-Kultur vielleicht in der »synthetischen« Richtung, so wie Jaruzelski sie nennt. Er spricht damit das Symbolhafte an, das zum Nachdenken anregt und dem mittlerweile belächelten »realistischen« Denkmal erhaben gegenübersteht.

Nachdenken, zur Diskussion anregen, nicht alten Haß aufs neue bildhaft machen ist die Konzeption, die auch der Bildhauer Jerzy Kalina mit seinem Mahnmal für den Priester Popieluszko verwirklicht hat: Ein Rosenkranz, dessen gewaltige Steine aus allen Landschaften Polens zusammengetragen wurden, wird von Eisenketten zusammengehalten. Das Kreuz meißelte er aus einem geschliffenen Marmorblock. Der Rosenkranz umschließt die Grabstelle des vom Sicherheitsdienst ermordeten Priesters, einen leichten, grasbewachsenen Hügel. Bildhauer Kalina arbeitet gegenwärtig an einem symbolkräftigen Mahnmal für die Opfer von Katyn: Eisenbahnschienen biegen sich in den Himmel, die zerborstenen Schwellen zeigen, daß hier ein Weg gewaltsam zu Ende gebracht wurde.

Als eines der bekanntesten Denkmäler Polens mahnt das Grabstelenfeld an die Inhumanität von Auschwitz. Ein Feld mit Tausenden von Steinen erinnert an einen jüdischen Friedhof. Nur ein einziger Stein trägt – exemplarisch – einen Namen: den Namen eines stillen Helden, eines Lehrers, der mit seinen Schülern zusammen freiwillig in die Gaskammer ging.

Polen ist voll von Mahn- und Gedächtnisstätten für die Opfer der Hitlerzeit. Tafeln an beinahe jedem zweiten Haus in jedem größeren Ort halten die Erinnerung an die Vergangenheit unaufdringlich wach. An den Plätzen, Flußübergängen, wo Schlachten begonnen oder siegreich beendet wurden, sind Denkmäler errichtet. Das Ghetto-Denkmal von Warschau, die schlichten Erinnerungsstätten hier und dort zwischen den Häusern, an Plätzen, an Straßenzügen, Brücken – Mahn- und Gedenkstätten an Grausamkeiten, die vor über fünfzig Jahren ihren Anfang nahmen. Vor fünfzig Jahren ging der erste Transport nach Auschwitz. Die schon vor vielen Jahren erbauten Gedenk- und Mahnstätten halten an der Erinnerung an Tote und Helden fest, und kein politischer Wechsel machte sich dabei hindernd bemerkbar. Davon ausgenommen das Denkmal für den Warschauer Aufstand, dessen Gestaltung nicht nur unter künstlerischen Gesichtspunkten umstritten war.

Umstritten – wenngleich aus anderen Gründen – war ein weiteres Denkmal; es erinnert an die Ereignisse um den Kampf der Danziger Arbeiterschaft gegen ein Regime, das 1970 auf streikende Arbeiter schießen ließ.

13. Kapitel
Danzig

Das Regime der polnischen Kommunisten reagierte 1970 mit aller erdenklichen Härte gegen berechtigte Forderungen der Danziger Werftarbeiter und die Form, in der sie ihrem Willen Nachdruck verliehen, den Streik, die öffentliche Manifestation. Die Armee – bis dahin jenseits jeder Kritik – erhielt in Danzig Schießbefehl. Die Toten von Danzig waren ein Menetekel, das von den politisch Verantwortlichen nicht oder falsch gedeutet wurde. Um den Schießbefehl von Danzig gab es viele Unklarheiten, die bis heute noch nicht ganz beseitigt zu sein scheinen. Dies behaupten jedenfalls Gegner Jaruzelskis, die ihm vorwerfen, entweder in den Schießbefehl verstrickt gewesen zu sein oder ihm nicht genug Widerstand entgegengesetzt zu haben. Ausgehend von Berichten einer Untersuchungskommission, veröffentlichte General Kiszczak im April 1990 in der Zeitung »Trybuna« eine von Jaruzelski bestätigte Darstellung der Ereignisse.

Während des Arbeiterprotestes sei es zu Vandalismus, Brandstiftungen und Exzessen gekommen. Die Partei- und die Regierungsspitze habe sich in bezug auf die Fragen, inwieweit die Forderungen der Arbeiter berechtigt seien, und hinsichtlich einer angemessenen Entscheidung über die richtige Reaktion gespalten. Auch nachdem es zu Gewalttätigkeiten zwischen der Miliz und den Streikenden gekommen sei, habe sich eine Gruppe hoher Offiziere des Verteidigungsministeriums strikt gegen den Einsatz der Armee ausgesprochen.

Jaruzelskis Beteiligung wird in dem Interview direkt angesprochen:

»Befand sich auch General Jaruzelski unter diesen Offizieren?«

»Ja, und er spielte dabei die führende Rolle.«

»Warum haben Sie also die Entscheidung über einen Rückzug

der Truppen nicht getroffen? Entsprechen Gerüchte hinsichtlich des Hausarrestes der Wahrheit?«

»Nein, das sind tatsächlich Gerüchte. General Jaruzelski konnte, obwohl er damals Verteidigungsminister war, in der gegebenen Situation nicht selbständig über die Aktivitäten der Truppen entscheiden.«

Diese Kernaussagen ergänzt Kiszczak mit weiteren Informationen darüber, daß Gomulka in dem damaligen Stellvertreter Jaruzelskis einen willfährigen Mann gefunden habe. Dieser sei auf Befehl der höchsten Partei- und Staatsspitze an die Küste entsandt worden und habe dort gehandelt, »teilweise im Schatten«, das heißt in eigener örtlicher Machtvollkommenheit. Genau besehen bedeutet dies jedoch, daß Gomulka und die ihm ergebenen Mitarbeiter sowohl den Generalstab der polnischen Armee als auch den Verteidigungsminister während dieser Aktionen vollkommen ausgeschaltet hatten.

Wojciech Jaruzelski gibt heute folgende rückblickende Betrachtung: »Nach zwanzig Jahren ist es einfacher, die damaligen tragischen Ereignisse umfassender zu bewerten. Unser heutiges Wissen um die Danziger Tragödie wurde nicht nur durch die nachträgliche Untersuchung der gesellschaftlichen und politischen Hintergründe, sondern auch um die Erfahrungen der vergangenen Jahre ergänzt. [...] Die letzte Phase der Ereignisse provozierte unabdingbar die Härte der damaligen Führung. Andererseits darf man nicht vergessen, oder vielmehr muß man daran denken, wie es zu dieser Phase gekommen war, welche Ursachen der gesellschaftlichen Unzufriedenheit zugrunde lagen.

Fehler in der Sozial- und Wirtschaftspolitik, Arroganz und autoritärer Führungsstil der Regierenden, welche die öffentliche Meinung außer acht ließen, und dazu noch mangelnde Bereitschaft, die anstehenden Probleme überhaupt zu lösen.«

Jaruzelski bestätigt, daß die »verhängnisvolle Entscheidung, die den Boden vergiftete«, jene war, mit Gewalt vorzugehen, entschieden nur von dem Ersten Sekretär, dem Ministerpräsidenten und dem Staatsratsvorsitzenden, »unter Umgehung des Verteidigungsministers und des Innenministers!«

»Ich weiß noch«, so fügt Jaruzelski hinzu, »daß ich darüber ganz offen in der zweiten Januarhälfte 1971 gesprochen habe. Und zwar sowohl vor den Offizieren der Streitkräfte als auch auf dem achten Plenum des Zentralkomitees. Ich habe damals auf die Notwendigkeit hingewiesen, politische Probleme mit politischen, wirtschaftliche Probleme mit wirtschaftlichen Mitteln zu lösen. Ich habe gegen den Mißbrauch der Streitkräfte als ein ›Pazifizierungsinstrument‹, als eine ›Pazifizierungskeule‹ protestiert! Genau diesen Ausdruck habe ich gebraucht.«

Jaruzelski hat stets darauf hingewiesen, daß zuviel militärische Präsenz auf den Straßen zu noch größeren Dramen führen könnte. Nur Zurückhaltung und eine würdige, verantwortungsvolle Haltung der Offiziere vor Ort habe tatsächlich ein noch größeres Unglück verhindert. »Für mich persönlich stellt der Dezember 1970 eine sehr bittere Erfahrung dar, aus der ich weitreichende Folgerungen gezogen habe. Ich glaube, daß in diesem Zusammenhang mein Bemühen um eine nationale Verständigung klarer und verständlicher erscheint.« Er ist davon überzeugt, dieser Linie seit August 1980 immer gefolgt zu sein, wenn auch nicht immer erfolgreich. Diese Aussage schließt das Kriegsrecht fraglos mit ein. Die Erkenntnisse, welche Jaruzelski aus seinen niederschmetternden Erfahrungen zog, waren der eigentliche Beginn der Veränderungen im damaligen Ostblock.

Doppeltes Drama

Jaruzelskis Interesse galt immer dem Militär. Ämter, die seine professionellen Kenntnisse überstiegen, lehnte er ab. Die Partei – oder wichtige Leute des Einparteienstaates – hatte sich jedoch augenscheinlich in den Kopf gesetzt, diesen bedächtigen Offizier in ihre Kreise einzubinden. Jaruzelski bewertet die Situation möglicherweise anders. Tatsächlich jedoch machte man ihm nach den Danziger Dezember-Ereignissen ständig Avancen: Er sollte als Kandidat ins Politbüro und lehnte ab. Gierek akzeptierte, schlug ihn daraufhin beim achten Plenum des Zentralkomitees ohne Absprache vor, was einer Wahl gleichkam. »Bis heute werfe ich mir vor, daß ich nicht aufgestanden bin und protestiert habe!«, doch – er wollte eine öffentliche Demonstration vermeiden und Gierek nicht gleich am Anfang seiner Wahlzeit in Schwierigkeiten bringen. Nachdem sich Giereks Wirtschaftspolitik in der zweiten Hälfte der siebziger Jahre als unhaltbar erwies, wurde Jaruzelski offiziell und inoffiziell gebeten, doch das Amt des Ministerpräsidenten zu übernehmen. Ein letztes Mal respektierte man seine Absagen.

»Bis, ja, . . . meinen weiteren Weg kennen Sie ja!«

Nun stand dem Land ein Ministerpräsident vor, der dieses Amt niemals anstrebte. Und die Partei hatte insofern den Bock zum Gärtner gemacht, als diesem neuen Mann an der Spitze des Staates überhaupt nicht einfiel, die Armee an die Partei auszuliefern. Im Gegenteil: Gegen die größten Widerstände versuchte Jaruzelski, eine für beide Seiten tragfähige Einigung mit Lech Walesas Solidarność zu erreichen, die sich inzwischen eine weltweite Reputation erkämpft hatte. Walesa wurde zum Idol der Freiheits- und Menschenrechtskämpfer im Westen. Seine Macht breitete sich so sehr aus, daß die »Staatsmacht« Polens sich im eigenen Lager schwerster Angriffe ausgesetzt sah. Druck von innen und außen ließ die Kompromißbereitschaft der damaligen Regierung wachsen. Aber keine – überhaupt keine – der beteiligten Seiten verfügte über Pläne für ein Krisenmanagement.

Die Sowjetunion reagierte mit recht hilflosen Drohungen, die aber – unterstützt von den übrigen östlichen Staaten – eine ernstzunehmende Gefahr darstellten. Die Westmächte feuerten Walesa und seine Mitstreiter an – ohne ein Konzept im Falle eines tatsächlichen Wandels in Polen zu entwickeln. Solidarność war inzwischen zu einer Gemeinschaft geworden, in der Intellektuelle und Arbeiter, Bauern, Politiker und Soldaten zusammenarbeiteten – eine klare Zielsetzung für einzelne evolutionäre Schritte existierte aber nur in einzelnen Untergruppen: Es gab die Minimalisten und die Maximalisten; Walesa war nur begrenzt in der Lage, seine heterogene Bewegung auf verhandlungsfähige Zielsetzungen einzuschwören. Die polnische Partei reagierte mit Angst und Sorge auf die Bemühungen der Regierung, mit den Forderungen der Solidarność seriös und ernsthaft umzugehen.

14. Kapitel
Kriegsrecht

Unterlagen

Als Jaruzelski das Kriegsrecht ausrief, setzte er eine wohlvorbereitete Aktion in Gang. Juristisch war er durch die Verfassung insofern abgesichert, als keine Notstandsbestimmungen existierten, sondern nur gesetzliche Vorkehrungen für den Verteidigungsfall. Brzezinski berichtet in seinen Erinnerungen, daß die USA damals über Unterlagen verfügten, aus denen nur die Schlußfolgerung gezogen werden konnte, eine Intervention des Warschauer Paktes, einschließlich der Sowjetunion, habe unmittelbar bevorgestanden. Jaruzelski selbst erkannte während zahlreicher Sitzungen mit Breschnew, daß die Hardliner um den alternden sowjetischen Staatschef Veränderungen in ihrem Vorfeld Polen nicht zustimmen wollten. Aus der Partei lagen Signale vor, daß bestimmte Personen sich darauf vorbereiteten, sich nach dem in Ungarn und der Tschechoslowakei bewährten Muster mit der Bitte um Hilfe, um Intervention an Moskau zu wenden.

Zu allem Überfluß gab es in Polen Militärs, die sich zwar verdeckt halten, im Gespräch aber eingestehen, ihnen sei ein sowjetisches Eingreifen gar nicht so unlieb gewesen: »Denen hätten wir schon gezeigt, wie Polen kämpfen!«

Gruppen der Miliz und der Partei bereiteten sich zudem darauf vor, der Solidarność eine nachhaltige Niederlage beizufügen. Solidarność wiederum ließ Anfang Dezember die Verhandlungen mit der Regierung im Sande verlaufen, die Vermittlungsversuche – auch der Kirche – scheitern und beschloß obendrein für den siebzehnten Dezember eine Massendemonstration in Warschau. Diese Demonstration war auch in den Führungsgremien der Solidarität äußerst umstritten, weil sie unüberschaubare Risiken barg: den Anlaß für einen – möglicherweise – gewalttätigen Staat, der endlich mit den Reformern Schluß macht; den Anlaß für den harten Kern der Partei, endlich den Hilferuf nach Moskau zu senden, sowie die Unabwägbarkeit der anschließenden Reaktionen von Protestierenden, die man lediglich während der Reden sicher im Zaume halten konnte.

Polen stand unmittelbar vor einem Bürgerkrieg. Wer sich einmal mit den verschiedenen Personen oder Personengruppen – auch aus dem rechten Lager – auseinandergesetzt hat, weiß, daß damals allenthalben eine große Bereitschaft vorhanden war, »es« dem jeweiligen Gegner endlich heimzuzahlen. Es kursierten schwarze Listen mit Namen derjenigen, die hingerichtet werden sollten. Es grassierte eine solche Angsthysterie, daß selbst in der Armee davor gewarnt wurde, »Getränke von fremden, unbekannten Frauen« entgegenzunehmen, sie könnten vergiftet sein. Gruppen von Solidarność hatten angeblich bereits Häuser gekennzeichnet, deren Bewohner liquidiert werden sollten. Nach den Horrorszenarien, welche heute noch über die verschiedenen – angeblich – geplanten Aktivitäten kursieren, wäre in Polen etwas ausgebrochen, das sich vielleicht mit Rumänien hätte vergleichen lassen; vielleicht aber auch mit dem spanischen Bürgerkrieg.

Reaktionen

Die westlichen Reaktionen auf das Kriegsrecht fielen gemäßigter aus, als sie von manchen erwartet worden waren. Es gab zwar die – von den USA initiierten – Boykottmaßnahmen, über die Jaruzelski vor kurzem auf einer Pressekonferenz in Paris urteilte, sie hätten eben die Festung Polen zunächst noch dichter gemacht, was ursprünglich sicher nicht beabsichtigt worden sei. Aber ansonsten: Kanzler Helmut Schmidt reagierte beinahe erleichtert darauf, daß Polen »eine eigene Lösung« suche. Die USA waren froh, ihre halbherzig geplanten Gegenschritte im Falle einer sowjetischen Intervention erst gar nicht einleiten zu müssen. Manche klugen, erfahrenen Politiker im Westen glaubten auch erkannt zu haben, daß Wojciech Jaruzelski alles andere vorhatte, als die Macht des Parteibetons zu festigen.

Jaruzelski nennt einen Zeugen für diese Annahme, der über

jeden Verdacht erhaben war, ein Freund der zentralistischen kommunistischen Staatspraxis zu sein:

»Es scheint mir eine wichtige Tatsache zu sein, besonders im Hinblick darauf, was wir soeben besprochen haben, es geht um die schwierige Zeit von 1980–81. Im Februar kam Herbert Wehner zu mir. Februar 1982. Nicht mal zwei Monate nach der Verhängung des Kriegsrechts. Ich hatte ein sehr langes Gespräch mit ihm. Ich schilderte ihm die Umstände, Argumente, Begründungen. Und zum Schluß unseres langen Gespräches umarmte und küßte er mich. Ich glaube, daß er ein kluger Mensch war, der vieles im Leben gesehen und erlebt hatte, und ich betrachte es so, daß er ein großes Verständnis für meine Argumente aufgebracht hat, für die Dramatik der Situation. Gleichzeitig war es seinerseits die Befürwortung dieser Anstrengungen, dieser Handlungen.«

Herbert Wehner, der große alte Mann der deutschen Sozialdemokratie, von dem der kühle Norddeutsche Helmut Schmidt sagte: »Ich habe ihn geliebt«; Wehner, der ehemalige Kommunist, der diesem Glauben abschwor und die deutsche Sozialdemokratie nach dem Kriege stärker prägte als jeder andere, hat Jaruzelski mit der geschilderten Szene sicher sehr viel Mut gemacht, auf dem Weg fortzufahren, keine Politik mehr gegen das Volk zu machen, den Staat wieder zu öffnen und jene Dialoge in Gang zu setzen, die am »Runden Tisch« den vorläufigen und bei den ersten freieren Wahlen den nächsten Höhepunkt fanden.

Daß es für die Betroffenen, die Internierten, Eingekerkerten, eine furchtbare Zeit war, steht außer Frage. Für sie ließ sich Hilfe schwer organisieren. Das Land lag wirtschaftlich am Boden. Die Versuche, die Wirtschaft mit Hilfe des Militärs wieder flottzumachen, mußte am Ende scheitern. Denn eine Kommandowirtschaft, die zusätzlich von Experten einer anderen Fakultät kommandiert werden soll, kann nicht mehr funktionieren. Die Versorgungslage im Lande näherte sich einer Katastrophe. Sie wurde leicht verbessert, als die Bundesdeutschen anfingen, Millionen von Paketen zu senden, als die amerikanischen Verwandten sich mit Hilfssendungen einschalteten und die Kirchen begannen, ein Hilfsnetz aufzubauen, das nicht befohlen, sondern spontan entstanden war.

Auch aus der Sowjetunion trafen Hilfsgüter ein. Honecker schickte per Flugzeugladungen Weihnachtsgeschenke für Kinder. Und im Westen wurde eine Organisation aktiv, die mit Recht den Friedensnobelpreis verdient hätte: Amnesty International.

Kontakte

Amnesty International schickte Tausende von Briefen an die Entscheidungsträger der polnischen Kriegsrechtbürokratie, an die Kirchen und die Regierung; die Organisation betreute auch Familien von Inhaftierten, versorgte sie zum Teil mit Nahrungsmitteln. Diese weltweite Aktion hat dazu geführt, daß Amnesty in Polen sehr bekannt wurde und 1989 keinerlei Probleme mehr hatte, als im Lande selbst erstmalig eigene Gruppen aufgebaut wurden. Seither bemüht sich die Organisation um eine verstärkte Initiative zur Abschaffung der Todesstrafe in Polen.

Solidarność sei schon früher für die Abschaffung der Todesstrafe eingetreten, sagen die Amnesty-Gruppen, jedoch ohne Erfolg.

Während der Vorbereitungen zur Durchführung des Kriegszustandes setzte sich der polnische Oberst Kuklinski in den Westen ab. Man glaubt Erkenntnisse zu haben, daß der Oberst sich bereits in den sechziger Jahren beim amerikanischen Geheimdienst verdingt hatte. Als er sich absetzte, konnte er eigentlich von den Vorbereitungen zum 13. Dezember nichts wissen. Kontakte zu den Amerikanern hatte er seit einem Friedenseinsatz der UNO in Vietnam, an dem er als Mitglied der polnischen Truppe teilnahm. Kuklinski wurde von polnischen Gerichten wegen Landesverrats zum Tode verurteilt. In diesem Zusammenhang befragte ich den Präsidenten, ob an eine Aufhebung der Todesstrafe zu denken sei. Einer Revision des Urteils will der Präsident nicht vorgreifen; der Mann sei rechtskräftig verurteilt, weil er als Mitglied der Armee für eine andere Armee gearbeitet habe. Grundsätzlich ist er der Überzeugung: »Wenn ich es heute betrachte, dann scheint mir die Todesstrafe überhaupt etwas zu sein, was wir generell vermeiden sollten.«

Kontakte pflegen mußte Polens Kriegsrechtsherr vor allem mit den anderen Regierungs- und Parteichefs im Ostblock. Über eine schwierige Kontaktfrage berichtet er selbst:

»Ich habe vor der Ausrufung des Kriegsrechts und danach viele sehr schwierige Gespräche mit Breschnew geführt. Aber in dieser Periode muß Breschnew als ein Mensch bewertet werden, der nicht mehr selbständig denken konnte. Er las gewisse Texte vor, die von Personen oder Kräften vorbereitet wurden, die in der Tat über die sowjetische Politik entschieden haben. Die Rolle spielten Suslow, Ustinow, Gromyko. Es waren auch andere dabei, aber diese waren die führenden Gestalten, die Anhänger der harten Linie. Breschnew hat sich mit dieser Linie selbstverständlich völlig identifiziert. Ich möchte nicht behaupten, daß er ein machtloser Gegenstand in ihren Händen war, er war einfach intellektuell nicht mehr im Stande, eigene, originelle Bewertungen zu entwickeln. Und um so schwieriger waren die Gespräche, denn ein Gespräch ist dann da, wenn man Kontakt zueinander hat. Und diese Kommunikation war nicht vorhanden, die Argumente hat man nicht eingesehen. Deshalb waren diese Gespräche sehr schwierig, andererseits war ich mir darüber im klaren, daß der Spielraum sehr begrenzt war. Vor dem Kriegsrecht war es mir ganz klar, warum, und nach dem Kriegsrecht auch.«

Szenarium

Immer wieder versuchte ich Jaruzelski zu bewegen, die von seinen Mitarbeitern in groben Zügen geschilderte Szene seiner großen patriotischen Konfrontation mit Breschnew genauer zu schildern. Ich versuchte ihm deutlich zu machen, daß – beispielsweise – ein Bühnenautor eine Vorlage benötige, um diesen dramatischen Vorgang zu gestalten. Jaruzelski ließ sich nicht verlocken:

»Dramatiker sind dazu da, Situationen zu erfinden, hätten hier also ein breites Feld, sonst wären sie keine Dramatiker, sondern Historiker. Sie können generelle Umrisse haben und auf diesem Hintergrund verschiedenartige Situationen und Emotionen erfinden.«

Ich erklärte dem Präsidenten, nach meinem Eindruck müsse

seine Auseinandersetzung mit Breschnew sich in folgender Weise ereignet haben:

Breschnew habe offen mit einer Intervention gedroht, da es ja nicht im Sinne der internationalen kommunistischen Staatenwelt sein könne, wenn in einem dieser Staaten das Militär die Macht übernähme.

Daraufhin habe er, Jaruzelski, dem sowjetischen Führer einen langen, sehr ausführlichen Vortrag über die Maßnahmen seiner Regierung gehalten, habe auf die patriotischen Tugenden des polnischen Volkes verwiesen und mit den Worten geschlossen:

»Herr Generalsekretär, wenn Sie militärisch intervenieren, wenn Truppen aus anderen Staaten des Warschauer Paktes in dieses Land einrücken, um in seine Entwicklung einzugreifen, werde ich mich an die Spitze derjenigen stellen, welche die Invasion mit der Waffe bekämpfen! Ich werde die Armee umdrehen!«

Jaruzelski wurde sehr ernst: Wir hätten nun so viel miteinander gesprochen, daß ich sein Vertrauen mißbrauchen würde, wenn auch nur angedeutet sei, diese Beschreibung entspräche seinen Hinweisen oder begründe sich auch nur auf Andeutungen, die er gemacht habe.

Die entscheidenden Sitzungen der auseinanderdriftenden Partner dürften nicht in der Sprache episkopaler Diplomaten geführt worden sein. Außerdem stelle ich mir vor, daß der Patriot Jaruzelski schon sehr starke Worte gebraucht haben muß – nicht zuletzt, weil einer seiner wichtigsten Mitarbeiter sich nach der »Schlüsselszene«, die er in einem Zeitungsinterview erwähnte, »geschworen hat, diesem Manne zu dienen – bis ans Lebensende«.

15. Kapitel
Gespräche und Bekenntnisse

Kommunist?

Man stelle sich vor: einen Adelssproß, der für den Gegenwert von zwei Arbeitereinkommen eine katholische Internatsschule besuchte; einen noch Halbwüchsigen, der das stalinistische Sibirien erlebte, weil seine Eltern nicht genug Geld hatten, über Litauen nach Schweden zu fliehen wie die reicheren Polen. Die Armee, in der er schließlich landete, war ein Spiegelbild des alten Feudalstaates: Fast siebzig Prozent der Offiziere waren deportierte, ehemalige polnische Beamte oder deren Söhne, fast fünfzehn Prozent der Offiziere waren von höherem oder niederem polnischen Adel (weniger als zehn Prozent der Offiziere waren Bürger der Sowjetunion). Aus derselben Quelle geht hervor, daß sechsundachtzig Prozent der Mannschaften nur eine zwei- oder dreiklassige Grundschule besucht hatten, zehn Prozent gar waren Analphabeten.

In Erwägung all dieser Umstände kann man zu dem Schluß kommen, daß lediglich ein altruistisch geprägter Offizier zum Kommunisten werden konnte. Ein anderes Vorurteil legt nahe, nur ein Karrierist habe sich der kommunistischen Farbe – der Ideologie, der Lehre, der Nomenklatura verschreiben können; nur blinder Ehrgeiz, verbunden mit dem Ziel, selbst einmal dieser Nomenklatura, der kommunistischen Kurie, anzugehören, hätte Wojciech Jaruzelski 1947 zum Parteimitglied werden lassen.

Jaruzelski bekennt, damals Kommunist geworden zu sein. Aber – warum hat er nie, in keiner seiner Reden, gesagt: »Ich bin Kommunist«, sondern immer nur – generalisierend – die Wendung: »Wir Kommunisten« gewählt, wenn er in einer bestimmten Funktion an einem bestimmten Platz Bekenntnis abzulegen hatte?

»Vor allem führende Kommunisten legten oft regelrechte persönliche ›Glaubensbekenntnisse‹ ab. Warum taten Sie das nicht?«

»Ich möchte dabei an die Tatsache erinnern, daß der Kommunismus in Ihrem Land geboren wurde. Marx und Engels waren Deutsche und keine Chinesen beispielsweise. Das bedeutet, daß seine intellektuellen, moralischen Wurzeln keineswegs primitiv sind. [...]

Die Idee des Kommunismus an sich ist immer noch, wenn man von allen Verfälschungen und Deformationen absehen würde, eine große und edle Idee. Ich habe Ihnen gesagt, ich bekannte mich zu der katholischen Weltanschauung, die angeblich ganz anders sein soll, ich fand aber in ihr viele Berührungspunkte, viel Ähnlichkeiten in dieser universellen, humanistischen Sicht.

Warum hat das Wort ›Kommunismus‹ heute eine so pejorative Färbung? Es ist auch für den Begriff ›Kommunismus‹ sehr ungerecht, denn das, was es bei uns gegeben hat, war kein Kommunismus. Kommunismus ist ein gewisses Ideal, das wir niemals erreicht haben. Die Situation wurde unnötig so bezeichnet, es war doch der Realsozialismus mit allen seinen Krankheiten und Schwächen. Deshalb habe ich das Wort ›Kommunist‹ nicht mißbraucht, weil es bedeutet hätte, daß ich irgendein Ideal, ein Heiliger bin. Wenn man die Wendung: ›Wir Kommunisten‹ gebraucht hat, dann meistens doch nach dem Prinzip, daß wir uns zu diesen Idealen bekennen, was gar nicht bedeutet, daß man sie im Leben verwirklicht. Man kann sich zu den Zehn Geboten bekennen, aber im Leben mächtig sündigen!«

»Aber es hat den Ursprung gegeben, den Zeitpunkt, zu dem Sie in die Partei eintraten. Und es hat jenen Zeitpunkt gegeben, als Sie entweder in einer Art Saulus-Paulus-Wandlung Abschied nahmen oder einen Bruch vollzogen, der für die Entwicklung in Polen und darüber hinaus von Bedeutung sein sollte.«

»Bei mir hat immer dieser patriotische und soldatenhafte Faktor überwogen, ich habe beides aber immer so betrachtet, daß es nicht isoliert aufgefaßt werden kann, isoliert von dem gesellschaftlichen und politischen Leben. Ich war immer davon überzeugt, daß dieser politische und militärische Weg, den ich ging, meines Erachtens Polen am besten dient. Unter diesen realen Bedingungen. Auch unter den realen Bedingungen des 13. Dezember 1981. Unter den realen äußeren und inneren Bedingungen. Und wenn es sich um Saulus-Paulus handelt, dann habe ich schon dazu gesagt, daß ich dies nicht so einfach in einem Abschnitt meines Lebens einordnen kann, aber ich möchte vielleicht die eine Periode aus meinem Lebenslauf aussondern, diese Periode, als ich begann, politisch zu denken, es war, glaube ich, das Jahr 1947.

Ich war damals Student der Infanteriehochschule. Und in dieser Schule waren sowohl sehr viele Studenten vertreten, die sich von den gleichen Wurzeln wie ich ableiteten, als auch viele Offiziere von der Vorkriegsarmee und auch viele Offiziere von der Heimat- und Volksarmee, und es geschah alles, das möchte ich noch mal betonen, vor der Wende, die 1948–1949 erfolgt ist, und ich bewerte diese Periode als eine intellektuell äußerst fruchtbare Periode, es sind Menschen mit unterschiedlichen Herkünften, sogar Menschen von verschiedenen Generationen zusammengetroffen. Diese Menschen haben viele unterschiedliche Diskussionen geführt. Und man muß dabei sagen, daß gerade die Offiziere der älteren Generation eine gemeinsame Sprache mit uns, mit den Jungen, fanden. Und sie waren genau der gleichen Meinung, daß Polen Veränderungen nötig hat.

Fortschrittliche Umwandlungen. Und das hat uns zu diesem sozialistischen Bewußtsein geführt. Es war aber damals selbstverständlich noch eine ganz andere Weltbetrachtung als die, die sich später während der nächsten Jahre der Bewußtseinsgestaltung herausgebildet hat. Aber es war mit Sicherheit das erste politische Denken, so daß diesem patriotisch-soldatischen Denken ein politischer, gesellschaftlicher Kontext hinzugefügt wurde.«

»Nun gibt es die Vision, daß die furchtbaren Dinge, die unter den Fahnen des Kommunismus passiert sind, die ursprüngliche Idee so desavouiert haben, daß von ihr nur wenig übrigbleibt, wie auch von manchen sozialen Errungenschaften, deren Fehlen die Menschen womöglich unter Augenreiben als Mangel empfinden werden, wenn der Rausch der neuen Revolution verflogen ist.«

»Ich möchte noch tiefer zurückgreifen, in die Epoche vor dem Sozialismus. Ich glaube, daß ohne Marx und seine Idee, ohne die Bewegung, die revolutionäre, sozialistische, kommunistische

Bewegung, die er ausgelöst hat, der Kapitalismus auch anders geworden wäre. Der Kapitalismus hätte auch nicht den Weg der sozialen Lösungen beschritten, die er heute realisiert. Er erfolgte auch unter dem Druck der revolutionären Philosophie und der revolutionären Praxis. Auch das revolutionäre Rußland war ein gewisses Vorbild, eine Form des Drucks in dieser Richtung, unabhängig von allen Deformationen, die es da gegeben hat. Und Sie haben sehr richtig gesagt, daß es da gewisse Werte gibt, die in den Ländern des realen Sozialismus eingeprägt wurden, eben diese sozialen Werte, die den Menschen eines Tages fehlen werden, sie werden ihr Fehlen deutlich zu spüren bekommen.

Es ist so wie mit dem Helden von Molière, der nicht wußte, daß er Prosa spricht. Ich hatte vor ein paar Tagen ein Zusammentreffen mit der Spitze der polnischen Soziologen, mit Wissenschaftlern. Sie haben verschiedene Strömungen vertreten, antikommunistische, kommunistische. Aber in vielen Fällen sprachen sie eine gemeinsame Sprache, indem sie diese Werte verteidigten, die bei uns in die Tat umgesetzt worden sind. Beispielsweise, daß man die Arbeitslosigkeit nicht wie eine Tugend, sondern als eine traurige Notwendigkeit betrachten muß, daß man Sozialpolitik betreiben muß, billige Bücher zusichern muß, Kindergärten, Krippen. All das wurde in diesem armen Land, in dieser armen Gesellschaftsordnung gewährleistet.

Und es ist für uns heute das größte Problem, von dem Westen all das zu übernehmen, was die wirtschaftliche Effektivität, die parlamentarische Demokratie gewährleistet, und gleichzeitig möglichst viel von den sozialen und humanen Errungenschaften beizubehalten, die diese Gesellschaftsordnung mit sich gebracht hat. Und das, wovon Sie sprachen, was im menschlichen Bewußtsein erhalten bleiben wird: Die Geschichte wird das alles an den richtigen Platz bringen. Ich erinnere mich an viele Nachkriegsjahre, in denen wir die Zwischenkriegsperiode in Polen nur in schwarzer Farbe bewertet haben. Es war doch Kapitalismus, der nur Übel und Unglück mit sich brachte, der Polen in den Abgrund stürzte! Später haben wir begriffen, daß diese Ansicht falsch war, auch das hat die Geschichte an den richtigen Platz gerückt.«

Gegenreaktion

Momentan findet in Polen wieder eine Gegenreaktion – diesmal auf die jüngste Vergangenheit – statt. Die neue Linke ist noch nicht richtig organisiert. Das, was sich dort an neuem parteilichem Sozialismus zu kristallisieren beginnt, läßt noch keine klaren Formen erkennen, leidet natürlich auch unter den alten »Seßhaften« in Verwaltung und Wirtschaft, jenen, welche den Wandlungen widerstreben, weil es sie das Privileg des Arbeitsplatzes – und mehr – kosten könnte. Die – fraglos – sehr heftige Propaganda gegen die neue Linke, die als Wurmfortsatz der alten Partei empfunden wird, läßt ihre Chancen nicht größer werden. Zunächst jedenfalls. Wie denkt Jaruzelski über diesen Aspekt?

»Es ist unausweichbar, daß es doch eine Befürwortung dieser Linken geben wird; sogar die Verteidigung der sozialen Errungenschaften wird dazu führen, daß diese Kraft, die den gesellschaftlich-sozialen Faktor traditionell exponiert, mit starker Stimme spricht. Und das ist doch die Sozialdemokratie, das sind die Sozialisten. Sie sprachen davon, daß es Unzufriedenheit im Zusammenhang mit der Wirtschaftsreform gibt. Es gibt Kritizismus, obwohl er noch nicht sehr scharf ist. Er ist mit den Lebensbedingungen, mit der Reform verbunden. Aber es gibt auch sehr viel Geduld und Vertrauen gegenüber dieser Reform, in der Hoffnung, daß sie gelingt. Zugleich jedoch wächst diese Unzufriedenheit, parallel zu der Befürwortung der Politik der Regierung, ihrer politischen Tätigkeit. Es gibt, würde ich sagen, zwei parallel zueinander verlaufende Linien: einerseits die große Unterstützung der Politik und andererseits eine immer größere Reserve gegenüber der Wirtschaftspolitik.«

Das Land durchlebt eine heikle Situation. Nun sagen Mitglieder der Regierung: »Wir arbeiten sehr gut mit diesem Präsidenten zusammen, er behindert uns nicht in unserer Arbeit – im Gegenteil.« Es gibt aber auch andere Töne im umgestalteten Polen. Ist dieser Präsident davon überzeugt, daß er nie mehr in harter Form in die Geschicke des Landes eingreifen wird? Hält er das Land für reif genug, diesen Weg weiter zu gehen, demokratisch zu vollenden?

Jaruzelski: »Dieser Präsident wird mit Sicherheit nicht mehr den alten Weg beschreiten. Und ich glaube, wenn es irgendwelche Versuche der Rückkehr zu der autoritären, um nicht diktatorischen zu sagen, Herrschaftsform geben sollte, dann sehe ich keine Erfolgschancen für ein solches Experiment, obwohl es so aussieht, daß aufgrund der herrschenden Desperation so etwas geschehen könnte. Auf jeden Fall werde ich kein Napoleon oder Pilsudski sein, der ein solches Experiment durchführen möchte. Wir müssen endlich zu einem normalen demokratischen Land werden. Obwohl es aufgrund der Wirtschaftslage ein Dornenweg sein wird, aufgrund verschiedener politischer Emotionen, die Sie ja auch erwähnt haben, als wir uns über die Kombattantenströmungen unterhielten.«

»Im Hause der Kombattanten hat man gesagt, es gäbe eine Umfrage in der Armee. Demnach fühlen sich die Offiziere von Ihnen allein gelassen: ›Früher waren wir gezwungen, der Partei beizutreten. Heute ist der Präsident selbst nicht mehr Mitglied, will der ›Präsident aller Polen‹ sein.«

»Er hat sie nicht allein gelassen, weil die Offiziere auch nicht mehr der Partei angehören. Der Präsident gehört ihr nicht an und die Offiziere auch nicht. Wenn ich nicht der Partei angehören würde und sie dazu überreden möchte, daß sie in der Partei bleiben, dann würde dieser Vorwurf begründet sein. Gegenwärtig wird das Verbot der Angehörigkeit zu jeglichen politischen Parteien für Berufssoldaten und überhaupt für Soldaten verhängt. [...] Es ist eine andere historische Etappe, andere Bedingungen, eine andere Doktrin, aber andererseits verheimliche ich nicht, daß ich selbst gewissen Idealen der Linken treu bleibe.«

Treue

Indem Jaruzelski betont, er bleibe gewissen Idealen der Linken treu, beweist er eine Gesinnung, die sich jedem Verdacht von Opportunismus entzieht. Im Vergleich zu manchen »Wendehälsen«, die in den ehemals kommunistischen Staaten Karriere auf neuen Tickets zu machen versuchen, bleibt er auf einer Spur, die nur von

Masochisten als komfortabel angesehen werden kann. Wojciech Jaruzelski gehört zu denen, die wirklich »dienen«. Zu der Art Menschen, denen der Begriff »Askese« nicht als populistisches Schlagwort dient. Auf seine Art und mit seinen Überzeugungen diente er der polnischen Armee, der Partei und der polnischen Gesellschaft. Dies ließ ihn verdächtig werden: Der unaufhaltsame Aufstieg, der Mangel an Skandalen, die materielle Unbestechlichkeit, der Perfektionismus, die Arbeitswut – nicht nur in den kommunistischen Gesellschaften lösen Karrieren auf der Grundlage dieser Eigenschaften Verwunderung aus.

Einer, der ihn seit langem beobachtet, sagte: »Das ist ein Mensch, der seine Kraft aus dem Bewußtsein zieht, selbst nur ein Element des Weiterlebens zu sein, des Weiterlebens der Familie – aber auch der Gesellschaft.« Jaruzelski sei keiner von denen, die – heute an die Macht gekommen – das Schicksal zwingen wollten, ihm sofort am gleichen Tage auch den Lohn zu zahlen. Dies sei klar erkennbar und bleibe für viele unverständlich.

Diese nachvollziehbare Analyse wird durch Jaruzelskis furchtlose Prinzipientreue gestützt. Zu derlei Elementen gesellt sich seine erkennbare Scheu vor zeremonieller und medialer Selbstdarstellung. Wenn letzteres ein objektiver Mangel für einen Politiker ist, so wird Prinzipientreue es an Fehlern mangeln lassen, die nicht nur angreifbar machen, sondern auch – Liebenswürdigkeit erzeugen. Achtung, ja – Hochachtung bringen ihm viele entgegen, diesem außergewöhnlichen Polen, dem Staatsmann Jaruzelski. Aber mehr? Landauf, landab erntet man heute oft ein Lächeln, wenn man nach Jaruzelski fragt. Die einen lächeln milde, verzeihend, weil sie gerne einen härteren, einen »Marschall-Präsidenten« hätten; die anderen lächeln hämisch, weil sie zu wissen glauben, wer demnächst zeigt, wie ein polnischer Präsident sein Amt zu führen hat – es sind jene, die noch vor kurzer Zeit vom »Diktator« Jaruzelski sprachen. Landauf, landab wächst aber auch die Zahl derjenigen, denen das Lächeln gefriert, wenn sie an die personelle Alternative zum ungeliebten Präsidenten denken. Und daran, daß nach der Verfassung die Regierung zum Regieren und der Präsident als Moderator taugen soll. Es gibt eine große Anzahl Menschen, die sich schon davor fürchten, die gewonnene Kontinuität in der Art der Machtausübung durch die gewählten Verfassungsorgane gegen populistisch bestimmte Ungewißheiten eintauschen zu müssen. Daß Jaruzelski sich dem demokratisch zu widersetzen versucht, ist erkennbar und legitim. Daß er der von ihm mitgeschaffenen Verfassung untreu würde, wenn er sein Amt abgeben müßte, ist so gut wie ausgeschlossen. Er betont bei allen sich bietenden Gelegenheiten aufs neue, daß er sich für diese eine Periode gewählt sieht und sich keiner weiteren Wahl mehr stellt. Wenn ihn Mehrheiten bestimmen, vorher zurückzutreten, wird er auch das tun. Er bleibt auf seiner Spur, er bleibt sich treu.

Kriegsrecht

Neben anderen Details interessierten mich in den Gesprächen mit dem Präsidenten vor allem zwei Fragen: Die eine galt seiner Aussage, vor 1981 habe Solidarność die Staatsmacht unterschätzt, und fast ein Jahrzehnt später sei es der Staatsmacht mit der Solidarność ebenso ergangen – so hat er es in einem Interview mit Adam Michnik formuliert; die zweite Frage galt Jaruzelskis Umgang mit seiner Partei – Freunde hatten ihm angeblich geraten, die PVAP bei der Ausrufung des Kriegsrechts gleich mit aufzulösen. Form und Inhalt der ersten Frage mußten provokant wirken. Jaruzelski antwortet:

»Hier stellen Sie eine, würde ich sagen, drastische Frage. Es geht um die Erfahrungen Polens aus der Zeit der Okkupation und der Widerstandsbewegung, und in diesen Kontext stellen Sie das Kriegsrecht und all das, was sich daraus ergeben könnte. Ich würde gern solche Vergleiche vermeiden, denn der Krieg, die Okkupation ist etwas anderes als die Einführung eines gewissen Rechtes durch die Organe des Staates als eines Rechtes der höchsten Notwendigkeit, dessen Ziel die Beibehaltung der Stabilität dieses Staates und die Verteidigung seiner Interessen war. All das hat uns bei der Verhängung des Kriegsrechtes begleitet. [...] Aber abgesehen von diesem Vergleich, der überhaupt nicht in Frage kommen dürfte, verstehe ich Ihre Frage in dem Sinne, daß unsere Bevölkerung gewisse Traditionen der Untergrundorganisationen hatte und ob man dies auch beim Treffen dieser Entscheidung berücksichtigt hatte.«

»So war die Frage gemeint.«

»Erstens muß man sich bewußt werden, daß in unserer Bevölkerung im Laufe der Situation im Jahre 1981 zunehmende Beunruhigung, Besorgnis und Befürchtung zu beobachten war, ob es nicht zu einer Konfrontation, also zum Blutvergießen kommt. Man hatte die Ereignisse von Poznań vom Oktober 1956 tief in Erinnerung und von der Ostseeküste von 1970. Eine große Resonanz haben in Polen auch die Ereignisse in Ungarn, in Budapest, gehabt, und die Menschen hatten einfach Angst.

Zweitens gab es ein großes Gefühl der Gefährdung in einem großen Teil der Gesellschaft, die damals sehr antagonistisch war. Es kam zu einer Verfassung im Bewußtsein der Bevölkerung, in der der Großteil die Erwartung hegte, daß man sich nun irgendwie verständigen müsse, einigen oder den Engpaß sonstwie durchbrechen. Ich bekam eine riesige Anzahl von Briefen verschiedener Art, Appelle, Signale. Auf verschiedenen Treffen brachten die Menschen zum Ausdruck, daß man so nicht weiterleben kann. Ein Faktor, der mich nicht voraussehen ließ, daß die Verhängung des Kriegsrechts einen starken Massenwiderstand, eine Gegenaktion zur Folge haben könnte, war auch die Haltung der Kirche. Die Kirche wirkte mildernd, vor allem als noch der Primas Wyszynski am Leben war, aber auch Primas Glemp trug dazu bei. In seinen Predigten oder in Gesprächen mit den Vertretern der Solidarność rief er immer zur Mäßigung, zur Ruhe auf. Und ich wußte, daß auch die Priester von den Kanzeln zu dieser Ruhe aufriefen, obwohl es da auch Ausnahmen gab. Der Westen, ich denke dabei an Regierungen und Massenmedien, sprach damals in diesem Ton, daß dies eine interne Sache Polens sei und daß sich keiner einmischen solle. Mit einem Wort, man hatte Angst vor einer sowjetischen Intervention. Und man hat uns zu verstehen gegeben, daß wir unsere Angelegenheiten allein klären sollen. Das alles hat mich zu der Annahme verleitet, daß unsere Bevölkerung das Kriegsrecht bestimmt als eine zwar schockierende Tatsache empfand, aber gleichzeitig als etwas ansehen wird, was diese Spannung durchbrechen kann, die immer weiter stieg und mit einem brudermörderischen Konflikt, mit Blutvergießen drohte.«

»Herr Präsident, in diesem Zusammenhang eine weitere Frage: Es heißt, gute Freunde hätten Ihnen damals geraten, die Partei doch gleich mit aufzulösen. Warum haben Sie es nicht gemacht?«

»Es hat solche Tendenzen im breiteren Ausmaß nicht gegeben, es waren vereinzelte Meinungen, die von verschiedenen Personen geäußert wurden. Ich habe mir ernsthaft Gedanken darüber gemacht und bin zum Schluß gekommen, daß, wenn man die Partei unter den Bedingungen des Kriegsrechts auflöst und während dieser großen Spannung eine neue Partei aufbauen würde, dann müßte sie von noch konservativeren Kadern aufgebaut werden. Denn wer hätte sie aufgebaut? Dieser Apparat, nicht wahr? Und er hätte jene ausgeschieden und bekämpft, die auf reformatorischen Positionen standen. Es gab keine anderen Kräfte, die sich des Aufbaus der Partei annehmen konnten, und eine Partei muß von gewissen Strukturen geschaffen werden.

Zu jener Zeit war die dauerhafte Struktur, die trotz alledem die Stütze der Partei bildete, die Struktur des alten Apparates. Wenn man also damals die Partei aufgelöst hätte, hätte man aufs neue eine noch schlimmere Partei aufbauen müssen, die alle proreformatorischen Kräfte ausscheiden würde. In jener Zeit, sei nochmals betont, in der Konfliktzeit.

Was das Kriegsrecht angeht, so gab es viele Bewertungen, die besagten, daß es sehr liberal ist, daß nicht alle Maßnahmen und Möglichkeiten genutzt werden, diese Vorwürfe gab es im Ausland, aber auch von seiten des Apparates.

Aber heute sehe ich, daß das Kriegsrecht zu mild war in einigen Fällen, besonders im Falle des Parteiapparates, der dank des Kriegsrechtes einen gewissen Schutzschirm erworben hat. Aber es ist so wie im Kriege, es gibt die Situation, in der auf der anderen Seite der Gegner steht, und da schaut man nicht, ob der, der mit dir zusammengeht, gut oder schlecht ist, ob er strammsteht oder hinkt, ob er dunkel- oder rothaarig ist, er ist ganz einfach mit dir, das ist die Hauptsache. Genauso ist es im Falle der Schließung einer Koalition. Die sich zusammentuenden Staaten sind doch sehr unterschiedlich, wie es bei der Anti-Hitler-Koalition der Fall war. Es gab einfach ein gemeinsames Anliegen. Und da wir damals den Gegner gleich beurteilt haben, sind zu der Frontseite, die ich geleitet habe, solche Verbündete gestoßen, daß ich heute bedauern muß, daß sie dazugehörten.

Und andererseits finde ich, daß während des Kriegsrechts Fehler begangen wurden im Sinne der unnötigen Restriktionen und Maßnahmen, die gegenüber vielen Menschen angewandt wurden. Viele Menschen sind unnötig inhaftiert worden. Es ist nicht immer richtig gehandelt worden. Manche Leute wurden auf die oder andere Weise schikaniert. Es gab da gewisse Abrechnungen. Ich bedauere es sehr, daß ich es damals nicht in Griff zu bekommen vermochte, wobei ich natürlich wußte, wie der Partei-, Sicherheits- und Verwaltungsapparat wirkte.

Wenn ein Mensch ein hohes Amt bekleidet, dann ist er in einem gewissen Grade der Sklave der Information, der Sklave bestimmter Stereotypen, die betrieben werden. Ich war mir zum Beispiel gar nicht im klaren darüber, daß Widerstand so sehr verbreitet und verzweigt war. Wenn mir Fotos gezeigt wurden oder wenn man mir über etwas berichtete, gab es immer Bemühungen, die Probleme zu minimalisieren. Zum Beispiel das Ausmaß dieser Unzufriedenheit und dieses Widerstandes, der an einigen Stellen stark vertreten war. Jetzt habe ich mir Filme angeschaut, die im Kriegsrecht und hinterher von unabhängigen Kameras gedreht wurden. Und ich habe erst jetzt gesehen, wie stark die Beteiligung an verschiedenen Demonstrationen war. Und dieses Bewußtsein – zum Beispiel – hatte ich damals nicht.

Aber abgesehen davon verweisen die Angaben, die ich Ihnen gegeben habe, darauf, daß die Bevölkerung sehr gespalten war. Es war nicht so, wie man im Westen und innerhalb unserer örtlichen Opposition behauptete, daß die ganze Gesellschaft, das ganze Volk dagegen war. Bei weitem nicht. Ich bin normal durch Polen gereist. Bin durch Städte gegangen, traf mit Leuten in Betrieben, in Schulen zusammen. Die Leute lächelten mich an, sie kamen zu mir. Und es war nicht so, daß wir auf verschiedenen Seiten der Barrikade standen. Das war eine viel kompliziertere

Angelegenheit. Selbstverständlich bedauere ich es, daß es dazu kommen mußte, es ist unser Drama, aber wichtig ist, daß es uns gelungen ist, diese Situation zu überwinden.«

Märtyrer?

Wojciech Jaruzelski bekennt inzwischen öffentlich, zurücktreten zu wollen, »mit vollem Verständnis« reagieren zu wollen, falls ein Wechsel im Präsidentenamt für erforderlich gehalten werde. Anfang der achtziger Jahre hat man ihn mit südamerikanischen Diktatoren verglichen, aus Polemik hat man ihn des Mordes geziehen. Andere sagten, er sei ein »Verräter an der eigenen Partei«. Zu dem hohen Preis, den er auch in dieser Münze für seinen Weg zu zahlen hatte, kamen die Zweifel, die an seinem Patriotismus geäußert wurden, Vorwürfe, die ihn ganz besonders verletzend treffen mußten. Bei aller Befriedigung darüber, daß er sein Land nun auf einem richtigen Wege weiß, müssen Narben geblieben sein. Hat er ein Mittel, diese vollends zu heilen? Besteht dieses Mittel in der Zustimmung, die ihm ja durchaus auch zuteil wird?

Als er im vergangenen Jahr mit nur einer Stimme Mehrheit zum Präsidenten gewählt worden war, vermittelten die Fernsehbilder einen Eindruck von Traurigkeit, die ihn zu erfüllen schien. Kurze Zeit darauf bekannte er einem Fernsehreporter: Wenn er den Wahlakt, den Ablauf der Abstimmung, am Fernseher verfolgt hätte, würde er die Wahl nicht angenommen haben. Jetzt, nach einer Begründung befragt, spricht er von dem »Klima«, das dort geherrscht habe. Es geschah alles ohne die nach seiner Meinung gebotene Würde.

»Fühlen Sie sich im geistigen, im psychologischen Sinne als Märtyrer Ihres Patriotismus?«

»Märtyrer ist doch ein sehr starkes Wort. Wir assoziieren einen Märtyrer immer mit einem heiligen Menschen! Es wäre wohl doch zu prätentiös meinerseits, wenn ich diesen Namen auf mich beziehen würde. Ich würde eher sagen, ich bin ein geplagter Mensch! Ich möchte zurückkehren zu dem Grad der Akzeptanz oder Desakzeptanz, von der Sie sprachen. Der Akzeptanz oder Desakzeptanz meiner Person oder meines Wirkens. Ich möchte, daß Sie diese Fragen in zwei Aspekten betrachten. Erstens ist es die Ebene, auf der Sie sich bewegen, es ist ein Teil der polnischen Intelligenz, dieser Teil von den höheren Stockwerken. Also es sind Politiker, meinungsbildende Gremien. Und in diesen Kreisen ist die Bewertung meiner Person und meines Wirkens sehr kontrovers und mit Sicherheit eher negativ.

Nun gibt es auch die Meinung des Querschnitts der gesamten polnischen Bevölkerung. Hier werde ich wohl etwas unbescheiden sagen, daß es wohl mein Verdienst ist, daß ich noch als Ministerpräsident ein sehr modernes System der Meinungsumfrage eingeführt habe. Wir haben sozusagen unser ›Gallup-Institut‹. Es gibt systematische Untersuchungen, die seit vielen Jahren die Realität sachgetreu widerspiegeln. Als wir zum Beispiel vor dem Referendum vor drei Jahren die öffentliche Meinung untersuchten, hat die Analyse das tatsächliche Ergebnis des Referendums vorausberechnet.

Solche Untersuchungen, die immer wieder wiederholt werden, zeigen, daß fünfundsechzig Prozent der Bevölkerung die Meinung vertreten, daß ich meine Funktion positiv ausübe. Zwanzig Prozent bewerten meine Tätigkeit als negativ, fünfzehn Prozent haben keine Meinung dazu. Bei den fünfundsechzig Prozent gibt es Unterscheidungen: entschieden positiv, gemäßigt positiv – aber insgesamt sind es fünfundsechzig Prozent. Die Zustimmung kommt aus einem breiten Querschnitt: Staat, Land, Arbeiter, Bauern, Intelligenz, Alte, Junge und so weiter.

Damit das alles nicht zu schön aussieht, gibt es auch die Frage: Hast du auch Sympathie für den jeweiligen Menschen? Und hier sieht es für mich schon schlimmer aus. Ich bin nicht sympathisch, mich mögen nur 45 Prozent. Ich trage eine dunkle Brille, lächle angeblich sehr selten und so weiter. Das unterliegt auch gewissen Fluktuationen, es hängt auch davon ab, wie die Propaganda funktioniert. Es gab zum Jahrestag des 13. Dezember eine ziemlich scharfe, mich kritisierende Kampagne. Und die Rate ist sofort gesunken. Aber in der Regel bleibt sie seit Jahren auf dem gleichen Niveau. Und ich glaube, daß es keine schlechte Rate ist.

Die Meinung vieler Menschen, denen Sie begegnet sind, ist wahrscheinlich wichtiger, weil sie meistens aus meinungsbildenden Kreisen sind. Wenn wir aber den Querschnitt der ganzen Bevölkerung betrachten, dann sieht es anders aus. Wenn ich gewußt hätte, daß die Lage anders ist, daß meine Noten sehr niedrig stehen, dann hätte mich kein ›Runder Tisch‹ hier aufhalten können, ich hätte selbst meine Schlußfolgerungen gezogen. Wenn mich die Mehrheit der Bevölkerung abgelehnt hätte, hätte ich nicht darauf bestanden, diese Funktion auszuüben.«

Abstrakte Zahlen als Balsam für die doch wunde Seele? Meinungsprozente als Grundlage für Entscheidungen? Beides ist realitätsnah, zeigt Pragmatismus. Eine Eigenschaft, die Jaruzelski schon bei der Einrichtung der polnischen Meinungsforschung bewies. Denn – welcher Politiker könnte auf Dauer schon gegen Mehrheitsmeinungen regieren!

Daß man mit der Demoskopie die Meinung der Masse auch manipulieren kann, muß nicht besonders erörtert werden. Der Mensch als soziales Wesen sieht sich gerne aufgehoben in der Mehrheit; auch in einer solchen, deren Existenz nur vorgetäuscht wird. Operationen dieser Art haben jedoch oft nur so kurze Beine wie die Lügen, auf denen sie basieren. Irgendwann kommt dann die Wahrheit ans Licht: »Wir sind das Volk!«

16. Kapitel
Polnische Meinungen

Daß General Wojciech Jaruzelski 1981 weitgehend im Sinne der Mehrheit des Volkes handelte, zeigen Umfragen, die Anfang der achtziger Jahre erhoben wurden. Zumindest in der quantitativen Dimension konnten die Daten die Regierenden glauben machen, nach den Wünschen einer Mehrheit zu handeln. Unter äußerem Druck und dem Gefühl allgemeiner Verunsicherung im Inneren des Landes bestand wohl kaum Anlaß, die Umfragen zu manipulieren. Was den Wert der Daten allerdings sehr einschränkt, ist die geringe Bandbreite der Fragestellungen. Den Unterlagen fehlt die qualitative Dimension, wie sie beispielsweise in Fragen nach den Zukunftserwartungen der Menschen zum Ausdruck kommen könnten. Falls es solche erweiterten Studien gegeben haben sollte, sind sie im Safe geblieben.

Dennoch: Die von Wojciech Jaruzelski zur Verfügung gestellten Untersuchungsergebnisse sind aufschlußreich, weil er sie als Stimmungsbarometer wertete und zu den Grundlagen seiner Arbeit zählte; außerdem dienten sie zur Kontrolle einmal getroffener großer Entscheidungen. Die vom damaligen Ministerpräsidenten Jaruzelski ins Leben gerufenen Meinungsforschungsinstitute waren dem polnischen Radio und Fernsehen zugeordnet. Eine der ersten Aufgaben war die Beobachtung der Bevölkerungsmeinung zum »Kriegszustand«.

Von März bis Dezember 1982 beobachtete das Institut OBOP den Meinungstrend. Wenn die Ergebnisse dieser Umfragen im Westen damals nicht zur Kenntnis genommen, als Propaganda abgetan wurden, war dies eine Funktion des kalten Krieges, der trotz allen Tauwetters und der neuen Ostpolitik der deutschen Bundesregierungen unter Willy Brandt und Walter Scheel sowie unter Helmut Schmidt und Hans-Dietrich Genscher, durch die polnischen Ereignisse eine neue – letzte – Frostperiode erfuhr.

Auf die von OBOP gestellte Frage, ob die Entscheidung über die Verhängung des Kriegszustandes gerechtfertigt oder ungerechtfertigt sei, gaben die Befragten folgende Antworten (Werte in Prozent):

Bewertung:	*Umfrage vom:*								
	28. 3. 82		*20. 4. 82*		*1. 6. 82*		*28. 9. 82*		*28. 12. 82*
gerechtfertigt	32	69	33	64	26	62	28	56	70
eher gerechtfertigt	37		31		36		28		
eher ungerechtfertigt	12	20	12	25	13	23	9	18	15
ungerechtfertigt	8		13		10		9		
keine Meinung	11		11		15		26		15

Es ist unbekannt, warum die Untersuchung vom 28. Dezember 1982 die beiden Zwischenkategorien »eher« nicht ausweist. An den Ergebnissen verblüfft zunächst, daß die Zustimmung um vieles höher war als die Ablehnung. Das hatte man hierzulande ganz anders vermutet und anders gelesen. Da qualitative Vergleichsmöglichkeiten nicht vorliegen, darf spekuliert werden: Es ist anzunehmen, daß die überwiegende Zustimmung zur Verhängung des Kriegsrechts einem Grundbedürfnis nach Ruhe und Ordnung entsprang. Womöglich fühlte sich die Bevölkerung auch von dem Druck der vielleicht drohenden sowjetischen Intervention befreit. »Es mußte irgend etwas passieren«, der am häufigsten gesprochene Satz zur Frage nach dem Kriegsrecht enthält die Antwort auf die Frage nach der Höhe der Zustimmung. Die Umfrageergebnisse mit einem Plebiszit für den Kommunismus gleichzusetzen ist Unfug.

Das Institut CBOS führte nach Aufhebung des Kriegszustandes einige interessante Kontrolluntersuchungen durch.

Frage: Wie haben Sie die Nachricht von der Verhängung des Kriegszustandes aufgenommen? (Werte in Prozent):

Bewertung:	Umfrage vom: 9./10. 83		5. 86		7. 89	
entschieden positiv	16,4	42,7	32,5	65,8	13,2	44,2
eher positiv	26,3		33,3		31,0	
es war mir egal	7,8		–		–	
eher negativ	23,9	44,2	9,8	20,9	16,1	35,0
entschieden negativ	20,3		11,1		18,9	
schwer zu sagen	4,7		12,8		20,0	

Da das Institut wohl kaum eine Umschichtung des soziodemographischen Spektrums vorgenommen haben dürfte, sondern sich bei allen Umfragen am gleichen Bevölkerungsquerschnitt orientiert haben wird, läßt sich folgende interessante Beobachtung machen: Die Umfrage von September/Oktober 1983 erfolgte nach der Aufhebung des Kriegsrechts. Die Befürworter und Gegner des Kriegsrechts halten sich beinahe die Waage; während die Zahl der Befragten, die keine Meinung äußern, sich gegenüber den früheren Umfragen sehr verringert hat, findet man 1986 und 1989 kaum jemanden, der keine Meinung gehabt haben will. 1986 ist der Zustimmungsgrad zum Kriegsrecht wieder auf die Höhen des Jahres 1982 geklettert, und selbst 1989, zu den Zeiten, als der »Runde Tisch« bereits funktioniert hatte, Wahlen durchgeführt waren, an denen Solidarność über die Bürgerkomitees beteiligt war, hielten rund fünfzig Prozent die Entscheidung von 1981 noch für richtig.

Nach einer anderen Untersuchung aus dem gleichen Zeitraum urteilten 8,3 Prozent der Befragten, der Kriegszustand sei zu früh aufgehoben worden (dies dürfte wohl dem damaligen tatsächlichen Anhängerpotential der PVAP entsprochen haben); 43,1 Prozent hielten den Zeitpunkt für richtig, 26,4 Prozent gaben zu bedenken, der Zeitpunkt sei zu spät gewesen, und 22,1 Prozent trauten sich eine definitive Beurteilung nicht zu (»schwer zu sagen«).

Unter Berücksichtigung aller Vorbehalte, die solchen quasi regierungsamtlichen Untersuchungen gegenüber angebracht sind – aber auch unter Beachtung der heute erkennbaren Gründe, die zur Ausrufung des Kriegsrechts führten, und bei Würdigung der Art und Weise, wie der ehemalige kommunistische Blockstaat in eine sich entwickelnde Demokratie umgewandelt worden ist: Der zum Politiker gewordene General kann eigentlich von sich sagen, daß seine Politik der plebiszitären Prüfung standgehalten hat. Jedoch – trotz aller Genugtuung die er über diese Ergebnisse zeigt, realitiviert Jaruzelski den tatsächlichen Wert des Zahlenspiels. Dies an anderer Stelle.

Im Mai 1990 hat das Meinungsforschungszentrum beim polnischen Rundfunk und Fernsehen eine Untersuchung über die Beliebtheit politischer Persönlichkeiten aus Polen vorgelegt. Die Ergebnisse:

	Name	*ist mir sympathisch*	*ist mir unsympathisch*	*ist mir gleichgültig*	*kenne ich nicht*
1.	Jozef Glemp Primas von Polen	81%	3%	15%	1%
2.	Tadeusz Mazowiecki Premierminister	80%	4%	16%	—
3.	Lech Walesa »Solidarność«-Vorsitzender	58%	14%	28%	—
4.	Adam Michnik Chefredakteur »Gazeta Wyborcza«	56%	6%	28%	10%
5.	Prof. Bronislaw Geremek Vorsitzender des polnischen parlamentarischen Klubs	50%	9%	28%	13%

Name	ist mir sympathisch	ist mir unsympathisch	ist mir gleichgültig	kenne ich nicht
6. Jacek Kuron Minister für Arbeit und Soziales	48%	23%	28%	1%
7. Mikolaj Kozakiewicz Sejmmarschall	47%	4%	33%	16%
8. Andrzej Stelmachowski Senatsmarschall	44%	3%	31%	22%
9. Leszek Balcerowicz Finanzminister, Stellv. Ministerpräsident	35%	19%	41%	5%
10. Andrzej Drawicz Vorsitzender des Rundfunk- und Fernsehkomitees	34%	10%	34%	22%
11. Wojciech Jaruzelski Präsident der Republik Polen	33%	28%	39%	—
12. Alfred Miodowicz Vorsitzender der »Gesamtpolnischen Verständigung der Gewerkschaften«	18%	32%	45%	5%

Diese Umfragen werden inzwischen auch in Polen regelmäßig durchgeführt. Die vorangegangene Erhebung fand im Januar statt. Im Vergleich zum Jahresanfang haben Walesa vierzehn Prozent, der für die Finanzreform zuständige Minister Balcerowicz zwölf Prozent, der Sozialminister Kuron sechs und der Premierminister fünf Prozent Sympathiepunkte verloren. Einen gestiegenen Unwillen der Bevölkerung, ablesbar an Antipathie-Punkten, mußten Balcerowicz mit zehn, Geremek und Drawicz mit je vier sowie Präsident Jaruzelski sogar mit sieben Prozentpunkten hinnehmen.

Eine andere Untersuchung bescheinigt dem Präsidenten plötzlich mehr Sympathiepunkte als Walesa. Auf die Frage, die auch kurz sein Alter streift:

»Und in diesem Alter haben Sie in diesen Tagen erreicht, daß Ihre Beliebtheitswerte in Polen höher sind als die von Lech Walesa?« schränkt er relativierend ein: »Diese Umfragen bringen verschiedene, fluktuierende Ergebnisse. Es gibt einen alten polnischen Spruch:

›Herrengunst und Lerchensang
klingelt wohl und hält nicht lang.‹

Die Beliebtheit sollte nicht wie die Sportergebnisse gemessen werden.«

Er ergänzt, daß diese Erscheinungen möglicherweise manche Lage leichter beobachten lassen, dennoch seien sie variabel und konjunkturbedingt, so daß keine absolut objektive Bewertung möglich sei. Und unerwartet bricht etwas durch, etwas, das sich wohl seit langem aufgestaut hat, drängt an die Oberfläche:

». . . ich kann dazu nur so viel sagen, daß im Gegensatz zu der im Westen verbreiteten Meinung – besonders im Kriegsrecht –, der Jaruzelski sei so verhaßt, die Meinung der Menschen hierzulande ganz anders war! Denn der Jaruzelski hatte sowohl Gegner als auch Anhänger! Bei all diesen Umfragen gab es eine überwiegende Mehrheit, die mein Wirken positiv bewertete!«

»Ich denke, daß die Bewertung der Person Jaruzelski auch davon abhängig ist, inwieweit er selbst und seine berühmte Tat, das Kriegsrecht, weiße Flecken bleiben!«

»Walesa hat keine weißen Flecken – und trotzdem hat er sowohl Anhänger als auch Gegner!«

»Aber Walesa ist so farbig, daß sich die Leute nicht für weiße Flecken interessieren. Herr Präsident, ich habe im letzten Gespräch gefragt, welche Schlüsselszene man schreiben müßte, um als Dramatiker den weißen Kriegsrechtsfleck . . .«

Das Gespräch geht wieder in andere Bahnen, die Frage taucht immer wieder auf. Sie mußte häufig wiederholt werden. So wie

Umfragen zur Erforschung der Meinung. Zum Beispiel die Frage nach der Beliebtheit polnischer Institutionen; eine Umfrage vom April 1990:

1.	Katholische Kirche	86%
2.	Regierung	72%
3.	Sejm	71%
4.	Armee	68%
5.	Senat	67%
6.	»Solidarność«	61%
7.	Bürgerkomitees	45%
8.	Gesamtpolnische Verständigung der Gewerkschaften	31%
9.	Demokratische Partei	24%
10.	Polnische Bauernpartei	24%
11.	Sozialdemokratie der Republik Polen	15%

Daß die katholische Kirche den ersten Platz einnimmt, kann niemanden überraschen; daß ihre Beliebtheit um vier Prozentpunkte unter ihrem Mitgliederanteil an der Gesamtbevölkerung liegt, wird den Herren im Kardinalspalast einen kleinen Scherz wert sein. Was verblüfft, sind die achtundsechzig Prozent Akzeptanz für die Armee, die trotz ihrer Involvierung in die Kriegsrechtsgeschichte und – mit Jaruzelski als ranghöchstem Soldaten – ihren Platz in der Beliebtheitsskala bei allen Umfragen behaupten kann.

In derselben Umfrage sollten Angehörige verschiedener Berufsgruppen angeben, wie hoch ihr Vertrauen in die Regierung Mazowiecki sei. Die Akzeptanzwerte sind wie folgt verteilt:

1.	Angestellte mit Hochschulabschluß	84%
2.	Angestellte mit Oberschulbildung	72%
3.	Facharbeiter	72%
4.	Bauern	65%
5.	Ungelernte Arbeiter	63%

Die Beliebtheit ausländischer Persönlichkeiten wurde letztmalig im Dezember 1989 untersucht:

Name	*ist mir sympathisch*	*ist mir unsympathisch*	*ist mir gleichgültig*	*kenne ich nicht*
1. Johannes Paul II.	96%	1%	3%	—
2. G. Bush	72%	1%	25%	2%
3. M. Gorbatschow	63%	6%	30%	1%
4. M. Thatcher	58%	5%	36%	1%
5. F. Mitterrand	48%	6%	44%	2%
6. H. Kohl	33%	6%	55%	6%

Das Ergebnis dieser Liste mag Erstaunen auslösen: Nur dreiunddreißig von hundert Polen mögen Helmut Kohl, aber fünfundfünfzig ist er gleichgültig – trotz Annaberg, Auschwitz am Sabbat, trotz Grenzspielereien aus innenpolitischem Machtkalkül. Frau Thatcher könnte in Polen Wahlen gewinnen! Mitterrand läßt sich offensichtlich schwer einordnen; aber Gorbatschow! Er dürfte der erste Russe sein, den die Polen freiwillig an einen Amerikaner heranrücken lassen. Michail Gorbatschow wird der Satz zugeschrieben: »Jaruzelski ist der erste Pole, dem man in Moskau ein Denkmal errichten müßte; er hat es fertiggebracht, daß zum erstenmal bei einer Krise im Bereich des Warschauer Paktes kein russischer Soldat hat sterben müssen!« Selbst ein Bischof des polnischen Episkopats bestätigte, daß Gorbatschow seine Leute einen Teil der polnischen Reformen studieren ließ. Bush als oberster Hüter der bisherigen polnischen Zweitwährung: keine Diskussion über diesen Listenplatz. Für diejenigen, denen es mißfällt, daß Papst Johannes Paul II. immerhin einem von hundert Polen unsympathisch ist, sei gesagt: Hier handelt es sich um die normale Fehlerquote bei Auswertungen dieser Art.

Die Agentur Interpress, der dieses Material zu verdanken ist, hat auch dafür gesorgt, daß das Bild der Deutschen einmal überprüft werden kann. Das ausführende Forschungsinstitut hatte seine Arbeit mit der Überschrift »Beliebtheitsliste der einzelnen

Nationen in Polen« versehen. Da aber von einer Nationenwertung nicht die Rede sein kann und auch nicht von einem ethnischen Gruppenbild, steht die polnische Fremdenbeliebtheitsliste ohne Überschrift da – und die Deutschen dort, wo sie sich kaum vermuten würden, aber nach Meinung der Polen derzeit hingehören:

	sind mir sympathisch	*sind mir unsympathisch*	*sind mir gleichgültig*
1. Amerikaner	67%	1%	32%
2. Franzosen	62%	3%	35%
3. Litauer	55%	5%	40%
4. Ungarn	49%	5%	46%
5. Engländer	48%	6%	46%
6. Slowaken	46%	7%	47%
7. Tschechen	41%	16%	43%
8. Russen	24%	24%	52%
9. Juden	15%	20%	65%
10. Afrikaner	14%	21%	65%
11. Deutsche	13%	44%	43%
12. Chinesen	12%	19%	69%
13. Araber	7%	27%	66%
14. Zigeuner	7%	44%	49%

Solche Daten ergeben sich nicht nur aus alten Vorurteilen. Deutsche Politiker könnten hieraus zum Beispiel ableiten, wie verheerend sich das unwürdige Gezerre um die polnische Staatsgrenze ausgewirkt hat; sie könnten erkennen, daß die polnischen Nachbarn die Ereignisse in Deutschland mangels vernünftiger Informationen mit Argwohn verfolgen; sie sollten begreifen, daß die Frage einer Entschädigung erzwungener Arbeit für das »Großdeutsche Reich« nicht nur einen materiellen Posten, sondern vor allem eine emotionale Hypothek darstellt.

17. Kapitel
Wegweiser

Die würdige – und von den Polen honorierte – Art und Weise, mit der Bundespräsident Richard von Weizsäcker anläßlich seines Besuches in Polen versuchte, Brücken zu den Nachbarn zu bauen, darf von der deutschen Regierung nicht durch Nichtstun diskreditiert werden. Zusammen mit anderen haben auch die deutschen Regierungen über Jahrzehnte nach einer Demokratisierung Polens gerufen. Jetzt, da Polen auf dem schwierigen Weg ist, neben der Demokratisierung seiner staatlichen Institutionen auch in der Wirtschaft die Freiheit zu organisieren, ist konkrete Hilfe vonnöten.

Auch weil sehr viele Polen 1981 wußten, daß ihnen im Falle einer sowjetischen Intervention weder die Nato noch deren Mitglieder USA, Frankreich oder Großbritannien – zum Beispiel – beigestanden hätten, haben sie damals den »eigenen Weg« mit Zähneknirschen akzeptiert. Daß sie damit für eine – wenn auch sich recht milde gebende – Diktatur votieren mußten, war ihnen wohl bewußt. Die vielen nicht eingehaltenen Hilfsversprechen der Vergangenheit, einschließlich derjenigen von 1939, haben bleibende Skepsis im Lande erzeugt und die Überzeugung erhärtet, daß man sich fast immer einen »eigenen Weg« aus einer Krise suchen muß.

Wie in fast allen postkommunistischen Staaten wurde von westlichen Medien – womöglich unwillentlich – eine zusätzliche Überzeugung in den Köpfen der Menschen festgesetzt: Nach Einführung von Demokratie und freier Marktwirtschaft komme das freie Wohlleben wie von selbst. Die Erkenntnis, daß einer solchen Entwicklung harte Kärrnerarbeit vorausgeht, wurde nicht vermittelt. Und Kenntnisse darüber, wie diese Kärrnerarbeit zu leisten sei, haben die allerwenigsten im Lande. Irgendwann, wenn Entwicklungen zu lange dauern, wenn die Ergebnisse nicht den Bildern entsprechen, welche von fordernden Politikern ausgemalt und von den Medien frei Haus geliefert wurden, könnte wieder die Besinnung auf einen »eigenen Weg« kommen. Diesmal würde er wahrscheinlich demokratisch betreten, populistisch beschritten und – mit »Dekreten« gepflastert; alte und neue Feindbilder würden ihn begleiten.

Wohin der jetzige Weg Polens führt, ist zum einen ganz sicher davon abhängig, wie sich die zentrifugalen und eruptiven Kräfte in der politischen Landschaft der alten UdSSR entwickeln, zum anderen aber auch davon, ob diejenigen aus dem Westen, welche die Wegweiser mit den Aufschriften »Demokratie« und »Marktwirtschaft« aufstellten, nun auch die Entfernungsangaben dazu schreiben, Zwischendepots anlegen und den polnischen Weg an das eigene Wegenetz anschließen.

Systematisch hätte das zu geschehen, in Kontinuität, unter Verzicht auf eine Politik, die sich als »Cash-and-carry«-Betrieb versteht; von vornherein müßte klar und deutlich erkennbar sein, daß Investitionen nicht »Ausverkauf« bedeuten müssen (in der Bundesrepublik hat es auch die »Ausverkaufs«-Debatte gegeben, als internationale Konzerne vor Jahrzehnten begannen, im Lande zu investieren!). Auch muß offensichtlich sein, welche anderen Staaten, die den Demokratie- und Marktwirtschaftswegweisern folgten, ebenfalls an das Wegenetz Europas angeschlossen werden müssen. Welche Entwicklungen sich infolge der deutschen Vereinigung, des weiteren europäischen Zusammenschlusses, dem Zerbrechen der Sowjetunion oder den Ängste schürenden Taten nahöstlicher Staatsmänner auch ergeben werden: die globale Vernetzung, der gemeinsame Kampf der Menschen um die Erhaltung ihrer Lebensgrundlagen, läßt keine nationale Kabinettspolitik mehr zu. Schließlich: Die Mittel sind nicht unbegrenzt, und die Wirtschaftsgroßmacht Europa ist mit Japan und Nordamerika – zum Beispiel – so stark verwoben, daß Alleingänge unweigerlich bestraft würden; ebenso wie die Mißachtung der ökologischen und ökonomischen Probleme der ärmsten Regionen von Asien, Afrika und Südamerika, die eine globale Katastrophe in den Bereich immer größerer Wahrscheinlichkeit rücken.

Kabinettstückchen

Dem von Lech Walesa in der Vergangenheit so stark motivierten, von Wojciech Jaruzelski teilweise mißverständlich, aber beharrlich und kontinuierlich auf den Weg gebrachten sowie von Tadeusz Mazowiecki aufopferungsvoll regierten neuen, demokratischen Polen dürften von außen keine falschen oder unvollständigen Wegmarken gegeben werden. Vor allem nicht durch Aktionen, die nach außen hilfreich scheinen, in Wirklichkeit aber politischen Egoismus zum Ursprung haben, und nicht durch Aktionismus, der scheinbar Polen helfen könnte, aber ganz andere Ziele verfolgt.

Das Engagement, das der deutsche Bundeskanzler Helmut Kohl und Außenminister Hans-Dietrich Genscher in Richtung Moskau entwickelt haben, war im Sinne der deutschen Einigung notwendig und – wider alle Erwartungen – von glückhaftem Erfolg gekrönt. Die Deutschen erhalten Zustimmung zu ihrem Verbleib in der Nato, die sowjetischen Truppen werden im Laufe bestimmter Fristen abgezogen, Gorbatschow erhält verbale und konkrete Hilfe bei der Lösung seiner Probleme, die so groß sind wie sein Riesenreich und so vielfältig wie dessen Völkerschaften. Ein geregeltes Verhältnis zwischen der Sowjetunion und diesem neuen Deutschland ist auch für Polen von außerordentlicher Bedeutung. Im Zuge der friedlichen Annäherung der beiden Nachbarn Polens läßt sich endlich ideologischer Ballast abwerfen, der auch die polnisch-deutschen Beziehungen seit vielen Jahren behindert. Das Verhältnis beider Staaten zueinander könnte nun einen geschäftsmäßigen Charakter annehmen: Die vielfältigen privaten, die möglichen wirtschaftlichen Kontakte werden nicht mehr durch Grenzdiskussionen belastet; ökologische Fragen machen nicht an Oder und Neiße halt; ein »spanischer Weg« der politischen Entwicklung in Polen nähert das Land Europa an. Polen lebt nicht mehr zwischen einer monolithischen Sowjetunion und einem neuen megalomanen Deutschland. Die Sowjetunion – oder das, was daraus wird – hat auf Jahrzehnte mit sich selbst zu tun; Deutschland ist so vielfältig eingebunden, verflochten, daß Alleingänge für oder gegen einen Nachbarn so gut wie ausgeschlossen sind. Und – die Verflechtung bedingt, daß Deutschland eine Brückenfunktion nach West-Europa einnimmt. Polen kann eine solche Aufgabe in Richtung Osten erfüllen.

Das von Gorbatschow geforderte »Neue Denken« macht nicht nur den Krieg, sondern auch das »Feindbild« obsolet. Gerade die Militärs wissen, daß Kriege nicht mehr führbar sind; sie sind auch deshalb überholt, weil die Waffentechnik alle menschlich kontrollierbaren Dimensionen verlassen hat. Der kulturelle Firnis jedoch ist dünn, Feindbilder werden noch immer kultiviert, so – als gäbe es noch ritterliche Kampfkultur.

Jaruzelski kommentiert diese Entwicklung: »Wir haben von der Geschichte, von der Vergangenheit vieles geerbt, was das Vertrauen angetastet hat. Deshalb ist es so wichtig, das Gewebe des Vertrauens nicht zu verletzen. Menschen wie Bundespräsident von Weizsäcker – und von solchen Menschen gibt es doch Millionen – bauen dieses Gewebe auf, und wir unsererseits bemühen uns, ähnlich zu handeln.«

Nach vielen von der deutschen Regierung zu verantwortenden Mißhelligkeiten zwischen Polen und der Bundesrepublik hatte der Bundespräsident mit unspektakulären Mitteln am »Netz des Vertrauens« gewebt. Allianzen, gutes Miteinander, geregelte Geschäfte und gar Freundschaften entstehen da, wo Klugheit und Verständigungsbereitschaft es auf beiden Seiten ermöglichen, gemeinsame Interessen im Dialog zu erörtern, auch dann, wenn keine »historischen Tage« zu erwarten sind.

Im letzten Winter nun ermutigte die Premierministerin von Großbritannien einen Friedensnobelpreisträger mit einer Drohgebärde gegen einen Dritten: Vor laufenden Fernsehkameras sagte sie angesichts der deutschen Vereinigungseuphorie zu Lech Walesa, Europa brauche nun ein starkes Polen als Gegengewicht zu Deutschland! Was konnte der polnische Fernsehkonsument aus solchen Worten schließen? Erstens: daß sie den Empfänger dieser Botschaft als Vertreter jenes neuen, starken Polen ansehen würde und zweitens: daß solchen Worten auch die hilfreiche Hand folgen würde. Manche Polen haben es so verstanden. Andere resignierten: dies seien wieder Versprechungen wie 1939. Viele jedoch verstanden, um was es in Wirklichkeit ging: um ein europäisches Kabinettstückchen von Margaret Thatcher. Im Prinzip gegen eine vermeintlich allzu enge europäische Integration eingestellt, im besonderen aber gegen die Einrichtung einer gemeinsamen Notenbank, suchte die Premierministerin die Öffentlichkeit, um weitere Stacheln gegen die von Frankreich und der Bundesrepublik forcierte europäische Währungsunion zu setzen. Daß Walesa für dieses Spiel zunächst die Staffage bildete, hing wohl damit zusammen, daß er sich als Adressat anbot und daß in Großbritannien viele polnische Emigranten leben, denen Frau Thatcher im Wortsinne aus der Seele sprach; und Walesa kam ihr deshalb gerade recht, weil kein polnischer Emigrant ihr auch nur einen Bruchteil der Medienresonanz verschafft hätte wie der Arbeiterführer aus Polen.

Protektioniert – so fühlte er sich – erweiterte der Solidarność-Führer später den Gedanken in seinem Sinne: Sollte Deutschland wieder zu aufmüpfig werden, gab er einem niederländischen Reporter zu verstehen, verfügten die anderen europäischen Staaten über genug Atomwaffen, um Deutschland »auszuradieren«. Walesa hat – erschrocken auch über die negative Reaktion in seinem Heimatland – diese fatal an die deutsche »Herrenmenschen«-Sprache erinnernde Äußerung später dementiert. Seine Dementis allerdings häufen sich ebenso wie seine nachgeschobenen Erklärungsversuche, wenn er sich mißverstanden fühlt, dann nämlich, wenn seine Ansichten nicht die gewünschte Resonanz finden. Walesa zerstört momentan auch im Ausland einen Teil des eigenen, bereits für ihn errichteten Monuments; damit vollbringt er etwas, das seinen Gegnern kaum gelungen wäre. Es wird ihm wenig helfen, daß seine Helfershelfer mißliebige Kritiker anrufen und drohen: »Laß unseren Lech in Ruhe!« – es sei denn, Polen ginge einen ganz anderen Weg, einen von gestern.

Sein eigenes Kabinettstückchen wollte Walesa vollbringen, als er verkündete, Polen benötige zwölf Milliarden Dollar, um die Problemzone zu überwinden; gleichzeitig setzte er alles daran, dieses Geld – zumindest einen Teil davon – im Westen zu beschaffen. Inzwischen wurde ihm eine Erfahrung nicht erspart, die andere ihm voraushatten: Das Geld sitzt weder locker noch dort, wo man es vermutet, noch ist es wirklich verfügbar, wenn man es braucht. Außerdem wollen diejenigen, welche die Mittel haben – ein großes Hindernis – immer ganz genau wissen, was man damit zu tun gedenkt und vor allem, was sie selber davon haben. Das, was Walesa auch auf diesem Gebiet bewegt hat, ist nicht geringzuschätzen. Einige Investoren, Joint-venture-Partner für polnische Unternehmen und viele Initiativen, die im Westen für Polens Sache tätig sind, gehen auf seine Umtriebigkeit zurück.

Bei aller gesprächsweisen Offenheit, bei aller Lust zum Wortspiel, bei allem Sarkasmus, zu dem er fähig ist: Wojciech Jaruzelski sagt kein Wort über den Mann, der am Präsidentenstuhle sägt und ihn am liebsten besteigen würde. Argumente gegen Walesa liefern dessen eigene ehemalige Weggenossen, viele jener Intellektuellen, mit denen er einmal das Bündnis von Arbeitern und Intelligenz zustande brachte. Seit Walesa spürt, daß sein Schwanken, daß ein Teil seiner Auftritte und seine irritierenden, sprunghaften Aktionen seine alten Freunde auf immer größere Distanz brachten, sucht er mit teilweise neuen Beratern nach neuen Wegen. Es könnte sein, daß die jetzt von ihm initiierten Konfrontationen zu einer beschleunigten Stabilisierung der liberal, der christlich-sozial und der sozialdemokratisch gefärbten Parteien führt. Es gibt aber auch Befürchtungen im Lande, die Kräfte von rechts bis ultrarechts könnten die Unzufriedenheit der von der schwierigen Wirtschaftsreform geplagten Polen undemokratisch nutzen.

»Peronismus?«

Lech Walesa erregte kürzlich die Aufmerksamkeit amerikanischer Zeitungsleser, indem er verkündete, die amerikanische Verfassung sei »die beste der Welt«. Sein Konterfei prangte neben dieser Aussage, sein Name bestätigte deren Echtheit. Das Ganze erschien nicht etwa im Rahmen eines politischen Leitartikels, sondern in einer Werbeanzeige des Philip-Morris-Konzerns. Für seine Beteiligung an dieser Anzeige erhielt Walesa fünfundzwanzigtausend Dollar Honorar, wie »Der Spiegel« berichtet, der auch eine Reproduktion des Werbemittels veröffentlichten konnte.

Zum Hintergrund: In den USA ist die Werbung für Zigaretten verboten. Deshalb werben Hersteller unter anderem durch Anzeigen mit künstlerischen Darstellungen oder – wie im Walesa-Falle – mit eingängigen Zitaten bekannter Zeitgenossen. Daß sie die Anzeige in Auftrag gegeben haben, vermerken die Hersteller selbstverständlich, wenn auch diskret. Diskretion zählt in dem Land mit der von Walesa so deutlich gewürdigten Verfassung nicht zu den verbreiteten Tugenden. Wer etwas weiß, veröffentlicht es sofort. Deshalb hat selbst der Zeitungsleser in Europa Kenntnis davon, daß Walesa für die in Hollywood geplante Verfilmung seines Lebens eine Million Dollar entgegengenommen haben soll. Dies alles ist nicht ehrenrührig. In den USA konnte auch ein Filmschauspieler und Reklamesprecher Präsident werden, nachdem er die hohe Schule der Politik zunächst als Präsident der Schauspielergewerkschaft und später als langjähriger – erfolgreicher – Gouverneur eines Bundesstaates absolviert hatte.

Einige Zeit nach der Meldung über den Zigarettenwerber Walesa ging sein Auftraggeber Philip-Morris mit einer ganz anderen Story in die europäische Wirtschaftsgeschichte ein: Der Konzern hatte für sechseinhalb Milliarden Dollar die schweizerisch-deutsche Firmengruppe Jacobs-Suchard aufgekauft. Diese hohe Summe erhielt ein deutschgebürtiger Anteilseigner, der dem Vernehmen nach seit Jahren als sogenannter Steuerflüchtling in der Schweiz lebt. Abgesehen davon, daß sich mit einer solchen Summe so mancher Staat sanieren ließe, sind derartige Transaktionen in der Marktwirtschaft nicht selten. Was vielen Menschen in den – gerade durch das kommunistische Wirtschaftssystem – abgenabelten Staaten völlig unklar ist: Die internationalen Finanzmärkte sind vernetzt, es gibt eine multinationale arbeitsteilige Gesellschaft, und – wer daran teilhaben will, muß sich öffnen. Der Begriff »Ausverkauf« ist nicht zeitgemäß, veraltet; aber in Polen wird er mittlerweile polemisch oder behindernd verwendet.

Nun – die Wirtschaftsreform der Regierung Mazowiecki macht Fortschritte, wenn man die Soll-Daten der internationalen Organisationen zum Maßstab nimmt, die dafür sorgen wollen, daß auch Polens Wirtschaft zukünftig wächst und gedeiht. Für viele der Betroffenen im Lande ist dies jedoch kaum ein Trost. Ihnen geht es häufig noch schlechter als zuvor. Überdies lassen die Prognosen hohe Arbeitslosigkeit befürchten. Aus dieser Situation heraus könnten sich radikale rechte Gruppen zu Aktionen finden, nachdem die Linken aus dem Rennen sind. Daß dies nicht mit einem Putsch verbunden sein muß, zeigt eine Analyse, die von der polnischen Agentur Interpress nach den Kommunalwahlen vom 27. Mai des Jahres für diese Arbeit erstellt worden ist. Aus der bereits an anderer Stelle zitierten Analyse:

»Eine Niederlage erlitt, außer in Lodz, die gesamte Rechte, ungeachtet ihrer Couleur, die von über zehn politischen Parteien und Gruppierungen repräsentiert wurde. Die älteste und bekannteste, die seit 1979 bestehende ›Konföderation Unabhängiges Polen‹, errang 0,1 Prozent der Mandate.« Über zehn weitere rechte Parteien hätten zusammen ebenfalls 0,1 Prozent errungen. Man müsse berücksichtigen, schreibt Interpress, daß es die ersten freien Kommunalwahlen nach dem Kriege gewesen seien, daß mit ihnen die kommunale und regionale Selbstverwaltung erst wieder aufgebaut werden könne und daß eigentlich keine der älteren oder neueren Parteien organisatorisch und programmatisch so recht Tritt gefaßt habe. Überhaupt: Nach der Stimmenzahl habe keine der beteiligten Parteien die in den westlichen Demokratien übliche Fünf-Prozent-Hürde überwunden!

Dies wird auch darauf zurückgeführt, daß die über vierzigjährige Einparteienherrschaft zu einer allgemeinen Diskreditierung von Parteien geführt habe. Dies ist nachvollziehbar und wird durch die folgende Prognose ergänzt: »Insgesamt machten bei den Wahlen am 27. Mai außer den Bürgerkomitees ›S‹ und den Bürgerkomitees der Nichtalliierten vier politische Parteien ihre Anwesenheit in der polnischen politischen Landschaft geltend: die polnische Bauernpartei, die konservativ-katholische christlich-nationale Vereinigung, die Sozialdemokratie der Republik Polen und die Konföderation Unabhängiges Polen. Nichts weist jedoch darauf hin, daß diese Parteien in den für das Frühjahr 1991 angekündigten Parlaments- und Präsidentschaftswahlen eine wesentliche Rolle spielen könnten.

Eine potentiell entscheidende Rolle für die Herausbildung neuer politischer Richtungen können die sich derzeit vollziehenden Teilungen im amorphen Lager der ›Solidarność‹ spielen. Aus diesem Lager hat sich bereits eine Gruppierung unter dem Namen Zentrumsallianz herausgeschält, die zu Radikalismus in der Innen- und Außenpolitik neigt. Es ist eine rechts- und populistisch-gefärbte Orientierung, die im Falle ihres Sieges die polnische Variante des ›Peronismus‹ mit Lech Walesa als Staatspräsidenten und Führer dieser Bewegung verwirklichen würde.

Gewissermaßen als Antwort auf die Entstehung der Plattform ›Zentrum‹ kristallisiert sich um Premier Tadeusz Mazowiecki eine zweite Orientierung des Lagers ›Solidarność‹ heraus, die einen evolutionären ›spanischen‹ Weg der Umwälzungen in Polen vom totalitären System zu einer vollständigen demokratischen Ordnung vorzieht. Diese zweite Orientierung ist in ihrer Denkweise auf Europa ausgerichtet. Zu den künftigen Präsidentschafts- und Parlamentswahlen können also diese beiden vorherrschenden Kräfte antreten. Und eben sie können in Zukunft zu Zentren für die Herausbildung moderner politischer Parteien werden, die den Realien des modernen Polen entsprechen.«

Grundlagen

Wäre damit also die Grundlage für eine moderne, sich evolutionär entwickelnde Parteienlandschaft gelegt? Diese Annahme gilt nur dann, wenn tatsächlich beide Zentren – sowohl das um Walesa als auch das um Mazowiecki – sich an die Spielregeln halten, die sich allmählich herausgebildet haben. Und hier sind große Zweifel angebracht: Zum einen gibt es in Polen keine Übung im demokratischen Umgang miteinander sowie eine große Ungeduld in bezug auf die wirtschaftliche Entwicklung; zum anderen sprechen diejenigen, welche sich im sogenannten Zentrums-Zirkel zusammengetan haben, inzwischen mehr oder weniger offen über die Möglichkeit, den gordischen Knoten der Probleme des Landes mit einem Streich zu durchschlagen. Ein Staatsstreich wird nicht ausgeschlossen; Koalitionspartner gibt es in den rechten, nationalen und nationalistischen Gruppen genauso wie in Kombattantenkreisen und in einflußreichen Exilantengruppen, denen auch Finanzierungsmöglichkeiten zur Verfügung stehen.

Walesa als Reinkarnation des Putschisten Pilsudski? Eine solche Entwicklung ließe das Land von einer Misere in die andere stolpern. Die westlichen Staaten, die Demokratien sind aufgefordert, dem Land schnelle Hilfe zu gewähren und die Chance zu geben, sich demokratisch weiterzuentwickeln. Die Probleme von Mazowiecki sind vergleichbar denen, welche Gorbatschow zu bewältigen hat. Mazowiecki und andere Demokraten des neuen Polen benötigen also dringend die Hilfe der westlichen Europäer – auch wenn sie nicht wie Gorbatschow mit der Gegenleistung einer »Wiedervereinigung« oder ähnlich großer Münze zahlen können.

Der derzeitige polnische Präsident ist den Rechten ein Dorn im Auge, und nicht deshalb, weil er 1981 das Kriegsrecht ausgerufen hat, was immer wieder als provokatives Argument zu hören ist; vielmehr haben die Gegner Jaruzelskis erkannt, daß seine Ambition, Polen zu einem modernen, demokratischen, pluralistischen Staat zu machen, erkennbar Früchte getragen hat. Durch die Art seiner Amtsführung und die sichtbar vertraute Art der Zusammenarbeit mit der jetzigen Regierung und – selbst durch den Hinweis, daß er zum Rücktritt bereit sei, falls sich dies im Interesse des Landes als sinnvoll erweisen sollte, hat er sehr viel an Glaubwürdigkeit gewonnen. Dies stört augenscheinlich und hörbar jene, die ihn als jederzeit verfügbaren Buhmann kommunistischer Reaktion präsentiert haben. Als Demokrat ist ihnen der geläuterte und prinzipientreue Jaruzelski gefährlicher geworden.

All diese – nicht immer durchschaubaren – Entwicklungen treffen das polnische Volk recht unvorbereitet. Ungeübt in der Demokratie, parlamentarische Auseinandersetzung als unnützen Streit empfindend, durch die Mangelwirtschaft angespannt, von der Langwierigkeit des Wandlungsprozesses enttäuscht, wächst seine Ungeduld. Polen ist noch weit davon entfernt, seinen Bürgerinnen und Bürgern – vermittelt über die dazu erforderlichen Medien – eine hinreichende Beurteilungsbasis für getroffene Entscheidungen zu bieten; ein Grund dafür, daß sich auch die Einschätzung der in der Politik Tätigen oft sprunghaft verändert.

Unzensierte, unverfälschte Stimmungsbilder jenseits der abstrakten Zahlenwelt, die Farbe in das triste Gebäude der »Meinungsprozente« bringen, hat Boleslaw, ein junger Akademiker, mit folgender Straßenumfrage eingefangen:

Momentaufnahmen

Zufallsauswahl war vereinbart, Frauen und Männer sollten zu gleichen Teilen, alle Altersgruppen mußten berücksichtigt werden. Die Fragen: »Ist Wojciech Jaruzelski der richtige Mann im Amt des Präsidenten der Republik Polen?«, (wenn »ja«) »Wie lange sollte er es noch ausüben?«, (wenn »nein«) »Wer sollte ihn ersetzen?« Boleslaw machte die Umfrage in drei verschiedenen Warschauer Stadtteilen am Sonntag, dem 4. und am Montag, dem 5. Juni 1990. Ungekürzte Niederschrift:

Frau, 50

»Meiner Meinung nach ist schon die Zeit gekommen, daß er abtreten sollte. Er hat schon genug Ämter bekleidet. Er hat sich unsere Ungnade zugezogen, mit dem Kriegsrecht nämlich, als er alle diese Punkte wie eine Litanei verlas. Ich glaube, Brzezinski könnte es sein.« (Ich bin auch der Meinung, fügt eine andere Person hinzu.)

Mann, Mitte 20

»Er ist lange, schon lange in diesem Amt. Es wäre besser, wenn ein Neuer kommen würde. Vielleicht Geremek, der Professor.«

Mann, etwa 50

»Ich glaube, daß er noch ein bis zwei Jahre die richtige Person ist, bis sich eine gewisse politische Kultur bei der Opposition herausbildet. Mit Sicherheit sollte Walesa nicht sein Nachfolger sein, denn es würde ein Unglück bedeuten. Irgend jemand von dem erfahreneren Teil der Opposition müßte es werden.«

Mann, Anfang 20

»Sie werden bestimmt viele Leute finden, die ›nein‹ sagen werden. Und das war schon längst klar. Er lebt ganz einfach wie in einem Lager. Es ist schade um diesen Menschen. Wir alle kennen die Politik.«

Zwei Frauen, über 50

»Er müßte möglichst schnell abgesetzt werden. Bei der Solidarność gibt es sehr viele kluge Menschen. Es gibt genug Leute, unter denen man wählen könnte.« Zweite Frau: »Ich habe eine entgegengesetzte Meinung. Ich glaube, daß General Jaruzelski auf dem Amt des Präsidenten absolut richtig ist, weil er als einziger dazu geführt hat, daß dieser ganze Wechsel bei uns blutlos zugegangen ist.« Erste Frau: »Aber nur deshalb.« Zweite Frau: »Und so ist es ruhig. Er mischt sich nicht in diese Angelegenheiten ein, und optisch gefällt er mir wohl auch. Und ich bin der Meinung, daß er seine Zeit ableisten sollte. Und danach – ich glaube, daß die Unterbrechung seiner Wahlperiode seitens der Gesellschaft unanständig sein würde. Wenn es um den künftigen Kandidaten geht, dann wäre Herr Brzezinski wohl der einzige, wenn er sich bereit erklärt hätte. Aber das ist nur meine Meinung.« Erste Frau: »Ich habe auch gesagt, mit Brzezinski würde es uns sehr gutgehen.«

Zwei Frauen, über 50

Erste Frau: »Abtreten, abtreten sollte der Jaruzelski. Er müßte weg. Ich glaube, daß er als Mensch, als Soldat, an dessen Gürtel ›Gott, Ehre und Vaterland‹ geschrieben steht, daß er ein Mensch ohne Ehre ist, für mich zumindest. Als Polin und Solidarność-Mitglied. Er ist für mich ohne Ehre. Er sollte weggehen, denn er hat nur eine halbe Stimme bekommen, um Präsident werden zu können. Und jetzt sieht er, daß sich die Jugend und überhaupt alle gegen ihn äußern, und er ist weiter da. Für mich ist er ein Mensch ohne Ehre.« Zweite Frau: »Und ohne Ehrgeiz! Ohne Ehrgeiz und Ehre! Er hätte schon längst ... Er hätte es nicht zulassen sollen, daß man für ihn abstimmte. Wissen Sie, jetzt reden die Leute von Walesa, und es hätte sein können, daß er Präsident würde, wenn er sich nicht ständig so verwickeln würde, wie jetzt eben wieder. Ich bin ja so empört, so aufgeregt. Ich habe viel

Sympathie für ihn, ich mag Walesa, und ich habe Respekt, von Anfang an, als die Solidarność entstanden ist. Aber ansonsten denke ich, Geremek sollte es werden. Geremek, ja Geremek. Trotz alldem, man sagt ja Jude oder Nichtjude, aber er hat viel im Kopf. Er ist eine Persönlichkeit, der Jaruzelski, aber er sollte nicht mehr Präsident sein. Er hätte nicht mal kandidieren sollen. Er dürfte nicht mal sein Gesicht im Fernsehen zeigen. Aber Walesa ist auch nicht geeignet dafür. Es gibt wohl noch keine Autorität.«

Frau, Mitte 20

»Ich weiß nichts zu diesem Thema.«

Priester, über 50

»Ich habe keinen Kommentar dazu, entschuldigen Sie, ich kenne mich nicht in allen Bereichen aus.«

Mann, Mitte 30

»Ich möchte mich nicht dazu äußern. Besonders jetzt.«

Frau, ca. 30

»Ich glaube, daß ein anderer es sein könnte. Ich glaube, daß die Gesellschaft in dieser Situation reift und daß vielleicht, na ich kann es nicht sagen, wer ... Aber zurücktreten müßte er natürlich.«

Mann, über 50

»Er ist im Moment die richtige und nötige Person. In diesem Moment; und in der Zukunft sollte es ein anderer werden. Von diesen Menschen, die es jetzt gibt, die sich als Politiker ausgeben, da sehe ich nicht so eine Person. Von Walesa kann nicht die Rede sein. Als Präsident. Wie kann ein Elektriker, der nur die Grundschule hat, Präsident werden?! Es wäre doch idiotisch, er würde sich schnell blamieren, ungeheuer, und sie würden ihn schnell fertigmachen. Sie haben schon bessere als Walesa fertiggemacht, aber ansonsten, so ein Staatsmann, der für den Präsidenten geeignet wäre und der Vollmachten haben würde, so einen sehe ich nicht. Jaruzelski ist kein Adler, bestimmt nicht. Ich habe das schon vor zehn Jahren gesagt. Aber er ist ein intelligenter Kerl, und in der gegenwärtigen Situation ist er nötig. Über Brzezinski will ich gar nicht reden. Er ist Amerikaner, er hat mit uns Polen nichts zu tun. Es wäre nur irgend so ein Kontakt mit den Amerikanern, die uns ja sowieso verachten. Sie betrachten uns nur als ein

Werkzeug im politischen Spiel mit der Sowjetunion. Aber sonst, es gibt solche Politiker eigentlich nicht. Denn der Geremek soll sich um seine Sachen kümmern. Er wurde in Amerika geschult, und er hat sein Ziel, und um uns kümmert er sich gar nicht. Er ist so ein Politiker, der seinen Weg geht. Und nicht für Polen ... Er wird jederzeit abspringen und uns im Stich lassen. Also Geremek auch nicht. Wer sonst – Mazowiecki? Mazowiecki ist ein guter Mann, ein ehrlicher Mann, anständiger Mann, für den Präsidenten aber in der Zukunft zu schwach, denke ich. Also ich sehe hier keinen Politiker, der für das Präsidentenamt, für einen guten Präsidenten geeignet wäre, der alles im Griff halten würde und der perspektivisch denken könnte. Es gibt so einen nicht. Das ist meine Meinung.«

Frau, 18

»Ich denke, er ist der Richtige für dieses Amt, und ich sehe keinen Kandidaten anstelle von Jaruzelski. Er sollte bis zum Ende seiner Wahlperiode bleiben.«

Mann, Mitte 30

»Ich habe keine Meinung dazu.«

Mann, über 50

»Präsident sollte derjenige sein, der vom Volk gewählt worden wäre. Die Antwort darauf sollte Ihnen also die Gesellschaft in freien Wahlen geben. Auch auf die Fragen, ob die Wahlperiode Jaruzelskis abgebrochen werden sollte, müßte die Gesellschaft antworten. Aber in der politischen Situation, in der wir uns jetzt befinden, wäre, denke ich mir, das Parlament das ausreichende Forum. Das Volk wird wohl auch einige Kandidaten benennen. Damit es ein Mensch ist, der vom Volk tatsächlich akzeptiert wird. Es kann nicht so sein, daß dieses Amt ein Mensch bekleidet, der vom Volk zur Hälfte, zum Teil oder überhaupt nicht akzeptiert wird. Wen also würde ich sehen? Eben einen Menschen, dem das Volk Vertrauen schenken würde und der so ein Volk wie unseres, das in Europa noch zählt, repräsentieren könnte. Ich glaube zwar, daß es eine ziemlich kontroverse Kandidatur ist. Ich denke aber an Herrn Brzezinski. Ich glaube, daß er ein interessanter Kandidat wäre. Persönlich sehe ich hier allerdings noch viele Unbekannte.«

Paar, Mitte 40

»Wir sind sehr müde. Zu politischen Fragen äußern wir uns nicht. Ich engagiere mich nicht politisch. Das ist meine Antwort.«

Mann, über 50

»Jaruzelski als Präsident? An seiner Stelle würde ich Professor Geremek oder Walesa, aber ganz bestimmt nicht den Jaruzelski sehen. Er ist doch ein Zögling der alten kommunistischen Mannschaft. Er ist doch ein Moskauer Zögling! Sie haben alle die Akademie in Moskau absolviert! Jeder, angefangen vom General und höher. Es ist schon ein Anachronismus.«

Frau, Mitte 40

»Ich sage es ganz kurz, er ist bestimmt keine richtige Person. Die Person vom Jaruzelski. Es tut mir leid, ich kann Ihnen aber keine richtige Person nennen, weil ich mich für Politik nicht so doll interessiert habe, um es sagen zu können.«

Paar, etwa 50

»Wissen Sie, man müßte es sich überlegen. Meiner Meinung nach sollte er abtreten, so ist meine Meinung, und wer an seine Stelle soll, ich weiß nicht. Auf jeden Fall nicht Walesa. Ich möchte einfach nicht. Er gefällt mir irgendwie mit seinem Gequatsche nicht.« – »Ich bin der gleichen Meinung wie meine Frau. Wir befassen uns nicht mit der Politik. Ich weiß nicht, wer sonst, aber auf jeden Fall nicht Walesa, aber Jaruzelski müßte weg.«

Boutique

Das Ergebnis dieser semiprofessionellen Befragung ist schnell zusammengefaßt:

- Die Polen sind teils noch unsicher, sie fühlen sich eher als Zuschauer bei der Entwicklung ihres Landes zur Demokratie; die Möglichkeiten für eine eigene Mitwirkung haben sie noch nicht in vollem Umfang realisiert.
- Die Urteile sind selten politisch motiviert; kaum eine der befragten Personen versucht, die genannten Kandidaten vor dem Hintergrund politischer Ereignisse zu beurteilen; die Urteile ergeben sich meist aus dem »Gefühl« den Politikern

gegenüber; gerade der letzte Beitrag läßt sich auf die Erfahrung der Vergangenheit zurückführen, in der politischer Streit, die Diskussion über den besseren Weg nicht in der Öffentlichkeit stattfand.

- Es fällt auf, daß das Etikett »Kommunist« weder für noch gegen eine Person verwendet wurde.

Auffällig sind die häufigen Nennungen von Brzezinski, der Ende Mai und Anfang Juni einige Male im polnischen Fernsehen auftrat und sich dort als geübter Debattenredner, als brillanter Analytiker und mit dem Flair des weltgewandten Politikers versehen eine große Gemeinde schaffen konnte. Auffällig auch, daß Walesa sehr stark polarisiert, daß Mazowiecki nur selten – aber ehrfurchtsvoll genannt wird und daß kaum jemand auf die Idee kommt, einen Präsidenten aus den Reihen der »weisen Männer« zu fordern, etwa jemanden aus der Wissenschaft oder der Kultur. Sehr oft wurde die Frage gestellt, ob das, was gesagt würde, auch wirklich anonym bliebe.

Hier noch einige aufschlußreiche Ergänzungen:

»Ich glaube, er ist die richtige Person. Völlig richtig. Er sollte bleiben. Ich sehe keinen anderen, einen Menschen, der wie Jaruzelski ist. Ich habe keine Bedenken ihm gegenüber. Ich verstehe ihn und glaube, daß er noch länger bleiben sollte. Der vernünftigste Mensch in der ganzen Regierung, denke ich.«

»Er ist nicht richtig, er ist nicht richtig, ich sage es gleich. Wie lange er noch bleiben sollte? Bis wir einen Besseren finden, und wer das sein soll? Ich weiß es nicht. Nicht Walesa. Brzenzinski, aber er ist wenig wahrscheinlich. Jeder andere, aber nicht Walesa und nicht Jaruzelski. Wenn ich zwischen zwei Übeln wählen sollte, dann würde ich Jaruzelski wählen. Gleich erkläre ich, warum: Weil er nicht demokratisch gewählt wurde. Wenn man aber demokratisch Walesa wählen würde, dann würde ich traurig sein. Obwohl ich ihn schätze, aber nicht als Präsident.«

»Eine schwierige Frage, aber ich bin der Meinung, daß die Einstellung zu ihm jetzt nicht ganz so ist, wie sie sein sollte. Wenn er abtreten sollte, dann müßte es ehrwürdig geschehen. Er tut es ja wohl selbst, und ich glaube, er würde abtreten. Weil der Druck der Gesellschaft so groß ist. Ich weiß aber nicht, wer sein Nachfolger werden könnte. Im Moment gibt es ein derartiges Durcheinander, ich weiß nicht, ob es eine Person gibt, die das Ganze leisten könnte.«

»Also ich bin der Meinung, daß die Person des Präsidenten überhaupt nicht nötig ist. Manchmal habe ich solche anarchistischen Ansichten und behaupte, daß alle solche Institutionen wie der Präsident überflüssig sind.«

»Jesus Maria! Es ist schrecklich kompliziert! Kann man sich ergeben und gar nicht antworten? Ich denke, ich denke, ich denke, ich bin dafür, daß er bis zum Ende der Wahlperiode bleibt. Und dann muß ihn jemand von der Intelligenz der Solidarność ersetzen. Ich denke, daß er ein Kerl auf einem gewissem Niveau ist. Er hat etwas Wissen. Wenn sie keinen anderen finden würden, dann könnte er ruhig bleiben. Ich habe ihn insgesamt immer gemocht.«

»Er sollte überhaupt nicht sein. Eher Walesa. Aber ich befasse mich gar nicht mit solchen Sachen, ich habe keine Meinung, es interessiert mich nicht.«

»Wissen Sie, ich habe die beste Meinung über den Präsidenten Jaruzelski. Aber was Näheres möchte ich dazu nicht sagen. Aber persönlich glaube ich doch, daß er ein intelligenter, ernsthafter Mensch ist. Dank ihm haben wir Ruhe in Polen.«

»Ich würde darauf nicht antworten, aber ich glaube, daß er nicht lange Präsident bleiben sollte. Ich weiß es nicht, wer der Nachfolger sein wird. Die Gesellschaft hat den Mazowiecki gern. Vielleicht Mazowiecki. Walesa bestimmt nicht. Ganz bestimmt nicht.«

»Ich habe keine Ahnung, ich befasse mich nicht mit Politik, ich habe keine Meinung dazu.«

»Ich glaube, daß er bleiben sollte bis zum Ende der Wahlperiode. Im Moment habe ich noch keine Meinung, wer danach kommen soll. Warten wir doch ab, wir werden sehen, was weiter passiert.«

»Meiner Meinung nach sollte er bleiben bis zum Ende der Wahlperiode, schwer zu sagen, wer der Nachfolger sein könnte. Es gibt jetzt so viele Politiker. Ich würde zwischen Miodowicz und Walesa wählen.«

»Gegenwärtig ist er für mich ein Symbol. Ein Symbol so wie die Königin von England, so ist Jaruzelski bei uns in Polen Präsident. Und praktisch spielt er so eine Marionettenrolle. Er hat keine größere Bedeutung, weder für das Regieren noch für die Zukunft Polens. Ich glaube es zumindest so, ich empfinde das. Meines Erachtens ist diese Präsidentschaft richtig. Der Vorschlag der Kandidatur von Herrn Walesa für das Präsidentenamt ist meiner Meinung nach ein Mißverständnis.« – »Wenn man wählen könnte, dann, glaube ich, Professor Geremek.« – »Wenn es um die Person von Jaruzelski geht, dann ist es diese Person, die diese noch nicht gefestigte politische Konstellation in der Volksrepublik Polen stabilisiert.« – »Ich kenne mich in der Politik nicht aus. Wir interessieren uns so wenig für Politik, daß es uns schwerfällt, etwas zu sagen.« – »Abtreten, abtreten, möglichst schnell! Jeder nächste wird besser sein!« – »Na sicher soll er bleiben, man müßte es sich überlegen. Na, so schlimm ist er doch nicht, kann bleiben, ein guter Präsident. Er macht doch nichts Böses, soll er doch sitzen bleiben! Er ist richtig. Am besten soll er bleiben bis zum Ende seiner Wahlzeit. Auf keinen Fall möchte ich Lech Walesa. Er eignet sich so für einen Präsidenten wie ich für das Ballett.« – »Ob dieser Mann richtig ist? Ich glaube, ich würde im Moment doch für diese Kandidatur stimmen. Trotz allem. Als Nachfolger denke ich, würde ich Geremek vorschlagen.« – »Jaruzelski auf keinen Fall! Er müßte abtreten, und an seine Stelle ein Kluger, sehr klug, sehr verantwortungsvoll. Geremek kann es sein!« – »Nein, er ist nicht richtig, er sollte schon längst auf den Brettern liegen. Ich weiß nicht, wer der Nachfolger sein sollte, Walesa vielleicht.« – »Ich weiß, daß Jaruzelski ganz bestimmt nicht Präsident sein sollte, weil er so viele Urteile gefällt hat. So viele Menschen sind seinetwegen umgekommen. Ich weiß nicht, warum sie ihn bis heute noch halten.« – »Er wurde wegen seiner Augen gewählt. Damit er einfach da ist.« – »Er wurde einfach nicht von uns Arbeitern und Werktätigen gewählt, sondern von der Regierungsclique, vom Sejm. Von diesen seinen Lieblingen!« – »Er ist ein Kerl mit einem Kopf, und – das Amt ist richtig für ihn. So denke ich mir; ob er weiter Präsident sein soll – ? Na, vielleicht. Wenn ein anderer da wäre, dann wäre es anders . . .«

18. Kapitel
Privates Mosaik

Einblicke

Sein Lieblingsmaler ist van Gogh; wenn schon Musik, mag er Chopin; seine gegenwärtige Geistesverfassung hält er für »wechselnd und unbeständig«. Daß er die Namen seiner Frau und seiner Tochter als seine Lieblingsnamen nennt, ist schon von deren Wohlklang her begründet: Barbara und Monika. Irgendwie unerwartet: Grün ist seine liebste Farbe, und – nicht den Rosen, wie er sie weiblichen Gästen des Belvedere verehrt, nein, den Feldblumen gilt seine größte Zuneigung. Und das stolze Wappentier, der Adler, erquickt seine Seele weniger als – eine Schwalbe. Obwohl er meint, es sei zu spät für Träume, möchte er schon »noch einmal jung und sorglos« sein. »Dort, wo ich wohne«, in Warschau, lebt er auch am liebsten. Das vollkommene irdische Glück hält er für unerreichbar, »so etwas gibt es nicht«. »Weiblichkeit« schätzt er bei einer Frau am meisten; bei Freunden ist es »kritische Loyalität«. »Würde und Charakter« muß ein Mann besitzen, und mit diesen Eigenschaften reagiert er sicher auf die morgendliche Frage seiner Frau: »Hast du denn nicht die Nase voll davon?«, wenn er – wie seit zwanzig Jahren – zum Frühstück Quark mit Honig ißt; »keine Wurst, keinen Schinken, dafür Quark und eine Schüssel Honig! Mein Lieblingsessen? Da werden Sie sich wundern, ich bin in der Hinsicht – na, vielleicht primitiv! Ein einziges Gericht vermag ich nicht zu nennen. Aber ich mag zum Beispiel sehr gern saure Milch mit Kartoffeln! Selbstverständlich ist ein gutes Steak auch nicht zu verachten, aber eigentlich bin ich eher ein Vegetarier.«

»Es ist nach Mitternacht, und ich erkenne schon Ihre Vorfreude auf das nächste Frühstück!«

»Ich denke mit Freude daran! Süßigkeiten habe ich aber auch sehr gern – eine schreckliche Sache, leider. Als ich beim Primas in seinem Palais war, da hatten die Schwesterchen einen wunderbaren Kuchen gebacken. Ich habe zum Primas gesagt: ›Eure Eminenz, es gibt die Sünde der Nascherei, daher bitte ich Sie im vorhinein um Absolution!‹, und dann habe ich zugegriffen. Dabei ist das doch so ungesund!« Gesünder ist da schon das, was er als seine Lieblingsbeschäftigung bezeichnet: »Schlafen!« Jedoch sein Hauptcharakterzug, das »Pflichtgefühl«, hält ihn so häufig davon ab wie der »Perfektionismus«, den er für seinen größten Fehler hält.

Besonnenheit nennt er als seine Lieblingstugend. Hochmut, Eitelkeit und Faulheit verabscheut er zutiefst. »Linguistisches Talent« hätte er gern als natürliche Gabe besessen, was darauf hindeutet, daß er gerne Schriftsteller oder Dichter geworden wäre. »Diese Frage kommt fünfzig Jahre zu spät«, sagt er, befragt, wer oder was er habe sein mögen.

»Welche Fehler entschuldigen Sie am ehesten?«

»Solche, die authentischen ideellen Prämissen entspringen.«

»Welche Reform bewundern Sie am meisten?«

»Eine gelungene!«

Auch der Standardfragebogen des »Frankfurter Allgemeine Magazins« diente als Vorlage für die Zusammenstellung dieses Mosaiks. Die Mitarbeiter Wojciech Jaruzelskis hatten nicht daran geglaubt, daß er ihn beantworten würde. »Ich hab's gemacht«, sagt der Präsident, der »Krieg« für das größte Unglück hält und einen »gut genutzten Sieg« als größte militärische Leistung bewundert. »Anna Karenina« ist seine Lieblingsheldin in der Dichtung; Maria Sklodowska-Curie nimmt diesen Platz in der Geschichte ein. Sein Romanheld ist Rafal Olbromski, geschaffen von seinem Lieblingsschriftsteller Stefan Zeromski in dem Roman »Zu Schutt und Asche«, ein Werk über die polnische Legion Napoleons, über die Sehnsucht nach der Wiederauferstehung Polens und über die Leiden des Krieges.

Auf die Frage, welche geschichtlichen Gestalten er am meisten verachte, antwortet er nicht mit stereotypen Nennungen wie Hitler oder Stalin. Wojciech Jaruzelski gibt nur einen Namen an: »Berija«. »Das stalinsche Monster« nennt der Stalin-Biograph Dimitri Wolkogonow diesen Lawrenti Pawlowitsch Berija, der 1899 geboren und nach einer wahrhaft mörderischen Karriere

1953 erschossen wurde. Berija war der Herr der Gulag-Lager, Chef des geheimen Terrordienstes NKWD, verantwortlich für die allumfassende Bespitzelung der sowjetischen Bevölkerung, für millionenfache Deportation und millionenfachen Mord: Er war verantwortlich für den Einsatz des NKWD in jenen Ländern, die während und nach dem Zweiten Weltkrieg unter die stalinistische Terrorherrschaft fielen. Stalins Henkersknecht wurde von seinem Mentor nach dem Kriege zum Marschall der Sowjetunion ernannt und ein Jahr später, 1946, zum Stellvertretenden Ministerpräsidenten der UdSSR. Bis zum Tode des Diktators Stalin und seiner eigenen Hinrichtung war Berija Lehrmeister und Chef aller Staatsterroristen in den Staaten des damaligen sowjetisch geführten Blocks. Nicht zuletzt Berijas monströser Terrorapparat, dessen Reste bis heute nicht ganz beseitigt sind, hat den ideellen Prämissen des Kommunismus alle Chancen zerschlagen.

Millionenfaches Morden und die über Jahrzehnte währende Unterdrückung individueller Selbstbestimmung mit brutalen – aber auch sehr subtilen Mitteln zerbrachen auch die Anstrengungen jeder Patrioten, die der neuen Gesellschaftsform in ihren Ländern ein »menschliches Antlitz« geben wollten. Sie waren gefangen in den Netzen von Berija, seiner Nachfolger und seiner Satrapen.

»Nihil desperandum – nicht verzweifeln«; seinen Wahlspruch könnte Jaruzelski sich schon im Unterricht des Marianums erwählt haben, er hätte ihm vielleicht das Los ertragen helfen und im Kriege sich und seinen Männern zum Troste werden können. In den Kriegsrechtszeiten, auch davor und danach, haben viele seiner Gegner ihre psychische und physische Stabilität ebenfalls nur durch den Gedanken an den Geist dieser Worte aufrechterhalten können – unwissend womöglich, daß die personifizierte Staatsgewalt ihre Kraft häufig aus dem gleichen Motto bezog.

Die Deutschen machen gerade ihre Erfahrungen mit »Glasnost« im alten Staatssicherheitsdienst der DDR. Es sind keine Ruhmesblätter sozialistischer Staatsgeschichte, die dort gelesen werden. Bestenfalls kommen hervorragende Zeugnisse für diejenigen zutage, die sich als Berija-Schüler Bestnoten verdienten.

Wie sich in der DDR zeigt, war auf die Deutschen wieder »Verlaß« gewesen, es gab keine mildernde »deutsche Variante«, sondern eine Gründlichkeit, die selbst die gutwilligsten DDR-Bürgerinnen und -Bürger und die wohlmeinendsten Beobachter in Scham und Ohnmacht versetzt.

In Polen gab es immer »polnische Varianten«, mildernde Eigenständigkeiten. Das Kriegsrecht war »polnisches Kriegsrecht«. Nach Stalin gab es einen eigenständigeren und liberaleren Kommunismus als anderswo. Aber in Polen halten sich auch heute noch Gerüchte, daß der polnische Staatssicherheitsdienst und auch Abteilungen von Ministerien direkt in Moskau rapportpflichtig waren, gar Moskauer Dienststellen direkt unterstanden. Insofern ist das Drängen der polnischen Parlamentarier verständlich, die Hintergründe auch dieser weißen Flecken nun endlich offenzulegen, Machthaber geheimer Zentren zu enttarnen und zumindest zu verabschieden. Bei den großen politischen Linien mag nach den internationalen Gepflogenheiten verfahren werden können: Die Akten bleiben für eine bestimmte Zeit geschlossen. Mit den Aktenbergen aus dem Alltagsgeschäft der geheimen Dienste allerdings sollte anders verfahren werden. Nicht nur, um weiße Flecken zu eliminieren, endlich Gewißheiten zu haben, Gerechtigkeit zu erlangen oder fundiert einfordern zu können. Es geht um mehr; es geht auch um die Selbsthygiene der Nachfolgeparteien der aufgelösten Polnischen Arbeiterpartei; und es geht um eine äußerst wichtige Vorbeugungsmaßnahme: Nur Glasnost in den Bereichen der geheimen Dienste und den anderen Lebensbereichen kann verhindern, daß sich zukünftige Machthaber – gleich welcher Couleur – altes Herrschaftswissen aneignen, das sich eventuell für neue Erpressungen, für neue Repressalien und politische Machenschaften übelster Art eignet.

Wojciech Jaruzelski hat im Gespräch eingestanden, daß ihm manche Dinge, die er selbst erst heute über die Kriegsrechtszeit erfährt, betroffen machen. Würde »Glasnost« durch die geheimen Akten fahren, sollten sich bei der Durchleuchtung der weißen Flecken noch mehr bisher übertünchte dunkle Farben finden, bedeutet das Nicht-Wissen keine Absolution für ihn. Auch dann nicht, wenn er von dieser Tat oder jenem Vorgehen deshalb nichts wußte, weil sich die beauftragten Kader nicht getraut hatten, ihm, dem Moralisten, ihre Vorgehensweise zu offenbaren. Selbst dann, wenn er Entscheidungen aufgrund manipulierter Unterlagen gefällt haben sollte: Nichts spricht ihn frei, er hatte die Verantwortung und – muß sie tragen.

Mit seiner Scham und dem Eingeständnis, trotz aller Macht partiell ohnmächtig gewesen zu sein, wird er alleine fertig werden müssen. Aber – er war weder als Weißer Ritter angetreten noch als der reine Tor. Er wußte, welches Ziel er anvisierte, wußte auch, daß verwerfliche Taten zwangsläufig seinen Weg begleiten mußten. Er nahm die Entscheidung zur Durchführung auf sich, obwohl er schon vorher ahnen mußte, daß er »die Schatten seiner Handlungen« nie mehr loswerden würde, wie Enzensberger schrieb.

Wo Jaruzelskis Platz im Jenseits sein wird, kann niemand voraussagen. Nach Dantes »Göttlicher Komödie« wird es nicht der schlechteste sein. Denn – auch wenn er als Zauderer beschrieben wird: In den entscheidenden Momenten hat er klar gehandelt, klar »ja« oder »nein« gesagt.

Einen Menschen wie Jaruzelski darf man fragen, wie er sterben möchte. »Ruhig, wie ein Mann«, sagt er, »ohne zu leiden.« Über den Abschied vom Leben soll er noch viele Jahre, Jahrzehnte nachdenken dürfen. Über andere Abschiede, die ihm unweigerlich bevorstehen, muß er sich jetzt Klarheit verschaffen.

Planungen

Er beabsichtige nicht, sich erneut einer Wahl zu stellen, versichert der jetzige Präsident Polens, weder einer plebiszitären noch einer, die ein Gremium vollzieht. »Ich werde meine Funktion mit der Überzeugung ausüben, daß ich für das Land etwas Nützliches tun kann, daß ich dazu beigetragen habe, daß wir diesen sehr wichtigen Abschnitt des Weges der tiefen Reformen ohne größere Kollisionen bewältigt haben.« Er glaubt, daß es noch einen Abschnitt gibt, in dem seine Rolle begründet, nützlich ist. Es sei schwierig, diesen Abschnitt zeitlich einzugrenzen. Und für die Zukunft sei wichtig, daß Polens Präsident ein »Zuversichtsmann« sei. Und diese Definition eines potentiellen Nachfolgers schließt ein, daß dieser nicht polarisiert, sondern zusammenführt, moderiert.

»Was würde der Privatmann Jaruzelski machen – ohne Armee, ohne Belvedere?«

»Ohne Armee würde es für mich sehr schwer sein. Ohne Uniform ist es sehr schwer für mich, aber – ohne Belvedere habe ich über sechzig Jahre gelebt. Ich habe so viel nachzuholen! Bücher habe ich mir auf die Seite gelegt, die ich unbedingt lesen muß. Ich habe viele Theaterstücke, Filme, Gespräche nachzuholen.«

Er würde einen anderen Lebensrhythmus finden müssen. Nicht mehr von morgens sechs bis oft nach Mitternacht zu Diensten sein. Marginale »Verbesserungen« sind schon eingeführt: Samstags, so hat er seiner Frau versprochen, sei er nun immer so rechtzeitig zu Hause, daß man gemeinsam die frühen Fernsehnachrichten sehen könne; und er arbeite auch »nur noch« an jedem zweiten Sonntag! Frau Barbara wird es zu schätzen wissen; sie, der öffentliche Auftritte nicht behagen, die ein selbständiges berufliches Leben führt.

»Elektra«

Schon mancher westliche Publizist kam in Schwierigkeiten, wenn er polnische Frauen befragte, wo denn bei all den geplanten Neuerungen die Emanzipationsprogramme für die Frauen blieben. Zum großen Erstaunen der Westler empfinden die meisten Polinnen keine zu bekämpfende Männerdominanz in ihrem Staat. Daß der Präsident dieses Landes, auf diese Frage angesprochen, auch Unverständnis zeigt, kann niemanden verwundern, der sich mit polnischen Frauen über ihr Selbstwertgefühl unterhalten hat. Vielleicht eine Mentalitätsfrage – aber womöglich liegen die Dinge in den ehemals östlich-real-sozialistischen Ländern aus anderen Gründen anders. Jaruzelski: »Ich habe mir diese Frage nie gestellt und sie deshalb in dieser Hinsicht auch nie beantwortet. Ich habe es nie so betrachtet. Ich dachte immer, daß dies eher zur deutschen Tradition gehört. Wie hieß es noch – Kinder, Küche und . . . doch noch etwas Drittes!«

»Sie meinen die drei ›K‹, Kinder, Küche, Kirche.«

»Bei uns hat es diese Bezeichnung nie gegeben! Bei uns ist die Rate der berufstätigen Frauen sehr hoch. Höher als bei Ihnen wahrscheinlich, schon aus dem Grunde, weil der Lebensstandard niedriger ist und Frauen arbeiten müssen, damit es der Familie bessergeht. Wir haben Berufe, die fast feminisiert sind, Lehrer und Ärzte zum Beispiel. In der Politik treten Frauen bei uns allerdings seltener in Erscheinung.«

»Sind sie dafür zu Hause um so stärker?«

»Das ist mit Sicherheit sehr unterschiedlich – ich weiß nicht, welche Erfahrungen Sie dabei gemacht haben!«

Nach privatem Scherzen interessiert doch noch die Frage, ob die Ehefrau des Präsidenten, ob seine Tochter unter seiner Rolle im Kriegsrecht zu leiden hatten. Er meint, wie damals schon sei er auch jetzt selten zu Hause, das sei sein Schicksal. Aber damals hätten seine Frau und seine Tochter es als sehr bedrückend empfunden, daß die Dinge im Lande in bestimmter Hinsicht mit ihm verbunden waren. »Sie haben es schmerzlich zu spüren bekommen. Im Falle meiner Tochter bedeutete es ein verlorenes Studienjahr, weil wir sie nach dem Abitur, im Frühjahr 1982, nicht gleich zum Studium geschickt hatten. Sie sollte im Herbst beginnen. Nun befürchteten wir aber, daß es für sie unter den gegebenen Umständen sehr schwer werden könne. Sie hat das Studium erst im Herbst 1983 aufgenommen und erlebte auch dann noch einige unangenehme Situationen. Aber es war nichts Schlimmes. Vielleicht deswegen, weil sie von den Kolleginnen und Kollegen gemocht wurde. Sie ist ein bescheidenes Wesen und gewann sehr schnell Sympathien. Aber einige Fälle waren schon ziemlich schmerzvoll für sie. Ähnlich war es im Falle meiner Frau.«

Halina Barbara Jaruzelska wurde Anfang der dreißiger Jahre in Lublin geboren, wo sie auch die Schule besuchte. Ihr Vater war Oberförster in der Landschaft Polesie. Die Mutter arbeitete als Büroangestellte. Nach dem Kriege absolvierte die zukünftige Frau Jaruzelskis zunächst eine Ballettschule. Sie arbeitete dann einige Jahre in einem Folkloreballett. In den sechziger Jahren schrieb sie sich an der Warschauer Universität ein, um Germanistik zu studieren. Sie beendete ihr Studium im Jahre 1969, ihre 1978 vorgelegte Promotion trägt den Titel: »Approximative Systeme deutschlernender polnischer Oberschüler.« Schon seit 1969 hatte sie als Dozentin am Institut für angewandte Linguistik der Warschauer Universität gearbeitet. Noch bevor sie sich anläßlich ihrer Promotion mit den Annäherungssystemen der jungen Polen an die deutsche Sprache beschäftigte, hatte sie sich, wie das Thema ihrer Diplomarbeit: »Der Elektra-Mythos von Sophokles bis Hauptmann«, zeigt, mit einem fundamentalen literarisch-philologischen Problem auseinandergesetzt. Man könnte in den Schlußsätzen dieser über zwanzig Jahre alten Arbeit sogar etwas Seherisches erkennen!

Barbara Jaruzelskas Betrachtung über die »Hoffnung«, wie sie sich nach ihren Ausführungen in den Werken der Antike, in der Elektra-Dichtung des Hugo von Hofmannsthal und in der von Gerhart Hauptmann darstellt, bietet sich an, an dieser Stelle in diesem Buch zitiert zu werden:

»Es muß doch für die Teilnehmer des Dramas eine Rettung geben. In der Antike waren es die Götter. Bei Hofmannsthal das reine Gewissen. Und bei Hauptmann [. . .] nimmt die Finsternis kein Ende, aber im Weiten tagt es. Was der kommende Tag bringt, wird nicht gesagt. Eins ist nur gewiß, er bringt die Helligkeit.«

19. Kapitel
Licht

Wojciech Witold Jaruzelski, geboren 1923 in dem kleinen Örtchen Kurow, Armeegeneral und zur Zeit Präsident Polens, war nicht eitel genug, sich zum »Marschall« machen zu lassen. Es bedarf der äußeren Attribute weniger als vielmehr der Akzeptanz der Menschen. Diese war ihm nicht immer gewiß. Im Jahre der Herrn 1990 jedoch leistet er eine Unterschrift, die ihm alle Zustimmung brachte: Nach einem entsprechenden Beschluß des Parlaments gab er dem polnischen Adler seine Krone wieder; diese war dem historischen Wappentier von stalinistischen Kommunisten genommen worden.

Die von Jaruzelski unterzeichnete Verfügung beendete gleichzeitig ein Interregnum, das am Ende des Zweiten Weltkrieges begann und dem Land Anfang und Ende einer jahrzehntelangen kommunistischen Alleinherrschaft brachte. Der rastlose Patriot Jaruzelski, der sich zu linken Idealen bekannte und einige ihrer wichtigsten Werke erhalten wissen möchte, war stets dabei; beim Beginn des Experimentes kämpfte er »von Osten kommend« als Soldat gegen Deutschland, was ihm die »richtige« Herkunft für eine Karriere verlieh; nach seiner Entscheidung, Berufssoldat zu werden, was ihm bei der angeborenen Tüchtigkeit und seiner Loyalität zu höchsten militärischen und später politischen Rängen kommen ließ, und – deshalb war er auch dabei, als vor über zehn Jahren die Demontage des Kunstgebäudes »Kommunismus« begann.

Die mißverständlichen Handlungen, welche auf dem Wege der Liquidation der alten Strukturen erforderlich wurden, brachten Jaruzelski ins Zwielicht. Seine staatsmännische Handlungsweise war sowenig von Opportunismus gekennzeichnet wie die seines politischen Vorbildes de Gaulle. Daß er alle Verantwortung für die im Jahre 1981 nach seiner Meinung erforderliche Zäsur auf sich nahm, sicherte ihm aber langfristig auch den Respekt seiner politischen Gegner, mit ihnen zusammen ist es ihm nun vergönnt, dabei mitzuwirken, das Land in eine pluralistische Demokratie umzuwandeln, vorsichtige Schritte zu tun, die dem in seiner Existenz gesicherten Polen den neuen Weg in Richtung auf Europa öffnen.

Unter denen, welche die »Helden des Rückzugs« genannt werden, hat Wojciech Jaruzelski einen ersten Platz verdient. Daß er den Wandel zuließ, daß er die Demontage der allmächtigen Nomenklatura in seinem Land forcierte, wollen ihm viele Polen nicht als Verdienst anrechnen. Im Lande der Helden- und Märtyrerverehrung ist ein Mann, der mit wehender Fahne untergeht, noch allemal besser angesehen als ein vorsichtiger, abwägender Steuermann, der versucht, daß Schiff heil durch die Klippen zu bringen.

Diejenigen, welche die polnische Demokratie erkämpften, richten ihre Scheinwerfer nun auf die Mängel der täglichen Entwicklungen. Künstler leben nicht mehr in relativ gesicherter Existenz, in der Demokratie haben sie ihren Hauptanreger, den Gegner, vorerst verloren; aber auch die bequeme Art der Existenzsicherung ist dahin. Den Betrieben fehlt nicht nur moderne Technik und die Einbindung in die Märkte des freien Angebotes; ihnen fehlen auch die Menschen, welche mit den neuen Unternehmens- und Marktmechanismen umzugehen verstünden. Die neuen Demokraten erkennen, daß es nicht reicht, dem polnischen Adler seine Krone wiederzugeben, den ihm die Stalinisten einst genommen hatten; Symbolik ist eben nur ein Teil des Geschäfts.

Bei Licht besehen, haben die Polen scheinbar schon vergessen, daß sie es waren, die den allgemeinen Aufbruch im Osten angestoßen und vorexerziert haben. Daß sie es waren, die sich als erste der sowjetischen Hegemonialmacht erfolgreich und auf Dauer widersetzten. Daß die stilbildende Einrichtung des Runden Tisches ihre Erfindung ist, scheinen diejenigen inzwischen außer acht zu lassen, die den demokratischen Dialog schon wieder durch eine neue Form der direkten Lenkung ersetzen möchten.

Wojciech Jaruzelski hat als Buhmann der Demokraten ausgedient, seit er sich selbst zum Mentor und Vollstrecker demokratischen Verhaltens entwickelte. Zwar ist er nicht der große Held, der mit seinem Reformeifer die Medien des Westens beherrscht hätte; da war ihm Gorbatschow schnell über. Aber wäre Gorbatschow ohne Jaruzelski denkbar? Der jetzige polnische Präsident ist der erste östliche Staatsmann gewesen, der den Sowjets deutlich machte, daß ihre Macht und ihr System an ihre Grenzen gestoßen waren. Warum erkennen die Polen diese Leistung des Mannes aus ihrer Mitte so wenig an? Warum billigen sie ihm nicht das Verdienst zu, den Wandel ohne Blutvergießen gedacht und organisiert zu haben? Warum machen sie ihn nun zum Sündenbock für die nach ihrer Meinung zu langsam fortschreitenden Reformen?

Vielleicht ergibt sich eine Chance der Aussöhnung zwischen diesem Mann und dem Land, wenn sich das ihn umgebende Zwielicht allmählich erhellt. Wenn sich auch die polnischen Medien darauf besinnen, daß ihre Aufgabe nicht nur darin besteht, immer nur alte Geschichten und alte Feindbilder aufzuwärmen, welche die Erfüllung der neuen Aufgaben nur behindern.

Wenn es nun gelingt, einen Blick hinter die Maske des bisher ersten Darstellers des polnischen Dramas zu tun, ihn der Anonymität eines Wachsfigurenkabinetts zu entreißen – vielleicht ist dies ein Ansatz für eine wirkliche, eine objektivere Würdigung von Mann und Werk. Auch seine angeborene Bescheidenheit hat ihn bisher darin behindert, sich selbst besser ins Licht zu bringen; seine tatsächlichen Leistungen nachvollziehbar zu präsentieren. Die im Gespräch gestellte Frage nach den in seinen Augen größten Leistungen seiner Amtszeit in den letzten zehn Jahren, wollte er schriftlich beantworten. Ein trockenes Dokument. Aber eines, daß auch erhellend wirken könnte; eine Auflistung der Tätigkeiten aus einer Zeit, die ihm fast ausschließlich Anfeindungen einbrachte: von den Parteigenossen der alten kommunistischen Garde, von denjenigen, die durch das Kriegsrecht persönlich betroffen waren, von allen, denen alles zu schnell oder alles zu langsam ging. Seine eigene Leistungsbilanz ist im Anhang abgedruckt.

Der Pole Jaruzelski ist vielleicht deshalb eine besondere

Erscheinung in seinem Land, weil er als Angehöriger des stabilisierenden bürgerlichen Lagers sowohl den Krieg als auch alle Säuberungen überlebt hat. Ohne Skandale, ohne daß ihm auch heute Unsauberkeiten vorgeworfen würden, die er irgendwann begangen hätte. Die meisten Angehörigen seiner Gesellschaftsgruppe wurden entweder von den Deutschen oder den Sowjets umgebracht. Die anderen gingen ins Exil. Jaruzelski ist einer der wenigen, die überlebten und im Lande blieben. Außerdem beinahe der einzige, dem Verantwortung zugewachsen ist. Vielleicht liegt in seinen Ursprüngen die Begründung dafür, daß er dem Land – trotz aller Widersprüchlichkeiten – Kontinuität bringen konnte.

Ihn selbst gelüstet es nicht, in eine Ruhmeshalle einzuziehen. Als Mensch wünscht er sich, daß Landsleute und Nachbarn verstehen, daß alles, was er tat, jenes abwenden wollte, was ihm selbst als das größte Unglück erschienen wäre: »Finis Poloniae«.

Vielleicht wird er sich der größten Herausforderung auch erst noch stellen müssen: Man kann es dem Land nicht wünschen, aber – wenn sich bestimmte Kräfte durchsetzen, die alles mögliche anstreben, außer eine Fortsetzung des demokratischen Prozesses, vielleicht steht Jaruzelski dann mit in der ersten Reihe jener Demokraten, welche dem polnischen Adler die Würde seiner neuen demokratischen Tradition zu erhalten wissen.

Anhang

Die Frage, welche Reformen und Maßnahmen ihm während des letzten Jahrzehnts als besonders wichtig erschienen seien, wollte Jaruzelski gerne schriftlich beantworten. Hier das Dokument:

»Die schwierigen und schmerzhaften Erfahrungen aus den vergangenen Jahren und Jahrzehnten hatten mich in der Überzeugung gestärkt, daß Polen grundsätzliche Reformen braucht. Eine wichtige Anregung hierzu war der Arbeiterprotest von August und September 1980.

Neben den zahlreichen Reformanstrengungen gab es später auch jene stürmische Entwicklung und bestimmte Ereignisse, die in ihrer Konsequenz zum Kriegsrecht führten.

Das Kriegsrecht hat jedoch den Reformkurs nicht abgewendet. Ganz im Gegenteil: bei der Rettung des Landes vor der Katastrophe, hat es die Voraussetzungen für eine Fortsetzung des Wandlungsprozesses geschaffen – unter stabilen Bedingungen. Dies wurde in der Rede zum 13. Dezember 1981 deutlich gemacht und durch die später folgenden Erklärungen und Entscheidungen weiterentwickelt – darunter auch in den Gesetzen des Sejm. Es war ein langwieriger, schwieriger und insgesamt konsequenter Prozeß, der als ›sozialistische Erneuerung‹ bezeichnet worden ist.

Durch die damaligen inneren und äußeren Schwierigkeiten wurde dieser Prozeß sehr erschwert. Es sei erinnert an den politischen Kampf im Lande, an die Wirtschaftsbarrieren; aber auch an die politischen und ökonomischen Restriktionen des Westens und die negative Einstellung des Ostens zu diesen Reformen –, für die sozialistischen Länder war Polen in dieser Zeit eine ›häretische Insel‹.

Im Regierungslager gab es zusätzliche Diskrepanzen, die das

Tempo und die Tiefgründigkeit der Reformen betrafen. Die konservative Fraktion war sehr stark und einflußreich. Sie genoß außerdem zusätzlich die Unterstützung der Nachbarn. Der Spielraum der Reformkräfte ist durch die restriktive Politik des Westens eingeengt worden; Polen war eine belagerte Festung. In einar solchen Festung ist es von Natur her schwieriger mit Entspannung und Liberalisierung.

Trotzdem: die Reformen sind Schritt um Schritt in Kraft gesetzt worden. Sie haben alle Voraussetzungen für tiefgreifende Veränderungen und den Umbruch in den Jahren 1989 und 1990 geschaffen.

Die Reformleistungen aus dieser frühen Periode umfassen unter anderem:

- die Errichtung des Staats- und Verfassungsgerichtshofes;
- die Errichtung des Amtes und die Berufung des ersten Ombudsmannes in der Geschichte Polens;
- die Einberufung des Sozialwirtschaftlichen Rates beim Sejm, in gewisser Form als zweite Kammer des Parlaments, mit der Aufgabe Gesetzentwürfe auf breiter gesellschaftlicher Basis zu begutachten;
- der ›Konsultativrat beim Vorsitzenden des Staatsrates‹ ist eingesetzt worden – ein sehr aktives Gremium; Mitglieder des Rates waren verschiedene namhafte Vertreter der unterschiedlichen politischen Orientierung, darunter auch der oppositionellen Kreise; der Konsultativrat stellte eine wichtige Erfahrung dar und erbrachte in gewisser Weise die Vorleistungen für den ›Runden Tisch‹;
- die Einberufung eines ›Gesellschaftlich-politischen Komitees‹ beim Ministerrat, dessen Aufgabe es war, die Öffentlichkeit bei der Ausarbeitung der Entscheidungen zu berücksichtigen – außerdem sollte er inspirieren und koordinieren.
- Der neu einberufene ›Hauptrat für Wissenschaft und Hochschulwesen‹ wurde mit weitgehenden Kompetenzen ausgestattet.
- Im neuen ›Nationalrat für Kultur‹, dessen Mitglieder viele bekannte Künstler waren, stärkten ernsthafte konsultative und organisatorische Befugnisse die Mitarbeit an den Reformen.

- Die Errichtung der ›Patriotischen Bewegung der Nationalen Wiedergeburt‹ schuf eine Ebene für den breiten Dialog von Menschen, die unterschiedliche Ideen, Weltanschauungen und politische Meinungen vertraten.
- Eine Wahlordnung für die ›Nationalräte‹ ist ausgearbeitet worden; mit ihrer Umsetzung wurde der Grundsatz eingeführt, daß sich um ein Mandat mindestens zwei Personen bewerben mußten; bei den nachfolgenden Wahlen wurde streng darauf geachtet, denn auf den verschiedenen Ebenen sollten mehr Parteilose und Unabhängige vertreten sein.
- Die Volkspartei und die Demokratische Partei spielten zunehmend eine starke Rolle; zu Beginn der achtziger Jahre hat die Polnische Vereinigte Arbeiterpartei dann einen gemeinsamen Ausschuß mit ihnen gebildet; besonderer Wert wurde auf das Zusammenwirken mit den christlichen Gruppen gelegt, also PAX, Christlich-Soziale Gesellschaft, Polnisch Katholisch-Sozialer Verein; zusammen mit dem Vorsitzenden der Patriotischen Bewegung der Nationalen Wiedergeburt bildeten führende Persönlichkeiten dieser Parteien und Gesellschaften den Ausschuß, der abwechselnd unter dem Vorsitz und im Amtssitz der jeweiligen Mitgliederorganisation tagte; bei diesen Sitzungen sind die wichtigsten Fragen des Landes erörtert und Lösungen vereinbart worden – auch wurden viele Projekte bis zur Entscheidungsreife diskutiert.
- Obwohl die Polnische Vereinigte Arbeiterpartei weiterhin federführend war, hat sich die politische Kultur entscheidend weiterentwickelt –, die Bedeutung eines koalitionären Zusammenwirkens spielte eine zunehmend wichtige Rolle.
- Zu diesem Zeitpunkt spielte in der Regierung wie auch in den niedrigeren Stufen der Regierungsadministration die Teilnahme der verbündeten Parteien und parteilosen Personen eine immer wichtigere Rolle, so, zum Beispiel als die Einrichtung des ›Volksentscheids‹ in der Verfassung verbürgt worden ist, oder auch bei der Verankerung des Systems der gesellschaftlichen Konsultationen; letztere haben eine breite Anwendung in der Praxis gefunden; ein landesweites Referendum ist einmal durchgeführt worden.

- Man versuchte, die Regierenden in engeren Kontakt mit der Bevölkerung zu bringen, um die wahren Lebens- und Arbeitsbedingungen kennenzulernen, aber auch um die Stimmung der Menschen vor Ort zu erfassen; diesem Ziel dienten die Arbeitsbesuche der Partei- und Regierungsführung in den Gemeinden, wo man bestrebt war, an die kleinsten Zellen des gesellschaftlichen Lebens und der Produktion zu gelangen. Wojciech Jaruzelski machte seine Besuche ohne Ankündigung. Dies sicherte den authentischen Charakter im Kontakt mit der Bevölkerung und trug dazu bei, daß er die wirkliche Lage der Menschen kennenlernen konnte.
- Um die Machtausübung zu demokratisieren, sind Sitzungen des Ministerrates wie auch des Politbüros des Zentralkomitees der PVAP in ausgewählten Orten veranstaltet worden, um die lokalen Zustände, die Menschen an Ort und Stelle kennenzulernen, industrielle Anlagen in Augenschein zu nehmen – bei Themen, die in unmittelbarem Zusammenhang mit der Sitzung standen; gleichzeitig wurden Vertreter aus einzelnen Bereichen des öffentlichen Lebens, auch der Wissenschaft und der Kultur, zu diesen regionalen Sitzungen der zentralen Regierungsstellen eingeladen; auch wurden Plenarveranstaltungen zu bestimmten Themenkreisen durchgeführt (zum Beispiel über ›Arbeiter‹, ›Intelligenz‹, ›Jugend‹), an denen sich Vertreter aller Schichten zu Hunderten beteiligten.
- Eine große Rolle spielten auch die Treffen und Diskussionen der Regierenden mit der Bevölkerung in den Betrieben sowie bei Veranstaltungen, die über den Funk oder das Fernsehen übertragen wurden (besonders aktiv und überzeugend wirkten bei solchen Gesprächen M. Rakowski, W. Baka, J. Obodowski, Z. Szalajda, Z. Krasinski).
- Durch Ministerpräsident Jaruzelski ist ein ›Beamtenkodex‹ herausgegeben und unterzeichnet worden, ein Dokument, das einen verbindlichen Charakter haben sollte und in allen Ämtern ausgehängt werden mußte; ›Die Rechte des Bürgers und die Pflichten des Beamten in staatlichen Ämtern‹ war eine praktische Anleitung zur Achtung des Menschen und des menschlichen Zusammenlebens.

- Eine sehr komplizierte Angelegenheit stellte die Gewerkschaftsbewegung dar. Die 1981 gegründete ›Allpolnische Verständigung der Gewerkschaften‹ ist zu einer starken Gewerkschaftszentrale mit einer demokratischen Struktur geworden. Dieser Gewerkschaftszentrale gehörten mehrere Tausend Gewerkschaftsorganisationen aus verschiedenen Betrieben und Institutionen nicht an. Sie hat zirka sieben Millionen Mitglieder gehabt, von denen zirka 60 Prozent Mitglieder der ehemaligen ›Solidarność‹ waren. Die neue Organisation war total unabhängig und sehr aktiv in der Vertretung ihrer Forderungen. Praktisch hat sie zum Rücktritt der Regierung Messner entscheidend beigetragen.
- Das Gewerkschaftsgesetz von 1982 hat die Gewerkschaftsorganisation zum ersten Mal mit dem Streikrecht ausgestattet. Die Erfahrungen der vergangenen Jahre brachten – trotz aller Belastungen durch die politische Auseinandersetzung – vieles, das der jetzigen pluralistischen Entwicklung der Gewerkschaftsbewegung dienlich ist.
- In den achtziger Jahren sind die Selbstverwaltungsorgane in den Betrieben weiterentwickelt worden. Diese Form der Beteiligung der Belegschaften an der Betriebsführung durch Räte wurde in ihrer ökonomischen Wirksamkeit nur zum Teil bestätigt. Sie war und bleibt aber eine wichtige Lehre für die unmittelbare Demokratie.
- In den achtziger Jahren, besonders nach der Verhängung des Kriegsrechts, sind wichtige Personalumbesetzungen vorgenommen worden. Die Fehler, die Inkompetenz wie auch der starke Amtsmißbrauch eines Teils des Führungspersonals wurde heftig verurteilt. Zirka sechzig Personen der höchsten Ebene staatlicher und politischer Führung wurden interniert. Während der Folgezeit – vom 13. Dezember 1981 bis Ende 1982 – sind auf ca. 1000 Stellen der staatlichen Administration Umbesetzungen vorgenommen worden; im gleichen Zeitraum wurden über 2500 Parteisekretäre ausgewechselt. Dieser Kaderwechsel wurde in den Folgejahren fortgesetzt. Hierbei konnten die Erfahrungen der kollektiv und öffentlich durchgeführten Kaderkontrollen angewendet werden.

- Es wurde versucht, die Kaderpolitik zu rationalisieren. Diesem Thema sind Sondersitzungen und -beratungen der führenden Gremien gewidmet gewesen. Es ging dabei immer um höhere Effiziens und Qualität der Kader. Man hat versucht, den politischen Einfluß auf die Kader einzudämmen.
- Damit niemandem der Weg aus politischen Gründen versperrt blieb, hat W. Jaruzelski den Grundsatz formuliert: ›Es ist unbedeutend, woher jemand kommt. Es kommt nur darauf an, wohin man geht und darauf, wie Polen am besten gedient werden soll.‹
- Als Hauptkriterien wurden Sachkompetenz und Arbeitsergebnisse angesehen. Die Ausschreibungen für führende Ämter wurden eingeführt: so, zum Beispiel, für Hochschulrektoren, Betriebs- und Schulleiter, Krankenhausdirektoren usw.
- Obwohl mit ihrer breiten Anwendung in diesen Angelegenheiten ein tatsächlicher Fortschritt zu verzeichnen war, haben doch objektive Faktoren – wie die Doktrin über die führende Rolle der Partei – und subjektive Tatbestände einen echten Durchbruch verhindert; zum Letztgenannten gehörten das menschliche Versagen, Gruppenbeziehungen und auch menschliche Zu- und Abneigung.
- Zu diesem Zeitpunkt wurde schon größter Wert auf die demoskopischen Untersuchungen gelegt, deren Ergebnisse der Öffentlichkeit vorgestellt worden sind. Sie haben in der Tätigkeit und bei den Entscheidungen der staatlichen Organe Anwendung gefunden. Zu diesem Zeipunkt wurde ein ganzes System von Umfragen eingerichtet, durchgeführt vom ›Zentrum für Umfrageuntersuchungen‹, das von dem ehemaligen Mitarbeiter des Ministers für Landesverteidigung, dem Obersten Professor Stanislaw Kwiatkowski, geleitet wurde. Dieses System ist weiterhin tätig, zum Vorteil für die Gesellschaft und den Staat.
- Je geringer der Druck vom Westen wurde und um so mehr die ›Perestrojka‹ im Osten zum Vorschein kam, ist der politische Kampf in Polen milder geworden. Bei uns in Polen, viel früher als in den anderen sozialistischen Ländern, fand der Pluralismus seine Anwendung – man ging vom Bestehen einer kon-

struktiven Opposition aus. Wir waren auch das einzige Land im kommunistischen Block, in dem es seit 1986 keinen einzigen politischen Häftling mehr gab.

- Zu einem wichtigen Impuls für den Pluralismus wurde das Angebot des Ministerpräsidenten Rakowski vom September 1988: mehrere Vertreter der oppositionellen und unabhängigen Orientierungen hätten der Regierung beitreten sollen. Sie haben dieses Angebot leider nicht angenommen – zwei von diesen Vertretern gehören der jetzigen Regierung unter dem Vorsitz von T. Mazowiecki an. Wojciech Jaruzelski hat auch in Wahlkampfreden angeregt, eine breite Koalition zu schaffen.
- Die zunehmende Normalisierung der Beziehungen zwischen Staat und Kirche hat sich für die nationale Verständigung günstig ausgewirkt. Es gab einen regelmäßigen Kontakt zwischen Jaruzelski und Kardinal Glemp. Der gemeinsame Ausschuß von Episkopat und Regierung unter dem Vorsitz von F. Macharski und K. Barcikowski verrichtete eine sehr konstruktive Arbeit. Nach langen Zeiten mit Konflikten und Distanzierungen wurde ein fruchtbarer Arbeitskontakt aufgebaut.
- Die Normalisierung dieser Beziehungen ist insgesamt zu einem wichtigen Faktor der nationalen Verständigung geworden, dessen Höhepunkt der ›Runde Tisch‹ wurde.
- Die wichtigste Veränderung des Systems stellte die Wirtschaftsreform dar. Sie gehörte in der damaligen Zeit zu einer kühnen und sehr kontroversen Maßnahme, die der Kritik von den Nachbarn ausgesetzt war. Der Kampf des Neuen mit dem Alten war auf diesem Gebiet besonders schwierig. Die Reform wurde in mehreren Phasen durchgeführt.
- Das Modell der Reform setzte die Einschränkung der Funktion der Zentralen Planung und eine gleichzeitige breite Anwendung der Marktmechanismen voraus. Das Grundprinzip für die polnischen Betriebe waren die sogenannten ›3 S‹: Selbstverwaltung, Selbständigkeit und Selbstfinanzierung. Die Umsetzung dieser Reform brachte – besonders in der ersten Hälfte der achtziger Jahre – spürbare Ergebnisse. Die Produktion und das Nationaleinkommen stiegen ziemlich

schnell, um zirka fünf bis sechs Prozent jährlich. Die Marktversorgung, die 1981 völlig zusammengebrochen war, konnte schrittweise wiederhergestellt und normalisiert werden.

Die gesamte Entwicklung ging unter den Bedingungen einer restriktiven Politik des Westens vonstatten. Die direkten und indirekten Folgen für die Wirtschaft Polens werden auf einen Verlust von zirka fünfzehn Milliarden Dollar geschätzt; wir haben in dieser Zeit zirka zwei Milliarden Dollar für einen teilweisen Schuldendienst pro Jahr aufbringen müssen; wir haben in diesen Jahren zirka zwölf Milliarden Mark zurückgezahlt. Die Folgen der Wirtschaftsreform waren in der zweiten Hälfte der achtziger Jahre nicht mehr so günstig. Die zweite – und später eine dritte, noch radikalere Phase wurde notwendig. Sie brachten bestimmte Ergebnisse, die jedoch angesichts der wachsenden Ungeduld in der Bevölkerung nicht ausreichend waren. In diesem Zusammenhang verschärfte sich der politische Kampf.

Die Leistungen aus jener Zeit, besonders die Erfahrungen aus der Umsetzung der Reform schufen eine Grundlage für mehr, für tiefergreifende und grundsätzliche Wirtschaftsveränderungen, die gegenwärtig in Polen verwirklicht werden. Ohne die älteren Erfahrungen, wäre es heute viel schwieriger.

Zum wichtigsten Bestandteil der gesellschaftlich-politischen Reform gehörte in den achtziger Jahren der Verzicht auf viele doktrinäre Einschränkungen. Von besonderer Bedeutung waren die Initiativen für den privaten Sektor in Stadt und Land, einschließlich – trotz aller Gegenstimmen – der Verbürgung für die Beständigkeit der bäuerlichen Familienbetriebe in der Verfassung.

Wirtschafts- und Staatsreform verlangten viele Maßnahmen der Neuorganisation. Eine entscheidende Maßnahme war die Abschaffung der übermäßigen Zentralisierung und der Kommandowirtschaft. Im Vergleich zu den siebziger Jahren wurden zwei Drittel der Ämter und Ministerien abgeschafft. Daß diese Reform in der Richtung richtig war, daß sie auch den Bedingungen der Marktwirtschaft gerecht wird, bestätigt sich; die neue Regierung hat die Ressortstruktur in unveränderter Form beibehalten. Zusammenfassend läßt sich feststellen, daß die Jahre

1982 bis 1989 – trotz aller Dramatik –, trotz aller Schwierigkeiten, Hindernisse, eine günstige politische, wirtschaftliche und gesellschaftliche Grundlage für den weiteren Wandlungsprozeß geschaffen haben.«

Auswahlbiographie

Aufgenommen wurden nur Titel, die dem deutschen Leser zugänglich sind, nicht aber in Polen erschienene Bücher sowie Archivmaterialien, Kirchenbücher etc.

Bentchev/Leszczyńska/Marek/Vetter, *Polen,* Köln 1989

Bukowska-Grosse/Koschmieder, *Polnische Volksmärchen,* München 1989

Davies, Norman *God's Playground, a History of Poland* (4), Oxford 1986

Enzensberger, Hans Magnus *Ach Europa!* (5), Frankfurt a.M. 1987

Gatter, Peter *Der Rot-Weiße Traum,* Düsseldorf 1983

Gosztony, Peter *Aufstände unter dem roten Stern,* Bonn 1979

Höhne, Heinz *Der Orden unter dem Totenkopf – Die Geschichte der SS,* Hamburg 1969

Ketmann/Malicka, *Geschichten aus der Geschichte Polens,* Frankfurt 1989

Lederer, Jiri *Mein Polen lebt,* Köln 1981

Mérétik, Gabriel *La nuit du General,* Paris 1989

Milosz, Czeslaw *Geschichte der polnischen Literatur,* Köln 1981

»Poesie der Welt«, *Polen,* Berlin 1987

Rakowski, M. F. *Ein schwieriger Dialog,* Düsseldorf 1985

Schmidt, Helmut *Menschen und Mächte,* Hamburg 1987

Wolkogonow, Dimitri *Stalin – Triumpf und Tragödie,* Düsseldorf 1989

Personenregister

Michail Gorbatschow

Das gemeinsame Haus

Europa und die Zukunft der Deutschen

400 Seiten, gebunden mit Schutzumschlag

Auch wer die Rolle einzelner in der Geschichte nicht überbewerten will, wird zugestehen, daß es Michail Gorbatschow war, der das Tor zur umfassenden friedlichen Neuordnung Europas aufgestoßen und die Einheit der Deutschen überhaupt erst denkbar gemacht hat. Für seine visionäre, gleichwohl konkrete Konzeption prägte der sowjetische Staats- und Parteichef die Metapher »Europa ist unser gemeinsames Haus«. In der aktualisierten und erweiterten Neuausgabe seines erfolgreichen Buches stellt Gorbatschow sein Konzept umfassend dar: von der ersten Formulierung der Idee bis hin zu seinen großen Reden und Artikeln, die die demokratische Revolution in Osteuropa und in der DDR vorbereiteten. Gorbatschow zeigt, welche ermutigenden Perspektiven für die Zukunft eines vereinten Deutschlands in einem gemeinsamen europäischen Haus bestehen, aber auch welche Verantwortung gerade unserem Land bei dessen Errichtung zukommt.
Bei der Lektüre dieses Buches wird deutlich, welche großen Chancen seine Politik uns allen eröffnet: die drängenden Menschheitsfragen – Abbau der Hochrüstung, Hilfe für die dritte Welt, Rettung vor der Umweltkatastrophe.

Gabriele Krone-Schmalz

In Wahrheit sind wir stärker

240 Seiten, gebunden mit Schutzumschlag

Eine außergewöhnlich frische und aktuelle Bestandsaufnahme der Sowjetunion nach Perestroika nicht nur in Moskau, sondern auch in ihren versteckten Winkeln, die bislang westeuropäischen Journalisten verschlossen waren. Aber auch ein Appell, die mit dem Schlagwort Glasnost verknüpfte Innenpolitik mit all ihren schier übergroßen Hindernissen zu verstehen und, wo immer es geht, zu unterstützen.
Eine abenteuerliche und außerordentlich spannende Reisereportage über ein unbekanntes Land, in dem über hundert Nationalitäten mit all ihren ethnischen Unterschieden zu Hause sind und die von einem klimatischen Extrem zum anderen führt. Eine Streitschrift für die Emanzipation der Frau in einem Land, von dem man glaubt, dort sei sie bereits sehr weit fortgeschritten, und doch fast allerorts das Gegenteil erfährt. In der Hauptsache aber ein einfühlsames Buch über Frauen, ihre Leiden, ihre Freuden, ihre Ängste, Sehnsüchte und Hoffnungen, wie es nur von einer Frau geschrieben werden konnte.

Die Westverschiebung Polens im 20. J
Ostsee
Kiel
Lübeck
Rostock
Hamburg
Elbe
Köslin
(Koszalin)
Stettin
(Szczecin)
Oder
Bydgosz
(Bromber
Berlin
Poznan
(Posen)
Warta
Magdeburg
Grünberg
(Zielona Gora)
Leipzig
Erfurt
Gera
Dresden
Lausitzer Neiße
Elbe
Chemnitz
Zwickau
Breslau
(Wroclaw)
Oder
Oppeln
Glatzer Neiße
Praha
(Prag)
Plzen (Pilsen)
Deutsch-russische Grenze 1914
Grenze Polens vor Ausbruch des 2. Weltkrieges 1939
Grenze des polnischen Staatsgebietes seit 1945
Sogenannte Curzon-Linie 1919
Deutsch-sowjetische Demarkationslinie von 1939 nach dem Einmarsch der Roten Armee in Ostpolen (Hitler-Stalin-Pakt)
Ehemalige deutsche Ostgebiete, seit 1945 polnisch
Ehemals polnische Ostgebiete, seit 1945 sowjetisch